# OBSERVATION REPORT ON THE THIRD SECTOR OF CHINA

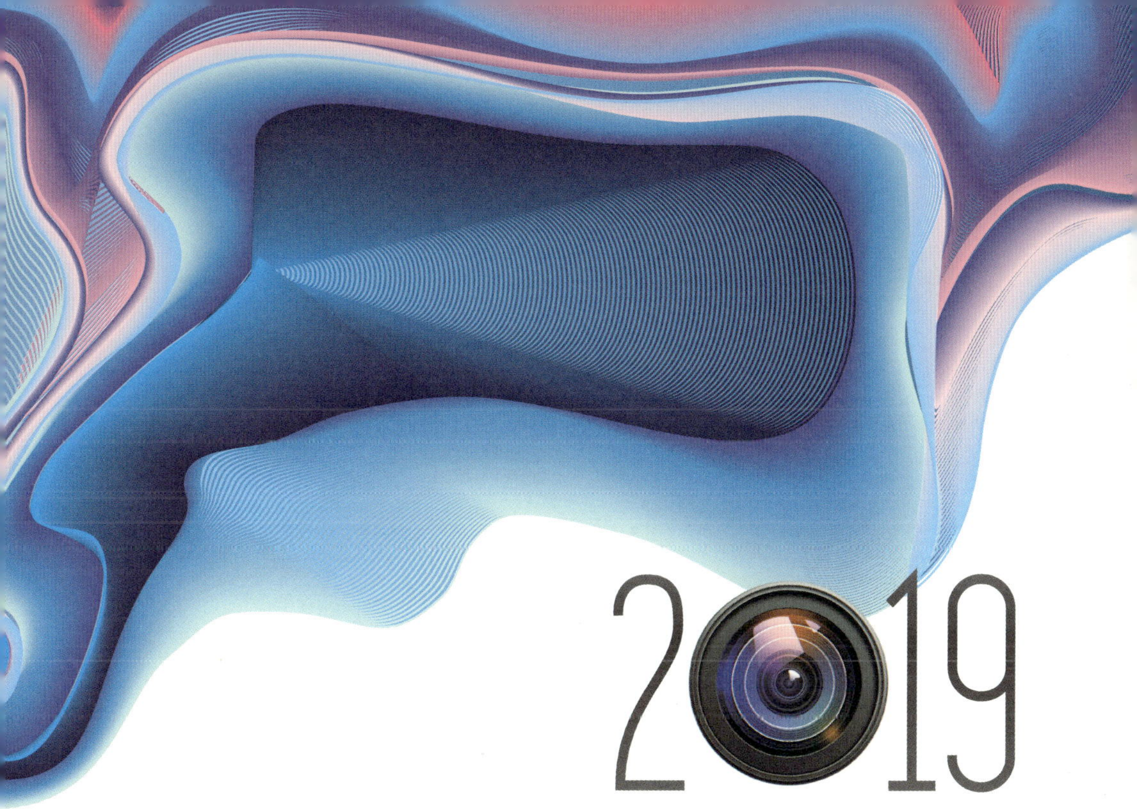

# 2019 中国第三部门观察报告

中国人民大学中国公益创新研究院
公域合力管理咨询有限责任公司

康晓光　冯利 主编

社会科学文献出版社
SOCIAL SCIENCES ACADEMIC PRESS(CHINA)

中国扶贫基金会资助

# 编写说明

本报告由中国人民大学中国公益创新研究院与公域合力管理咨询（北京）有限责任公司共同完成。报告由康晓光与冯利领导与指导的编写小组执笔完成，编写小组成员主要来自中国人民大学中国公益创新研究院的博士生、硕士生，公域合力管理咨询（北京）有限责任公司的工作人员，以及外部专家、学者。包括李亚兰、李毅、刘黄娟、张哲、陈曦、王文娜、章一琪、马莹祎，马莹祎同时担任编写小组的助理工作。

本报告的编撰工作历时一年，从确定选题到最终形成文稿，经历了复杂的过程。本报告中的主报告、分报告、典型案例均以小课题研究的方式进行，每篇文章写作时基本采用的工作逻辑与工作流程为：（1）确定研究目的；（2）根据研究目的设定研究内容；（3）针对研究内容进行文献研究、综述；（4）针对研究内容，在文献研究的基础上，建立分析思路、分析框架；（5）针对研究内容与分析框架的要求，设计覆盖所需信息的调查方案；（6）按照调查方案，实施田野调查，获取所需经验资料；（7）分析一手资料与二手资料；（8）进行汇总、撰写。每篇文章从立意到撰写提纲，直至形成文稿，编写小组均进行了反复讨论与论证。各篇文章执笔人如下。

**第一部分　主报告**

义利之辨：公益与商业关系　康晓光

**第二部分　分报告**

透视慈善领域“拜金”现象　李亚兰

政府在“三社联动”中的双重目的及其影响　李　毅

区块链与公益领域的信息透明　马莹祎　章一琪

2019 中国第三部门观察报告
OBSERVATION REPORT ON THE THIRD SECTOR OF CHINA 2019

## 第一部分 主报告



## 第二部分 分报告

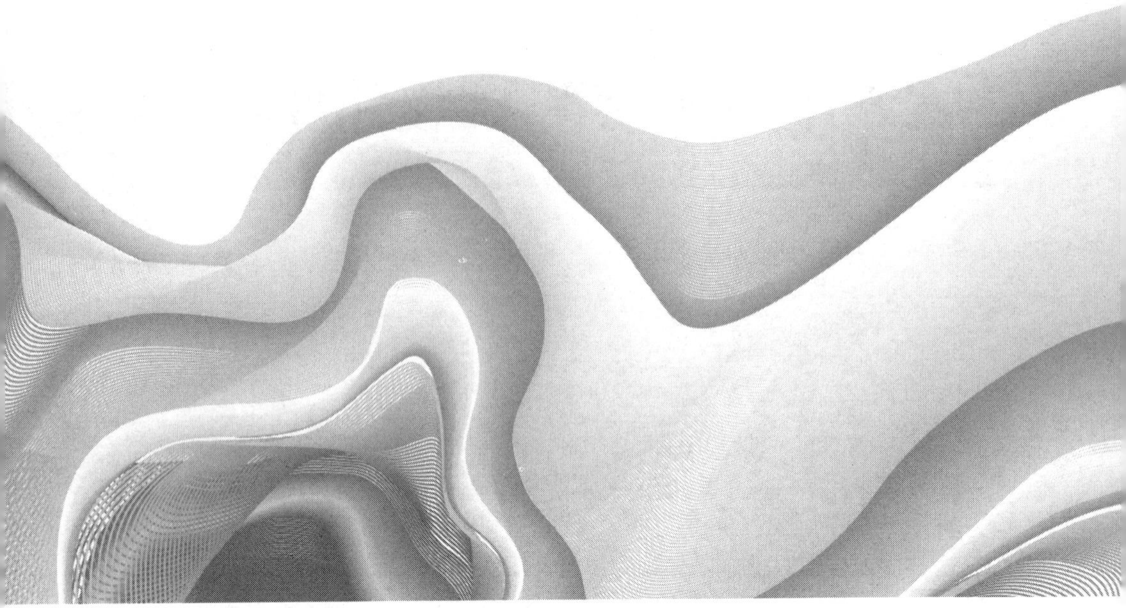

## 第三部分 典型案例



## 第四部分 大事记

第一部分

# 主报告

义利之辨：公益与商业关系

# 义利之辨：公益与商业关系

## 一 问题

改革开放时代，市场势力冲击了此前的公益模式，逐步建立起全新的公益模式。该模式以市场为基础，承认私有制和市场的正当性，承认基于市场的初次分配的正当性，正视初次分配不平等并主张用温和的方式缓解不平等，肯定出于自愿的再分配（公益事业），政府通过税收政策鼓励公益事业，社会通过道德和舆论激励公益行为。

对于公益而言，政治和经济既是积极的力量，又是消极的力量；既可以支持、推动公益，又可以打压、扭曲公益。市场化、市场的建立与深化，为现代公益开辟了道路，奠定了基础，提供了资源，做出了不容忽视的、历史性的贡献。政府也发挥了积极作用，提供了一个差强人意的法律框架。

改革开放以来，在公益发展的初期，公益组织的“对手”只有一个，那就是“政府”。随着市场化改革的深入，第二个“对手”出现了，这就是“资本”。但是，人们对资本缺乏警惕，一是由于不熟悉，二是因为存在一个熟悉的也是更强大的“对手”。毫不夸张地说，今日中国，资本控制公益的深入和强度丝毫不亚于政府。财大气粗的资本，凭借资金优势，通过资助项目，主导公益组织的活动方向和领域；掌握媒体，控制各类论坛，整合研究与出版，获得了强大的话语权。时至今日，资本已经在中国公益领域稳定地确立了自己的霸权。对于公益而言，资本和权力一样，既是天使，又是魔鬼。

在这种情境下，一股日渐强大、日益专横的思潮逐渐泛起。它站在商业立场，质疑公益的有效性、可持续性，否定道德的合理性与正当性，否定人有利他的可能性。它主张，公益不但要学习商业的运作技巧，还要放弃自己的基本价值，转而接受商业的基本价值，在“道”与“术”两个层面，商业都应该主宰公益，一句话，商业应该凌驾于公益之上。一系列前无古人的命题被堂而皇之地提出："免费导致低效率，收费带来高效率"；"捐赠不可持续，只有经营收入才是可持续的"；"企业效率高，公益组织效率低"；"在社会服务领域，社会企业应该取代公益组织"；"商业是最好的公益"；"人只能利己，不可能利他"；"讲道德的人都是伪君子"不一而足。一时间，商业势力趾高气扬，颐指气使，傲视环宇，踌躇满志；公益组织，灰头土脸，颜面扫地，手足无措，无所适从，虽心有不服，但口不能辩，只好哑巴吃黄连。

从国际上来看，在资本主义出现之前的漫长的人类历史中，只有连篇累牍的慈善"谴责"商业的言论，从来没有商业"引领""取代"慈善的声音。即使进入资本主义时代，利他主义对资本积累的逻辑及其后果的批判，也从未停止，而且愈演愈烈。19 世纪，源于欧洲的工人运动、社会主义运动愈演愈烈，燎原全球。其结果，在"东方"，造就了 20 世纪中叶的社会主义阵营；在"西方"，则是混合经济和福利国家的诞生，并成为资本主义的主流模式。

需要说明的是，强调资本是公益的"对手"，不是说资本参与公益没有正面的效果，也不是说要将资本拒之于公益的门外，而是强调资本是"控制公益"或"剥夺公益自主性"的一个危险的力量。公益需要资本的参与，资本的参与给公益带来许多积极而深刻的变化。如今融合无所不在，商业与公益的界限日益模糊，你中有我，我中有你。但是，无论是商业，还是公益，都会"屁股决定脑袋"，都想支配别人，让世界按照自己的意志运转。公益想改变商业，按照自己的蓝图塑造世界；企业也有同样的想法，也会采取相应的行动。

本文的目的是探讨当下中国的公益与商业关系，尤其是关注一种不健康的倾向——公益商业化、政商合流阉割公益，探究其背后的理念与行动逻辑，寻求解决之道。对于公益来说，这是重大的问题，也是基础性的问题；是中国的问题，也是世界的问题；是当下的问题，也是未来的问题，因此值得我们认真对待。

## 二　政治与行政管理框架

公益与商业关系，首先不是"单一的"，而是"多元的"，不同的文明有不同的公益与商业关系；其次是“历史的”，不是从来就有的，也不是一成不变的，而是处于发展变化之中的。

当今中国，公益与商业关系，既受公益与商业的影响，又受政治的影响，因此要探讨公益与商业关系，不能局限于公益与商业，必须将其置于政治之中。实际上，政治是塑造公益与商业关系的最重要的力量。所以，为了理解当下中国的公益与商业关系，首先要了解与公益相关的政治与行政管理框架。

改革开放时期，首先建立并得到不断完善的是行政管理框架（政治引导框架）——“行政吸纳社会”。

在对外开放、市场经济、中央集权的条件下，一方面，政府不可能彻底根除社会自主力量，另一方面，又不愿意放任这些势力自由成长。那么，政府会怎么做呢？在政府看来，社会组织具有“双重功能”，作为集体行动的组织载体，具有挑战政府权威的潜能，作为公共服务的提供者，又能够为政府拾遗补阙。而政府本身也具有“双重职能”，作为统治者，尤其是权威主义政体的执政者，要垄断政治权力，同时也要为社会提供“足够的”公共服务。这样一来，两者之间，既存在冲突的必然性——在争夺政治权力方面，又存在合作的可能性——在提供公共服务方面。政府必然选择双重策略，一方面遏制社会组织的政治挑战潜能，另一方面利用它们的公共服务功能；表现在政策上，就是“分类控制”，不搞“一刀切”，根据社会组织的政治挑战潜能分类限制，根据它们所提供服务的性质分类扶持；其结果就是造就一批既能提供服务，又对政府没有危害的社会组织。

近十年来，借鉴新公共管理，进一步完善了行政吸纳社会，主要表现为在社会服务领域，通过购买服务，更加有效地利用和控制社会组织。

随着经济、社会和文化的发展，基本公共服务成为刚性需求，高级需求也不断涌现而且日益多样化，这对政府的供给能力提出了越来越高的要求，实际上，远远超出了其能力边界。与此同时，民间力量快速发展，提供公共服务的潜力也大幅提升。对政府来说，民间力量的壮大，一方面，提高了“利用”的价值，另一方面，也增加了“压制”的成本。在这种情势下，完善“利用”民间力量的方式，一方面，可以改善公共服务状况，提高政府的绩效合法性；另一方面，也提升了功能替代的水平，进而降低了“压制”的成本。

新公共管理是最近 40 年盛行于欧美公共管理领域的“主流范式”。在理论上，新公共管理拓宽了公共行政学的视野，将关注的范围从“政府内部”拓展到“政府外部”。在实践中，新公共管理重视激发公营、私营和志愿部门的积极性，使之协同行动起来，共同解决社会问题。为此，新公共管理开发了一系列理念、思路和工具，如公共服务供给市场化、放权、分权、政府购买、竞争性招标、第三方评估等。更为重要的是，这些理念、思路和工具，独立于“政体”类型，能够与多种政体兼容并包，例如，政府也可以“无障碍地”将其“为我所用”。

通过“选择性吸收”新公共管理的策略和工具，政府将大量的公共服务事务移交给社会组织，将自己从直接提供服务的繁杂事务中解脱出来，使自己专注于“掌舵”；同时，给予社会组织更大的发挥作用的空间，从而更好地利用社会组织的服务能力。通过政府购买服务，联系、支持、笼络、引导各种社会组织，自下而上地整合社会力量，使其发挥拾遗补阙的作用。这样一来，在完善公共服务职能的同时，有效地控制快速发展的民间力量，同时又避免了政府权力的削弱，达到了“寓管制于利用之中”的实际效果。实际上，通过选择性地吸收新公共管理，政府丰富了控制手段，其掌控能力不但没有弱化，反而得到了强化。可见，通过将新公共管理“嵌入”行政吸纳社会，政府进一步完善了行政吸纳社会。

## 三　滥用“社会企业”的危害

最近十年来，在中国公益领域中，兴起了一股跨界与融合的浪潮。做公益不再是专业公益组织的“专利”，个人或几个朋友合伙发起和组织公益活动蔚然成风，做公益的企业越来越多而且企业做的公益也越来越精彩，媒体主持的公益项目也是轰轰烈烈。公益组织形式也越来越丰富，非正式组织、网络型组织、基于互联网的平台、虚拟组织纷纷涌现。围绕公益的合作无处不在，公益领域内部的合作蓬勃发展，跨界合作日益深化。比跨界合作更深刻的是融合，公益领域吸纳其他领域的要素，其他领域也吸收公益要素。广泛而深入的跨界与融合带来了公益的“弥散化”，公益要素进入各个领域，公益渗透个人和社会生活的方方面面，成为一种普遍的生活方式。原有的各种界限被打破了，出现了一些难以辨识的行动和组织类型，如公益营销、社会企业、影响力投资等等，公益活动与非公益活动、公益组织与非公益组织的差别不再清晰可辨。

毫无疑问，这股浪潮带来了公益的拓展与深化，但是混杂其中的“支流”也在牵引公益偏离正道，例如愈演愈烈的“公益商业化”，而被滥用的“社会企业”就是公益商业化的典型。

其一，强调“收费”的自然而然的后果就是将社会组织的活动局限于服务领域，从而大大压缩了社会组织的功能，而被压缩掉的那些功能恰恰是社会组织最宝贵的功能，也是当下中国最迫切需要同时也最为稀缺的功能。

何为社会组织的功能？答曰：提供社会服务！这个答案没有错，但是不完整。社会组织还有更为重要的功能：（1）社会组织能够满足人的结社需求；（2）社会组织是人类集体行动的组织载体；（3）社会组织是志趣相投的人追求共同目标的工具。正如哈贝马斯所言，在“政治系统”和“经济系统”之外，需要给人类“留下”或“开辟”一个“生活世界”，而社会组织就是“生活世界”的最重要的建制之一。（4）社会组织是公民参与社会和政治生活的“工具”。没有这个“工具”的支撑，有效的公共参与根本就无从谈起。（5）社会组织是公众制衡权力和资本的工具。在强大的权力和资本面前，一盘散沙的个人无足轻重，只有组织起来才有力量。（6）社会组织是“社会化”的重要主体，承担文化传承与创造的职能。（7）社会组织是社会创新的发动机，肩负着探索未来，开拓人类生活新边疆的历史使命。由此可见，强调“服务”就是阉割社会组织的功能，使社会组织沦为权力和资本的配角。

其二，将企业的所有权形式、决策权分配模式以及激励机制引入公益领域，强化了金钱的权力，扩大了金钱的支配范围，压缩了“生活世界”的空间。

其三，过分抬高社会企业，贬损公益组织，模糊公益与商业的边界，势必侵蚀公众的公益热情，误导资源流向，使本来就不足的公益资源流向商业。

其四，最严重的是，强化利己主义，贬低利他主义，为浑水摸鱼创造便利，危及公益的根基。

商业对公益的渗透、支配，乃至控制，完全符合政府的利益，也得到了政府的“加持”。例如，新近推出的《慈善法》就将“民办非企业单位”改为“社会服务机构”。这一改动意味深长。“社会服务机构”与“社会企业”具有天然的亲和性——两者的主要活动领域均局限于“服务”。在中国的社会企业浪潮中，商界的无意为之（专注“服务”，忽略社会组织的其他功能）与政府的有意为之（只要社会组织提供“服务”，限制其他功能的发挥），其实际后果都是“阉割公益”。

## 四 正本清源

有关社会企业的定义，对此也是众说纷纭，还没有定论。下列诸条大体上构成了关于社会企业定义的“共识”：以解决社会问题为目的；收入主要来自服务与产品的销售收入；属于企业而不是公益组织；分红受限制，不分配的利润用于目的事业；更严格的标准涉及资产锁定、治理结构（如对理事会构成有相应的要求）。

作为鼓励社会创新的态度，作为筹集公益资源的新渠道（吸引资金以“投资”的形式进入公益领域，在“捐赠”之外另辟蹊径），作为引导商业资源向公益靠拢的努力，作为公益行动主体多元化的新发展，社会企业值得充分肯定。

正当的社会企业运动，应当是商业向善的潮流，而不是公益向商业靠拢的潮流；是公益引领商业的结果，而不是商业影响公益的结果。

在当下中国，社会企业在发挥积极作用的同时，也在发挥消极的作用。

人性是复杂的，既有利己的一面，又有利他的一面。经过数千年的探索，人类找到了发挥这两种人性的经典模式，一是营利模式，利己—企业—市场；二是非营利模式，利他—非营利组织—社会。社会企业试图同时利用人的利己与利他之心，驱动组织高效运转。这是一个美好的梦想，完全实现还要假以时日。这让笔者想到一则寓言。兔子在陆地上跑得好，鱼在水里游得好。于是，有人生起一个梦想，要搞出一个新物种——“兔鱼”，它既能在陆地上飞奔，又能在水里遨游。可能吗？也许可能，但是一定要付出艰苦的努力，经过持久的探索，兼有天时地利人和。

社会企业主要依赖提供有偿服务和产品获取收入。只有服务和产品可收费的领域，社会企业才适用。反之，对于公共性较强的物品，社会企业是不适用的。所以，社会企业的适用领域是有限的，不是无限的。社会服务领域中的服务和产品，介于私人物品和公共物品之间，既具有一定的公共性，所以仅仅依靠市场不能有效供给，又是可收费的，所以适用于社会企业。这里是企业、社会企业、非营利组织、公益组织、政府的共同的用武之地。在社会服务领域中，各类供给主体服务的对象不同，彼此为互补关系，不是此消彼长、你死我活的替代关系。所以，“在社会服务领域，企业和社会企业代表了未来的方向，公益组织将被取而代之”是毫无根据的说法。需要强调指出的是，提供社会服务的“企业”，既有“以为股东牟利为目的”的“一般企业”，也有“以解决社会问题为目的”的“社会企业”，两者不可混为一谈。

中国以往的政策缺陷在于，不允许企业提供公共物品。政府大致根据“私人物品”和“公共物品”划分领域，企业只许经营私人物品，不得经营公共物品。近年来政府开始修正以往的政策，允许企业逐步进入某些公共物品领域。

社会企业从何而来？社会企业部门如何壮大？

可以无中生有，可以从公益组织转型而来，也可以从企业转型而来。笔者的主张是以“从企业转型而来”为主，以“从公益组织转型而来”为辅。这是因为，其一，从公益组织转为社会企业的难度大于从企业转为社会企业。从公益组织到社会企业，由于社会企业毕竟是“企业”，因此，所有权性质、治理结构、专业能力、组织文化、外部环境、收入结构，均要发生革命性变化，可谓“脱胎换骨”，适应起来难度很大。从企业到社会企业，由于转型前后均为“企业”，因此，所有权性质、治理结构、专业能力、外部环境、收入结构，没有发生实质性变化，只是需要对价值观和组织文化进行调整，所以，相对而言，转型会更加容易，更加顺畅，成功率也会更高。其二，更为重要的是，当今中国，不是利己太少了而是太多了，不是利他太多了而是太少了，因此应该增加的是利他，应该减少的是利己。公益资源本来就“不足”，不应该进一步减少，即“流向”商业领域。商业资源本来就“过多”，而且也需要注入更多的利他成分，所以，应该有更多的企业转型为社会企业，即应该有更多的商业资源“流向”公益领域。有鉴于此，社会企业、社会影响力投资的倡导者，应该把自己的倡导主战场设定在商业领域尤其是资本市场，而不是公益领域。社会企业、社会影响力投资理念的持有者和践行者应该是企业家和投资者，而不是公益组织的管理者与资助者。

实际上，社会企业对生存条件，或者说“生态环境”的要求是非常苛刻的，其一，公益与商业均很发达，或者说，企业与公益组织在整体上均很发达。实际上，就“转型”而言，只有成功的企业或公益组织才有可能成功转型为社会企业。那些混不下去的企业或公益组织转成社会企业同样也不可能成功。要知道经营社会企业要比经营企业或公益组织难得多。其二，社会的问责能力与政府的监管能力均很强。较之于企业和公益组织，社会企业的监管难度更大。而只有杜绝“挂羊头卖狗肉”，让犯禁者得不偿失，甚至无法出现，才能避免“劣币驱除良币”。其三，社会在整体上道德水准很高。存在有利于社会企业的“文化环境”或“商业伦理”，所谓“有情怀的投资者”“有情怀的消费者”“有情怀的职业经理人”广泛存在。

## 五　批驳三个谬论

**谬论1：只有主要收入来自出售服务和产品的公益组织才有可能是可持续的，依赖捐赠的公益组织必然是不可持续的。**

时下有一种流行的论调：通过向使用者或消费者出售产品或服务获取收入的“财务模式”是可持续的，或者说，“等价交换”是可持续的；而依赖捐赠的“财务模式”是不可持续的，或者说，“无偿赠予”是不可持续的。这一论调的一个必然的推论就是，企业/商业模式是可持续的，而社会组织/公益模式是不可持续的。这种论调表面上是在讨论两种财务模式的可持续性，肯定的是遵循等价交换原则的商业模式，质疑或否定的是遵循不求回报原则的公益模式，实质上，是肯定利己的资源动员能力，质疑或否定利他的资源动员能力，说到底是对人性的不信任或缺乏信心。

早在这一论调出现之前，“志愿失灵”理论就已经指出了“捐赠不足”现象，即来自捐赠的资源无法满足社会的需求。但是，“不足”与“不可持续”是两个不同的问题。“不足”指的是捐赠不能充分满足社会的需求，并不意味着社会组织（公益事业）“难以为继”。而“不可持续”则说的是社会组织（公益事业）“难以为继”“活不下去”“死路一条”。

公益组织不能收费吗?

社会组织同样可以用自己的服务或产品换取有偿收入。一般说来，社会组织的收入由会费、捐赠、销售服务或产品收入、政府补贴、资产收益构成。这是常识，也是全球通行的惯例。社会组织与企业的区别不在于

“收费/不收费”，而在于社会组织的盈余只能用于目的事业，任何个人不得占有，而企业的盈余则归股东所有，股东拥有剩余索取权。相应地，社会组织不能吸引“投资”，因为任何个人或组织不能通过“提供资金”成为社会组织的“所有者”，因而也就不可能成为一般意义上的“股东”。对于社会组织来说，“提供资金”要么是“捐赠”，要么是“交会费”，要么是为所获得的服务或产品“付费”，要么是为使用社会组织的资产“付费”，要么是“政府补贴”或“政府采购”，唯独没有以获取财产所有权为目的的“投资”。而且，与企业一样，社会组织也可以“借贷”。由此可见，除了不能吸引以获得占有权、控制权、分配权、处置权为目的的“投资”，企业所拥有的资金获取方式社会组织一样不少。

无偿捐赠不可持续吗？

利己主义者无法理解等价交换之外的交往模式，无法理解一个人怎么会无偿地把自己的好东西给另一个人。相反，利他主义者根本不存在这种困惑。人性中有利他的一面，一些人就是愿意把自己的好东西无偿地、不求回报地给他人，唯一的期待就是他人因此更加幸福，而他们自己也从自己的行为中获得幸福。正是由于人的利他性，由于文明进程带来的更加充沛的利他性，慈善资源源源不断，而且越来越丰富，慈善事业也因此越来越发达。实际情况正是如此，近代以来，全世界的慈善捐赠的规模持续扩张；近40年来，中国大陆的慈善捐赠也持续扩张，而且近年来出现了高涨态势。笔者将这种历史趋势称为“人类向善”。人类向善，一是人性使然，二是社会发展使然。经济发展，收入提高，生活水平提升，教育发达，社会保障发达，人们的低级需求得到满足，高级需求涌现，社会归属感提高，社会责任感提升，人性中固有的爱人之心、利他之心也随之扩充。这是马斯洛的需求等级理论的自然推论。

马斯洛把人的需求分为生理需求、安全需求、爱和归属感、尊重、自我实现五类。马斯洛指出，在多种需要未获满足前，首先满足迫切需要，该需要满足后，后面的需要才显示出激励作用。某一层次的需要相对满足了，就会向高一层次发展，追求更高一层次的需要就成为驱使行为的动力。同一时期，一个人可能有几种需要，但每一时期总有一种需要占支配地位，对行为起决定作用。各层次的需要相互依赖和重叠，高层次的需要发展后，低层次的需要仍然存在，只是对行为影响的程度大大减小。

马斯洛的理论把个人需求和社会需求的当前关注点，与个人成长阶段和社会发展阶段关联起来，很好地解释了这一现象——随着个人的成长、社会的发展，个人和社会的利他性需求上升。马斯洛的需求理论告诉我们，人类发展的过程就是低级需求不断满足的过程，就是需求层次不断提升的过程，就是利他精神逐步丰盈的过程，就是利他精神越来越有力地约束、征服利己之心的过程。这就是人类发展、社会进步的最核心的内涵与本质。马斯洛理论也做出了明确的预测——随着时间的推移，人类社会将持续进步，利他性需求也将持续提升，慈善事业将越来越发达。这就是“人类向善”的内在动力机制。

企业的财务模式一定是可持续的吗？

任何一个具体的企业都面临资金压力，都面临亏损压力，都面临破产压力。这应该是常识吧！获得投资容易吗？获得贷款容易吗？把产品或服务以能够保障平均利润率的价格卖出去容易吗？企业面临的经营风险是巨大的，无所不在的，灭顶之灾随时都会降临。看一看企业的平均寿命就知道答案了，尤其是看看“世界 500 强”的平均寿命就更清楚了。所以，企业要获得财务上的可持续，也是非常不容易的，也要付出巨大的努力，实际上，比社会组织更加困难。所以说，“企业的财务模式是可持续的”这一命题，逻辑上说不通，经验上没根据。不要以为社会组织就必然收入匮乏，死路一条，实际上，捐赠收入持续增加的社会组织比比皆是。也不要以为，戴上一顶企业的帽子就可以财源滚滚，高枕无忧，君不见亏损企业、破产企业比比皆是。由此可见，对于某个特定的企业来说，可能持续发展，也可能随时倒闭，但作为整体的商业部门却是可持续的。同样，某个特定的社会组织，可能持续发展，也可能衰败乃至消亡，但作为整体的公益部门却是可持续的。

**谬论 2：公益的所有权形式和治理结构必然导致低效率，只有商业的所有权形式和治理结构才有可能带来高效率。**

现代社会，广泛地实行分工与专业化，产生了专门从事公益的“公益组织”。公益组织是将助人者和受助者连接起来的“中介”。助人者，无偿地提供钱和物，提供时间和技能。而发现问题、确定需求、创建解决方案、动员资源、组织实施等职能，则由公益组织承担。捐赠者将资源交给公益组织，所有权发生转移，归公益组织所有，而公益组织必须将其用之于公共利益。

作为公益事业的“中介”，公益组织必须服务于公共利益，而不能成为个人谋取私利的工具；公益组织的财产所有权，不能归任何个人所有，必须归社会所有；它不能有企业中的股东，任何人不能因为提供资金而获得决策权和剩余分配权；关闭、清算之后，剩余财产转交给宗旨相同的公益组织，以示对捐赠者意愿的尊重；理事会代表社会管理公益组织，理事也不是由出资人选举产生的。

上述安排，保证了公益组织能够忠实地执行助人者的委托，忠实地履行对受助者的责任；捐赠财产不会被任何人尤其是公益组织的管理者据为私有；并使捐赠者能够放心地把财产交给它，从而有效地开发社会的公益资源，释放社会的利他潜能。

时至今日，基于人类的利他性，已经建立了与之配套的所有权、治理结构、组织文化、专业技能，也建立了配套的法律体系、激励机制（税收优惠）、问责体制、社会价值。从社会到政府，从微观到中观到宏观的组织体系，已经很完善了。

对于公益事业来说，“企业”这种组织形式恰恰是不可行的、不可持续的制度安排。企业以为股东牟利为目的，与服务于公共利益不相符。而且企业的财产所有权归股东所有，捐赠资产进入企业，就等于交给了股东，他们有可能、有动机将财产据为己有，从而改变捐赠者规定的用途（服务于公共利益）。所以，企业难以获得捐赠和志愿服务，不能充分利用人类的利他性，更不能有效而充分地呵护、培育、发扬光大人类的利他性。这是企业“天生的软肋”。也就是说，企业不适于作为公共事业的“中介”。

**谬论 3：商业是最好的公益。**

时下流行一个蛊惑人心的“口号”——“商业是最好的公益!”或“商业是最大的公益!”支持这一命题的人的论证方式是列举商业的种种贡献，例如，提供了多少有益的产品和服务，提供了多少就业机会，提供了多少税收，推动了技术进步，为人类自由创造了条件，遏制了政府的专横……这些都是确凿无疑的事实。但是，这些无法证明“商业是最好的公益”或“商业是最大的公益”。

在《国富论》一书中，亚当·斯密雄辩地论证，追逐一己私利的人们，在市场这只“看不见的手”的指挥下，不但能够保证经济效率，而且能够使所有参与者受益。在市场体系中，个人的自私自利动机并不是坏东西，市场具有一种神奇的功能，它可以使出于“利己”目的的行为产生“利他”的效果，个人的自利行为在市场中被整合为有利于整个社会的行为。斯密指出：“在这场合，像在其他许多场合一样，他受一只看不见的手的指导，去尽力达到一个并非出于他本意要达到的目的……他追求自己的利益，往往使他能比在真正出于本意的情况下更有效地促进社会的利益。”

公益与商业的区别，主要不在于“结果”，而在于“动机”，“以……为目的”至关重要。亚当·斯密的“看不见的手”带来的“利他结果”，不是作为“理性经济人”的市场参与者自觉追求的结果，而是受“看不见的手”支配的结果。所以，再重复一遍，商业就是商业，公益就是公益，商业不是公益，更不是“最好的公益”或“最大的公益”。

实际上，要区别企业、社会企业、非营利组织、公益组织，只能从“动机”入手，不能从“结果”入手。“以……为目的”至关重要，而且组织动机的体现，不能停留在口头或文字表达的层面，必须落实到组织的所有权以及相应的治理结构之上。但是，这种论调偏偏喜欢拿“结果”说事。若说“结果”，任何一个合法的盈利的企业，都为社会作出了积极贡献。就此而言，企业、社会企业、非营利组织、公益组织没有区别。它们之间的区别在于“动机”或“存在的目的”，例如企业为所有者自己谋利益，公益组织为社会谋利益。

公益的本质是利他。一般说来，利他行为的“要件”有四：其一，以造福他人为目的；其二，自己不求回报；其三，自己要蒙受一定的损失；其四，出于自愿。用这四个“要件”衡量商业行为，就可以得出清晰无误的判断。其一，市场的参与者，其行动的主观目的是自利，而不是“造福他人”；其二，一切付出都是为了获取回报，而且要最大限度地获取“净收益”；其三，在交易中要有所付出；其四，交易活动出于自愿。简单地比较就可以发现，市场参与者的行为，不符合利他行为的第一个和第二个“要件”，所以不属于利他行为。由此可知，商业不是公益，更不可能是“最好的公益”或“最大的公益”。

## 六　主流公益模式批判

何为公益？公益何为？

公益是利他的事业。何谓“他”？“他”不局限于某个具体的个人，“他”是与我相对的一切，我之外的一切。“他”可以是个人、群体、社会，也可以是宇宙中的一切，可以是当下的，也可以是未来的，还可以是已经成为过去的。利他使人超越对自我的关切，自觉自愿地不求回报地为他谋福祉。所以，公益必然是超越性的，超越所有部门，超越过去与当下，为了人类的利益而思考并行动。公益必须挣脱既有的束缚，保持人类创造的旺盛的活力，持续地开拓人类世界的新天地。公益的使命就是创造更加美好的世界。公益是追求至善的事业。

在中国传统思想体系中，“义”与“利”是一对重要的范畴。“义”指“当然”“应当”。凡表现或发挥人之所以为人者的行为，即应当的；反之即不应当的。“利”指能维持或增进人之生活者，亦即能满足人之生活需要者。利有“公利”与“私利”之分。凡仅能满足一人之生活需要，或且损害人群之生活者，谓之私利。凡能满足大众之生活需要的，则谓之公利。大体说来，“义”即为“谋公利”，“利”即为“谋私利”。尊重合理的私利，崇尚公利，但是并不反对合情合理的私利，所反对的仅仅是损公肥私的私利，概而言之，“义利兼顾，以义制利”，这就是中国传统义利观。

在资本主义时代，就公益与商业关系而言，中国传统义利观的基本主张是：利他与利己均是人类的天性；利他必须弘扬，合情合理的利己也必须予以尊重和保护；更为重要的是，要用利他之心驯化被市场释放和强化的贪婪，用公益驯化唯利是图的商业，此所谓“义利兼顾，以义制利”。

何为健康的公益与商业的融合？公益要素渗透商业领域，商业更加富有利他精神。与此同时，公益借鉴一些商业的技术，以提升管理水平和运行绩效。公益与商业的“融合”是不分主从的融合吗？

不是！不是不分主从的，而是有主有从的——公益为“主”，商业为“从”。公益在“用”的层面吸纳商业的要素，吸纳的是工具性的东西，吸纳的目的是提高自身的效率。在“体”的层面，公益没有丝毫妥协，不是越来越“利己”，而是更加坚定、厚实、有效地“利他”。公益借鉴商业的一些有用的做法，只是意味着公益注重效率，公益更加有效了，并不意味着公益丧失了利他精神，转而投入利己的泥沼。商业在“体”的层面吸纳公益的要素，在自己的“目的”中注入更多的利他的成分，吸纳的是价值性的东西，即所谓“以义制利”。就人类文明发展的趋势而言，以利他为根基的公益是中流砥柱，毫不动摇，是为“主”；以利己为目的的商业是附从，越来越趋向利他，是为“从”。为什么公益应当引领商业，而不是相反？因为公益追求的是公利，商业追求的是私利，而公利高于私利。

然而，在现实之中，公益的处境极为尴尬。相对于权力和资本，公益是确定无疑的弱者。在日常运行中，公益主要发挥补台、拾遗补阙的作用。不平等是资本主义市场赖以运转的激励机制，不平等也是资本主义市场的必然结果，而新自由主义公益模式又是资本主义的有机组成部分，想依靠它缓解、克服资本主义造成的不平等，可能吗？显然，这样的公益不能满足我们对理想公益的期待，不符合理想公益的标准。但是，时至今日，我们还没有一个超越新自由主义公益范式的切实可行的替代方案。

公益之蛙需要从温水中醒来。公益需要一套新的价值观、行动方式、组织形式、法律框架、社会支持体系。公益存在于更大的人类世界之中，公益受到它的限制，公益也可以为改变它做出贡献。所以，新的公益必须与新的世界一道出现。

公益“新纪元”是可能的吗？笔者宁愿相信它是可能的！那么，这种可能性源于何处？一是人性使然，二是社会发展使然。首先，同情心、恻隐之心、爱人之心是人与生俱来的天性。人能够爱，这是人之为人的本质规定，这也是人类向善的最深厚的力量源泉。其次，马斯洛的理论把个人需求和社会需求的当前关注点，与个人成长阶段和社会发展阶段关联起来，很好地解释了这一现象——随着个人的成长、社会的发展，个人和社会的利他性需求上升。

基于对人性的信心，对人类社会发展趋势的信心，一种乐观精神由此而生。这种乐观精神将鼓舞人类将公益事业推向巅峰。

## 第二部分

# 分报告

透视慈善领域“拜金”现象

政府在“三社联动”中的双重目的及其影响

区块链与公益领域的信息透明

犯罪惩罚与社区服务的结合

案例思考：公益组织的战略选择

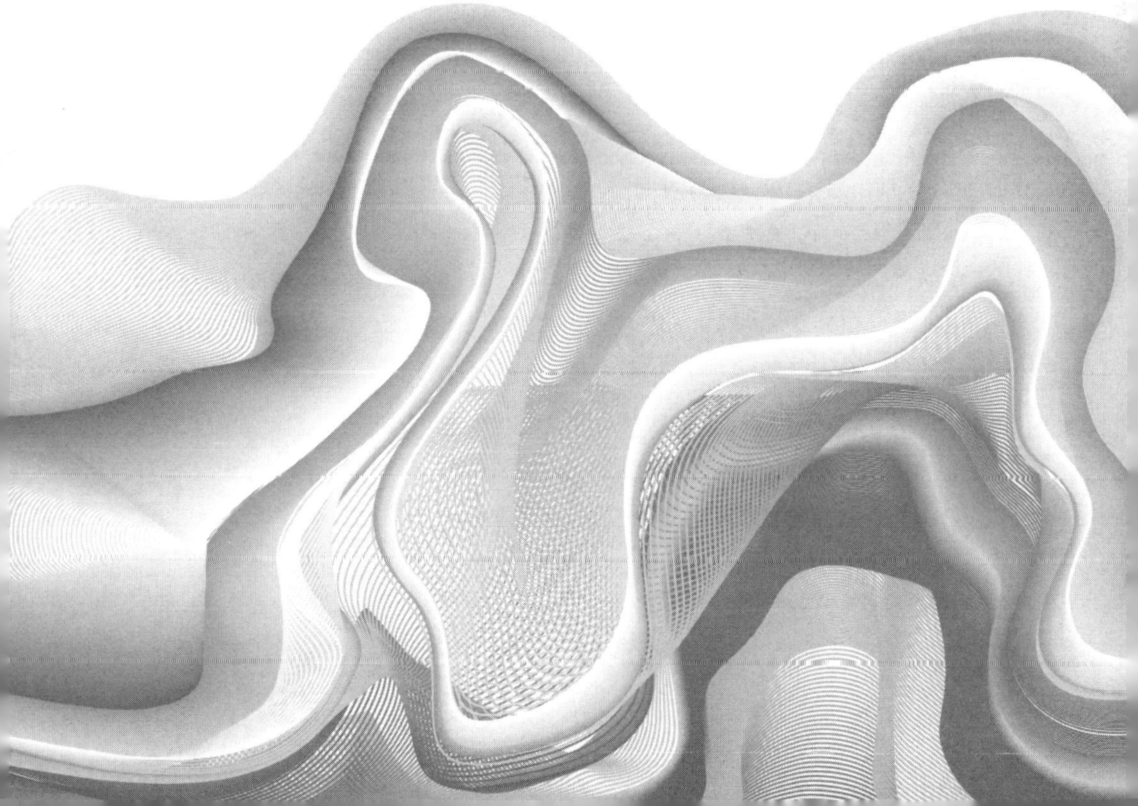

# 透视慈善领域“拜金”现象

手里没有巨额捐赠支票，别想站在舞台中央，别想最后压轴出场。

有钱可以换来慈善机构里的名头，买来荣誉，买来好名声。

“99 公益日”大肆刷单，弄虚作假……

社会过分放大金钱对慈善的作用，而慈善领域对金钱的顶礼膜拜也到了不可收拾的地步。金钱成了决定慈善命运的神奇力量，筹资额成了慈善组织追求的至高目标，成为衡量一切的标准，成为组织发展的“指挥棒”。“以筹资额论英雄”已在慈善领域成为常态，慈善价值被简单地与筹资额、捐赠额画等号，慈善领域的价值标准、价值取向受到严重侵蚀。

慈善领域的拜金现象持续蔓延，甚至出现各种乱象。慈善组织无视捐赠来源，传销企业、污染企业等捐赠的资金都可以进入慈善组织。一些慈善组织陷入“拜金”泥沼之中，忘记了自己的组织使命和价值追求，忽略组织的存在目的，为筹资而不择手段，本末倒置，这不能不说是慈善发展的一大败笔。更令人痛心的是，从行业组织的竞争再到新闻媒体的宣扬，无一不在倡导金钱对慈善事业发展的重要性，甚至是唯一性。

不可否认，金钱对慈善事业的发展的确非常重要，然而，慈善事业的目的是通过救济、援助或捐赠等手段而促进进步，推动公平、正义，实现公共利益最大化，增加人类的福祉，这才是慈善的指挥棒。然而，慈善领域将“吸金”作为重头戏，无问慈善效果，把慈善组织和慈善事业引向歧途，破坏慈善土壤，扰乱社会对慈善的理解，这将对慈善事业发展造成重创。

我们需深入剖析这一现象，透视表面，究其原因，分析这一现象为何如此盛行？强调慈善领域的责任，明示慈善领域的价值追求。

## 一　慈善“拜金”现象

提到拜金主义，人们总认为它是市场经济发展的不道德产物，与慈善有何关系？然而，当我们发现慈善领域也悄然陷入“拜金”泥潭中时，人们或毫无察觉依旧扮演着“伟大慈善者”的角色，或选择性忽略美其名曰“为了慈善事业的发展所做的必要妥协”，或无奈一笑随波逐流感叹“行业评价标准就是这样，我们也无能为力”。

那么，何为慈善领域的“拜金主义”呢？

所谓“拜金主义”是指盲目崇拜金钱、把金钱价值看作最高价值、一切价值都要服从于金钱价值的思想观念和行为。这种金钱至上的价值观不仅认为金钱万能，并且将金钱作为衡量一切行为的标准。近年来，“金钱成为唯一的指挥棒”已然成为大家心照不宣的准则，慈善领域逐渐出现的且呈常态化的拜金现象，已堂而皇之，大行其道。

令人担忧的是，整个社会舆论似乎也有向金钱“低头”的趋势。提到慈善，人们首先想到的是捐赠大量金钱的企业家，好似这样的慈善家已经成为这个行业的中流砥柱。事实上，能够支撑起慈善事业运转的还有数以万计默默无闻的志愿者和公益人士，人们似乎忘了，慈善应是一项所有人的事业！更为深层的是，无论哪个慈善家，他们要服务的是社会公共利益，金钱背后，我们更需要追问慈善实施的效果，而不是金钱本身。意识到并指出慈善领域常态化的拜金现象对于遏制这种行业乱象显得尤为重要。

### 1. 社会舆论以筹资额/捐赠额评价贡献大小、组织优劣

政府部门的相关评选将金钱提到一个重要的位置似乎成了行业内的风向标，无论是行业内的慈善组织之间，还是新闻媒体抑或是关注慈善行业发展的普通民众，用金钱来评价公益组织的优劣，衡量“善”的大小，已经成为大家默认的事实。

各个慈善机构聚在一起比高下时，往往以筹款额的多少为主要依据，无论是协会、基金会，还是社团系统，顶级慈善机构之间的竞争，筹资额或资金规模总被放在首位。显然，以金钱来衡量甚至等同于慈善价值的大

小，等同于慈善贡献的大小过于狭隘，但是，不知从何时起，这一现象的的确确蔓延到慈善领域。我们看到，每当发生重大灾害，各捐赠企业或个人往往会在公众面前举着刺人眼球的巨额支票，明示捐赠额度，捐多的会被安排在压轴位置“出场”，他们被作为大慈善家，被冠以“首善”名头，被作为社会的榜样安排在舞台中央发言，合影留念，此时很少提及受益者，提及善款用途，更不大关心这些钱将用在哪里、怎么用、使用的效果，而一味地展现对金钱的崇拜和敬意。

## 【案例一】“中国慈善榜”将筹款额作为唯一评价指标

中国慈善榜由公益时报社自2004年开始每年编制发布，以寻找榜样的力量、弘扬现代公益精神为宗旨，被誉为中国财富人士的爱心清单。数据主要来源于六个方面：民政系统接受捐赠数据、捐赠者提供的数据、公益机构接受捐赠数据、上市公司年报公布数据、媒体公开报道的捐赠数据，以及《公益时报》的公益档案数据。通过不同渠道的数据对比，以及专业调查核实，最终形成榜单。

2016年4月28日，第十三届（2016）中国慈善榜在北京发布，中国慈善榜以2015年度实际捐赠100万元以上的企业或个人为数据采集样本。第十三届中国慈善榜上榜慈善家共147位，合计捐赠52.63亿元，上榜慈善企业349家，合计捐赠48.67亿元。某基金会发起人陈××以2.92亿元的捐赠列慈善家榜单首位，成为新一届中国“首善”。

慈善领域的媒体对宣导慈善的内涵与价值观，促进人们对慈善的理解有着重要作用。然而，近年来，媒体注重跟踪明星和富商慈善热点，对其捐赠额度越发敏感，“数字”加上名人效应共同构成慈善宣导的主旋律。

较为典型的例子是《中国慈善家》，所报道的大多是捐赠额较多的个人。在这种氛围下，无论出于主观还是客观，均在弱化普通人的贡献，忽视志愿投入，忽视各类善款最终需实实在在落到实处，转化为社会价值的重要性。

**【案例二】捐赠额在《公益时报》各类报道中占据主导**

《公益时报》作为慈善领域的主流媒体，几乎每篇报道都离不开对捐赠数额的展示，并且捐赠额的出现频次也是最多的。以 2018 年 9 月的报道为例，共有 17 篇，其中，涉及慈善人物及事件、活动的报道共有 6 篇，而在这 6 篇报道中，提及捐赠金额或重点报道捐赠金额的共有 5 篇，占 83.3%。这仅是冰山一角。若统计该媒体全年及多年报道情况，对金钱的重视可见一斑。

### 2. 政府部门将筹资额作为重要的评判标准

政府部门尤其是民政部作为慈善组织的主要监督和管理部门，其确立的评价指标往往能起到引导作用，如果政府部门重视普通人的慈善行为，重视各慈善主体的行为落地和实效，则需在评价指标上加以体现。然而，近年来，政府部门组织的优秀慈善组织/个人评选活动往往将捐赠额/筹款额放在极为重要的位置，突出资金的重要性和贡献度，而忽视其他，这使富人和“有钱”的机构得到重视，而普通人、小“草根”被歧视，其价值被忽略。

例如，民政部《关于印发〈中华慈善奖评选表彰办法〉的通知》（节选）第三条指出，“中华慈善奖”每两年评选表彰一次。奖项设置慈善楷模、慈善项目（慈善信托）、捐赠企业、捐赠个人等类别，其中，“捐赠企业奖”表彰在表彰周期内向我国境内捐赠数额较大、贡献突出的国（境）内外企业；“捐赠个人奖”，表彰在表彰周期内向我国境内捐赠数额较大、贡献突出的国（境）内外个人。另以 2009 年湖北省爱心慈善奖评选表彰为例，其评选办法明确指出最具爱心的慈善十大个人所捐款项需在 10 万元以上，最具爱心的十大民营企业捐赠额需在 50 万元以上，最具爱心的十大国有企业捐赠额需在 100 万元以上。诸如此类的评选无不以筹款额、捐款额为评判硬性指标，且以“捐赠数额较大”为主要的入选标准。

**【案例三】中国城市公益慈善指数评估体系中资金指标占重要比重**

“中国城市公益慈善指数”是由民政部主管的中民慈善捐助信息中心组织研发的一套对城市慈善事业发展水平进行综合监测和科学评价的指标体系，被形象地称为“城市爱心GDP”。该指标体系在以慈善理论为基础、充分考虑国情特色的基础上，按照规模、结构、贡献、可持续性这四个维度，从社会捐赠、慈善组织、慈善项目、志愿服务、政府支持、慈善文化6个方面共30个指标，对各城市公益慈善事业发展状况进行综合考量。

在该指数的6个方面中，无论是社会捐赠维度中的人均捐赠额、非救灾占比、捐赠占GDP比例、捐赠占居民储蓄年增额的比重等指标，还是慈善组织维度中的组织总资产、支出占GDP比重等指标，抑或是慈善项目维度中的项目总投入、财政支持维度中的财政支持总额、财政支持收入占组织总收入比例等指标，在城市公益慈善指数的30多个指标中，涉及财务及金钱相关的指标多达半数以上，金钱的多少在慈善相关评选中占据重要位置，从中可见一斑。

### 3. 慈善组织接受争议企业或不法企业捐赠

慈善组织存在的目的是消除社会不公，主张社会正义，提升社会福祉，因此，慈善组织在接受捐赠时需清醒自己的定位和属性，表明自己的主张和立场。然而，我们看到一些慈善组织为了获得捐赠，往往忽视自己的使命，或者成为问题企业的“洗白”工具，或者成为不法企业的牟利工具。

是否能接受某些企业的捐赠，不仅仅要合法、合规，还要合理，不能与自己的使命，与慈善所要追求的理想发生冲突。比如，环保组织显然不能接受污染企业的捐赠；服务于青少年的公益组织，不能接受会有损青少年身体健康的烟草企业的捐赠，而服务于家庭的公益组织，也需考虑这一点。并且，慈善组织有责任坚守任何公共利益不能被金钱和短期利益所收买的底线。如果考虑扩大受益者范围，慈善组织有义务去寻求合法、合规、合理的捐赠来源，不能为所谓的短期利益所蒙蔽而忘却自己的立意和使命，否则只会将慈善引入歧途。

## 【案例四】F 基金会接受烟草公司捐赠

2010 年 11 月中旬，国家烟草专卖局在 F 基金会设立“基金”，捐款 1000 万元用于支持该基金会的品牌项目。消息传出，关于 F 基金会该不该接受烟草捐赠的问题引起了媒体的广泛关注。在 F 基金会接受烟草企业捐赠的事件中，F 基金会被指缺乏基础的法律常识，并拿世博会退还上海烟草集团 2 亿元捐赠的事件作为论据。其中的“法”，指的就是众人皆知的《烟草控制框架公约》。

2003 年，我国与世界卫生组织签署了《烟草控制框架公约》，该《公约》已于 2006 年 1 月在我国正式生效。其中《公约》第 13 条要求：“缔约方应广泛禁止所有的烟草广告、促销和赞助”。这一硬性规定让 F 基金会负责人倍感压力，在接受此捐赠前特意咨询了相关问题的法律专家。专家认为，根据全国人大常务委员会批准，我国在 2006 年 1 月开始实施《公约》要求，但《公约》有五年的过渡期，也就是在 2011 年的 1 月开始，我国才正式按照规定，全面禁止烟草行业的赞助。“即便开始正式实施，也要通过国务院法制办立法才能产生法律效应。这就不像有些人理解的那样，必须从 2006 年开始就严格遵循公约内容。”F 基金会负责人称自己是在得到了“这笔捐赠是合法的肯定答案后才与烟草公司进行谈判，并且《公约》规定的事是全面禁止赞助，赞助和捐赠还是有很大区别的”。

而且，F 基金会负责人认为，该企业捐赠对于困难人群的帮助，正效应是高于负效应的，项目目标人群可以从中受益，“并且从企业层面来讲，烟草公司是合法企业，作为一个企业公民，它不能规避其社会责任的履行，进行公益捐赠是企业发展过程中应当履行的社会责任。”

## 【案例五】G 组织接受污染企业某某集团的捐款

2009 年 9 月 17 日，G 组织接受某某集团 APP（中国）捐款 260 万元，用于资助当地的贫困学生。在此之前，G 组织已连续 8 年接受金光集团累计千万余元捐款。

实际上，某某集团从 2005 年开始就一直陷入违法砍伐森林、污染严重的指控中，于是有批评人士称G组织接受不法企业的捐款，其行为是极为不妥的。

对此，G组织办公室主任感到很委屈。他认为企业的生产过程是否合法应由国家相关行政机构鉴定，如果国家允许其继续生产、正常营业，对其颁发环保合格证书，就说明它是合法企业，“那么公益组织接受它们的捐赠从法律上讲就没问题。”“好比做过坏事的人，有一天他做好事了，你能拒绝他的善举么？况且所谓的‘污点’企业的原罪是没有办法规避的。”当然，我们很清楚，他的比喻并不恰当。

更糟糕的是，一些慈善组织为了增加筹款额罔顾污点企业的恶劣行径，忽略对资金来源的审核。而另一些组织甚至不惜做出骗捐诈捐的行为。

### 【案例六】F基金会接受传销组织善心汇捐赠

2017年1月9日，善心汇向F基金会捐赠1000万元，成立善心汇公益基金。根据当时的媒体报道，F基金会副秘书长及秘书长助理，以及深圳善心汇文化传播有限公司董事长张××等领导和嘉宾出席了这一活动。也因此捐赠，善心汇在1月10日登陆央视中文国际频道。随着央视这一宣传，短期内善心汇的注册用户急剧增加。

2017年7月，按照公安部统一部署，全国各地公安机关依法对广东深圳善心汇文化传播有限公司法定代表人张××等人涉嫌组织、领导传销活动等犯罪问题进行查处。张××等多名犯罪嫌疑人被依法采取刑事强制措施。2017年7月26日，“平安北京”再次发布通报，针对部分善心汇成员被煽动来京非法聚集一事，截至当日，63名犯罪嫌疑人因涉嫌妨害社会管理秩序犯罪被刑事拘留。2018年4月16日，上海市松江区检察院以组织、领导传销活动罪对犯罪嫌疑人陆某、丁某某等12人提起公诉。

2017年4月7日，F基金会在官网发布声明，终止与善心汇合作。声明指出，2016年12月27日，善心汇向F基金会捐赠并建立“善心汇公益基金”，后由于公众对善心汇的经营模式存疑（质疑其为传销、骗局），该基金自启动后未开展任何活动，而终止合作后，善心汇在外开展的任何活动与自己无关。

**【案例七】“99 公益日”刷单骗捐引争议**

2017 年 9 月 9 日，腾讯“99 公益日”共筹得善款超 13 亿元，累计 1268 万人次参与捐赠，刷新国内互联网募捐纪录。但在许多项目的捐赠明细中，出现单个账户进行高频小额捐赠的异常现象。就此，腾讯公益发表声明，称接到疑似“机器刷单”举报，并已联合腾讯安全部门、第三方力量启动调查，具体调查结果预计将于次年第二季度完成。声明中说，凡查实恶意刷单的都会取消配捐，情节严重的还将受到“停止募捐资格、记入黑名单、上报主管部门、通报媒体”等处罚。由于网络世界的新的信息不对称，“炒作”“刷单”等成为无法回避的词语，而公益组织若要沾染则是对自身公信力的重大打击。

### 4. 慈善组织受制于资方，以资方的意志为转移

资金是慈善组织开展活动、履行组织使命的基础资源，但不是慈善组织存在的理由。慈善组织存在的理由从来就是服务于公共利益，服务于社会福祉，资金只是实现其使命的手段。然而，许多慈善组织在挖掘、寻找资源时却因资源有限，丧失组织原则，本末倒置，被资方“牵着鼻子走”，唯资方的意志为转移，丧失自我追求，忽视组织自我目标的达成。

其中，最为普遍的是慈善组织在与资方合作过程中主动让渡自主性，主动放弃独立性，甚至沦为资方谋求私利的工具。慈善组织为了得到资方的资助或捐赠，自贬慈善组织的价值，与资方签署合作协议时，将自己置于被动地位，或者签署有损慈善目的和有损慈善组织利益的协议，或者一味地为资方提供方便。其中，不乏帮助企业售卖物品，拓展企业营销渠道的不对等协议，甚至是违规协议，岂不知慈善组织已将自己的声誉和品牌“廉价出售”。

或者，对资方“俯首帖耳”，为其“开疆扩土”，在本不应该开展项目的地区设立项目点；或者到处为资方打广告，搞宣传，有的将受助方的信息不做任何保护处理，罔顾受助者尊严，频繁大肆公开宣传，对受助方造成一定程度的伤害。

慈善组织在寻找资源时，需珍视组织的价值，以合法、合规、合理、对等的原则与资方进行合作。任何合作均需以慈善组织自我使命的达成为导向，是理性选择资方，而不是非理性地被资方所左右，甚至被“控制”。

**【案例八】公益组织：与企业合作有底线**

公益组织与企业合作是否应有选择？如何避免利益输送？如何进行规范性管理？

善款对于公益组织来说，是生存发展和实现公益目标的关键，但是否只要有企业给钱就可以拿来用？民间公益组织瓷娃娃，虽一直资金短缺，但对这个问题的答案仍然是：不。协会负责人王奕鸥表示，瓷娃娃主要的资金来源于社会公众的支持，虽然他们经常为资金短缺犯难，但对于与协会救助目标不一致的企业，捐款再大，他们也不会接收。“公益机构什么钱都拿的结果，就是再也拿不到钱了。”

公益机构与企业合作开展商业活动，究竟如何监控项目不被企业绑架，以公益之名，实则获取暴利？中国扶贫基金会与一汽大众奥迪销售事业部北部区共同发起“奥迪北部区慈善基金”，为有效控制公益营销项目的管理风险，中国扶贫基金会特地制定了《公益营销项目立项审批管理办法》。在项目实施过程中，中国扶贫基金会主导企业公益营销项目的管理权，企业必须按照基金会相关的制度及规定，对项目操作过程和结果进行检查监测。①

## 二　慈善“拜金”现象的逻辑与成因

慈善领域普遍出现“拜金”现象并不只是慈善领域自身造成的，与其所处的环境、发展阶段以及各方利益相关方也息息相关。

### 1. 慈善领域对外部资金的天然依赖

慈善组织作为慈善领域最重要的行为主体，需要依靠资金实现其使命

---

① 《公益组织：与企业合作有底线》，《京华时报》，https://gongyi.qq.com/a/20111107/000010.html。

与价值，这是造成慈善领域出现“拜金”现象的逻辑起点。那么慈善组织为何如此需要资金？为何必须依赖外界的资源供给呢？

首先，政府可以持续不断地靠强制性征税获取资金，而企业可以通过经营赚取钱财并通过营利持续不断地投入，而第三部门特别是慈善组织所需开支不能像政府，也不能像企业一样获得资金，它需要以自身的使命定位赢得社会的支持，而这些支持既非强制，也非天然地持续。当慈善组织能有效地践行自我使命，社会才能持续不断地对慈善领域给予支持。

目前，慈善领域的资金来源有政府拨款或政府购买服务、社会捐赠，以及经营性或会员制收费。然而，由于社会需求巨大，需要解决的社会问题复杂多样，对资金的需求量远远高于资金的供给量，再加上社会大众对慈善的理解和信任不够理想，慈善领域的需要与社会对慈善领域的支持之间存在巨大缺口，这也造成慈善领域非常“缺钱”。

就政府拨款或政府购买服务而言，政府自有资金本身不够充分，再加上政府对第三部门，特别是民间慈善组织也不够信任，用于慈善领域的资金类别少，审核严格，进入慈善领域的资金非常有限。相对而言，具有官办背景的慈善组织相对容易获得政府部门的支持。

从社会捐赠来看，近年来虽然捐赠额逐年增加，越来越多的企业、企业家、明星、普通大众支持慈善事业，但仍显不足。再加上人们对慈善的需求并非刚性需求，人们不会像满足自我衣食住行及自我发展需求那样去优先主动地去满足“他人”的需求，尽管也存在大量“先人后己”的人，但是，毕竟不是所有人都如此。2017 年全国接收国内外各类社会捐赠款物接近 1500 亿元，比 2016 年和 2015 年分别上升了 7.68% 和 25.65%。但是与美国、英国、巴西、印度等国家相比，我国捐赠规模最少，所占 GDP 比例最低。2017 年我国社会捐赠总量占 GDP 的比例仅为 0.18%，而美国慈善捐助额能占到 GDP 的 2.1%。[①] 有一定影响力的慈善组织可以吸引企业、企业家和明星来捐款或合作开展项目，但是相对小型的慈善组织却面临着“巧妇难为无米之炊”的尴尬境地。然而，要想扩大影响力，需要将事情做好，但是做事情需要资金，需要人才，而资金的获取和吸引人才又难免需要依靠影响力，如此一来，慈善领域的强者越强、弱者越弱的循环就显示出来。大组织不愁钱，小组织为钱愁，大量慈善组织自然陷入用力筹钱的

① 柳剑诏：《北京接收慈善捐赠总额列全国第二》，《北京青年报》2010 年 11 月 3 日。

境地，以维持组织的正常运转。此时，就需要真正关心慈善事业发展的捐方愿意看到小组织的价值，投入资金支持其运作起来，进入良性循环。

就收费或经营而言，慈善组织自我能力弱，靠提供有偿服务进行经营毕竟有限，与此同时慈善组织发挥的作用还未能有效地吸引广泛的会员提供会费，能像狮子会那样发展会员并获得会员广泛且持续的支持并不多。

### 2. 慈善领域衡量结果的天然困境

慈善领域发挥的作用具体体现在产出、效果及影响力上。就产出而言，比如培训多少人，资助了多少贫困人口，建了多少卫生室、图书室，这些都可以真真切切地看到，既真实，又能衡量。但是，就效果及影响力上，比如提升受益者的能力，改变受益者的认知，塑造公众的价值观，推动政策变化等等，既不容易衡量，也不容易“立竿见影”。再加上慈善发挥作用的同时，整个社会大环境或经济环境也在发挥作用，如何严格区分出所产生的变化是来自慈善的作用，也存在一定的困难。因此，作为资助者，不能像投资企业一样能获得可见且可衡量的利润回报，如对慈善领域不够了解，对慈善领域不够信任，均会影响他们对慈善领域的支持。从另一个角度而言，这也是大多数慈善资源愿意支持能直接看到结果的项目的原因，比如支持各类硬件设施的建设、资助学生就学，而大量倡导性的慈善项目或者“授人以渔”类的慈善项目寻求资金支持相对困难。

### 3. 市场经济的推行及商业的侵蚀

在商品关系的市场经济里，人们赖以生存的各种生活资料可以通过金钱交换而获得，谁拥有金钱，谁就拥有权力。随着市场的充分开放，商业对各个领域的渗透与侵蚀在所难免，商业处于垄断地位，对各行各业造成大规模的“侵略”与控制，金钱至上，“金钱能买到一切”的价值观影响着人们的思维与行为。

慈善领域的各个行为主体既是这个大环境中的一部分，其使命的达成，包括项目实施、人员工资与福利保障，均离不开资金。尽管有大量的志愿者可以无偿投入慈善事业，但远远不够。慈善领域对外部资金的依赖，再加上慈善领域具有能够用于“交换”的声誉（软性资本），其吸引力巨大，为商业的侵蚀提供了“可乘之机”。

### 4. 多方利益相关者“合流”

在传统慈善中，从捐赠行为到获赠行为是线性的、简单的、直接的，其中的参与主体只有捐赠方与受助方，不涉及过多的利益相关方。而现代意义上的慈善，参与主体丰富了起来，利益相关方变得复杂，除了传统的捐赠方与受助方之外，还有专业的慈善组织、政府、新闻媒体等。其中，慈善组织的出现是现代慈善区别于传统慈善的最为重要的表现之一。而在慈善组织之中，又有类别和大小之分。因此，在现代慈善中势必会出现“争夺”资源的情形，出现纷繁复杂的利益纠葛。在慈善领域，企业、企业家、明星、政府、媒体等拥有各种资源，可谓强势利益相关方，慈善组织为受助方的利益代言，如坚守原则和组织使命，则会尽力保持独立性，捍卫和保护受助方的利益，反之则会与拥有各种资源的利益相关方进行捆绑，受制于这些强势利益相关方，进而使受助方处于弱势地位，损害其利益。甚至，受助方成为配合强势利益相关方进一步获得公众形象及影响力的宣传工具，这种情形在慈善领域比比兼是。

事实上，包括捐赠者、受助者、慈善组织、政府、新闻媒体等在内的利益相关方彼此间存在紧密的双向互惠互利的关系。当慈善组织忽略或将受助方的利益置于次要地位时，慈善组织与这些利益相关方会“共谋”造成对受助方的控制，特别是对其话语权的控制，使受助方无法真正发声。慈善组织成为慈善多元利益链的中心，它可以同时与政府、捐赠方、新闻媒体及受助方存在关系，而在此关系链条中，或者准确地说是关系网中，强势利益相关方“有意”或“无意”地合流，会强化对慈善组织的影响。例如，捐赠方在与慈善组织开展合作时，同时希望媒体给予支持，此时，慈善组织与媒体的关系会因为捐赠方的存在而变得复杂（见图 1）。

其一，慈善组织与政府存在利益关系。尽管政府对社会的管理已经从统治行政模式向管理行政模式转变，但是无论在何种社会治理模式中，“政治统治到处都是以执行某种社会职能为基础，而且政治统治只有在它执行了它的这种社会职能时才能持续下去”①。因此，政府对慈善组织的管理是其重要的职能之一。当慈善组织获得大量金钱捐赠时，政府有责任介入去监督资金的来源、使用是否合法。而在提供公共服务方面，慈善组织相较

① 张康之:《寻找公共行政的伦理视角》，中国人民大学出版社，2002。

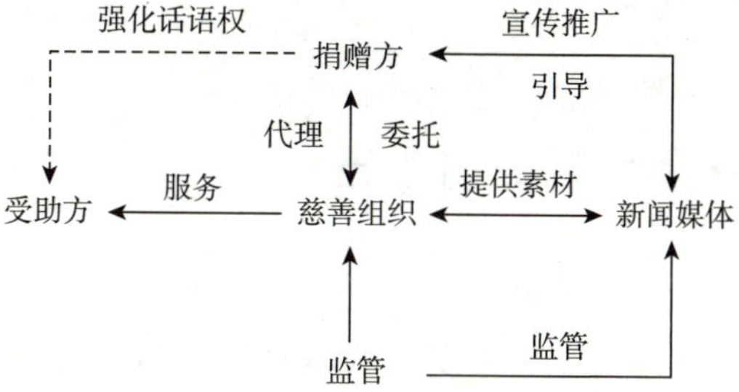


**图1　慈善组织与利益相关方的关系**

于政府来说更有优势，能够为社会谋福祉，解决一部分政府需要解决的问题，分担了一些政府的职能。那么，慈善组织可以为政府承担更多的职能，提供更多的服务以换取政府对慈善组织监督管理的松懈。基于此点两者的关系实现了“微妙”的平衡，当慈善组织不惜代价向社会筹集大量资金时，政府乐于减轻财政拨付的压力，同时期望有着大量资金的慈善组织能够提供更高质量的服务，缓解社会压力，自然而然出现对慈善组织资金处理情况“睁一只眼闭一只眼”的态度。

其二，慈善组织与新闻媒体存在利益关系。慈善组织想要扩大影响力，必然会依赖于媒体对其组织规模、筹款额数、公益项目进行宣传报道，此外，新闻媒体对慈善组织的正面报道对于慈善组织获得社会公众信任至关重要。新闻媒体在与慈善组织合作的过程中能获得直接和间接的回报，一方面，慈善组织的项目运转状况为其提供了新闻素材；另一方面，新闻媒体可以得到一笔额外的“宣传费用”。

其三，慈善组织与捐赠方的关系。两者是委托代理的关系，捐赠者将资金捐赠给慈善组织委托其实现慈善的目的，慈善组织“收钱”运作具体的慈善项目。表面上看，这是一种良性的利益关系，但是其中仍然存在“共谋”的空间。某些捐赠人除了纯粹的助人目的之外，难免存有“私心”，要么为了树立或挽回形象，要么是为了其商业目的。

在现代慈善环境中，慈善组织是与受助方联系最为紧密的主体，然而，有时慈善组织会让受助方配合捐赠方的意愿，进行宣传。

在所有以上利益相关方中，发起慈善的最终目的本是服务受助方，保证受助方的利益，然而我们看到，当慈善组织与强势利益相关方“合流”时，将会使受助方处于弱势地位，甚至有损受助方利益乃至公共利益，而强势利益相关方可有效地实现自身目的。例如，小希望之家的理事臧伟胜坦言："病孩更容易募到款。"

## 三 慈善"拜金"现象的危害

慈善的本质是传播和发扬爱与善。无论是媒体、捐款方、行业还是慈善组织本身，慈善的主要参与者及行为者理应对慈善本质的应有之义有着天然的尊重与维护，否则慈善无以为慈善。然而慈善领域"拜金"现象愈演愈烈，将会扰乱慈善领域各参与主体对慈善本质的认识与理解，扭曲慈善的正确价值观。久而久之，慈善将逐渐沦为一些人满足私欲的工具，慈善事业遭受重创，在错误的道路上愈行愈远，丧失慈善存在的价值与意义。

### 1. 误导公众对慈善的理解

媒体千篇一律地将捐款数额放在醒目位置，在慈善领域和在社会上营造、渲染金钱至上的氛围，给普通民众造成一种慈善事业只有名人和有钱人能做而与已无关，或者大慈善家的贡献更大的错觉。过分强调金钱对慈善的作用，会形成一种误导性的"舆论共识"，扰乱公众对慈善的理解，使人们以为"只有付出金钱才算做慈善"。久而久之，有钱人热衷于攀比捐赠额，没钱人放弃参与和关注慈善事业。其实，慈善不仅需要资金的支持，更需要广泛的志愿服务和传达善意的行为，慈善不是有钱人的专利，是每个人的权利。

### 2. 助长社会用慈善"洗白"的风气

某些捐款企业或个人总想用慈善来改善和提升自我形象，甚至一边损害公众利益，或压榨员工谋取暴利，一边却以承担企业社会责任的形象或慈善家的面目来包装自己。

由于我国在制度上对合法企业的规定存在一定缺陷，慈善组织对资金来源的审核缺乏系统性的操作办法，无论慈善组织的受赠目的是否单纯，慈善领域仍然会不可避免地被人们挖空心思地去利用，成为"污点"企业或个人"洗白"自己的名利场。

如慈善组织毫无原则地接受污染企业或传销企业等问题企业的捐款，或者为一些不法之徒谋取个人利益鞍前马后，借慈善为其树立慈善家的形象，为其博得或提升公众形象和声誉，将会助长整个社会借用慈善“洗白”的风气。

**【案例九】丁××曾以慈善名义捐款4.7亿元欲换取免责**

曾经轰动一时的“丁××案”于2013年9月24日在北京市第二中级人民法院受审，按照刑法有关的量刑规定，丁××面临最高无期徒刑的刑罚制裁。

丁××从一个朴实的农民依靠倒卖车皮赚取差价成为掮客，丁××及其亲属获利数亿元。当高铁在中国进入飞速发展期时，丁××违反国家规定与投标铁路工程项目的公司商定，以有偿运作的方式帮助中标，违法所得数额共计20余亿元，后被发现。2008年6月前后，丁××认识了一位“慈善”掮客——国务院扶贫开发领导小组办公室外资项目管理中心原主任范××。丁××解决的办法是，以公益、慈善的名义换取免责。而能够让自己的公益形象得到展示的人，非范××不可。

庭审资料显示，2008～2010年，为达到树立正面形象以逃避有关部门查处的目的，丁××与范××（另案处理）商议，由丁××向该中心进行捐款，由范××利用职务之便为其安排在有关表彰会上发言、在有关刊物上刊登慈善事迹等。为此，丁××先后38次给予范××财物，共计折合人民币4000余万元。

法庭上，范××的证言显示，丁××就是想通过他进行捐款，提高知名度，认识更高的领导人，以逃避司法制裁。

### 3. 慈善组织“嫌贫爱富”，忽略自身使命，使受助方利益受损

如何评价慈善组织的优劣？是筹资的多少，还是公共利益的达成？理论上，慈善领域的从业者都很清楚，然而，当金钱成为慈善领域的指挥棒时，这种理论上的认识则变得模糊不清。长期以来，慈善领域宣扬以筹资额论英雄的拜金主义，也同时滋生了严重的“嫌贫爱富”习气，慈善组织为筹资而筹资，对大捐赠方低头哈腰，对小捐赠方爱理不理，已成领域内诟病。

如慈善组织将筹资额作为组织发展最重要的目标，则将功夫用在筹资上，忽略公共利益及社会目标的达成。资金背后需展示的效果，慈善组织是否真正为受助方提供了帮助，都变得不够重要。

并且，慈善组织之间会形成“尊卑”之分，“财大气粗”者尊，反则卑。也因此，“小草根”被歧视，其根植民间，对社会进步和社会发展具有毋庸置疑的贡献和价值被忽视。慈善领域本身肩负消除不公和歧视的使命，结果在慈善领域内却有严重的歧视之风。

## 四　结语

慈善“拜金”现象甚嚣尘上却未得到行业内的普遍关注和重视，主要原因是恶性事件占少数，大量常态性现象早已司空见惯。尽管这与社会大环境的影响密不可分，然而更多的是慈善组织自身存在问题。慈善组织的本心应是什么，目的与手段孰轻孰重，评价标准是否存在问题等，这些问题亟待解决，否则慈善的发展方向将会很快走偏，慈善组织将丧失其意义与价值！

何为慈善组织的本心？本文认为，慈善组织的核心使命在于实现社会公共利益，社会使命感成为慈善组织存在的灵魂性要件。慈善组织依据服务对象和发展理念的不同可以分成很多种类型，但是任何类型的慈善组织的核心宗旨和目的都应该在于维护和实现社会公共利益。对于慈善组织来说，筹款只是它的手段之一，也会存在其他的手段，比如招兵买马等，所有的手段都应为实现社会公益这一目的服务，而不是把手段当目的，搞错重点，本末倒置。慈善组织应树立正确的价值观，即为了实现社会公益而努力，不被金钱和短期利益所收买；加强对捐赠资金来源的审核，保持慈善组织的尊严。

尽管我们知道“筹款本位”的评估指标不可取，慈善的评估应是多层次全方位的，但相对于其他评估指标而言，筹款额作为定距变量，在指标评估上具有绝对的优越性和便利性，这也是普遍使用财务指标进行评判的原因。但只考虑财务指标，就等同于将营利组织与慈善组织等同看待，忽视了慈善组织的社会使命。此外，我国普遍缺乏慈善组织的第三方评估机构，难以形成完备的评估体系，难以为慈善组织作出的工作绩效进行正确评估。对于公众而言，往往更重视慈善组织筹了多少钱又用了多少钱，往往忽略其他方面的投入产出比，这一切均是慈善组织沦入“拜金主义”怪圈的原因。在实际操作过程中，对于慈善组织的评估指标要全面化，财务指标只是其中的一部分，不应赋予其过多权重，投入和产出的关系、提供服务的质量、“顾客”满意度等非财务指标也应该纳入评估体系中。此外，加入第三方评估机构的参与和评估，给慈善组织以正确的引导方向。

# 政府在“三社联动”中的双重目的及其影响

数据显示，截至2017年底，全国共有社会组织76.2万个，比2016年增长8.4%，其中社会团体35.5万个，基金会6307个，民办非企业单位40.0万个。[①] 从数量和规模上看，社会组织发展保持着较高的增长态势。社会组织要实现组织目标，发挥自身功能，必须进入特定的场域中，如城市或农村的社区、单位与网络等。而单位的封闭性、网络的虚拟性无疑增大了社会组织进入与行动的难度，因此，社区实际上是社会组织谋求活动开展、功能发挥与目标实现的最重要场域。

从政府角度看，作为政府公共管理的末梢，行政化了的社区事实上扮演着“丰富基层社会管理方式、创新基层社会管理体制、增强基层社会管理能力、强化基层社会管理效果”的支点性角色。因此，社区“处于国家与社会交汇点并衔接科层体系与社会网络的位置”[②]。对此，十八届三中全会做出了“创新社会治理体制”的战略部署。2013年11月，民政部、财政部印发了《关于加快推进社区社会工作服务的意见》，要求建立健全社区、社会组织和社会工作专业人才联动服务机制（“三社联动”）。围绕该意见，许多地方开展了各具特色的实践探索，形成了各具特色的经验和模式。

在此背景下，对“三社联动”为代表的基层社区建设、社区服务、社区治理新型模式与机制进行研究，探讨社会组织如何进入基层社区，而政

① 参见《2017社会服务发展统计公报》。

② 孙柏瑛、武俊伟：《“双向建构”中的城市政府基层社会治理转型——路径、困境与未来展望》，《公共管理与政策评论》2018年第1期。

府在基层治理过程中如何整合社会组织力量，社会组织力量又如何在调试中保持独立性、自主性，甚或反向塑造政府等话题，对于管窥第三部门的生存环境与现实压力，对于理解国家与社会关系，无疑具有一叶知秋的价值。同时，对于社会组织如何认识当下、如何定位自身、如何回应挑战也具有切实紧迫的现实意义。

研究当代中国国家与社会关系的众多模型、理论与框架中，最具影响力和解释力的是康晓光的“行政吸纳社会”理论①。该理论指出，政府具有垄断政治权力与提供公共物品的双重职能，社会组织具有组织集体行动与提供公共物品的双重属性，由此导致了政府与社会组织之间冲突的必然性与合作的可能性。政府因此会采取双重策略，即一方面限制或控制，另一方面发展或支持，从而达到遏制挑战功能与利用服务功能的目标与效果。“行政吸纳社会”的实质是“国家与政府通过分类控制与功能替代两种主要管理策略来使得公民社会、法团主义等社会自主、自治、独立领域无法出现的过程”②。笔者认为，“行政吸纳社会”理论蕴含着政府行动的双重目的：政治引导目的与公共治理目的。前者是政治社会学逻辑，后者是公共管理学逻辑。两种目的都同时贯穿于政策意图、结构安排与运作机制全过程。

本文主要利用政策文本、媒体报道、相关研究文献，以及笔者关于B市与P市③“三社联动”实施与运作情况的调查资料，在“行政吸纳社会”理论框架下，对“三社联动”及其影响进行分析。

笔者之所以选择B市与P市，是因为看重其典型性。其中B市为直辖市，经济发达，常在社会治理领域先行先试。近年来，B市在其下辖区开展的街道“大部制”改革，正重塑着街－区治理格局。笔者通过B市民政局

---

① 参见康晓光、韩恒、卢宪英《行政吸纳社会——当代中国大陆国家与社会关系研究》，新加坡：世界科技出版公司，2010；康晓光：《君子社会——国家与社会关系研究》，新加坡：世界科技出版公司，2013；康晓光、蒋金富：《政府－社会组织博弈研究》，新加坡：世界科技出版公司，2013。

② 康晓光、韩恒、卢宪英：《行政吸纳社会——当代中国大陆国家与社会关系研究》，新加坡：世界科技出版公司，2010。

③ 本文中B市与P市为城市缩写；甲街道、乙街道为街道代称，为B市下属街道；a中心、b平台、c组织为社会组织缩写，其中a中心为在B市注册的社会工作促进中心，b平台为某线上经典学习平台，已落地在B市，c组织为P市民政部门孵化的进行垃圾分类的社会组织。

网站检索发现，该市 2016 年“三社联动”服务项目达 58 个，资助金额 560 余万元；2017 年服务项目为 43 个，资助金额达 1000 万元。[①] 而 P 市为东部某县级市，经济社会发展水平较高，入选 2018 年全国科技创新百强县市，该市 2017 年民政工作总结显示，“已完成政府购买服务流程的社会组织服务资金达近 1243 万，其中社会工作服务资金 677 万。”[②] 且 P 市近年来通过社工证报考动员等，不断扩大持证社工队伍。可以看出，B 市与 P 市在“三社联动”开展落实方面均起步较早，且发展较为成熟。

此外，更为重要的是，笔者在 B 市与 P 市所选取的案例具有较强的对比性。在 B 市笔者所选取的案例是 a 中心通过与 B 市甲街道建立合作关系，得以进入社区，并获得了较大的自由活动空间。尤其值得一提的是，其创造性地建立了开放性的社区文化教育平台，其他社会组织可以通过入驻该平台而进入社区，b 平台正是通过该方式得以落地社区的。在 P 市，笔者主要关注的案例是该市“三社融合”的典型项目“垃圾分类”项目，负责运作该项目的 c 组织是由 P 市民政局所孵化出来的，因此其性质、运作方式、合作关系等都与 B 市有所不同，二者的对比可以呈现“三社联动”与基层治理特征的异同。

笔者研究发现，基层社会治理中的“三社联动”及政府与社会组织关系同时受到政治引导与公共治理双重目的的塑造，双重目的贯穿“三社联动”的政策意图、结构安排与具体运作全过程。总的来说，以“三社联动”为代表的基层治理中的一系列制度、体制与机制创新并没有逸出“行政吸纳社会”理论的解释范围，其本质是“行政吸纳社会”在基层治理与社会治理中更自觉、更主动、更精细化的运用。

## 一　何谓“三社联动”

### 1. 政策意图

“三社联动”源于地方性社区建设、社区服务与社区治理的探索实践。2004 年，上海市民政部门首提“三社互动”的概念，提出要形成“以社区

---

① 李毅：《B 市“三社联动”调研报告》。

② 李毅：《B 市“三社联动”调研报告》。

为工作平台、以社工为队伍抓手、以社团为组织载体”[①] 的既分工又合作的工作思路。其后又有社工与义工“两工互动”的提法，强调两类主体间的合作。有学者考证认为，作为术语的“三社联动”提出时间应该在 2009 ~ 2010 年。[②] 第一篇对“三社联动”进行学理探讨的文章也出现在 2010 年。[③]

“三社联动”作为政策术语与全国性的工作模式首次出现于 2013 年民政部与财政部联合印发的《关于加快推进社区社会工作服务的意见》中，该文件提出要“建立健全社区、社会组织和社会工作专业人才联动服务机制”，“探索建立以社区为平台、社会组织为载体、社会工作专业人才为支撑的新型社区服务管理机制”，以此达到“扩大社区社会工作服务范围，提升社区社会工作服务层次，创新基层社会管理方式，完善基层社会管理体制，增强基层社会管理实效”[④] 的目标，自此，“三社联动”得以快速推广推进。

2014 年 9 月，全国第一个“三社联动”专题研讨会在北京召开。2015 年 10 月，民政部在重庆召开全国社区工作暨“三社联动”推进会，总结交流了各地“三社联动”的工作经验与先进做法，明确了加快推进社区、社会组织、专业社会工作“三社联动”的思路与任务。[⑤]

2016 年 2 月，时任民政部部长李立国在《光明日报》刊发文章，提出要发挥“三社联动”优势作用，“推进政府向‘三社’购买服务，建立社会组织承接项目、社工团队执行项目、面向社区实施项目的新机制，探索以政府购买服务为保障、项目化运作为纽带的‘三社联动’新途径。”[⑥]

2017 年 7 月，全国地方党政领导干部“三社联动”专题研究班在江苏省南京市开班，提出要发挥社区的平台基础作用、社会组织的承接载体作用、社会工作的专业支撑作用，并“建立联动机制，充分发挥社区、社会

① 本刊编辑部、徐富海：《“三社联动”如何“联”如何“动”?》，《中国民政》2015 年第 12 期。

② 参见顾东辉《“三社联动”的内涵解构与逻辑演绎》，《学海》2016 年第 3 期。

③ 参见叶南客、陈金城《我国“三社联动”的模式选择与策略研究》，《南京社会科学》2010 第 12 期。

④ 《民政部，财政部关于加快推进社区社会工作服务的意见》（民发〔2013〕178 号），2013 年 11 月 15 日。

⑤ 参见何立军《深入推进“三社联动”构建全民共建共享的社会治理格局——民政部召开全国社区社会工作暨“三社联动”推进会》，《中国民政》2015 年第 20 期。

⑥ 李立国：《充分发挥民政在社会治理中的作用》，《光明日报》2016 年 2 月 1 日第 16 版。

组织、社会工作的整体优势和综合效能，实现‘1+1+1>3’的效果”①。

## 2. “三社联动”的结构安排

在“强国家，弱社会”的现实背景下，“三社联动”的提出、推进与秩序格局都并不是自然自发的过程与结果，而是受到行政力量的主导与塑造。因此，对“三社联动”的探讨如果仅仅停留在社区层面，是不符合实际的。② 现实中，本该作为自治空间的社区往往成为街道发挥行政职能、开展行政工作的延伸主体。因此，本文将“三社联动”放置在街道-社区架构下进行思考，但是重点分析“三社联动”中的社区、社会组织与社会工作者等主体及其关系与结构（见图1）。

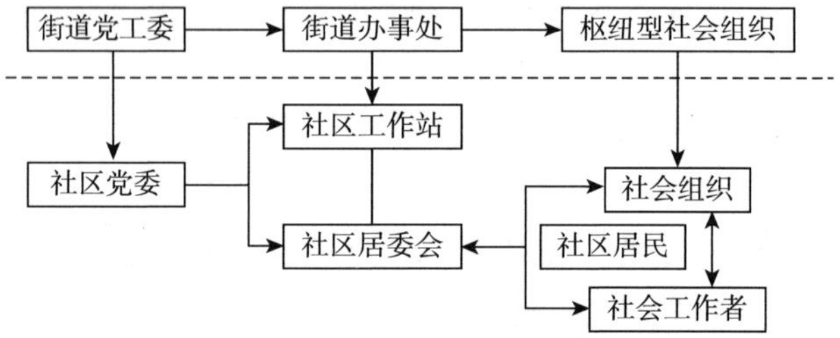


**图1 “三社联动”的结构安排**

街道层面存在街道党工委与街道办事处，此外，还有枢纽型社会组织，包括社会组织联合会与支持性社工机构，用于培育、孵化社会组织，以及项目运作过程中发挥规划、督导、评估等功能。社区层面有社区党委与社区居委会。近年来，为减少社区居委会的行政化色彩，许多地方探索建立了社区工作站，专门用于承接街道层面的行政事务，从而将居委会回归为社区自治组织。

如何界定“三社联动”中的“社区”？一方面，在官方文件的表述中，社区作为场域而存在，是“三社联动”的整合平台，发挥的是平台的基础作用。另一方面，在具体实践与部分学者的研究中，则将社区作为行动主体来进行理解。③ 考虑到“社区居委会以社区居民与基层政府的‘双重代理

① 《地方党政领导干部“三社联动”专题研究班在南京开班》，http://www.mca.gov.cn/article/xw/mzyw/201707/20170715005104.shtml。

② 参见曹海军《“三社联动”的社区治理与服务创新——基于治理结构与运行机制的探索》，《行政论坛》2017年第2期。

③ 参见王思斌《“三社联动”的逻辑与类型》，《中国社会工作》2016年第2期。

人’身份担负着主导者和资源整合者的角色”[①]，有学者进而认为“社区”应当界定为作为基层群众性自治组织的社区居委会，而非行政化、官僚化了的居委会。[②]

社区是场域还是主体？如果是主体的话，是行政化主体还是自治主体？笔者认为，“三社联动”是在社区这个场域中开展的似乎是不辩自明的命题，因此应当将社区理解为行动主体。而无论是行政化还是自治化的主体，皆可参与到社区建设、治理与服务过程中，因此，“社区”应当被理解为包含社区党组织、社区居委会、社区工作站等不同主体在内的行动主体。

从来源上看，参与“三社联动”的社会组织既可以是本地的也可以是外来的，由此可以将“三社联动”区分为内生式模式与嵌入式模式。[③] 从性质上看，社区社会组织可以包括官办的社会组织、互惠组织（诸如文体活动类等），以及以社会工作者为主体的专业性的慈善类、服务类社会组织。

“三社联动”中的社会工作者既包括传统的社区工作者，也包括专业社会工作者。前者通常是指社区居委会成员，后者是指受过专业社会工作教育并经过资质认定、取得资格证书的社会工作者。在实践中，二者常有“社会工作员”与“社会工作者”的称呼差异。在 2015 年的“三社联动”推进会上，关于社会工作者的目标指出，“到 2020 年……每个城市社区至少有 10 个以上、农村社区至少有 5 个以上社区社会组织有专兼职专业社工或接纳民办社工机构从事社会服务活动”[④]。

需要说明的是，此处的“三社联动”的结构安排为自上而下，是笔者根据政策文本描述与调研资料所归纳的“理想类型”，在此结构中，决策权和主导权掌握在政府手中。

而具体到各地实践则往往在该类型基础上有所增减或调整，比如在 B 市的“三社联动”实践中，则尚存在“联席会议办公室”这一主体（见图 2）。

---

① 李精华、赵珊珊：《“三社联动”：内涵、机制及其推进策略》，《学术交流》2016 年第 8 期。

② 参见徐永祥、曹国慧《“三社联动”的历史实践与概念辨析》，《云南师范大学学报》（哲学社会科学版）2016 年第 2 期。

③ 参见徐永祥、曹国慧《“三社联动”的历史实践与概念辨析》，《云南师范大学学报》（哲学社会科学版）2016 年第 2 期。

④ 何立军：《深入推进“三社联动” 构建全民共建共享的社会治理格局——民政部召开全国社区社会工作暨“三社联动”推进会》，《中国民政》2015 年第 20 期。

### 3. 运作过程

“三社”分属于民政部门的基层政权和社区建设处、民间组织管理处和社会工作处三个不同的部门，这三个部门需要沟通协调顺畅，才能真正实施“三社联动”，使其既能“联”，又能“动”。项目制是一种使三部门及“三社”能联动起来的机制。

“项目现象是我国近十年来社会治理体制机制运行中的一个极为独特的现象”，项目制已经成为一种新型的国家治理体制，[①] 基层社会治理也不例外。“三社联动”的具体运作主要依托于各类社会服务、社会建设、社会治理项目而展开。以项目制为主要模式而开展的基层社区“三社联动”一般包括如下过程：首先是需求测量与确定，紧接着的关键在于寻找合适的社会组织或政府对口孵化相应的组织，然后通过政府购买服务联结各类社会行动主体，接下来进入项目实际运作阶段，配合以政府的日常监管，最后由政府自身或委托第三方对运作效果进行监督评估。

以笔者所调研的 P 市“三社融合”的典型项目“垃圾分类”项目为例[②]。该项目由 P 市民政部门主推，各街道、社区与社会组织具体执行。首先，由民政部门指导下的社会组织孵化基地，根据项目需求培育相应的社会组织，在本项目中，政府孵化培育的社会组织为 c 组织。其次，经由一般化的政府招标、社会组织申请、政府筛选的流程，确定参与垃圾分类项目的社会组织。事实上，由于 P 市为县级市，本地社会组织数量较少，外来社会组织也很少进入当地，加之 c 组织为当地孵化，因此其顺利成为垃圾分类项目的合作方。

然后，进入具体运作环节。垃圾分类包括从每家每户的垃圾桶一直到垃圾填埋、分化的全过程，而在家庭和社区这一环节，工作尤为分散琐细。因此，社区工作人员和公益组织需要到每家每户进行宣传，并指导室内垃圾分类。同时，该社会组织还需要安排志愿者在每日早、中、晚倒垃圾高峰时间蹲守在社区内的各大垃圾桶旁，敦促每一位前来倒垃圾的居民按照垃圾分类规则处理垃圾。

最后，是政府对社会组织的监管。根据 P 市民政部门工作人员所述，

---

① 渠敬东：《项目制：一种新的国家治理体制》，《中国社会科学》2012 年第 5 期。

② 引自执笔人的实地调查记录。

日常监管主要通过开会、报告、检查等方式开展，监管内容包括项目完成情况、组织内部管理以及雇员持有社工证的比例等。每年民政局会牵头对各类社会组织制定评估细则，并按照该细则进行绩效评估。对于社会工作者的监管和考核，由社会组织自行组织，由其将杰出的事例上报给民政局，由民政局进行褒奖宣传。P市该项目的运作过程大致能反映“三社联动”的一般情况。

## 二 “三社联动”中的政治引导目的

### 1. 政策意图

笔者对政策意图的辨识主要通过对政策文本、官方讲话的考察来予以实现。在《关于加快推进社区社会工作服务的意见》中，关于为什么要加快推进社区社会工作服务，文件首先强调了社区工作的重要性，即“社区成为各种利益关系的交汇点、各种社会矛盾的聚焦点、社会建设的着力点和党在基层执政的支撑点”，并将社区社会工作上升到“落实党和政府惠民政策、彰显人文关怀、扩大和巩固党执政的群众基础”① 的高度。

而对于社区社会工作与“三社联动”的具体开展，文件提出需要“坚持党政主导、社会参与。切实加强党对社区社会工作服务的领导，确保社区社会工作服务发展的正确方向”②。无论社区、社会组织还是社会工作专业人才，都被定位为有助于“延伸政府臂力”的社会主体。

更为明显的是，文件中指出要“注重把政治素质好、熟悉社会服务与管理的社区社会工作专业人才吸纳进基层党员干部队伍，选拔进基层党组织领导班子，支持有突出贡献的社区社会工作专业人才进入地方基层人大、政协参政议政”③，其无疑是“吸纳”逻辑与政治引导逻辑更为明确的表达。

而在B市与P市的具体实践中，无论是关于“三社联动”的地方性文

① 《民政部、财政部关于加快推进社区社会工作服务的意见》（民发〔2013〕178号），2013年11月15日。

② 《民政部、财政部关于加快推进社区社会工作服务的意见》（民发〔2013〕178号），2013年11月15日。

③ 《民政部、财政部关于加快推进社区社会工作服务的意见》（民发〔2013〕178号），2013年11月15日。

件，抑或与之相关的各式调研、推进会与论坛的官方表述中，“发挥政府主导作用”① 都是放在首位的表述，尽管与此同时，“三社联动”还被寄予“促进社区基层自治”的厚望。

### 2. 政治引导逻辑

有关政治引导逻辑的考察可以从两方面着手进行，一方面是社会组织进入、落地到社区的过程，即入口处结构控制；另一方面是落地社区、进入到既有的更为强势的街道－社区权力结构后，受到的结构性束缚，即日常性结构控制。

社会组织要开展活动、落实项目、完成其组织目标，必须依托于特定的场域；政府要履行职能、提供服务、实现其吸纳目的，也必须在特定空间中进行。此处的场域或空间既可能扮演着政府与社会组织携手合作的平台，也可能充当着二者“短兵交接的战场”。该场域或空间既可以是实体性的政治行政空间，如单位、社区、行政村；也可能是虚拟性的空间，如网络。

社区是政府与社会组织发生互动的重要空间，社会组织会将社区作为重要的发展支点，笔者调研的 B 市 a 中心负责人对此有清晰的论述：“我之所以做社区，第一个原因是，每一个家庭、政府、企业乃至超市、医院、学校，没有一个不坐落在社区，业态非常明显，可以做个人、家庭、社会等方面的文化项目，可以做综合教育；第二个原因，一个社区做好了，可以往全国复制”②。

特定社会组织想要在社区落地开展活动，往往需要经过两道重要关口，其一是获得合法身份，如社团、民非，其二是获得社区进入权。以笔者在 B 市的调查为例，b 平台一直致力于中华优秀传统文化的继承与创新，其现在已经搭建较为完善的线上学习平台与网络，也会辅以一定的线下学习交流，但是由于一直未能注册为社会组织，因此只能以“打游击”的方式开办活动，直到 2018 年该平台借助 a 中心，申办了 B 市 H 区的全民阅读活动，情况方有所改善。

事实上，a 中心是在 B 市民政局注册成立的社会服务机构，与甲街道建

---

① 《如何推进“三社联动”》，摘自 B 市民政局官网。

② 引自执笔人的实地调查记录。

立了良好的合作关系，深受甲街道与其所落地社区的信任与欢迎，且该中心在社区建立了开放式的文化教育平台，其他社会组织可通过入驻该平台，从而进入社区。b 平台正是通过与 a 中心建立合作关系，入驻该文化教育平台，从而间接完成了在社区的真正落地。

落地社区后，社会组织便进入原有的街区权力结构中，其所受到的政治引导可以通过对街道与社区、社区党组织与社区居委会、枢纽型社会组织与专业社工机构间关系的考察来进行识别（见图 1）。

从街道与社区的关系看，二者的结构设置表现出高度的同构性，社区机构设置的向上对齐与党组织建设的纵向到底，保证了街道对社区的政治统治，从而可以有效防止社区脱离控制范围。再从社区党组织与社区居委会的关系看，两者在实践中通常采用交叉任职以及居委会负责人在社区党组织中任副职的模式，从而保证了基层党组织的领导核心地位，并将社区居委会置于社区党组织监督控制之下。而从对枢纽型社会组织的设置及其与其他社会组织的关系来看，此类支持性的社会组织一方面负责培育、孵化可靠的社会组织，另一方面吸纳外来的专业社会组织，由此发挥着发展可靠增量、吸收既有存量的作用。

总体而言，“三社联动”的组织结构设置确保了街道对社区、社区党组织对社区居委会、官方枢纽型组织对民间社工机构的控制，即笔者所谓的日常性结构控制。此处的“日常性”旨在揭示该种控制形式的深层性、隐含性与日常性，它是制约社会工作者、社会组织等社会行动者的无所不在的结构性力量。而在单一制体系下，通过强制性、模仿性或规范性等不同形式的同构化，以上种种做法得以在不同地域、不同层级间的政府迅速扩散，因此尽管 B 市与 P 市所处区域不同，城市级别有异，但是上述关系的形态却基本相似。

### 3. 运作过程

如前所述，典型的“三社联动”项目运作过程包括需求确定、寻找或培育社会组织、项目招投标、项目执行、项目考评等环节。在“三社联动”的具体运作过程中，政治引导逻辑也时刻发挥着作用，并贯穿于项目运作的全过程，兹以几例说明。

P 市“垃圾分类”项目中的参与组织，便是由该市社会组织孵化基地所培育出来的，这样便确保了组织的“根正苗红”，据该市民政部门工作人员所述，“可以说，绝大部分的社会组织都是民政局社会组织和社会工作科的同志手把手培养起来的。”①

而即或有外来社工机构通过竞争，进入了街道与社区，也同样面临着既有体制的日常权威渗透。有研究者考察了某专业社会工作机构通过政府购买服务、组建社区综合服务中心的方式进入街道与社区开展工作与服务的过程。该研究发现，专业社工机构进入街道－社区后，街道权威会通过履职不足、过度监督、管理权力不断延伸等方式渗透到社会组织内部，从而塑造“强政府、弱专业的权力不对等状态”②。

此外，党建则是街区力量对社会力量进行政治引导的特有手段。a 中心与 B 市下辖的甲街道签订了三年的合作合同，其日常运作中便十分重视党建。组织内部会开展每月一次的党建学习，并将学习内容上报给社区与街道社工协。其党小组所属的归口管理组织包括社工协、民政、街道等五个不同层级、不同类型的部门。“这五个归口有不同的要求。我们按照每月一次的学习要求，组织内部党建、开展社会活动，如实做好图文记录，抄报给五家。”③

## 三　“三社联动”中的公共治理目的

### 1. 政策意图

公共治理是由多元的公共管理主体组成的公共行动体系，包括政府部门和非政府部门。尽管研究者认为公共治理各主体间的责任界限存在模糊性的可能，再加上公共领域和社会领域的区分不像以前那么明显，但是，在“三社联动”中，政府部门和非政府部门的责任界限却很清晰，政府“使用”社会组织和社工机构达成提供公共服务的目的，政府是项目的发包方，社会组织、社工机构是项目的承包方。

《关于加快推进社区社会工作服务的意见》中体现着多元的政策目标，既有加强政策控制、强化社会管理方面的目标，也有提升公共服务水平与

① 引自执笔人的实地调查记录。

② 朱健刚、陈安娜：《嵌入中的专业社会工作与街区权力关系：对一个政府购买服务项目的个案分析》，《社会学研究》2013 年第 1 期。

③ 引自执笔人的实地调查记录。

促进社区自治方面的目标。文件中提出要“以满足居民需求、促进社区和谐、推动社区发展为根本出发点”来定位“三社联动”，同时要认识到加快推进社区社会工作对“增强居民自治能力、培育居民互助意识、扩大社会参与、促进社区融合、增进社区和谐；对强化社区服务功能、深化社区服务内涵、提升社区服务层次、完善社区服务体系，满足社区居民……新的个性化服务需求”① 等方面所具有的重要意义。

其实，在保证了“三社联动”实际过程中政治引导维度的安全性的前提下，仅从表述层面而言，可以看到更为明显的“公共治理”元素。因而，无论是政策语言的行文表述，还是民政系统负责人在“三社联动”推进会以及发表在《光明日报》等的文章等官方表述中，都可以看到浓重的公共治理成分。

以 B 市民政部门官方网的相关讲话、领导撰文为例，“基层自治”“政府与社会之间互联、互动、互补的社会治理新格局”“畅通社会组织的协同参与渠道”“多元协同”“契约化管理”等表述屡见不鲜，而这些恰恰是 20 世纪八九十年代以来西方公共管理研究与实务中诸多新潮流——新公共管理、新公共服务、合作治理等的主题词。仅从政策意图的表述层面而言，公共治理色彩由此可见一斑。

### 2. 公共治理逻辑

尽管上文指出了街道 - 社区结构中的政治引导色彩，但是从纵向历史的角度看，外部社会组织与专业社会工作者被允许进入社区场域，参与社区建设、社会服务与社区治理，本身就是一种进步。事实上，这也是政社关系从以政治引导为主，逐渐转向在政治引导中吸纳公共治理元素的趋势的表现。

此外，社区、社会组织、社会工作者所体现的多元主体的共存与协作至少在形式上符合合作治理等新式理念。其在一定程度上也有利于和谐社区的建设，社区服务专业性的提升与居民参与社区治理能力的提高，这也是众多“三社联动”的公共管理与社会工作研究者所强调的方面。

---

① 《民政部、财政部关于加快推进社区社会工作服务的意见》（民发〔2013〕178 号），2013 年 11 月 15 日。

以B市“三社联动”服务模式（见图2）为例[①]，图2对“三社联动”中各层级、各主体的职责分工，以及各行动主体之间的关系与合作模式进行了相对细致的界定描述，从传统的一元结构到图2中的“一主多元”结构，无疑是公共治理逻辑渗透的成效。然而，该结构本质上仍然是“自上而下”式，决策权及主导权掌握在政府手中。

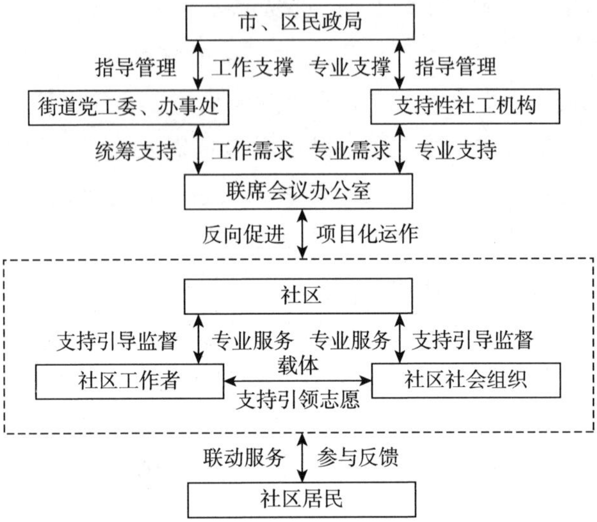


**图2　B市“三社联动”服务模式**

此外，B市提出要遵循“受益广泛、群众急需、服务专业”的原则，满足各类“困难群体、特殊人群和广大群众”[②]个性化、多样化的社会服务需求，可见，“三社联动”正是针对政府公共服务供应不足且缺乏专业性的困局而选择的因应之策，这实际上是一场公共服务的合作供给行动。

### 3. 运作过程

“三社联动”在实践中主要采取项目制的运行模式，并通过政府购买服务予以完成，其遵循公开申报、公平竞争评审、社会组织运营、政府评估的过程。从公开招投标、专业的项目服务方法、第三方评估等方面，都可以看到对新公共管理、第三方治理、西方治理理念、元素与做法的借鉴应用。

① 《B市民政局关于印发〈2016年度“三社联动”服务指引（试行）〉的通知》。
② 《B市民政局关于印发〈2016年度“三社联动”服务指引（试行）〉的通知》。

a中心在B市甲街道运营半年后，较为成功，遂有别的街道前来参观学习，其中乙街道确定了三个社区让a中心运营维护，都是政府提供场地与硬件，a中心负责进入社区开展活动，践行传统文化。而在具体经费方面，其中一个社区每年补贴200万元经费，但不允许开展收费课程；另一个社区则不给任何人员提供活动经费，但允许a中心开展收费课程。此外，甲街道则实行政府给予非固定性补贴，同时允许自主创收。

谈及a中心的财务状况，a中心负责人表示，收入主要来源于政府补贴、公益基金会支持、市场创收三个渠道，其中以政府补贴为主，包括特定的人员与活动经费，以及购买服务形式的项目经费，这也符合萨拉蒙关于美国非营利组织主要资金来源是政府提供而非私人捐助的研究结论。①

从上述例子可以看到，社区与社会组织的具体合作形式与过程，体现着较为鲜明的公共治理色彩，其本质是以公共部门为安排者、以非营利部门为生产者的服务提供过程。② 且二者之间合作形式多样，不拘一格。而前文提到的专业社工机构嵌入街区体制所面临的种种问题，也可以看作新的公共治理方式嵌入旧有体制后所产生的排异反应，是过渡阶段的必然过程。

需要指出的是，有学者认为，近几十年治理理论的大行其道，其背后最主要的促进力量是西方发达国家的福利国家危机。③ 但是，在中国，治理理论的落地生根似乎与此相反，其恰恰是伴随着资源下沉的过程实现的。在论述中国农村基层治理的逻辑转换时，景跃进指出，“由资源汲取向资源输入的转型意味着国家权力以一种全新的方式切入乡村社会，意味着乡村治理革命的到来”④。与此相似的是，如果说在治理资源有限的时期，社区治理是作为“抓大放小”而被搁置的环节，那么在治理资源更为充分的情况下，资源便流向基层治理与社会治理领域，其客观上增加了实践治理的可能性。

---

① 莱斯特·萨拉蒙：《公共服务中的伙伴关系——现代福利国家中政府与非营利组织的关系》，田凯译，商务印书馆，2008。

② 萨瓦斯：《民营化与公私部门的伙伴关系》，周志忍等译，中国人民大学出版社，2011。

③ 参见王绍光《治理研究：正本清源》，《开放时代》2018年第2期。

④ 景跃进：《中国农村基层治理的逻辑转换——国家与乡村社会关系的再思考》，《治理研究》2018年第1期。

## 四 “三社联动”中政府双重目的的实现

政府的政治引导目的与公共治理目的并非互不关联，事实上，在关键政策文本以及实际运作中，双重目的贯穿于“三社联动”的整个决策机制、结构安排、运作过程中。在前述的项目制中，诸如申报、筛选、评审、运行、评估等政府与社会组织合作的一般化项目运作机制与管理过程，政治引导与公共治理都经此完成。项目制可以有效地将政府的双重目的加以实现。也就是说，“项目”本身，从决策到各类资源的控制，以及实施过程及实施结果的评价，主导权及控制权均掌握在政府手中，项目的执行者——社会组织并无发言权，更无决定权，也无影响力，它们的角色就是项目执行和落实。也就是说，对政府而言，社会组织是帮政府“干活”。当然，如开篇所述，社会组织所“干的活”，也正是社会组织的部分使命所在，也因此彼此能达成“合作”。

政府的双重目的中的任一目的，彼此配合，相互支撑。严格地说，公共治理目的并非严格意义上的公共治理，更多体现为“形”，而“质”的体现则是有限的。因为完全遵从公共治理目的，在一定程度上会与政治引导目的发生冲突。可以说，“三社联动”中政府双重目的的实现，其准确的表述是全方位的政治目的的达成，以及一定程度的或部分公共治理目的的达成。这也正是政府的目的所在——政府并不想搞实实在在的“公共治理”，而是有限公共治理下的公共服务的提供。

我们从 B 市与 P 市的“三社联动”的实施情形可以清晰地观察到双重目的“你中有我，我中有你”。

首先，政府筛选或孵化出的社会组织是开展“三社联动”的前置条件，这既可以看作政府在“公共治理”目的支配下寻找与培育多元主体的表现，也可以视作“政治支配”的目的自然贯穿其中，比如，筛选哪些种类、培育什么类型的社会组织是至关重要的关口。

这从 B 市在《“三社联动”服务指引》中的项目服务内容的具体规定中可以发现。凡是能够进入社区，参与“三社联动”的组织，基本是能够在社区老年人服务、特殊家庭服务、政策支持服务，以及为儿童、青少年、社区戒毒人员、流动人群、妇女、社区低保与边缘人群提供专业服务的机构，而那些倡导类、政治类的具有挑战能力的组织则难以获得社区准入权和承接项目的资格。因此，仅准入门槛一项，它就承担着政治引导的栅栏与公共治理的过滤器的双重作用，这也是政府借此实现双重目的“一箭双雕”式的操作。

其次，对社会组织进行项目实施过程中的检查考评，虽是政社合作项目运作的应有之义，但是，检查什么、检查的标准、检查的力度等的决定权全在政府一方手中，“政治引导”与“公共治理”的目的落实之妙，存乎政府一心。

需要强调的是，笔者观察到，政府自身的政治引导目的在具体实现时更多体现为“红线原则”或“底线原则”。也就是说，政府会划定社会组织不可触碰的红线，比如政治议题、宗教议题……而在底线或红线之上，则更多是公共治理可以作用的空间，这空间的大小受社会组织的背景、所在的服务领域、进入社区的方式、与街道的关系、受社区欢迎的程度等因素的制约。这种自主空间，既是政府有意赋予的，也是社会组织自主争取的，当这种自由空间较大，而政治引导又隐而不露或更为柔性、更为高明时，则会表现出所谓“依附式协作供给”① “双向赋权”② “共生式发展”③ “策略性合作”④ 等新面貌。如果看到此新面貌就认为政府的“政治引导”目的不存在，则未免太过乐观。

如果说在“行政吸纳社会”的初期阶段，政府尚处于某种无意识的状态，那么近年来，通过对新公共管理、合作治理等西方理念的引入，通过“三社联动”“政府购买服务”等新型工作机制的创新，“行政吸纳社会”进入了更有意识、更自觉、更富设计性的阶段，其实质是“通过将新公共管理‘嵌入’行政吸纳社会，政府进一步完善了行政吸纳社会”⑤。

---

① 王清：《依附式协作供给：城市公共物品供给机制创新》，《湖南师范大学》（哲学社会科学版）2014 年第 1 期。

② 纪莺莺：《从“双向嵌入”到“双向赋权”：以 N 市社区社会组织为例——兼论当代中国国家与社会关系的重构》，《浙江学刊》2017 年第 1 期。

③ 王清：《共生式发展：一种新的国家和社会关系——以 N 区社会服务项目化运作为例》，《中共浙江省委党校学报》2017 年第 5 期。

④ 程坤鹏、徐家良：《从行政吸纳到策略性合作：新时代政府与社会组织关系的互动逻辑》，《治理研究》2018 年第 6 期。

⑤ 康晓光：《义利之辨 ——“公益与商业关系国际研讨会”主旨发言》，https://mp. weixin. qq. com/s? _biz = MzIzNDYxNTA0MA = = &mid = 2247483895&idx = 1。

# 五　“三社联动”影响分析

作为一种多方参与、共同行动的基层社区治理模式，“三社联动”的开展运作必然会作用于参与其中的多方主体——政府、社区、社会组织与社工机构、社会工作者、社区居民，同时也会对社会公益力量与第三部门的发展产生着特殊影响。下面，笔者将简述当前的“三社联动”对于政府、社区与居民的影响，特别是对社会力量的影响。

## 1. 对政府与社区的影响分析

对政府部门来说，“三社联动”可以助力其更有效、更专业地达到政策目标与获取政绩，同时也会带来社会治理绩效的改善。如笔者所调研的 P 市开展的“垃圾分类”项目与“乡村改造”建设项目，可以带来市容市貌与乡村形象的改善；而 a 中心在甲街道建立的文化教育平台，提供了多种多样服务，在改善居民生活的同时，也提升着居民对街道政府的满意度。

对社区来说，社会力量的参与直观来看可以为社区减负，B 市的实践也证明了这一点。a 中心所建立的社区文化教育平台所推出的丰富而专业的课程，根本不是政府凭一己之力可以达到的，且政府得以从直接提供此类微观服务中解脱出来，向决策者、监管者、评估者的角色转变。同时，社会工作者采用个案工作、小组工作、社区工作等项目服务方法，也可以大大促进社区服务的专业化。

不过，在 P 市的实践中，笔者也发现，实际情况并非如设想的那么简单。一方面，由于“三社联动”项目需要与社区居民发生关系，必然依靠社区工作者的居中协调，因此，社区并未从原有事务中解脱出来，反而由于单个社区内项目的累积，增加了其工作量。另一方面，“三社联动”作为自上而下推开的基层治理机制，在政策目标本身的驱动下，往往增添许多不必要的项目。而在政府部门看来，社区减负下带来了人员解套，因此会更有动力向社区内增加项目，从而进一步加剧社区工作压力。①

① 引自执笔人的实地调查记录。

### 2. 对社区居民的影响分析

对社区居民来说，“三社联动”的影响也是多元的。在B市，a中心进入甲街道后，通过建立平台，吸纳了多种多样的社会组织进入所落地的社区，并合作推出了包括古琴、茶道、木艺、绘画、刺绣、香道、茶道、经典学习、读书会等丰富的公益、互益课程与活动，甚至在周边社区发动居民成为志愿者，为年迈的老人提供送餐服务。从各种活动参与者的反馈来看，这些举措大大丰富了社区居民的生活，也提高了社区居民对社区事务的参与度。

但在P市，笔者也发现，并非所有的“三社联动”项目都能在短期内为居民带来实惠并收获认可，其有赖于项目本身的性质以及社区已有的基础。诸如“社区食堂”“交通疏导”项目，既解居民之需，又不必居民出力，则比较受到欢迎。但有些项目，则需要居民改变其原有生活方式、态度观念甚至主动参与，诸如“垃圾分类”项目，需要居民在家中提前按照特定标准进行分类，并在垃圾回收点进行分类投放，在居民的习惯未养成前，难免出现不理解情绪；而在“乡村改造”项目中，由于当地“一刀切”地要求所有乡村房屋都需要经由政府采购的第三方服务组织进行统一改造，而有些居民不愿意改变原有房屋风格，因此产生了特定新的矛盾。

### 3. 对社会力量的影响分析

关于社工机构与社会工作者进入社区后，会发挥何种作用，本身又会受到何种影响，既有研究看法不一。一项关于“三社联动”中社会工作专业主体性建构的研究显示，“社会工作是社会建设中最人性化的，最具生命意识的专业因素”①。专业社会工作者通过岗位、兼任、项目或制度性的方式嵌入社区中，通过评估居民需求、策划服务项目、培育社区领袖、连接社会资源等方式，依托于自身的价值伦理、专业理论与专业技术，从而实现了专业主体性建构，以及与社区、社会组织间的专业性互构。

但另一项研究则发现，专业社会工作机构嵌入街区体制后，受到街区权威的反向渗透，而面临着以下困境：第一，服务行政化，即社工服务逐

① 邹鹰、杨芳勇、程激清、陈建平：《“三社联动”社会工作专业主体性建构研究——基于江西的经验》，《社会工作》2015年第6期。

渐反映街道意志而非面向居民需求。第二，权力集中与内部治理官僚化，伴随着行政力量的强化与专业力量的弱化，原本民主化的社工组织内部治理结构日趋官僚化。第三，专业建制化与行政性控制，主要表现为社工机构疏远社区与趋近街道，并导致专业权力的瓦解。最终使“表面光鲜的社会工作在街区权力体系中逐渐式微，失去影响”[①]。而笔者的调查发现，社会组织进入街道－社区后，所受到的影响主要体现在以下几方面。

一是获得一定的生存发展空间。b 平台本来只是纯粹的线上学习平台，但通过 a 中心的社区文化教育平台落地社区后，在该平台建立了专门的青年空间，并得以借此开展各种线下经典学习活动，成为线上线下相结合的学习平台；而且，有了实体空间后，b 平台正在筹划通过文创产品进行创收，从而为解决机构造血问题提供了可能性。

同样，a 中心在 B 市甲街道也收获了宽裕的自主发展空间。“街道基本上不干涉我们，只要做传统文化，不违法违规”，“目前他们不但没有干涉，反而给了很多支持，他们能要来经费就会给我们一点”[②]。

二是面临核心功能、业务与特色的限制、调整甚或阉割。b 平台在作为纯粹的线上学习平台与网络时，可以依照自身的组织目标选择学习内容，如《论语》《易经》等。但参与到 B 市 H 区的全民阅读活动与公共文化示范区建设过程中，则会对学习内容进行调整，“需要加一些红色的内容，既然这样就改变了原来的方案”[③]，以便纳入该区诸子百家论治国创新文化的活动板块。

此外，b 平台还对外开展内容授权，但面对政府部门进行授权时，则会面临筛选，“现在连载的论语是各个层面都非常安全放心的内容，而易经在有些机构，特别是政府机构有一些介意的”[④]。由此可见，一个线上平台，当其尝试落地时，也会在与政府的互动过程中，对其核心内容进行调整，以符合政府的意图。

而 a 中心的较为宽敞的自主空间也是通过一定的妥协取舍换来的。a 中

① 朱健刚、陈安娜：《嵌入中的专业社会工作与街区权力关系：对一个政府购买服务项目的个案分析》，《社会学研究》2013 年第 1 期。

② 朱健刚、陈安娜：《嵌入中的专业社会工作与街区权力关系：对一个政府购买服务项目的个案分析》，《社会学研究》2013 年第 1 期。

③ 引自执笔人的实地调查记录。

④ 引自执笔人的实地调查记录。

心负责人的发心是在社区建立文化教育平台/学堂，以传播纯正的中华传统文化，但是由于街道并不热衷于此，因此其只能通过提供形式丰富的课程，并将其试图弘扬的文化元素“夹私货”式地置于其中，从而曲折迂回地达到自己初衷。

三是社会组织进入社区后，其自身的命运走向受限于街区权威渗透与其自身谋求自主权相互博弈的结果。社会组织进入社区后，其发挥的功能虽然与其活动领域、进入方式、机构性质、机构的成熟度、负责人的风格及能力等有关，但是，其在很大程度上依赖于社会组织在调适与坚持、有所为与有所不为之间的取舍权衡。社会组织并非只会被动地逆来顺受，其角色与定位也是在与政社博弈的过程中确立的。

b 平台与 a 中心 2018 年在 B 市甲街道开展合作时，其所在社区办公场所会有专门的党群活动中心，被称为“红色空间”，空间内悬挂宣传标语。但在日常活动过程中，则会存在博弈过程，如 2018 年 b 平台计划开展《论语》《易经》《道德经》共读模式试点，却未获当地领导通过，而被要求开展红色文化，b 平台负责人则认为这会丢失平台的初衷，“干那些事情的时间就把我们机构自己的事情都丢了”。并且，b 平台负责人认为弘扬传统文化是其专业与本行，本行做好了有利于红色教育与宣传目标的达成，这样来说服当地领导，最终双方达成一致，“在旗号上往那边靠一靠，……所以现在三分之一是红色文化，三分之二是传统文化，这样大家都过得去。”①

而对于社会力量与第三部门的发展来说，笔者认为，“三社联动”总体效果是有助于政府更全面、更深入地吸纳社会力量，从而使慈善公益力量更加处于从属依附地位。

从表面上看，参与“三社联动”使社会组织得以进入社区，从而获得了生存发展空间，社会组织数量不断增加，规模不断扩大的数据成果也与该结论相符。但需要注意的是，一方面大量参与“三社联动”的社会组织都是政府主动孵化培育出来的，而非社会自我生长形成，因此从“血统”上看，其更像是行政力量的延伸，自然缺乏真正参与公共治理、制约政府权力、开展理念倡导的基因。

另一方面，即使是民间生长出的社会组织，其进入社区也面临着层层筛选，多重保险确保了参与“三社联动”中的组织的可靠性。而对于那些未

① 引自执笔人的实地调查记录。

进入“三社联动”中的社会组织，政府的看似“不选择”实质也是选择——一种“逆向选择”。政府的不接纳、不支持事实上压缩了它们的生存空间，降低了其生存的可能性。在这种正向与反向机制的组合作用下，政府吸纳社会力量为其提供公共服务的意图遂得以达成。

## 六　结论

对“三社联动”的研究需要将其放置在基层治理与社会治理的背景中来进行考察，本文认为社区是“行政吸纳社会”得以开展的重要作用点与发力点，政治引导目的与公共治理目的同时贯穿于“三社联动”的政策意图、结构安排与运作机制等环节始终。

政治引导目的与公共治理目的并非毫不相关地平行作用，而是存在交互的关系。笔者认为公共治理目的的达成为政治引导目的的达成提供了更大的空间与可能，而政治引导目的的达成却限制着公共治理目的的可能限度。观一叶而知秋，处于基层治理与社会治理交接处的社区治理，实质上是透视当代中国国家与社会关系的有效着眼点，对于理解中国政社关系有着见微知著的效果。

而政治引导与公共治理的双重目的及其达成也塑造着中国第三部门的现实样态，即社会组织在规模上不断增长壮大，但在本质上却愈发从属依附，此种张力导致中国第三部门就如同身体在不断成长、精神却愈发侏儒的“巨婴”。至于其何时能够在形式与实质、肉身与精神上都能够茁壮康健，还未可知。但毫无疑问，其取决于政府与社会关系的基本走向，同时也有赖于社会组织自身的定位与作为。

# 区块链与公益领域的信息透明

公开透明是公益事业的基本要求。财产一旦捐出就成为社会公共财产，公益捐赠、公益活动又享受国家、社会给予的各种优惠便利，必须依靠公开透明来接受全社会监督。而且，公益组织只有接受来自社会选择的制约，传递自身可信任的程度，面对优胜劣汰的竞争，才能生存下去。公开透明体现公益组织自身的专业、高效，增强公信力，是为了让社会中的捐赠者和潜在捐赠者来信任它们、选择它们。资助者和公众既想知道公益机构做了什么，也想知道公益物资花到什么地方，成本有多高，到底发挥了什么作用。但糟糕的实际情况是，近年来公益领域屡屡出现“慈善欺诈”事件和丑闻，诸如“罗尔事件”“99 公益日刷单套捐”等，影响和消耗了公众对公益领域的信任，且公众对公益组织、公益项目信息公开的真实性、完整性和及时性仍有较大不满，信任危机依旧。《中国民间公益组织透明度发展研究报告（2015）》显示，2015 年度中国公益组织透明度（GTI）平均得分为 32.44 分，特别是其中最重要的财务信息一项，仅为 2.45 分，属四个一级指标中得分最低项，项目信息项得分也只有 9.09 分。[①] 一项调查显示，2015 年和 2016 年中国的慈善透明公众满意度均为 56%，公众的感受尚未达到“及格线”。[②] 基金会中心网的数据显示，截至 2018 年 11 月，全国纳入指数的 4960 家基金会的 FTI（基金会透明标准评价系统）均值仅为 50.08 分（满分 100 分）。[③]

---

① USDO 自律吧：《中国民间公益组织透明度发展研究报告（2015）》，第 3～5 页。

② 北京师范大学中国公益研究院：《透明宝典——中国慈善组织信息公开指南》，2016。

③ 数据来源于基金会中心网，中基透明指数，http://fti1.foundationcenter.org.cn/，2018 年 12 月 21 日。

为了解决“透明口袋”问题，很多区块链技术提供者和公益组织展开了合作。2016 年 7 月 29 日，蚂蚁金服公益的爱心捐赠平台首次上线区块链公益项目“听障儿童重获新声”，试水探索善款从捐赠人到受助人的全链路入链追踪。项目持续一周，捐款用户共 48812 位，捐款总额 198417.39 元。2016 年 8 月 9 日，善款由执行机构鞍山市铁东区鑫苗听力语言康复幼儿园拨付 198400 元至 10 个受助人账户，剩余 17.39 元用于中华社会救助基金会聆天使计划的其他救助。在项目展示页面，捐赠人可以看到一项“爱心传递记录”的反馈信息，在进行了必要的隐私保护（隐去姓氏）的基础上，捐赠者可以看到自己的捐款从支付平台划拨到基金会账号，以及最终进入某位受助人指定账号的整个过程。2018 年 4 月 5 日该项目结项，并在项目进展页面展示了项目成果。截至 2017 年底，蚂蚁金服公益平台共上线 9 个区块链公益项目。2017 年 3 月 16 日支付宝爱心捐赠平台实现捐赠数据上链，截至 2017 年 12 月 31 日，蚂蚁金服共有 799 个项目捐赠数据上链，捐赠人次 1.9 亿，捐赠金额 3.39 亿元。

蚂蚁金服公益的爱心捐赠平台与蚂蚁区块链仅是近年来兴起的区块链技术为公益领域带来的改变的一个实例。从理论上来讲，公益物资流转中的相关信息，包括捐赠项目、募集明细、资金流向、受助人反馈等，均可以存放于区块链上，在满足项目参与者隐私保护及其他相关法律法规要求的前提下，进行公开公示。支付机构、审计机构等均可加入进来作为区块链系统中的节点，以事中审查代替事后审查，方便公众和社会监督问责。区块链技术可以找到每一个账号在历史上任何一点记录的信息，其分布式共享记账、公开透明、不可篡改和可追溯的特点，契合公益组织需要信息公开透明的场景，能够汇集散落的公益信息并公示，能够保证信息无法篡改营造信任，破解公益组织与社会公众之间信息不对称的困境。也就是说，区块链可以成为“公益领域中营造信任的机器”。

区块链在公益领域的应用，有太多的应用场景和想象空间，但是，“理想很丰满，现实很骨感”，纵览目前公益领域中号称应用区块链的项目，我们发现，大多数公益项目在运用区块链技术上仅限于尝试，更多的是用于媒体宣传，而没有真正普及到绝大多数的项目操作中；即便真正少部分尝试用于公益项目，大部分项目仅限于筹款阶段的捐赠信息记录和公开，资金流转到了公益组织内部后，这个“链”就断了；仅有极少部分项目做到了“善款追溯”，而这些项目也仅限于“善款追溯”，其他项目信息并未上链，与传统项目信息公开程度和内容相比，本质上没有差异。笔者认为，这种情况谈不上真正的“分布式记账”、不可篡改和可以追踪的“透明口袋”。当然这种情况与公益领域自身发展阶段及现状有关，也与区块链本身“玄之又玄众说纷纭”的现实有关。就此，本报告将回答以下几个问题：区块链为何应该应用于公益领域？目前区块链在公益领域中到底运用得如何？为什么是现在这种状态？

## 一　区块链倒逼公益领域信息透明

信息不对称现象存在于公益领域中，公益领域的管理者所掌握的信息远远要多于其他利益相关者（捐赠者、受捐者、志愿者等）所掌握的信息，而且利益相关者很难发现管理者是否存在欺骗行为，这就使利益相关者处于信息不对称的劣势地位，并妨碍竞争机制发挥作用，甚至造成公益领域的低效和无序。解决这一难题的方法是建立信息披露机制，通过信息披露平台向社会公开透明公益组织的财务、项目、人员等信息，使社会公众能够在掌握充分信息的基础上进行选择。公开透明是公益领域和社会的共同期盼，却也是共同的难题。区块链技术是一种按照时间顺序相连式数据结构，并以密码学方式保证不可篡改和不可伪造的分布式账本技术，具有去中心化、由节点参与、存储的数据不可伪造和篡改、公开透明等特点，恰好能以技术解决上述痛点，且有望通过技术倒逼公益组织管理理念和组织架构的革新。

### 1. 公益领域信息透明是持久难题

公益领域的信息不透明问题与公益组织本身存在委托代理问题有关，尽管可通过加强内部治理、同行自律和外部问责推动公益领域的信息透明，但是，这些仍然不具强制性。

#### （1）内部问责缺乏主动性

举两个较为常见的公益组织信息不完善的例子。

例1：善款追踪不到位，善款用途难以控制。目前，很多公益组织的善款和物资一旦完成“捐赠”这个步骤，往往如泥牛入海，捐赠人无法追踪财物的流向。一般情况下，捐赠人需等到需求端接收到善款或获得善款的实际益处并且有反馈机制时，捐赠人才能知道钱花在了哪里。如果受助端无反馈机制，则主要依赖于公益组织自身进行信息披露。由于公益组织缺乏内部问责的主动性，再加上受困于时间、地域、信息联通等的限制，捐赠人与受益人以及慈善组织之间难以建立畅通、有效的联系，因此，捐赠人及公众对受益人的情况了解甚少，也无法及时获得捐赠及项目进展的反馈。往往出现捐赠人捐款、捐物后，与具体的款、物"失联"。一些执行周期长、执行流程和环节复杂的项目，还可能存在挤占挪用专项资金却未被及时发现的问题。

例 2：志愿服务记录凭证不可靠。目前公益领域线上志愿服务平台记录的志愿服务并不严谨、严格，线下志愿服务类别及服务时间的记录并不完善。有的情况是一些公益组织自行记录志愿服务时间，但公益组织对志愿服务时长的认定标准不一。甚至，个别公益组织为了达到某些"客观"的指标，会在志愿服务记录上造假，"凑数"，出现一个志愿者被重复记录的情况。

目前公益领域信息披露强制性规定刚刚完善，尚未见到成效。2016 年 9 月 1 日正式实施的《慈善法》中，专门设有"信息公开"一章，对慈善组织信息公开的主体、内容、渠道、时限做了规定。2018 年 9 月 1 日正式实施的《慈善组织信息公开办法》中规定面向社会公开的信息包括：本法规定的基本信息；年度工作报告和财务会计报告；公开募捐情况；慈善项目有关情况；慈善信托有关情况；重大资产变动及投资、重大交换交易及资金往来、关联交易行为等情况；法律法规要求公开的其他信息。[①] 在此之前，很多组织的信息公开是选择性的，公众对于捐赠资源的使用情况、受益人分布情况、捐赠意愿的实现情况都无从知晓。然而，公益组织公开透明的内容实际上分为形与实，《慈善组织信息公开办法》规定披露的信息仍然为"形"，是公益组织易披露，也能够披露的。但是，公益组织是否专业，是否能将捐赠资金用在实处，是否高效，则是公益组织需要披露的"实"。往往，懂行的人是不看"形"的，如果公益组织的"实"也能做到信息透明，才是真正的透明。

**（2）行业自律和外部问责不具强制性**

有时，即便公益组织有信息公开的意愿，往往因缺乏足够的信息披露

---

① 《慈善组织信息公开办法》，中华人民共和国民政部令第 61 号，2018 年 8 月 6 日。

的能力，如专业性较强的财务信息的披露，则使公益组织对信息披露或者“望而却步”，或者“无动于衷”。

这需要行业组织的支持和参与。行业自律在信息披露过程中扮演着非常重要的角色，是提高公益慈善组织社会公信力的关键。制定行业规则和行业标准，加强行业监督，形成自律机制也是慈善发达国家的重要经验。但是，我国公益领域评估和自律组织却发展缓慢，独立的第三方行业评估组织数量极少，尤其是区域性、地方性的行业组织和针对慈善组织性质、服务类型分类建立的第三方评估组织极其缺乏，不能很好地对社会组织进行评价，以引导公众的捐赠行为，并帮助组织解决自身信息披露能力不足的问题。现有的行业自律和第三方评估还不足以适应慈善行业快速发展、公开透明、平等竞争、优胜劣汰的发展趋势。

与此同时，包括捐赠人在内的各个利益相关者（如媒体、公众）等外部问责机制缺乏，且他们的问责同行业自律一样，不具强制性。这使公益组织容易“我行我素”，信息披露并未成为公益组织的“规定动作”，仍然是“自选动作”。

一些主要靠公众筹款的公益组织，为了打消公众的怀疑，也通常会进行“有选择”的信息披露，外部问责的压力还未大到让公益组织信息披露成为与生俱来的任务。

### 2. 区块链理论上可以推动信息透明

一提到区块链，很多人会自然而然地想起比特币，甚至不少人会将区块链等同为比特币。的确，区块链是随着比特币交易量的增长而逐渐走入大众视野的，但事实上，比特币只是区块链的一种呈现方式，区块链技术是比特币得以维系的底层技术和基础架构。

区块链技术最早由化名“中本聪”的比特币创始人在比特币白皮书中以“工作量证明链”（Proof - of - work Chain）的形式提出。作为比特币的基础，区块链是时间有序、不可篡改的账本，通过分布式共识算法，从而实现“去中心化”信任。区块链的核心是 IP 通信协议和分布式网络技术，在此基础上，区块链成为一个开放的、可编程的平台，可以记录几乎所有有价值的、可用代码来表示的东西；而分布式网络的特点，又使任何一个节点参与或存储的数据都会被随之保存入整个系统，并无法轻易被伪造和篡改，哪怕是黑客攻击。[①] 每一种区块链的结构设计可能不完全相同，但大致结构上分为块头（header）和块身（body）两部分。块头用于链接到前面的块并为区块链数据库提供完整性保证，块身则包含了经过验证的、块创建过程中发生的价值交换的所有记录。[②] 区块链的运行原理体现在五个方面。

a）通过创建一个数据块给所有数据进行加密，并给所有数据加上时间戳；数据块就相当于会计账本的一页，时间戳就是页码。

b）当一个新的数据块被创建时，它同时也使用了前一个数据块的地址作为加密的一部分。因本块的地址将在下一个数据块中使用，如果试图改变任何一个现有的数据块，所有的后续数据块就都必须被改变；也就是新的会计在使用这个账本记账的时候必须基于前一个会计的账本记录并接续在其页码之后。

c）网络上由许多节点记录了整个区块链的信息，每个区块链的节点信息都可视为独立的备份。这些节点可置于政府监管机构或独立的第三方机构的监管之下。当事人可以借助区块链技术查询与其自身相关的信息；相当于每一个会计都被很多审计盯着看，每一个账本都有无数多的备份，一个会计不能同时修改所有备份上的所有账本记录。

d）只有当大多数节点的内容与新区块的内容一致，新的区块才可以进入区块链，这个过程是由投票来决定的，而每一个节点都有独立的投票权并不受其他节点的挟持；也就是任何一个会计都拥有在自己的账簿记账的权利，但是只有同时得到其他会计的确认，账目才算是真实有效地进入账本记录在案。

e）如果一个节点试图更改一个现有区块，那么它必须改变该区块之后的所有区块，并且每个节点都将会发现这一点，并公开试图更改节点内容的这一行为。[③] 会计账本虽然公开，但是每一页都有加密，所以账本数据是不可篡改的。

---

① 张波：《国外区块链技术的运用情况及相关启示》，《技术应用》2016 年第 5 期。

② 郑伟：《互联网慈善运行模式及监督机制研究》，《赤峰学院学报》（哲学社会科学版）2016 年第 4 期。

③ 蔡维德、罗佳：《区块链所带来的公信力革命——以区块链对保险行业的影响为例》，http://www.civillaw.com.cn/lw/l/?id=29937，2018 年 5 月 22 日。

**（1）技术上可帮助内部问责主动性的达成**

概括来说，区块链是一种按照时间顺序相连式的数据结构，并以密码学方式保证不可篡改和不可伪造的共享分布式账本技术，即全民参与的记账方式，具有去中心化、由节点参与、存储的数据不可伪造和篡改、公开透明等特点。这一技术的重大意义在于改变了传统的记账方式（单式记账法—复式记账法—分布式记账法）和传统的信任方式（中心化的第三方—去中心化共识）。国家网信办发布的《区块链信息服务管理规定》将区块链信息服务定义为：基于区块链技术或者系统，通过互联网站、应用程序等形式，向社会公众提供信息服务。①

因此，区块链创设了一种理想型的“可编程社会”，几乎可以记录任何有价值的能以代码形式进行表达的事物，让公益的供需两端无缝连接并且将整个过程完整记录并呈现给所有人。针对公益领域的信息披露痛点，这种仍在“天上飞”的工具被迫不及待地拉到公益场景中来运用不足为奇。从本质上说，区块链在公益领域中的应用是利用区块链的共同记账以及不可篡改等优势，加入公众的参与，重新构造出一种去中心化的记账 + 信任机制，营造公开透明，消灭信息不对称，用共信力助力公信力建设，可帮助有披露意愿的公益组织实现信息披露。解决公益机构的撒玛利亚困境：受赠方会不会造假以骗取帮助，是公益服务组织始终面临的逆向选择问题。② 这种信任体系的建立既从技术上保障了公益数据的真实性，又能加入公众及所有利益相关者的参与和监督，又能够帮助公益组织节省信息披露成本。最理想的状况是通过与区块链结合，公益事业能够进入一个可信赖、可循环并持续发展的新阶段。③

**（2）技术上帮助提升外部问责的强制性**

基于区块链的基本原理和主要类型，我们可以看到区块链应用于公益领域的优势，有三个方面。这三方面的优势实际上有助于提升外部问责的强制性。

a）建立新的信任机制。区块链用区块的方式将数据按照时间线存储起

---

① 《区块链信息服务管理规定》，国家互联网信息办公室令第 3 号，2019 年 1 月 10 日。

② Eric：《“骗捐”将在区块链介入后成为历史》，https://mp.weixin.qq.com/s/24WnKKWUDOiwFYvAY07roQ。

③ 华声在线 - 何婷：《互联网慈善的风口是区块链》https://mp.weixin.qq.com/s/WPA83QNDcJ8qACQVZTWtRw。

来，让个人掌握数据和数据权利，利用数学方法来实现信息对称和信任达成。且一旦数据上链，就会被密码学技术有序链接起来，在加密和解密过程中运用非对称密码来保证数据传输、访问的安全和不可篡改。因为数据不可篡改、可以追溯，且掌握在每一个参与者手中，有效地实现公益行动中信息的无损传递。参与者可以不需要知道公益组织的口碑到底如何，更不需要求助中心化的第三方机构来进行背书。人与组织之间的信任与期待转化为人与技术之间的关系信任与利用，而只需要信任数学算法就可以建立互信，减少不确定性带来的风险。人们在进行捐赠时不需要花大量的时间和精力来对组织进行背景调查，降低参与成本。第三方也不需要存在，区块链实现了“无需信任的信任”。

b）解决信息不对称难题。区块链技术的背后，实质上是算法在为人们创造信用，达成共识背书，从而也极大地改变了传统模式围绕中心机构建立的依赖信息关系，不需要中央服务器就可以生成和更新数据，因此区块链的应用无疑相当于建立了新的、去中心化的分布式的信息传递机制。区块链的信息生成有赖于全网所有参与者的共同维护和分布存储，每个参与者都是系统的节点，每个节点都拥有整个系统的数据库，可以查看所有在链上的数据。每个节点存储都是独立的、等同的，依靠共识机制保证存储的一致性。同时，每个人也有机会在数据库中写入和更新数据，数据库实现多节点背书，公开透明度提升。[①] 我们可以想象，各类更细化、更独特的需求可以表达出来并寻求满足，更不必寻找到一个稳定的代理人（公益组织）；我们还可以想象，散落在各处没有被完整地收集和展示的公益信息可以上链，任何公益项目的参与者、受益者、监督者都可以加入进来，分享信息，以保证多方共同见证捐赠及公益行动事实的发生。信息分布动态均衡后，各方的信息不对称问题就解决了；从行业的角度来说，公益组织可以实时看到行业内其他组织在做什么，那么可以就此调整组织自身的投入，避开热门扎堆领域，提高公益行业的人力资源利用效率。

有效降低制度性交易成本和无效资源配置。区块链技术的点对点传输和以数学方法定义信任的共识机制，有效解决了信任和价值传输的可靠性问题，去中心化带来了中介组织交易成本的降低。以数字形式上链的资产

① 张楠、王名：《公益 4.0：中国公益慈善的区块链时代》，《中国非营利评论》2018 年第 2 期。

认证、记录、登记、注册、存储、交易、支付、流通等都可以通过区块链实现，[①] 由于所有数据全网公开，所以可以随时清算、审计和交易，快速便捷且交易成本更低。一方面可以使公益组织减轻大量的吃力不讨好的重复劳动，另一方面也解决了公益组织内部管理制度不完善的问题。

### 3. 慈善组织互联网募捐信息平台

2016 年 8 月 31 日，民政部门户网站发布《民政部关于指定首批慈善组织互联网募捐信息平台的公告》，轻松筹成为首批慈善组织互联网募捐信息平台之一。2016 年 9 月 1 日《慈善法》正式实施后，轻松筹根据民政部门的要求，搭建了专属的慈善组织互联网募捐信息平台——“轻松公益”，为取得公开募捐资格的慈善组织提供公平、公正的募捐信息服务。对于“轻松公益”这一业务板块的性质定位，轻松筹方面没有发表相关说明。但是，同轻松筹一样，入选首批慈善组织互联网募捐信息平台的浙江淘宝网络有限公司的“淘宝公益”、浙江蚂蚁小微金融服务集团有限公司的“蚂蚁金服公益平台”等，都明确将平台性质定位为“公益”。实际上，民政部公示的 13 家首批慈善组织互联网募捐信息平台都做了“不代为接受慈善捐赠财产”的承诺。也就是说，平台必须保证将募集到的钱直接打入慈善组织的账户，一分钟也不在平台截留。[②] 因此，可以认为这些平台自己负担运营成本为慈善组织提供了互联网募捐信息发布平台，此做法视同为公益行为。

## 二　公益领域运用区块链浅尝辄止

如果区块链技术能够在公益场景落地并且普及，我们应该能够看到去中心化带来个体之间交易成本的降低、不可篡改保证公益全流程的畅通透明、更广泛的社会动员和参与、垄断和信息不对称被打破，多元参与的监督机制建立，行业资源配置效率加强，实现自由平等开放包容的信任体制等等。然而，事实并非如此。

---

① 腾讯 FIT、腾讯研究院：《腾讯区块链方案白皮书》，2017 年 4 月。

② 《民政部指定 13 家平台为首批“互联网募捐信息平台”》，http://news.sohu.com/20160901/n467110264.shtml。

### 1. 部分公益组织尝试运用区块链技术

区块链在公益领域的运用，目前模式有两种。一种是在原有项目基础上运用区块链技术，另一种是专门开发一个区块链公益平台。前者的效用主要是追溯，后者则是完整地践行区块链经济模型。① 目前国内的区块链公益运用主要是前者。

而根据主导者和覆盖范围的大小可以分为公有链、私有链和联盟链，目前公益领域主要尝试了后两种。

#### （1）尚未见到公有链案例

公有链即公共区块链（public blockchains），是指全世界任何人都可读取、发送交易且交易能获得有效确认的，也可以参与其中共识过程的区块链。具体而言，公有链不需要任何人许可的且开源可查的，任何人都可以参与，任何人都可以下载代码，开始在本地设备上运行公共节点，验证网络交易，通过这种形式参与到网络共识中。所以，在所有的区块链类型中，公有链的透明度最高。就公益慈善领域而言，公有链的公信力最高，但建设难度也最大，目前在公益领域内尚未见到。国家规定“区块链信息服务提供者应当落实信息内容安全管理责任，建立健全用户注册、信息审核、应急处置、安全防护等管理制度”②，要求区块链信息服务提供者承担主体责任，也加大了自行搭建公有链的成本和难度。

#### （2）开始尝试私有链

相较于完全公开、不受控制、依靠加密技术来保证安全的公有链，私有链（fully private blockchains）是指其写入权限是由某个组织和机构控制的完全私有区块链。私有链模式下，参与节点的资格会被严格限制，其修改甚至是读取权限可以仅限于少数用户。也正因为此，关于私有链和公有链的争论，一直没有中断过：一方认为私有链没有任何意义，和中心化数据库没有太大区别，在公益领域中私有链的价值并不大；另一方则认为，私有链仅仅是对参与者进行一定控制的区块链，只要有多方博弈存在，在一个可控的范围内，在不完全互信的环境下，私有链有存在的价值。

---

① 链塔智库：《区块链公益事业研究报告》，https://mp.weixin.qq.com/s/Q86rXXoaxfaoQ4 gJU-Jd6Ew。

② 《区块链信息服务管理规定》，国家互联网信息办公室令第3号，2019年1月10日。

例如，2017 年 4 月 21 日，阿拉善 SEE 生态协会西南项目中心启动区块链技术支撑的基金管理平台，西南项目中心与益链合作，尝试利用区块链技术对“诺亚方舟”项目中的喜马拉雅蜂蜂箱筹资和项目执行进行全流程监控。项目介绍指出，用户捐赠之后可以获得一串区块链地址，在“阿拉善 SEE 诺亚方舟”公众平台上可以查询到自己捐的钱分布在哪一个或几个蜂箱中，还能清晰地看到蜂箱所在的地理位置，可详细到街道，且能够收到后续蜂箱“新动态”。2017 年 6 月第一批次 68 个蜂箱匹配完成。可惜，之后该项目的区块链运用暂未继续开展。[①] 有关未继续开展的原因，项目运营方给出了解释：一是成本问题。首先，捐赠用户收到的链式追踪信息来源于蜂箱的二维码动态更新，“就是说在蜂箱上面贴了二维码，只要扫描，大家就知道这个蜂箱在哪里，蜂场在哪里。但是后来我们发现了问题，村民会在蜂蜜成熟后，把蜂箱送给养蜂好的朋友或者卖掉。蜂箱随时在变动，做（二维码）登记做记录转移需要的人力资源太大，我们担负不起这个人力资源（的成本），另外，去要求深山里的蜂农随时做记录是不现实的。”[②] 其次，推广众筹项目需要人力成本。“这个（区块链筹款）是我们自己做的一个链接，它不在腾讯及阿里公益平台里面，推的时候就变成是每一分钟都要我们自己去推，我们最大的问题就是我们没有人力。”[③] 二是涉及机构内部财务制度和合规性问题。“（区块链）众筹其实在技术上本身是没有问题的，大家都可以用，但是现在我们碰到的是合法性障碍的问题。我们不敢用（区块链），因为国家现在是限定了几个主要的网络平台可以网络众筹，别的网络就不让众筹了。那等于区块链属于网络技术当中的一个，所以就处于一个停顿的状态。”[④]

再如，2017 年 9 月，美丽中国在京东公益平台上发起了“守梦大使寻找之旅”公益项目，尝试进行物资捐赠流程追溯。从项目的具体流程来看，先由美丽中国与京东公益平台对接，通过项目老师获取农村学生的物资需求，然后与京东公益平台的资源匹配。京东公益平台负责线上募集物资，并通过京东物流系统将物资运送至美丽中国的项目地，然后由项目负责老师将物资发放给孩子们。项目完成后，京东公益平台会向每位捐助过爱心

① 引自阿拉善 SEE 诺亚方舟微信公众号。

② 引自笔者对阿拉善 SEE 西南项目中心工委副主席兼秘书长萧今的访谈记录。

③ 引自笔者对阿拉善 SEE 西南项目中心工委副主席兼秘书长萧今的访谈记录。

④ 引自笔者对阿拉善 SEE 西南项目中心工委副主席兼秘书长萧今的访谈记录。

的人士发送一条含有京东区块链追溯证书的公益项目追溯流程链接，点开此链接的爱心人士可直观看到自己捐赠礼物发出的物流信息、当地老师接收物资的信息以及后续孩子们的礼物接收反馈信息。①

**（3）目前利用最多的是联盟链**

“联盟链”（consortium blockchains）是指由若干个机构共同参与管理的区块链。联盟链模式下，每个机构都运行着一个或多个节点，其中的数据只允许系统内不同的机构进行读写和发送交易，并且共同来记录交易数据。而联盟链本质上仍然是一种私有链，只不过它比单个小组织开发的私有链更大，却又没有公有链这么大的规模，可以理解为它是介于私有链和公有链之间的一种区块链。联盟链是公益领域较早运用区块链技术的一种类型，也是目前利用率最高的。

例如，2017 年 7 月底轻松筹联合中国红十字会等 6 家基金会共同成立“阳光公益联盟链”，之后接入机构达到 60 家。该联盟链期望实现从捐赠人捐赠善款开始，到后期善款拨付给受助方，每一个环节都将记录在联盟链中，并且任何机构或个人都无法更改。参与者的爱心捐赠会以“爱心包裹”的方式呈现，爱心捐赠的流转结果做了可视化处理，公众可以清晰地了解资金从捐赠到使用的每一个环节。另外，为了提升用户的参与感，阳光链还给每一个参与的捐赠人都设置了“爱心值”，爱心捐赠、志愿服务等活动都可以增加爱心值，未来可以结合愿意回报社会的企业和组织，用户可以用爱心值换取健康商品或者服务。②

又如，2017 年 10 月，腾讯可信区块链研究院依托自身较为成熟的区块链平台层模型，结合了全球的 PFTF 寻人协议③，与“404 寻亲广告”“广点

① 美丽中国网站，http://meilizhongguo.org/meilizhongguo/contents/275/3427.html，2018 年 11 月 5 日。

② 《完成 2800 万美元 C 轮融资后，轻松筹携 6 大基金会启动阳光公益联盟链》，https://www.36kr.com/p/5085145。

③ PFIF 全称为 People Finder Interchange Format，是一个应用广泛的数据开源的标准协议，这个协议主要是设计用来在不同的政府、救援组织或其他的一些灾难中生存者和其亲人联系的网站间进行数据交换的一种协议。这个协议基于 XML，信息中包括人的身份标识，还有人目前的位置和状态等一些信息。PFIF 可以通过 Atom 和 RSS feed 出去。PFIF 可以允许不同的寻人站点进行数据交换和合并。每一条记录都有一个唯一的标识，这个标识说明了这是由哪个域名创建的。这样，当 A 站点获得 B 点的某个人的数据时，在 A 站点可以把这个人的增加的信息转到其他站点上，再增加相关的信息，因为有一个唯一的 ID，所以信息可以在不同的站点上被附加。

通寻人”“电脑管家寻人”“手机管家－小管寻人”“优图寻人”“微信小程序寻人”等几个平台合作，共同将信息链入“公益寻人链”。在“公益寻人链”上，各方参与者在“共享账本”上都拥有自己的账本，可以单方面进行信息变更、查询的本地操作，区块链在后台自动进行信息同步识别。同时，每个本地操作都带有自己的签名，确保被认可的信息不能进行逆向更改，不会凭空消失。传统意义上的寻人启事需要逐个发布在多家平台，腾讯“公益寻人链”发布后，只需一个平台就能完成多平台同步发布寻人启事，并完成多平台的同步实时更新。区块链技术将多种寻人信息发布渠道有效地联合起来，由原本的单个平台独立运营，变为多点联动，通过这样的方式使各个机构在保持自身筛选机制和自主性的同时进行数据共享，使机构能够更加高效地合作，避免资源重复。

又如，以中国区块链第一账本 LedgerOne 联盟链为基础设施的成都青年志愿服务区块链信息系统，是为成都青年志愿服务提档升级量身打造的系统。1.0 版本可以对志愿服务信息真实性、不可篡改性、可靠性、保密性进行提升，通过该系统志愿者可随时报名参加活动、实时查看记录、生成志愿服务证书等，相应的活动记录、服务时长、公益积分等数据都将记录在区块链联盟链上，不可人为篡改，并生成唯一、真实的志愿服务区块链证书。①

再如，2016 年 12 月 7 日，互助平台众托帮上线“心链”平台。平台定位为：一个公益慈善公共账本，资金的流向都可以追溯，且不可篡改。对此，平台首席技术官表示，对于“心链”所希望实现的公开透明，是通过区块链对资金流向的实时公示，让公众更直观地了解公益项目的执行方式和流程，从而解决善款公示的“最后一公里”问题。互助资金的拨付信息，对所有公众开放查询，捐赠用户则可以凭借自己的用户编号查询具体的区块链信息及物资拨付情况。截至 2018 年 12 月 21 日已有 9818469 名用户加入，捐赠金额 64235013.16 元。但是笔者尝试，无法通过用户编号查询到具体信息。

---

① 《成都用区块链打造志愿者公益平台：服务时长等数据无法篡改》，http://www.chengdu.gov.cn/chengdu/home/2018－04/20/content_812b518dcf624a61851ccda6c554c5cb.shtml，2018 年 11 月 12 日。

### 2. 公益领域运用区块链尚未“由表及里”

可以肯定的是，区块链技术的运用能把人为干预减到最小，为公益组织的资金流转公示、项目执行跟踪提供很大的便利，有助于公益项目的透明化，也有助于使公益组织得到更多公众认可。区块链的可编程性，还可以有效弥补当前溯源和监控依赖人工核实和跟踪的不足，提高运作效率，降低运营成本。[①] 就算无法彻底实现理论上区块链的所有优势，至少在信息记录、钱物追溯、数据共享与效能提升几个方面有亮眼的表现。但我们发现，目前公益行业对于区块链的运用尚未实现全流程上链，全流程均可追溯的案例较少；且即便运用区块链也大多是善款追溯，而非全部项目信息追溯。

#### （1）善款信息追溯“链”大多断裂

现阶段公益领域运用区块链的方式主要是依托联盟链或云服务器，对捐赠信息进行上链写入和保存，且仅限于公益捐赠的前端，即资金募集阶段的捐赠信息的记录和保存，尚未实现可以清晰获得资金从捐赠到使用的每一个环节。其应用只停留在最基本的电子账本的层面。

按大多数运用区块链的公益项目的宣传说明，捐赠完成后，捐赠者应该获得相应的交易 ID（如一串 64 位的加密密钥），之后可凭该密钥在指定的平台端口查询个人已有的捐赠信息及资金流转情况。但实际情况却是，大多数称采用区块链技术的公益项目，仅可显示捐赠信息，资金进入公益组织之后的资金流转无法追溯显示；或者是仅仅显示了捐款抵达执行机构账户，或受益人账户，但从捐赠人到公益组织到受益人的资金流转全过程无法显示，即捐赠人不知道自己的 1 分钱到底进入哪位受益人账户，只知道总体资金的大致流向。例如，在支付宝平台上的 38 家公益机构的 355 个项目的筹款数据写入区块链，但只完成了前半部分的公示，即捐赠信息的入账的记录；又如，蚂蚁金服爱心捐赠平台的壹基金“照亮星星的孩子”拥有“善款追溯”标签，但拨付页面只显示 162000 元款项进入 1 个执行机构账户，并未显示执行机构拨付给了哪些受益人或如何支出。资金进入执行机构账户后如何使用不得而知。

---

① CROS 生态研究院：《CROS丨区块链在公益慈善领域的应用实践》，https://mp.weixin.qq.com/s/YFcjsF5mPUgNq4BbIM2uVw。

针对这种情况，一位区块链负责人表示："目前联盟链实际上并未完全启用，对于公募项目，善款进入基金会账户后的拨付流向，必须由基金会开通数据端口，才能实现完整记录和公示，这也是我们联合基金会共同发起的初衷，但目前数据端口尚未开放，所以现在的联盟链只运行着一半的功能，一旦将基金会数据端口打通，今后基金会在该项目中的每一笔支出及去向都将自动显示，而对于个人求助项目，我们希望通过与医院合作并连接数据端口，将善款划拨到受助者所在医院，再由医院进行善款拨付，并将相关信息写入联盟链。"[①] 蚂蚁金服社会企业负责人也表示目前支付宝爱心捐赠平台已具备接纳所有具备公募资格的公益机构自助发布区块链项目的能力，但公益机构仍可自主选择"用或者不用"这项技术。[②]

例如，"心链"的实际运行情况与上述"联盟链"如出一辙，登录平台后，显示内容包括仅有平台用户总数、新增用户加入的时间及互助平台类型，以及用户年龄分布和区域分布，对于相关报道中所称的互助金使用及拨付情况均无法查询。对此，平台首席技术官表示："众托帮互助计划的所有公示均在 APP 上显示，每一笔互助资金拨付，都采取会员均摊，因此未在'心链'上呈现。"[③]

又如，直到 2018 年 12 月，志愿服务联盟链没有后续进展和相关报道，它的进展、系统升级和实际运用中的困难和发现，我们都无从得知。

**（2）区块链更多被部分公益组织用作自我宣传**

区块链作为一种建立在数学和技术之上的信任机制，是信任机制重建的过程。但眼下公益组织对区块链的利用恰恰不是通过去中心分布式网络和公众的参与来重建信任，更多是借助区块链的"名气"来进行自我宣传，实际涉及的业务信息主要是筹资部分，公开和共享的信息大多与公益组织的具体业务并不直接关联。

可以说，在公益领域区块链到目前为止还没有实现去中心化，也没有实现信任机制的重建，公益领域的信息不对称问题还未触及。如治理信息

---

① 訾宇正：《支付宝、众托帮、轻松筹，区块链的三次公益尝试》，http://www.gongyishibao.com/html/cishanbang/html/%7Bindexhuandeng%7D/2017/0826/12327.html，2018 年 11 月 12 日。

② 有教无类鲲鹏展翅：《阿里腾讯竞相涌入　区块链让公益造假无可遁形》，https://mp.weixin.qq.com/s/p86EU7jM－gxzWsSAge9TVg。

③ 有教无类鲲鹏展翅：《阿里腾讯竞相涌入　区块链让公益造假无可遁形》，https://mp.weixin.qq.com/s/p86EU7jM－gxzWsSAge9TVg。

（尤其是主要负责人薪酬、利益相关方、理事会决议等指标），业务信息（尤其是项目受益对象、项目周期、项目措施、合作伙伴、项目预算、项目资金使用情况、项目动态、项目效果）等方面体现的公益组织高效、专业的关键性信息都是欠缺的。这些信息正是能够“被公众指出问题的地方”，也是公益组织信息披露的“实”。至今，人们期望区块链运用能够破解公益组织及公益行业信息透明难题，能够促进行业竞争的局面并没有出现。更深层次的公益领域借助区块链的资源共享和联动以更好地以低成本、大规模、高效率满足社会需求的情况在目前的发展阶段更是不可能的。

## 三　既有不能，也有不为

人们期待的区块链带来的公益美好图景没有如期而至。是区块链本身的问题还是公益领域的问题？答案是，两者都有。

### 1. 运用区块链的客观局限性

从国际发展看，区块链技术目前已广泛应用于公证和认证、土地产权登记和数字资产确权领域；从国内发展看，区块链技术目前已应用在银行跨行调款、大宗商品交易、仲裁链、ABS（资产抵押债券）等领域。也就是说，能够建立完整链条的是项目原本依托的场景和机构有较高信息化程度和强有力风险控制机制的，如银行业。可以看出，区块链技术的应用需要较高的信息化程度的支撑，而公益领域尚不具备这种条件。如，想要实现信息共享，联盟链模式下，虽然理论上讲只要开放端口即可实现联盟链的完整运行，但现实操作层面远没有这么简单。“简单的开放数据端口，意味着基金会依旧可以选择性地给联盟链提供资金拨付数据，只有当基金会内部同样基于区块链技术搭建一个私有链，实现内部数据的自动记录，再与联盟链端口对接，才能保证基金会所呈现的每一笔资金拨付情况都真实、有效。”① 例如，SEE 西南项目中心就遇到了基金会内部管理制度的限制。“区块链筹款怎么分配下去，总部还没有考虑用区块链技术，这个渠道就还没有打通。实际中，我们区块链筹集到的蜂箱资金进到了 SEE 基金会公募

---

① 有教无类鲲鹏展翅：《阿里腾讯竞相涌入　区块链让公益造假无可遁形》，https://mp.weixin.qq.com/s/p86EU7jM－gxzWsSAge9TVg。

账户里，但最终还是走银行转账到西南项目中心的落地账户。就是说，还需要跟银行也有一个共同的协议才行。否则的话，银行不用、总部不用，我们也没有办法用。将来筹款是不是可以直接进到有资格的 NGO 项目账户上？境外是可以在的。那么这个账户本身就用区块链技术来管理，直接拨付给执行团队，那么捐款和公众就可以监督全过程。”①

概括而言，运用区块链本身存在六个方面的局限性。

其一，数据上链之前的信息化记录是难题。作为信用凭证的、不可更改的项目记录或志愿服务记录，是需要实际提供服务或组织活动之后进行登记的，数据不会自动进入节点。那么问题又回到了原点，同一时间不同地点发生的不同形式的项目信息、志愿服务信息，谁来记录？以何种方式和标准？这里最大的问题是参与者的信息化程度过低。假如所有的项目服务或志愿服务都有一个类似打卡的机制，刷卡直接上传和记录数据，那么有否区块链，区别不大；但如果没有，那首先要解决的问题是信息化和数据化问题，比如志愿服务的每个环节用互联网工具去记录，传输真实数据，还要打通整个行业的信息系统。这是一个漫长而艰难的过程，许多草根组织建立基本的档案管理制度都难，要建造一个互联互通、实时更新的行业数据库，可以说难上加难。对于公益组织来说，上述任何一个选择均需要花费大量的人力、财力、物力，进入区块链，结果可能是自曝其短，想必组织不愿意投入也是可以理解的。

其二，数据保真是区块链发挥信任机制可能性的前提。即便可以保证数据信息化，但上链之前的可信、真实度却未必能保证。就区块链的运用效果而言，数据上链固然能保证数据的可信、真实和不可篡改，但是如果上链之前的数据本身存在问题或存在技术障碍呢？首先，不管是善款还是物资，从实体变成在节点出现的数据，都是需要人力完成的。假使我们能保证在信息与实际情况一一对应的环节就是真实的，有没有区块链恐怕差别不大；假使不能，那么区块链并不能抵抗来自源头的虚假信息。“在管理上公益组织就要首先遵守公益规则，以公益名义筹集来的公益款是可以透明的，被任何一个社会公众来审视的，这一点我们大部分公益组织是做不到的。”②

---

① 引自笔者对阿拉善 SEE 西南项目中心工委副主席兼秘书长萧今的访谈记录。

② 引自笔者对阿拉善 SEE 西南项目中心工委副主席兼秘书长萧今的访谈记录。

其三，暂且不讨论公益组织提供的信息是否虚假，也面临一些技术层面的障碍。通常，可以运用技术处理的一般都是可以标准化的问题，但并非所有的公益项目都可以标准化操作。特别是公益项目的具体执行，需要符合会计、审计以及银行等机构关于财务会计制度、记账方式、收付款流程等事项的规定。如 SEE 西南项目中心的负责人表示她要求“每一个项目都要将项目建议书、监测报告在内的文件扫描成 PDF 版本，其中相关的策略、目标任务、行动、筹资预算，以及随后而来的监控的一系列信息可以跟着上到区块链上去。但是我发觉在内部管理上面，包括阿拉善内部或者很多公益组织内部管理是不健全的。最大的障碍就是没有标准化的可供任意翻阅的项目资料库”①。对于很多组织而言，标准化本身已经是一个老大难，更不必说提供用于公开的标准文本了。因此，公益组织在利用区块链进行信息公开之时，势必还需要对上述信息进行整合，并以公众熟悉的方式进行上链保存和公开，在一定程度上增加了公益组织的工作量与公开难度。

其四，区块链本身并不会凭空出现，也不是靠意念运作的，需要创办、运营和维护成本及规则的建立。私有链固然可以由所有权人进行维护，但搭建私有链除了技术层面的问题外，还需要考虑百万元甚至千万元规模的资金成本，如此大额的经费支出无疑是公益领域运用区块链的阻碍之一。且运维投入基本是金钱的投入，那么原本相对平等的行业生态，还有可能退走到“唯资本论”，资本雄厚、资源丰富的机构能够很快享受并占有行业公共建设的技术红利并依据这种红利最终形成与其他机构分裂的鸿沟，岂不是又成为“有钱人的游戏”。随着商业性区块链技术的发展，公益领域固然可以利用平台型的供应商提供的服务，在一定程度上降低成本，但是在规模化之前，高昂的成本是无法回避的。

其五，合规性问题的困扰。即便上述问题都会随着技术的进一步发展和普及而缓解，但区块链在公益领域的运用，还需要节点各方相互就所公开事项达成统一的规则与标准，如果无法达成具体、统一的规则和标准，不仅无法保证链上信息的一致性与准确性，也无法发挥区块链的优势并保证透明度。规则与标准不单是行业内部达成共识，从法律上保证合规性和隐私权益的有效保护也是需要思考的。目前网信办对于区块链信息服务提

① 引自笔者对阿拉善 SEE 西南项目中心工委副主席兼秘书长萧今的访谈记录。

供者作出了如下规定：区块链信息服务提供者应当制定并公开管理规则和平台公约，与区块链信息服务使用者签订服务协议，明确双方权利义务，要求其承诺遵守法律规定和平台公约。[①] 区块链强调公开透明，但是如果公益组织未在国家规定的公募平台上发布项目，而是采用区块链技术自行公开项目进行筹款是否违规存在争议。如，阿拉善西南项目中心利用区块链筹资所遭遇的困难，在很大程度上暴露了以上问题，即在技术条件成熟的情况下，公益组织不敢用、不能用，包括其他的项目机构不敢用。

其六，区块链存在去中心化和中心化悖论。区块链技术的出现，是对逐渐形成垄断态势的公益平台的一个挑战。吊诡的是，区块链技术需要通过组织信任、国家认可、公众教育等关卡才能发挥作用。但是这些部分的实现又要求区块链技术先在实践中得到验证，左右手互搏哪边也讨不了好，导致区块链技术难以落地。针对落地以后的情境，区块链是去中心化的，但公共部分的维护留下了很多陷阱。如果由所有人共同负责，那么会出现责任分散效应，链上的每一个参与者个体责任感降低，甚至意识不到自己对运营和维护也同样负有责任，人人都只想搭便车，那车子也就停滞不前了。且区块链的维护对于专业和特定性知识要求较高，如果轮流坐庄，那么会面临较大的安全性和稳定性威胁。如果为了避免出现以上问题，达成共识，找到一个独立、专业的第三方，那么又回到了原点，第三方维护机构在事实上成为中心，重新回到中心化模式，违背区块链去中心化的本质。况且，引进第三方提供运营维护服务，相当于让渡了控制的可能性，是否存在这样的第三方？如何进行恰当的选择也是问题，背后又是新一轮的影响力和控制权争夺战。

### 2. 公益组织实际运用区块链缺乏动力

重要的是人，而非工具。这不是一句废话。没有区块链机构，公益组织也可以做到公开透明和信息对称，只是想不想、愿不愿意的问题。

第一，我国的公益组织问责系统并未建立，缺乏问责渠道，社会力量对于问责的步骤、方法以及形式的不确定，只是一些零散的丑闻事件引发关注。政府推动公益组织信息披露不给力的情况下，社会公众的质疑、媒体的揭露成为倒逼公益组织公开透明的主要动力，但约束力较弱。另外，

---

① 《区块链信息服务管理规定》，国家互联网信息办公室令第3号，2019年1月10日。

社会问责仍然着眼于公益组织是否合格，对公益组织是否专业、高效的关注度不高。公益组织对公开这部分信息缺乏动力。公益组织为了自身的生存发展，其行动取向是努力构建自己主要资金来源方的认可，如大捐赠方、政府。只有当公益组织需要依赖从社会获取的资源而生存时，才会想起区块链的好处。更有甚者，一些公益组织就是依靠信息不对称来攫取公共资源，谋求生存空间。这部分的公益组织缺乏动力。

第二，区块链的本质是去中心化，去中心化要求分布式网络中各个节点的共同参与，区块链一方面让每一个网络节点都能够进行本地运作，不需要借助中心化机构；同时又能将原子化的孤岛串联起来，每一个节点都不会走失，都与链上的所有节点发生可见或不可见的联系。因此，真正的区块链应该是公益领域、公益项目各个环节、各方主体共同参与的结果，即除平台方与基金会以外，还需要有受益人、银行、志愿者甚至政府部门等更多主体的参与，并且所有参与方的地位平等，才有可能避免节点的不平等带来的噪音大小不一，影响公益资源分配和效果实现。而就目前情况看来，即便是被外界认为最平等、时刻政治正确和凝聚平权共识的公益领域，想要实现区块链所要求的各方之间的联通与合作，还是不可避免地受到不同能量、影响因素的干扰。这种要求实际上转变了公益组织的身份和角色，使其丧失了信息不对称下的相对位置优势。信息本身就是一种资源，获取和利用信息是很多组织的核心竞争力所在，比如项目受益人信息、项目执行渠道等，一旦信息开源共享，固然可以促成充分竞争的可能，但是公益组织自身可能就会丧失原本自身存在的合理性和必要性，必然面临机构的转型或专业能力的提升，对于组织来说，这种改革的动力是严重不足的，甚至是被天然抵制的。公益组织更愿意保持自己原本在公益领域内的竞争优势，虽然不能获取别人的信息，但是至少自己的信息红利可以有效保证。一体两面的区块链给公益组织带来的好处低于可能造成的坏处和威胁时，或者说给公益行业带来正外部性却把负面效应留给组织时，出于个体理性，公益组织不会选择。更现实的原因是，很多公益组织甚至不认为公益捐赠的钱应该公开，认为到了自己的账上就是自己的，可以随便支出，不愿意受到任何约束和监督，而且很多机构，包括著名的公益机构人都不拿出账本给资助方看。

第三，区块链技术不是冷冰冰的，维护它需要公益组织管理架构的全面契合，但机构内部改革也缺乏动力。目前存在的问题要么是没有明确清晰的管理架构，因人成事；要么有了相对稳定且运行良好的管理架构，牵一发而动全身，传统组织的惯性会成为革新较大的阻力。“区块链技术可以改善阿拉善和其他所有公益组织本身对资金的管理效率，使资金透明化。比如是否按照既有协议执行资金走向，资金是通过什么协议进来的，然后它在运行过程中在资金库里待了多久，什么时候能够落到项目地上去，使用效益怎么样。流通的效益怎样，落地项目完成了，评估效果怎样，这一系列信息都可以在区块链里面反映出来；大家都可以看到该看的文件，这样就会大大地提高管理的效益、管理的透明度，实现程序的公正。但是，这就要对整个机构管理的架构进行调整，不是每个部门的人都懂这个。现在，我们所有运营的架构是按照人脑的方式来运行，不是按照区块链的思维和这样一个既透明公正又有效率的先进技术的方式来运行的。机构内部的改革，账本、财务等等这些东西都要标准化，再上区块链，好难。即便财务这块做出来了，人力的成本其实也很高，人习惯于存在于自己的习惯的舒适区里，所以改革并服务公益社会管治的原则，还是有很大的一截路要走。”①

另一方面，去中心化意味着多点参与，公开透明和打破信息不对称。这可能会使一些草根组织有动机去打破在公益行业存在的信息不对称，但现实是区块链的发展仍然处于早期，目前仅仅是最初层面的应用也依赖于商业组织搭建好的平台技术，这部分组织自身没有推动技术应用深度发展的实力。所以窘境就是能做的不愿做，想做的不能做。例如，阿拉善西南项目中心就期望在区块链上有更多的发展，“我们现在项目中心可以做到上链，每个项目有项目编号，每个项目要求有项目建议书，相应预算的财务报账都要求有单据和结算报告，然后我现在都要求他们每一份报告，包括监测报告都扫描成 PDF，那这些文件就可以上到区块链上去了”。②

## 四　思考

公信力是公益组织的无形资产。而因透明度不足导致社会公众对公益慈善的信任危机已经成为影响中国公益事业长期、健康发展的最大痛点。失去

① 引自笔者对阿拉善 SEE 西南项目中心工委副主席兼秘书长萧今的访谈记录。

② 引自笔者对阿拉善 SEE 西南项目中心工委副主席兼秘书长萧今的访谈记录。

公信力，失去的不只资源和力量，甚至可能丧失组织存在的合法性和价值。

人类的生活无时无刻不在改变，在当下，能最快地促进这些改变的，就是科技。和任何新事物一样，区块链可能是不可阻挡的机遇之一，也可能是美好的骗局。其存在感由乱象营造，价值却需要在实践中证明。公益组织现在可以选择不用区块链，当商业区块链嵌入的程度提高后，公益组织可能会被动卷入；抑或出现了比区块链更具颠覆性和创造力的技术。无论如何，公益组织一味当鸵鸟，并不是解决之道，倒不如趁此机会，在厘清区块链的乱象下，公益组织和公益行业到底可以怎么做。

### 1. 追溯善款去向只是公益的底线

当前中国公益领域，由透明度问题引发了社会公众对公益组织、公益事业的信任危机已经是一个不争的事实。但是，不论是政府还是公益组织自身以及社会公众，在强调、追求透明度的同时，却又陷入了一个看似合理却细思极恐的怪圈：除了信息公开本身，透明度的问题还与公益组织的筹资能力紧密关联起来，而筹资能力的高低又将直接决定对公益组织的考查、评估。结果是，透明度越高的组织，项目的筹资能力越强，进而该组织的评级越高；反之，透明度越低的组织，项目的筹资能力就越弱，进而该组织的评级就越低。如此循环，同时也将影响公益组织对相关的公益资源、渠道的获取。

以透明度及筹资能力为反映公益组织好坏的标准原本无可厚非，但应当明确和注意的是，这样的标准不应该是唯一标准。原因在于，好的公益组织不应只追求筹集资金的体量，好的公益项目也并不只是简单的资金拨付准确。反之，公益以及公益组织存在的意义更应该在于，持续不断地关注社会的发展特别是其中存在的社会问题，通过协调、调动各方资源、力量，提出解决方案并付诸行动，以及进行后续的跟踪和反馈，最终缓解或彻底消除这些社会问题。从这一点出发，公益组织的资金流转、拨付就不仅仅是对捐赠人的交代，更不是公益项目的终结，进而资金的透明度问题也就不是公益组织、公益项目的全部。

对于捐赠人来说，区块链目前发挥的作用类似于“查看物流”，人们可以查询捐赠的钱物流向了哪里，每一步的留痕记录，即区块链技术为公益组织、公益项目的透明度问题提供了解决方案并有助于缓解社会公众对公益事业的信任危机。

但是我们也应该时刻保持清醒，资金的透明并不是提升信任或者消除信任危机的不二法门。区块链技术为公益透明化操作提供了解决方案，但资金拨付并不是一个项目的终结，资金的透明化也不是公益项目的全部。对受益人能力的帮扶、心灵的支持、境况改善的持续关注是技术革新之后还需要继续思考的地方。无论是公益组织自身还是公益领域的相关从业人员，还应将工作的重点放在对项目的设计、执行以及后续的跟踪与评估上，全面提高自身能力和水平，在赢得社会公众信任的同时，为更好地解决社会问题而努力。

## 2. 排斥技术进步只会使公益机构处于“初级阶段”

公益行业的问题很多，其中公益组织自身不够专业和公益从业者缺乏职业精神是原因之一。许多公益从业者在道德上是傲慢的，将自己放在施予的位置上，较少考量提供的服务品质；或者从内心将公益视为自己的贡献和牺牲，缺少职业精神；对自己只是社会公共财产的执行人的角色理解有偏，公益组织管理不规范、缺少制度化建设等问题普遍存在。纵观公益机构的发展历史，排斥技术进步只会使公益机构处于“初级阶段”。

### （1）意识转变，规范管理

公益组织需要更新观念，行善不是一切低效无序的免死金牌。行业的自律精神变成自怜自哀是非常可怕的。区块链技术的思维可以倒逼公益组织从这种旋涡中尽量将自己解救出来，不要让接下来产生的项目和价值也重新坠入泥潭。“一些机构因为培训不够，视野不够，所以他们拿的钱老用在自己身上，用的效率太低，成果太少。所以导致了一个恶性的循环，就反循环，用得越慢越没有成效；越是用在自己身上，公益善款就越进不来。”① 对于这些机构而言，区块链运用的思维可以帮助他们去厘清自己所处的位置，让公益领域也发挥竞争的作用，实现行业的筛选和更替机制。将人在哪里、钱在哪里，通过区块链技术以进度条的形式最直接地向公众展示，让行业参与者保持警惕，意识到并不是“做一件好事我们很多人都愿意做。但公益是利他主义、利社会的，所以一定要有一个标准，就是我们的透明、效益、公正，给机构和给这个社会的每一个人参与的机会，包容性和效率都一定要超过政府。直接行动和直接利用公益款的效率低于企

① 引自笔者对阿拉善 SEE 西南项目中心工委副主席兼秘书长萧今的访谈记录。

业、低于政府，是失败的”①。

无论区块链技术发展与否，专业、高效、规范、共享与协作的理念已经是时代的大趋势，我们已经看到互联网技术让每个人都有参与公益的机会，非职业公益人大量涌现，在门槛较低的公益领域已形成一定程度的竞争状态；受助人或许有机会发出自己的声音并且被听到、被看到，许多传统公益组织赖以生存发展的“内部”视角和信息丧失了比较优势。试想一下，当全部数据公开透明，公益领域也有充分竞争，全民公益生态数据库搭建起来，一个停滞不前的仅仅作为资金中介的公益组织该如何自处？如果不能及时调整，届时被技术牵着鼻子，公益组织很容易被别的力量收编而消失得无影无踪。

在大家都在观望的情况下，更加需要在行业内部形成共识，把区块链以共信促公信的理念落地。总要有机构作为第一个吃螃蟹的人，在区块链在公益领域的运用上率先垂范，“拿一个机构来‘开刀’，看看区块链技术怎么运用于公益机构的内部管理，那么必须把行政、财务和项目实施这几个环节都打通，用区块链把整体的管理落到地上来，让公益款的使用透明化，效率提高。”②

所以不管是否运用区块链技术，都需要为不确定做好充足的准备。有条件有能力的公益组织眼下应当以积极务实的态度推动新技术的运用，同时谨慎选择探索和实验，在系统风险可控的前提下，与自己原有的核心优势保持松耦合，提升组织的信息化和规范化程度，积累应用经验，跟随时代发展，共同成长。暂时没有条件利用区块链技术的公益组织应该从自身意识转变和规范管理上转变，时刻准备好迎接新技术带来的“换新天”。打铁更要自身硬，能够在每一次技术进步面前都反躬思考，观照自身的不足，才能让区块链技术或者其他技术在公益场景应用下不至于反而淘汰了自身。

### （2）增强行业竞争与合作

目前公益领域存在这样的场景：有些热门社会问题公益组织扎堆进入；有些社会问题长期得不到关注；有些社会问题很复杂，很难凭借一家公益组织之力来解决……这些情况需要各类公益组织形成联动，同时也形成竞争环境，不断提高解决社会问题的效率。但目前公益领域内部的信息共享

① 引自笔者对阿拉善 SEE 西南项目中心工委副主席兼秘书长萧今的访谈记录。

② 引自笔者对阿拉善 SEE 西南项目中心工委副主席兼秘书长萧今的访谈记录。

机制没有建立起来，处于信息不对称的状态。大部分公益组织依靠各自的资源和渠道挖掘需求，之间缺少联动，只顾低头干活。例如，在教育议题下，大量公益组织投入人力、物力进入，其项目可能分布在不同的学校和地区，但很多基础性、同质性的工作公益组织独立摸索，造成了资源浪费，降低了工作效率。本可以避免的重复，却由于信息不对称而长期存在，既有损效率，又使真正深层次的需求没人关注而得不到解决。

当然，近年来，互联网技术的进步为公益领域注入了新的生机，在参与主体、受助对象、参与方式和渠道等各方面不断推陈出新。从 2014 年到 2015 年，互联网捐赠人数从 500 万增长到 2380 万。截至 2016 年 6 月，中国网民人数达到 7.1 亿，有超过 2300 万网民通过网络捐赠物品。① 互联网降低了捐赠人与受益人之间的通信、信息共享等的门槛和成本，实现了信息、资源、注意力的低成本、广覆盖。互联网在一定程度上能够使资源和需求进行更好、更精准的衔接和匹配，但同时马太效应更加明显。许多捐赠人可以直达受助人，保证自己想要捐赠的钱物到了自己认为适当的人手里，但更普遍的情况是热门事件中的受助人可能获得超过需求的捐赠，资源更加集中扎堆。这同时也对公益领域内的信息对称问题提出了更高的要求。

公益领域信息透明，不仅有助于行业内部展开有序的竞争，也有助于行业内部进行有效的资源配置与合作，提高整个公益领域的效率。

如何把公益慈善事业做成人人信任的“透明口袋”，是每一个公益人的心愿，也是每个支持公益的人的心愿。区块链不是唯一选择，但是，由区块链所代表的技术进步，在一定程度上则是公益领域不可排斥的选择。

---

① 徐颢：《互联网慈善：沉思 2016，畅想 2017》，《中国社会保障》2017 年第 1 期，第 41 页。

# 犯罪惩罚与社区服务的结合

伴随着人类文明的进步，世界各国的犯罪刑罚制度不断进行着改革，以更为人道、文明、经济、有效的方式惩治犯罪和矫正犯罪人。在这一背景下，被称为社区服务（Community Service）或社会服务、社会劳动、社区劳役、公共利益劳动和公益劳动等词①进入司法领域。

社区服务在国外被司法领域大量适用，通常是由法官通过“社区服务令”的形式，对一些罪行轻微、恶性不大的罪犯判决其在社区进行无偿公益劳动。作为一种集惩罚、教育与矫正于一体的犯罪惩罚措施，不限于作为刑罚刑种和刑罚替代措施，也应用到作为代替检控或者审讯、终结诉讼效力等方面。虽然在各国的立法、定位和执行上均有不同，但犯罪惩罚与社区服务的结合大多相对成熟、规范，且取得了很好的司法效益和社会效益。这种刑罚具有强制性、公益性和无偿性特征，目的是减少监禁刑适用、促进罪犯社会化和降低行刑成本，以及增加社会的公共服务供给。理论界和实践界普遍认为社区服务应用到犯罪惩罚中，具有极强的人道性、进步性、科学性，符合刑罚轻刑化和社会化的趋势。

我国的犯罪惩罚与社区服务的结合有些滞后，主要是作为社区矫正中的一项矫正措施运用于实践中。目前我国尚未将社区服务正式引入刑罚体系中，即便在《社区矫正实施办法》中也只是一笔带过，并未详细规定。直至今日，社区服务被运用于司法领域仍处于起步阶段，发展较慢，且存

① 这里的“社区服务”与“公益劳动”通用，且在本文中的概念区别于一般意义上的社区服务，特指犯罪刑罚意义上的社区服刑人员参与的社区服务。

在立法缺失、规范性缺失、制度模糊等现实问题。

本文将梳理国外经验的合理内核，分析中国犯罪惩罚与社区服务结合之价值、现状，以期为进一步健全我国犯罪惩罚与社区服务的结合提供参考。

## 一 国际上犯罪惩罚与社区服务的结合

国际上，犯罪惩罚与社区服务的结合有着久远的历史，制度普遍相对完善，有一定的普适性，当然，各国也各有其特色。

### 1. 公益劳动替代剥夺自由刑有着久远的历史

公益劳动替代剥夺自由刑有着久远的历史，也有其深刻的历史背景。早在中世纪的德国，公益劳动被用来抵偿不能缴纳罚金而应得的拘禁刑。那时，具有替代性质的公益劳动主要有修筑城墙、清理城镇渠道。从 17 世纪开始，公益劳动在西欧不同国家的各种文献与有关刑罚运用的记载中均可发现，最常见的表述形式是“强制劳动”或“劳动刑”。而早期的“强制劳动”或“劳动刑”主要存在于德国与瑞士两国的立法中。1698 年的《奥古斯都撒克逊法典》（the Saxon Codex Augusteus of 1698）就规定：法官可以对犯罪人适用“手工劳动刑”（Handarbeitsstrafe）来代替监禁刑或罚金刑，并规定，劳动三天折抵监禁刑期一天。当时，判令犯罪人从事公益劳动，不仅可作为罚金刑的一种替代措施，而且也可以作为监禁刑的替代措施。但是，当时，公益劳动并未进入正式刑罚体系中，仅作为一种临时性补充措施。当时的主要考虑是，既要使犯罪者受到惩罚，又能利用其劳动能力。

此后，随着社会经济发展和人类文明的进步，尤其是西欧启蒙运动中，法律指导思想也不断变化，以剥夺人的基本权利之一的自由为主要内容的自由刑（监禁刑）成为犯罪惩罚主流。执行这种刑罚的物质保证是壁垒森严的牢或狱。监禁刑，尤其短期监禁刑，不仅被认为是人道的，而且还被认为是一种能真正促进罪犯改造，特别是有利于青少年犯回归社会的理想刑罚方法。因此，西欧一些国家纷纷把监禁刑和限制自由刑作为代替当时普遍存在的死刑、肉刑、划船苦役等的刑罚措施。到 19 世纪下半叶，西欧一些国家所判短期监禁刑的比例已占所有被判监禁刑总数的75%。[①] 当然，以监禁刑为中心的刑罚体系的形成是一个臻于完备的过程。从各国来说，这一完备过程是从1597年荷兰的阿姆斯特尔达姆的男惩治监狱建成开始的。之后各国仿效，各自形成一定规模的完备设施。

自由刑是有其产生和发展的背景的：首先，资本主义启蒙思想家对封建制度抨击时，提出了自由、平等、博爱等思想，主张"天赋人权"，提倡人道主义，反对封建制度的残酷性、恣意性。其次，是经济发展的进步，前资本主义的阶级社会人民大众对统治者的人身依附关系在近代才得以解脱，使自由刑有成为惩罚的可能。最后，刑罚思想的演进，人们开始重视犯罪者的人权，过去那种"以血还血，以牙还牙"的报应刑思想逐渐被教育刑思想所矫正。

到19世纪中后期，短期监禁刑大量适用产生了诸多弊端，包括因其时间太短而不能给犯罪人以接受教育或促进道德改良的足够时间，但它却使犯罪人有足够的时间受到其他犯罪人的不良影响；因为时间太短，无论是对犯罪人还是对其他社会成员均不具有威慑力，相反蹲监狱时间再短也能损害一个人的自尊，而一个丧失了自尊的人很容易成为累犯；若大量适用监禁刑（包括短期监禁刑），就需要建造足够的监所，这必将耗费国家大量财力物力。正是因为这些原因，西欧各国从19世纪末便开始了积极探索短期监禁刑替代措施的历程，业已存在但是很少得到使用的各种公益劳动作为刑罚便受到人们的关注。

19世纪末，随着国际监狱协会（the Commission Internationale Pénitentiaire）等国际性组织的成立，短期监禁刑的弊端在国际刑事法学界引起了严重关注。1872年在伦敦、1885年在罗马召开的"国际监狱大会"（the International Penitentiary Congress）提出了最大限度减少使用短期监禁的建议。德国学者李斯特作为"反对短期监禁刑运动"的一位斗士，其一针见血地指出，我们今天的刑事司法几乎完全依赖于短期监禁刑。我们正冒着这样的危险：如果短期监禁刑一无是处，那么我们的整个刑事司法制度则一钱不值。然而不幸的是，事实正是如此。短期监禁刑不仅是无用的，而且它极大地毁坏了法律制度，甚至全然断送了刑法制度。短期监禁刑不仅是无价值的，而且事实上是有害的。它既不具有威吓的作用，也不具有改造的功

---

① 《西欧探寻短期监禁刑替代措施的历程》，http://www.110.com/ziliao/article-141265.html。

能，它只能使犯罪人受到传染。这一思想对西欧各国的刑事司法与刑事政策影响深远而巨大。直到今天，在西欧国家的刑事司法制度和刑事政策之中仍可看出该思想的踪迹。[①] 学者们在那一时期的国际会议与理论著述中提出了许多替代短期监禁刑的措施，如“劳动刑”“缓刑”“罚金”等。但在实践中“劳动刑”依然形同虚设，主要被采纳的是“罚金”“缓刑”等。

### 2. “社区服务刑”作为刑事处罚机制被广泛运用

伴随着实践的发展，理论也在更新迭代。1954 年，凯恩斯主义的代表人物萨缪尔森，提出市场机制及私人部门无法有效解决公共物品的供给问题，只有政府提供公共物品才能弥补这一缺陷。在此理论中，惩治犯罪属于纯公共物品，全权由政府提供。而 20 世纪 60 年代，科斯开始提出公共物品和服务的市场化思想，西方国家开始对提高公共物品供给效率进行尝试。美国学者奥斯特罗姆提出有别于过去以政府和市场为中心的传统供给模式，其在公共物品供给上突出了政府、市场和社区等相关者之间的互动，体现的是不同主体之间优势互补的一种多中心供给模式。西方公共服务理论的演进，以及法律界轻刑化和行刑社会化的思潮，对“犯罪刑罚”这一公共物品的提供者、提供方式产生了深刻的影响。

而且实践中，无论是罚金还是短期监禁刑的大量使用使情况变得更糟。人们把注意力投向业已存在但很少适用且知之不多的劳动刑，是人们寻求新的有效刑罚措施的必然结果。作为现代刑罚制度中的社区服务，一般被认为始于英国 1972 年的《刑事司法条例》。当时，英国在世界上第一个建立了“社区服务令”的刑事处罚机制。该条例规定，法官可以判令被告人进行无偿的社区服务工作，让违法者从事有益于社会的各种公益劳动，以弥补因其违法行为而给社会和个人造成的损害；法院判处社区服务的最长期限是 240 个小时，最短为 40 个小时；这类命令通常根据缓刑犯监督官的报告而提出，同时必须征得罪犯本人的同意，并于 12 个月之内执行。对于违反该命令的行为可处以罚金，或撤回该命令并施以任何原来可施加于该罪行的惩罚。

尽管在用社区服务来替代短期监禁刑问题上认识并不一致，但这并不妨碍西欧许多国家的立法者纷纷效仿，以正式、非正式的方式把社区服务

---

① 《西欧探寻短期监禁刑替代措施的历程》，http://www.110.com/ziliao/article-141265.html。

引进各自的刑罚体系中。这主要是因为几乎所有的西欧国家都在为刑事司法机器过度耗费税收但监狱收容能力仍极度短缺而头疼。面对监狱人满为患的状况，实务家们再也不简单地以犯罪学标准（如累犯、处罚性质）来论争问题，却转而以社会经济的标准（如刑罚的财政与社会耗费、刑罚的社会效果）来看待问题了。

1976 年欧洲理事会部长会议，根据《欧洲犯罪问题委员会的报告》通过了 10 号决议，要求各成员国将社区服务纳入刑罚体系。1986 年，欧洲理事会发表了以“监禁刑的替代措施”为题的报告。该报告指出：从当前财政经济状况来看，寻求监禁刑的替代措施十分必要。与监禁刑有关的经济耗费增长速度实在太快，致使经济形势在诸多方面成为制定刑事政策发展计划的决定性因素。1980 年联合国在第六届预防犯罪与罪犯待遇大会上通过了第 8 号决议案，该议案倡议联合国成员国要发动更广泛的社区力量参与刑罚措施的实施。1985 年召开的联合国第七届预防犯罪与罪犯待遇大会《关于监禁的替代措施和囚犯社会安置的方法》的报告中指出，社区服务劳动已在英国、卢森堡、法国、丹麦等国的司法实践中得到应用，在意大利、葡萄牙、德国、芬兰、瑞典等国家也处于讨论与立法的准备阶段。联合国举行的第六届、第七届预防犯罪与罪犯待遇大会通过的相关决议案呼吁各成员国鼓励更加广泛的社区力量参与监禁刑替代措施的实施，对社区服务刑的发展起到了很大的推动作用。1990 年联合国大会通过《联合国非拘禁措施最低限度标准规则》（东京规则），其中有涉及社区服务的相关内容。该规则向世界各国推荐了非监禁刑措施，并且明确指出了社区服务是重要的非监禁刑措施。1998 年联合国经济与社会理事会通过了《开展国际合作，以求减少监狱人满为患和促进替代性刑罚》的决议，其中也涉及了社区服务的内容，并且在其附件中介绍了社区服务的施行方案。①

国际社会普遍接受社区服务刑，社区服务刑在很多国家，尤其是在英美法系国家普遍适用，并日益被看好，有扩大适用的趋势。1966 年，在美国的加利福尼亚州真正具有现代刑罚意义的社区服务出现，当时主要是应用在交通违规者身上，用来替代他们因为没有经济能力来支付所应缴纳的交通罚款。1972 年之后，美国有超过 1/3 的州在具体的案件中适用社区服务刑。1984 年，美国正式通过了《综合犯罪控制法案》，规范了社区服务的

① 周国强：《国外社区服务刑述评及借鉴》，《国家检察官学院学报》2004 年第 12 期。

适用，随着此法案在全国范围内的推行，社区服务刑在司法实践中被应用的频率明显得到了提升。1984 年，中国香港也引进了“社区服务令”机制。

### 3. 犯罪惩罚与社区服务的具体结合

国外犯罪惩罚与社区服务结合较为普遍，各国各有侧重。一是在刑罚体系中的地位不同。在英国、中国香港等国家和地区，社区服务是独立的刑罚种类，法国、美国、韩国则把社区服务作为其他刑罚的替代方法，美国还将社区服务作为审查起诉的考察方式。二是多数由法庭判决，部分国家如美国的检察官也可以作出。三是基本只是适用于轻罪和青少年，以防止部分有严重人身危险性的罪犯危害社会。四是一般有一定的时间限制，大多不超过 1 年或 1 年半。五是执行主体一般为社区矫正机构，各国均有特定的机构负责。六是如果违反相关义务，犯罪人将承担一定的不利后果。

#### （1）在刑罚体系中的地位

犯罪惩罚与社区服务的具体结合一般有两种情形，一是作为独立刑罚种类，二是作为其他刑罚的替代方法。

一是直接把社区服务作为新的刑种纳入刑罚体系。例如，英国设置社区服务令作为刑罚种类之一，主要适用于那些罪行较轻、可以判处监禁的犯罪者（主要是青少年），以判决的形式确定执行社区服务令的机构、社区服务的时数和时间表，并以强制性监督保证执行。而中国香港的《社区服务令条例》规定犯罪人年满 14 周岁且犯有可被判处监禁刑的罪行，法官可以考虑宣布社区服务令。

二是将社区服务作为一种替代刑罚方法纳入刑罚体系。例如，《法国刑法典》规定：“如果一项轻罪被处以监禁刑，法院可以要求被判刑人无报酬地完成一项公益劳动，可以是为公法法人之利益，也可以是为承担公用服务的私法法人之利益，或者是有资格实施公益工程的协会之利益，以替代监禁刑。”其只能替代监禁刑，而不能替代罚金。① 但在美国，社区服务可以替代罚金。例如，在美国，社区服务令属于社区矫正措施范畴，通常情况下会成为其他矫正措施的附加或替代手段，也被认为是犯罪人对受害人或社区的一种赔偿机制。例如针对轻罪并且无危险者，判决社区服务用以

① 陈梦琪、陈治军：《强制社会劳动刑的境外实践与立法构想》，《犯罪与改造研究》2016 年第 4 期。

替代全部或部分的罚款或监禁。这种社区服务通常是有偿的，其获得的报酬可以用于被害人赔偿。美国的社区服务还可以运用于审查起诉阶段，犯罪嫌疑人如同意参加无偿社区服务且表现良好，则检察官可以决定不再对其罪行进行指控，而对于社区服务令执行期间表现不佳的犯罪嫌疑人仍可以提起公诉。同时，社区服务令也可以作为假释的条件之一，从而提高刑罚执行的效果。又如，在韩国，社区服务令并不是韩国的独立刑罚种类，而是作为缓刑的附加而得到广泛适用。其适用并不局限于轻微犯罪，也无须征得犯罪人的同意。

**（2）判决主体**

各国的社区服务令大多由法院判决作出。部分国家在审查起诉阶段适用，则由检察机关作出。在社区服务令中，一般会明确规定执行社区服务令的机构、社区服务的场所、内容和时数等。但是，提出适用社区服务刑的建议机构以及是否需要犯罪人同意则有所差异。例如，韩国无需犯罪人同意；英国、美国等国家则需要犯罪人同意，其中英国需要缓刑犯监督官报告并提出建议适用，其他国家则直接由法官作出判断。

**（3）适用对象**

社区服务刑的适用对象主要包括三类。

一是未成年犯。对未成年犯行刑侧重于矫治是世界性趋势。1980 年联合国少年司法最低限度标准准则（北京规则）和 1990 年联合国预防少年犯罪准则（利雅得准则）要求各国当局把社区服务的裁决作为处置违法少年的司法措施，从而最大限度地避免监禁。[①] 例如，韩国的社区服务令可以适用于成年和超过 16 岁的未成年犯罪人。中国香港则规定犯罪人年满 14 周岁的且犯有可被判处监禁刑的罪行，法官可以考虑宣布社区服务令。

二是轻微罪行的犯罪人。考虑适用对象的原则：首先是为了避免对社区的再次伤害，需将对象对于社区和社会的危险性看成关键性的问题；其次是考虑罪行轻微、恶性不大的罪犯，其变成“守法”公民的可能性更大。

三是被处罚金的犯罪者。罚金刑作为一种刑罚方法，是通过强制犯罪分子向国家缴纳一定的金额，达到惩罚犯罪的目的。在一些情况下，罚金刑可以易科为社区服务，如上述美国的情况。

① 李宗泽：《社区服务刑在我国的确立意义及其制度构建》，《湖南科技学院学报》2014 年第 9 期。

**（4）执行主体和监督机构**

各国均规定了社区矫正机构作为社区服务的组织及监督机构，并拥有向法庭报告或申请撤销社区服务令的权力。例如，在中国香港，被判处社区服务令的犯罪人，均会被转到社会福利署执行；在美国则由假释官监督执行；澳大利亚的社区服务令方案则由缓刑与假释事务局监管，具体工作由社会组织实施。

**（5）执行时间**

关于社区服务刑的时间，各国规定不尽相同。英国为 40～240 个小时，俄罗斯规定为 60～240 个小时，法国规定为 40～210 个小时，芬兰为 20～200 个小时，而美国对社区服务刑的时间没有硬性规定，少的 60～100 个小时，多的达到 1800 个小时，澳大利亚则是 16～320 个小时。其中，澳大利亚要求法院必须具体规定从事社区服务的时间范围，但不得超过 18 个月，并规定罪犯在社区服务期间的任何一天连续工作超过 4 小时，接下来的 1 小时必须是用餐休息时间，同时罪犯每周的劳动时间不能少于 4 小时；英国则要求从社区服务令下达之日起，除非经过申请获得法院的批准，所有的劳动必须在 12 个月内完成，除因为罪犯正常的工作、受教育、宗教所抵触的以外，社区服务的时间一般为上午 9 点到下午 4 点。

**（6）具体服务内容**

国际上，社区服务大多注重弥补被害人损害以及与所犯罪行相关的社区服务以增强教育作用。例如，在英国，社区服务的对象主要是直接或间接受到罪犯行为损害的人，服务内容主要是干家务，如换锁、装修、油漆门窗、照顾残疾人或老人、清理杂草和垃圾等。在美国，法官可以明确指定特定的社区服务方式，也可允许罪犯在一定管辖区内选择社区服务的方式，但其服务都有监督和适格机构记录，最后向法官报告才算完成。有时法官会确定与所犯罪行有关的社区服务增强教育作用，比如乱扔垃圾者可被要求对公共场所进行清洁，或酒后驾车的可能被要求到学校向学生讲解关于酒后驾车将构成犯罪及其危害，等等。

**（7）对违反者的处罚**

违反社区服务命令应承担更严厉的处罚。对不完成社区服务的处理，通常是以罚金刑或自由刑代替。如果罪犯在社区服务令执行期间违反或者有足够理由相信其违反被监督义务，法官可以签署逮捕命令或罚金刑，社区服务令随之撤销，罪犯将面临监禁。例如英国规定，罪犯如果在社区服务期间再犯罪或者违背命令，即撤销命令而改处拘禁刑；《俄罗斯联邦刑法典》第 49 条第 3 款规定：如果被判刑人恶意逃避被判处的强制性工作，则可以用限制自由或拘役代替，1 天限制自由或拘役折抵 8 小时强制劳动；葡萄牙刑法的规定则颇为特殊，如果被定罪人处心积虑地使自己陷于不能全部或部分完成社区服务，或者没有合法理由而拒不完成劳动，那么该罪犯会被视为犯了藐视法庭罪而被判刑；在法国，根据《刑法典》规定，在被判刑人不遵守作为主刑宣告的公益劳动的义务规定的情况下，将构成侵害刑事司法威严罪被判处 2 年以下监禁刑和 3 万欧元以下罚金刑。在中国香港，在社区服务令执行期间，如果犯罪人有超过 3 次的不良行为，法官可以对其判处 1000 港元以下的罚金或者延长工作时间直至撤销社区服务令收监执行刑罚。[①]

### 4. 国际上犯罪惩罚中的社区服务的特点

犯罪惩罚中的社区服务与一般意义上的社区服务有本质区别，也有类似之处。其特征是强制性、规范性、公益性。

#### （1）强制性与规范性

社区服务作为一种对犯罪者的惩罚手段，需具备刑罚本身的特征——强制性和规范性。这是因为社区矫正作为一种矫正手段写入刑法是具有国家强制性的，而社区服务作为社区矫正的一个表现方式也是具有强制性的。行为人既然犯了罪被判处了特定刑罚，就必须接受。从实践层面上来说，社区服刑人员在参加社区服务时，实际上是一个接受刑罚惩罚、在特定时间内被限制人身自由的过程。需保证每一个具有劳动能力、应参加社区服务的社区服刑人员都能保质保量地完成社区服务任务，从而维护刑罚执行的严肃性。

要使社区服务的强制性落到实处，必须建立规范性。一是社区服务执行中的规范性。需要建立一个高效、规范的执行系统，严格执行社区服务的监督、检查、考核、奖惩制度，建立科学有力的奖惩机制。例如，对于无故不参加社区服务的服刑人员应当给予警告，并加强其思想教育工作，对于拒不参加的，主观恶性大、拒不接受矫正的，应当考虑交由审判机关，对其刑罚的适用作相应的修改。二是社区服务适用的规范性。即社区服务

① 周国强：《国外社区服务刑述评及借鉴》，《国家检察官学院学报》2004 年第 12 期。

对哪些人适用、哪些人不适用都应当有明确规范的规定。三是社区服务项目设置上的规范性。这里主要应当考虑到它的监控性，难以监督、无从考量的劳动项目不能作为社区矫正社区服务的内容；每一次社区服务，从时间、地点、参加人，到劳动量、劳动效果、监督检查人等，都要记录、存档，并作为重要的考核、奖惩的依据；社区服刑人员自己汇报又无从证明的劳动内容不能计入其社区服务的考核统计。四是社区服务劳动场所的规范性。需要依托社会组织建立社区服务的劳动项目，应有专人负责社区服务的组织管理，并建立信息反馈机制。[①]

**（2）公益性**

社区服刑人员的公益劳动必须是增进社会公共利益的劳动，这是毫无疑问的。但是，何谓社会公共利益呢？这并不是一个十分清晰明确的概念。结合相关研究与实践，本文提出几种情况。从正面来说，其一，社区服刑人员的公益劳动可以是为社会或公众服务，如在公共场所从事清洁、环保、维护等辅助性劳动；可以是在养老院、福利院等社会福利机构为孤寡老人、孤儿、残疾人等提供服务等。其二，社区服刑人员的公益劳动也为所犯罪行的被害人提供补偿性服务。其中，为被害人或被损害的特定对象服务，其服务对象为个体而非公众，但也属于公益性质。这是因为犯罪是对正常社会关系、社会秩序的破坏，而被害人遭受的损失是这种破坏的直接体现，弥补受害人在很大程度上就是对受损社会关系、社会秩序的恢复。因此，为被害人提供补偿性服务虽然是为个体服务，但这并不妨碍其公益性的成立。从反面来说，社区服刑人员的公益劳动不能是为司法所、派出所等社区矫正组织或机构服务，如为司法所打扫卫生等，更不能是为司法所干部、社区民警、参与社区矫正工作的社工或志愿者等社区矫正工作人员及其家属等服务，这两种安排实质上都背离了公益性的原则，具有以权谋私的色彩。[②]

公益性的外在表现之一是无偿性，但并非不能为社区服务补贴成本或者提供激励。例如，根据需要，为参加公益劳动的社区服刑人员提供一些基本的劳动工具、劳保用品或交通费，或者是为劳动表现好的社区服刑人员提供一些物质性奖励等，都应当是允许的。当然，这种补贴并不是按工

① 周欣：《浅议社区矫正服刑人员的公益劳动问题》，《法制与社会》2011 年第 5 期。
② 马辉：《组织社区服刑人员参加公益劳动应把握的原则》，《今日南国》2010 年第 4 期。

作时间、工作量给予报酬，而是有助于激励社区服刑人员有序、持续地开展公益劳动。

### 5. 国际上犯罪惩罚与社区服务结合的综合考量

犯罪惩罚与社区服务的结合既实现了犯罪惩罚的本质目的，又实现了公共服务供给者及供给方式的变革，还实现了社会治理的变革，带来社会效益的提升和公益价值的实现，具有多方面的意义。

**（1）平衡监禁刑与非监禁刑**

社区服务可以作为监禁刑和非监禁刑之间的中等严厉程度的刑罚，平衡监禁刑和非监禁刑的巨大差异，不但使监禁刑罚和非监禁刑罚之间的惩罚量比例相对合理，且自然形成二者之间的科学过渡，[①] 实现罪刑责相一致，更好地惩罚犯罪者。被判处监禁刑的罪犯不但失去了人身自由，随之还失去了工作和工资收入，失去了与家人、配偶、朋友的联系，在规定的时间及场所、在严格的监管下劳动改造和进行日常活动，别无选择地生活在其他罪犯中间，在精神上、物质上的惩罚性极强。相比之下，管制、缓刑、假释等非监禁对象的自由度几乎就等同于自由公民，惩罚性太弱。监禁处遇与非监禁处遇的如此天壤之别，不仅民众不满，法官也认为如此对待罪犯有失公平。例如英国，现行刑罚根据轻重不同分为：罚金、社区矫正（其中包括社区服务令）刑、监禁刑。作为中等严厉程度的刑罚作为中间过渡。而社区服务既可单独适用，又可附加成为假释、缓刑和管制、罚金、单处剥夺政治权利等刑罚措施的必然义务，灵活性强。从计算方式上来看，因为社区服务的计量单位是服务时间，并且通常以小时计算，便于根据犯罪危害、主观恶性及其应当承担的刑事责任，对犯罪人判处不同的服务时间，以一种看得见和可掌握的方式在罪、责、刑之间建立相对的适应关系，较大程度实现同罪同罚。

**（2）降低刑罚成本**

从提高公共物品的供给效率来说，刑罚是一种有限的社会资源，应当在保证有效地预防和遏制犯罪的前提下，尽可能降低行刑成本。在刑罚实践中，监禁刑作为最为普通的刑罚方法被普遍接受。随着监禁人数和判处

---

① 但未丽：《中国增设社区服务刑之必要性及立法构想》，《首都师范大学学报》（社会科学版）2009 年第 6 期。

刑期的不断增加，监狱系统运行所需要的行刑成本居高不下且无法减少和回避，给监狱带来了极为沉重的财政负担，且该成本随着人权保障水平的提升水涨船高。

根据《联合国第五次犯罪趋势和刑事司法执行调查（1990—1994）》的有关数据，就所调查的31个国家和地区1994年监狱的开支情况看，1994年平均每一个罪犯的监狱开支为3万~4万美元。以英国社区服务令为例，判处社区服务的罪犯平均每年费用为490英镑，而一个监禁犯每年的费用约为7000英镑。[①] 我国情况也是如此，监禁成本消耗的财政支出相当庞大。2012年十一届全国人大常委会第二十六次会议上司法部部长向全国人大常委会报告监狱法实施和监狱工作情况公开的数据显示，我国共有监狱681所，在职监狱人民警察30万名，押犯164万人，2011年全国监狱系统财政拨款占监狱经费支出比重达到87.9%。[②] 从平均水平看，粗略估算每关押一个犯人的经济成本为1万~2万元，相当于一名中等水平职工的收入，而社区矫正的相应成本一般不超过监狱关押的20%。[③]

正如犯罪学家加罗法洛指出的："罪犯们什么也没有付出，而社会却为他们支付生活费，纳税人也增加了一种新的负担，因此更增加了社会受到的侵害。"[④]而社区服务刑不需要将罪犯关押，不需要监禁设施和关押费用，可以为财政节省一笔数目不菲的开支，极大地降低了行刑成本。

**（3）减少对社会的损害**

犯罪惩罚的目的并非仅仅为了惩罚犯罪者，还包括矫正犯罪、促进犯罪者回归社会及威慑潜在犯罪者，最终目的是减少社会受到的侵害、弥补对社会的损害。监禁刑作为主流刑罚手段很难满足上述所有追求的价值，尤其是促进犯罪者回归社会及恢复对社会的侵害两项很难直接达成，这也被称为"监狱刑罚悖论"。社区服务可以较好地解决这一问题。"传统观点认为，改造犯罪就是司法机关的责任，但其实，改造犯罪在某种程度上更是社会的事情。"[⑤]

---

① 李贵方：《自由刑比较研究》，吉林人民出版社，1992，第163页。

② 《全国共有监狱681所　押犯164万人》，全国人大网，http://www.npc.gov.cn/huiyi/cwh/1126/2012-04/25/content_1719250.htm。

③ 高铭暄：《社区矫正写入刑法的重大意义》，《中国司法》2011年第3期。

④ 加罗法洛：《犯罪学》，耿伟、王新译，中国大百科全书出版社，1996，第9页。

⑤ 《司法部部长：要大幅度提升可假释罪犯的比例》，新华网，http://mil.chinanews.com/gn/2018/03-05/8459723.shtml。

对社会而言，犯罪不仅直接侵害了受害者的合法权益，而且侵害了社会的利益，犯罪使社会的秩序混乱、公众的安全感下降，人与人之间的信任感降低，使社会的道德传统和交往原则面临着考验。判令犯罪者以社区服务的方式，犯罪者通过无报酬的社区服务工作贡献社会，为服刑者补偿其对社会曾造成的损害提供机会，在一定程度上可以弥补犯罪者对社会造成的损失，甚至可以将其工作的一部分收入用于补偿受害人的损失。在美国，社区服务被作为赔偿的一种模式而得到广泛运用，这一模式强调通过罪犯的经济责任和社区服务来支付受害人的损失以及法院诉讼的费用。而从社会进步的角度来说，这种结合手段上较具人道精神，结果上使犯罪人通过无偿劳动对自己行为造成的社会危害进行弥补。

社区服务也可以威慑潜在犯罪者，降低社会受到损害的概率。惩罚性和严厉性作为刑罚的天然属性在社会心理和个体心理上造成了威慑和恐怖效应，而达成人们远罪避害的心理和行为定向。也就是说，强制性地压抑了犯罪意念的形成和对于犯罪行为的模仿。同时，这种强制和压抑的另一方面也就是在向社会成员昭示应当模仿的行为榜样，从而生成和发挥刑罚的教育功能。[①] 但是，监狱服刑情况很少被公众认知，而被判社区服务的犯罪者，其服刑过程直观地被人们所看到，这样人们就能更清晰地了解到犯罪，对于群众特别是潜在的罪犯起到一种警示作用。

**（4）促进犯罪者回归社会**

社区服务通过强制犯罪者劳动可以较好地矫正犯罪，促进犯罪者回归社会，降低犯罪者再次犯罪的概率。在传统意义上，监禁刑使犯罪人与社会隔离，以消极的方式使犯罪人无法危害社会。社会公众在惩治犯罪的观念上也已经形成一种定式思维，认为惩治罪犯的最好办法就是监禁，剥夺或限制其人身自由，使其丧失再次危害社会的机会。但是，监禁刑尤其是短期监禁刑存在的弊端极多，包括：不能给罪犯以接受教育改造或悔过自新的足够时间，刑期届满只好释放其出狱；监狱亚文化的存在导致犯罪者互相交叉感染，强化了犯罪意志，习得新的犯罪技巧，巩固了犯罪心理结构等。首先，社区服务一般在犯罪者的居住、工作的地点或执行机关指定的地点执行，使犯罪者在服刑的同时不离开平常工作、生活和学习的环境，避免了交叉感染的不良影响，既能帮助犯罪者与家人重建良好关系，也可

---

① 王顺安：《刑罚预防新论》，《政法论坛》1998 年第 1 期。

让犯罪者通过在社区中工作使其像普通人一样与社会保持联系，减少犯罪者产生“自我降格”的心灵感受，降低其将犯罪行为合理化的概率。其次，犯罪者为社区提供服务的同时，可以体会到劳动的辛苦，同时也必然感受到创造劳动成果的充实，在辛苦的付出与心理收获之间建立一种健康有益的联系，能够感受到为社会创造的快乐，有利于培养其社会责任感，从而自觉不再进行危害社会的活动。最后，社区也可提供各种心理性、教育性与职业性的活动，以增进犯罪者的工作与社交技能，使其有机会获得家庭和其他社区资源等人际支持系统的帮助，极大程度地进行自我矫正，降低再次犯罪的概率。

而且，犯罪者在劳动过程中必然与社区发生联系并有所交流，其劳动成果又使社区居民尤其是弱势群体直接受益，这些都有助于缓解犯罪人与社区居民的对立关系，有利于社会的和谐；而与社区居民的沟通又能增强犯罪者对未来人际关系的自信，且社区服务给了犯罪者为社会做贡献的机会，这种心灵、心境上的改变，可能成为犯罪者在社区重建信任和重塑人生的开端，从一名犯罪者转变成为真正意义上的“公民”。

## 二　我国犯罪惩罚与社区服务的结合

社区服务刑在世界范围内得到广泛运用，并备受好评，我国很早也已开始探索以社区服务为具体手段的社区矫正，但目前尚未将社区服务正式引入刑罚体系中。

### 1. 我国的犯罪处罚与社区服务的结合在立法上无实质进展

我国的犯罪惩罚与社区服务的结合主要包括在“社区矫正”立法进程中，从 2001 年河北省石家庄市长安区检察院最早出台“社区服务令”的相关试点，到 2016 年《社区矫正法》征求意见，“社区服务”屡屡被一些法律位阶较低的规定或实施办法提及，逐渐被重视，但目前暂未被明确列入刑罚体系。

#### （1）社区矫正地方试点将公益劳动作为社区矫正重要内容

2003 年，两高两部联合印发了《社区矫正试点工作的通知》，我国开始了社区矫正的试点。各试点的省市将社区服务作为社区矫正过程中矫正犯罪人的重要手段，并形成一定的机制，如2006年上海市制定了《上海市社区服刑人员公益劳动管理暂行办法》，该暂行办法对公益劳动的管理、组织实施机关、公益劳动的劳动项目、不需要参加公益劳动的主体等事项做出了细致的规定。该规定强调：公益劳动是接受社区矫正的重要内容，体现了社区矫正刑罚执行的性质，也是增强社区服刑人员在刑意识，组织社区服刑人员对社会作出补偿，提高社区矫正效果的重要手段。

**（2）中央明确将社区服务作为社区矫正的重要手段**

2007年中共十六届六中全会提出："实施宽严相济的刑事司法政策，改革未成年人司法制度，积极推进社区矫正。"结合试点成果，2009年两高两部联合出台的《试行社区矫正工作的意见》将加强社区服刑人员的教育矫正作为社区矫正的工作任务之一，还规定社区矫正机关应当组织符合条件的犯罪人参加公益劳动，该意见明确将社区服务作为一种重要的矫正手段。此次会议也显示出了党和国家对扩大非监禁刑适用的重视。

**（3）《社区矫正实施办法》首次对社区服务的时间做出规定**

2011年2月25日，十一届全国人大常委会第十九次会议审议通过《中华人民共和国刑法修正案（八）》，明确规定了对判处管制、缓刑以及假释的罪犯依法实行社区矫正，标志着我国社区矫正法律制度的确立，为社区服务作为刑罚执行制度奠定了重要基础。2012年，两高两部联合发布了《社区矫正实施办法》，该办法明确指出有劳动能力的社区服刑人员应当参加社区服务，以期能够起到修复社会关系，培养社会责任感、集体观念和纪律意识的作用，并且首次对社区服务的时间做出了明确的规定，社区服刑人员每月参加社区服务不少于8个小时。但对于社区服务的规定依然比较粗疏，社区服务的劳动项目、实施程序及监督考核等方面的内容没有涉及。

**（4）最高检建议增设社会劳动刑**

2014年，《关于组织社会力量参与社区矫正工作的意见》出台，对组织社会力量参与社区矫正工作提出了指导性、政策性意见，对社会力量参与社区服务的组织和监督具有重要意义。2015年11月2日，十二届全国人大常委会第十七次会议审议了最高人民检察院关于刑罚执行监督工作情况的报告。在报告中，最高检建议完善刑罚种类，增设强制社会劳动等刑罚方式。对轻微犯罪案件，人民法院可以判处被告人参加一定时间的社会劳动。2015年8月3日，人大网公布了《十二届全国人大常委会立法规划》，2016年《社区矫正法（征求意见稿）》已向社会公开征求意见，但目前暂未出台。根据2017年1月14日召开的全国司法厅（局）长会议上公布的数据，2013年以来，司法行政机关累计接收社区服刑人员189.6万人，累计解除174.5万人，净增长15.1万人，现有社区服刑人员突破70万人，社区服刑人员矫正期间重新犯罪率一直处于0.2%左右的较低水平。全国60%多的县（市、区）建立了社区矫正中心。①

### 2. 我国犯罪惩罚与社区服务结合的具体实践较为迟缓

从定位上看，我国的犯罪惩罚与社区服务的结合实践中目前属于替代性措施居多。可以分为两种情况，一种是作为社区矫正的手段，另一种是作为地方司法机关的创新性司法实践。但是目前流于形式，或有零星扩大化运用。

**（1）社区矫正手段多流于形式**

《社区矫正实施办法》出台后，各地根据法律规定组织社区矫正人员进行社区劳动，但是人多流于形式。修改后的《中华人民共和国刑事诉讼法》第258条明确规定："对判处管制、宣告缓刑、假释或者暂予监外执行的罪犯，依法实行社区矫正，由社区矫正机构负责执行。"《社区矫正实施办法》第十六条规定有劳动能力的社区矫正人员应当参加社区服务，修复社会关系，培养社会责任感、集体观念和纪律意识。社区矫正人员每月参加社区服务时间不少于8个小时。《社区矫正实施办法》第三条规定县级司法行政机关社区矫正机构对社区矫正人员进行监督管理和教育帮助。司法所承担社区矫正日常工作。社会工作者和志愿者在社区矫正机构的组织指导下参与社区矫正工作。有关部门、村（居）民委员会、社区矫正人员所在单位、就读学校、家庭成员或者监护人、保证人等协助社区矫正机构进行社区矫正。

实践中，有的公益劳动是在已经建立起来的劳动基地内统一进行，有的是由社区组织、监督公益劳动，由社区提供已经参加公益劳动的书面证明材料，但这种缺乏规范性和强制性的管理模式使很多公益劳动流于形式而起不到应有的矫正作用。不少有劳动能力的矫正对象借口各种理由不参加公益劳动，例如有的社区服刑人员借口公益劳动的时间与正常工作时间

① 《司法部：全国累计接收社区服刑人员189.6万人》，中国长安网，http://www.chinapeace.gov.cn/2017-01/16/content_11391660.htm。

相冲突而不参加公益劳动，还有部分外出打工、就业的社区服刑人员的公益劳动也无法得到执行，这种缺乏强制性和规范性的公益劳动模式导致了一些社区服刑人员可以名正言顺地不参加公益劳动，因而给其他参加社会公益劳动的社区服刑人员带来一定的负面影响。虽然根据相关监督规定可以给予这些矫正对象警告、记过等处分，但几乎无关痛痒，没有多大效果。

矫正机构遇到的最基本问题就是“在什么场所劳动，做什么劳动项目”，很多矫正机构没有专门的劳动场所，公益劳动主要表现为清扫马路、交通协勤、敬老院清洁等等，劳动场所和劳动形式表现出明显的单一局限，不少被矫正人员在一段时间后会产生厌烦和消极的意识。有的被矫正人员借口公益劳动与正常的工作冲突，或者其间外出打工，公益劳动的统一性和时间都很难得到保障，这不仅仅是因为公益劳动缺乏规范性和强制性，主要还是在对待被矫正人员上“一刀切”，没有在劳动中实行分类个别化的管理。[①]

部分地区在形式上、流程上将社区服务的要求予以明确，期望解决该问题。例如，2018 年 8 月 27 日，在厦门市思明区社区矫正中心，思明区司法局向李某等 4 名社区服刑人员下达了首批“社区服务令”。思明区司法局在入矫宣告的同时，将“社区服务令”下达至社区服刑人员，责令他们应该在规定的时间内完成社区服务，达到每个月不少于 8 小时的服务要求，并明确告知不履行应承担的法律后果。谈及颁发“社区服务令”的意义，思明区司法局局长韩少闽介绍说：“下达社区服务令，能够体现司法的强制性，强化社区服刑人员的责任感，促使其积极履行自己的义务。同时，更加突出社区服务的公益性，使社区服务从以往的被动改造变为主动奉献，在这个过程中转变思想和行为，达到矫正效果。”[②]

**（2）地方司法机关尝试社区服务令的扩大化运用**

各地司法机关尝试社区服务令的扩大化运用，如在未成年人犯罪中实施“社会服务令”，以及“补植复绿”等。

A“补植复绿”

例如，福建省司法机关近年推行的“补植复绿”机制，被当地群众称为“一诉双赢”的恢复性司法，这项机制就是“社区服务令”的试点内容。

---

① 王耀忠：《论公益劳动及立法建构》，《西部法学评论》2015 年第 3 期。

② 《厦门思明：全省首创“社区服务令”》，http://news.163.com/15/0828/09/B23I1GVP00014AEE.html。

福建省司法机关实施的“补植复绿”机制，是在环境相关刑事诉讼中，除了判令符合条件的被告人支付恢复生态的资金，还要求被告人承担艰苦劳作复植补种被破坏的生态植被的公益劳动，在依法惩治犯罪的同时，又使受损的生态资源得到及时、有效的修复。2017 年 1 月 3 日 13 时许，犯罪嫌疑人陈某在福州市闽清县白樟镇某村山场从事农活过程中，擅自用打火机在自己辟出的一条防火带上方烧杂草，结果因风势太大不慎跑火引发森林火灾。经鉴定，该起森林火灾过火林地面积 40 亩（其中疏林地面积 4 亩），被烧毁的林木有杉木、马尾松、阔叶树、湿地松，经济损失 5296.48 元。案发后，陈某被闽清县公安局以涉嫌失火罪于 2017 年 6 月 19 日向闽清县人民检察院移送审查起诉。闽清县检察院在经过对案情详细调查研究后，决定立即启用“补植复绿”机制。在与犯罪嫌疑人陈某沟通交流后，陈某表示愿意积极配合，自己购买树种，在树木被烧毁的地点重新植树造林。于是，陈某在缴纳了 5000 元植树押金后，保证来年植树节期间，会在闽清县检察院生态检察科干警的监督下重新修复被烧毁的 40 亩绿地。为了保证该项制度的效果，干警们还会定期对被告人补植情况进行实地督查验收，查看被告人补植和林木成活等情况，有效确保被毁山林得以复绿。鉴于其在福建取得了良好的社会效果，福建省检察院副检察长李明蓉委员建议，将社区服务令引入刑罚体系，对进一步健全和完善我国的刑罚制度会大有裨益。[①]

B 尝试在未成年犯罪中适用“社区服务令”

2001 年 5 月，河北省石家庄市长安区人民检察院出台关于实施社会服务令暂行规定，在中国大陆率先实施社区服务制度，规定对符合不起诉条件的未成年犯罪嫌疑人，由检察机关下达“社区服务令”，推荐到社会公益性机构，由检察机关聘用的辅导员对其进行思想感化教育，并在规定时间内从事有益的无薪工作，对社会作出一定补偿，使其重拾自尊，早日回归社会。检察机关根据未成年犯罪嫌疑人社区服务期间的工作表现和思想转变情况，决定是否对其作出不起诉处理来代替检控。长安区检察院向因盗窃而受到刑事追究的 17 岁的犯罪嫌疑人黎某发出了我国第一道社区服务令，随后，黎某以社会志愿者的身份在该区一居委会从事了 100 小时的补偿性无偿社区服务。检察机关根据该犯罪嫌疑人在社区服务期间的表现和思想转

① 张立：《李明蓉委员：将社会服务令纳入刑罚体系》，《检察日报》2015 年 3 月 6 日，第 11 版。

变情况，决定对其作出不起诉处理。[①] 但是，这并不属于真正意义上的“社区服务令”。严格来说，它是检察院对符合不起诉条件的未成年人的附条件不起诉决定。[②]

之后，安徽、山东、辽宁等地的法院也发出了“社区服务令”。例如，辽宁省首例被判处“社区服务”的刘某，17 岁，2003 年 8 月 29 日，他在普兰店市某商场内抢得一部三星手机，在逃跑过程中被抓获。根据法律，刘某的犯罪情节已经构成了抢夺罪，最高可判处有期徒刑 6 个月，也可以判处拘役 3 个月，并处或单处罚金。但是，面对这样一起简单、清楚的犯罪事实，普兰店市法院刑庭审判员孟某某却迟疑了：这孩子内向、自卑、和父母缺乏沟通……如果简单地把他送进监狱，从此他会很难抬起头来。对孩子未来的担忧，让孟某某感觉到判决不再是简单地适用法律的问题，而涉及把一个孩子的未来推向何方：对于失足青少年来说，监狱并不是最好的“学校”。未成年人的“抵抗力”差，一旦入监，如何避免“交叉感染”就成了问题。实践证明，青少年犯罪，特别是罪行不太严重的初次犯罪，采用定罪判刑的方法，改造效果并不理想。基于这些看法，法院最终出炉决定：判处刘某到社区服务 3 个月。为此，法院与普兰店市铁西街道办事处新村社区联系，该社区表示非常欢迎刘强到其社区服务，并制定了相应的帮教措施。2004 年 3 月末，刘某结束了 3 个月的社区服务生活。之后，他已顺利从学校毕业，并且凭借着在“服刑”期间学会的电脑打字找到了工作。[③]

目前上海市的少年法庭已经全面推行了“社区服务令”。适用“社区服务令”的对象是暂缓判决、宣告缓刑、判处管制、单处罚金或免予刑事处罚的未成年被告人，执行时间从 1 个月到 6 个月不等。该法院意图通过适用“社区服务令”的方式，改造未成年人被扭曲的价值观，帮助他们顺利度过考验期，以防他们将来再次以身试法。[④]

---

① 《40 个首次丨全国第一道“社区服务令”》，正义网，http://news.jcrb.com/jxsw/201810/t20181011_1913915.html。

② 邱新义、林康平：《浅议我国社区矫正中的“社区服务令”——以未成年犯为视角》，《法制与经济》2013 年第 3 期。

③ 《“社区服务令”：情法大碰撞》，http://news.sina.com.cn/s/2004-06-08/13283392881.shtml。

④ 但未丽：《中国增设社区服务刑之必要性及立法构想》，《首都师范大学学报》（社会科学版）2009 年第 6 期。

**（3）部分地区社会力量作为执行机构深度参与**

《刑法修正案八》将社区矫正纳入刑法，标志着对社区矫正在立法上的确认。但是，作为我国社区矫正的重要方式和内容之一的“社区服务”，存在着表述不清、定位不准、力度不强等问题。各地实际遇到的问题是执行力度不一，很多地区社区服务面临流于形式、效果不佳的问题。为了解决该问题，部分地区引入了社会力量参与。

实践中，大部分司法所独立承担了社区服务的监督任务，但普遍反应面临人手不足、专业性不强的棘手问题。在解决该问题上，社会组织和社工可以发挥重要的作用，实践中，一些地方采用政府购买或签署公益基地合约的方式解决这个问题。

A 政府购买社会组织服务

政府通过政府购买服务的方式来解决组织社区服刑人员参与社区劳动的问题，一方面有利于社区服务专业化程度的提升，另一方面也有利于促进社会组织的发展，通过参与政府购买，社会组织可以从政府那里获取经费支持和政策支持，其自身发展就有了更充足的保障和空间。

一些地区形成了司法所牵头，社会组织主导，居委会或社区支持，社区服刑人员参与的格局。例如，浙江省海宁市硖石司法所通过链接硖石街道各村（社区）、居家养老服务中心等单位部门，整合社工、村居党员等资源，以党员的先锋引领为先导，对社区服刑人员进行了持续的帮、带、提、点工作；通过多方支持网络（司法工作人员 + 社工 + 社区服刑人员 + 村居党员），组成助矫小组，为硖石街道的社区独居老人提供免费送餐、照料、家政等慰问服务。“其实我一开始参与这个公益活动，并不十分情愿，是因为要完成社区服务时间才来的。社区安排我与一位独居老人结对，每月我都会参与上门送餐服务，在重大节日也会跟随党员志愿者上门，为老人送去温暖和慰问。通过和独居老人的慢慢接触，老人向我敞开心扉，愿意把心事告诉我，也会主动联系我帮忙。我感受到了老人对我的信任和依赖。就算以后我解矫了，也会继续当义工帮助他。”居住在南苑社区的一名社区服刑人员朱某分享他的感受。[①]

又如，2018 年福建省武夷山市司法局积极探索创新，建立“公益组织 +

① 《“先锋引领” + “公益联合”探索社区矫正服务新模式》，浙江省法制服务网，http://www.zjfzb.gov.cn/n134/n138/c150888/content.html

服务基地+手机APP”社区服务模式，形成司法局为主导、公益组织参与、基地为依托、智慧管理的社区服务新格局。在这个格局中，武夷山市的启程公益协会开展菜单式社区服务，形成由公益组织发起公益活动，武夷山市社区矫正中心协助、监督，社区服刑人员志愿参与的社区服务模式。社区服刑人员参与公益活动后，司法局根据启程公益协会出具的证明认定社区矫正社区服务时长及表现记入档案，作为矫正对象考核与鉴定的重要依据。自2018年10月签署协议之后的1个月内，就开展了“大手拉小手进城务工人员子女生日会”“温暖重阳　敬老爱老”“衣‘旧’温暖、爱心助学”等7场公益活动，共计143人次参与。当地司法局认为，公益组织介入体现了社会性和专业性，丰富了社区服务形式，重塑了社区服刑人员的社会价值，对社区服刑人员的自我认同及社会认同有着重大意义。①

B 签署公益基地合约促进社区服务常态化

多地司法局着手开拓社区服刑人员在社区服务的场地和资源，建立相对稳定的社区服务基地，明确社区服务的具体项目和要求。例如，上海市长宁区积极探索符合非监禁刑罚执行要求的社区服务工作模式。目前，长宁区已建立A类基地1个、B类基地12个、C类基地85个，并根据社区服刑人员现实表现、不同矫正阶段、处遇级别以及犯罪类型，合理安排其在不同类型基地开展社区服务。各司法所还充分利用区域内资源优势，开展了形式多样的个性化社区服务项目。② 其中，截至2017年9月12日，经多方协调，莘庄所整合辖区资源，先后建立了闵行区社会福利院、莘庄镇敬老院和淀浦河休闲绿地及周边公共广场四个公益劳动基地。又如，龙岗街道公益劳动基地由龙岗街道与龙岗区任达爱心护理院共同合作建立，任达爱心护理院不仅为公益劳动基地开展社区矫正公益劳动提供必需的劳动场所、办公休息场所、学习用品、阅览书籍及劳动工具，还负责保障社区服刑人员的劳动安全。当地司法局认为，自2011年与龙岗区智康特殊儿童发展中心共建公益劳动基地以来，龙岗街道社区矫正公益劳动进入规范化、

① 《武夷山市司法局建立“公益组织+服务基地+手机APP”社区服务模式》，http://news.sina.com.cn/o/2018-11-09/doc-ihmutuea8455698.shtml。

② 《社区矫正中心和绿管中心共建区级社区服务基地助力社区矫正》，《长宁晚报》2018年11月9日，第4版。

制度化、基地化模式。据统计，社区服刑人员公益劳动时间已超 2 万个小时。①

政府认为建成运作社区服务基地，将进一步完善社区服务的管理制度与职责定位，着力形成规范有序的长效运行机制；进一步细化社区服刑人员的日常考核评估制度，鼓励其利用自己一技之长为公共机构或社区居民提供服务；进一步强化基地的教育改造功能；进一步加大社会力量的参与力度，不断拓展社区服务场地与资源，切实提升社区服务的工作实效。

**（4）部分地区社会力量作为合作方提供支持**

社区服务大都由地方司法所统一组织，形式和内容单一，难以贴合所有社区服刑人员的生活和工作时间。部分地区采用与社会力量合作的方式解决该问题。

A 借鉴志愿服务的方式激励社区服刑人员

部分社区在鼓励社区服刑人员参与社区服务方面借鉴了志愿服务的激励手段。例如，苏州工业园区湖东社工委借助移动互联网及微信公众号为依托打造“新邻里＋”志愿者积分兑换项目，创设社区矫正志愿服务积分兑换机制，鼓励社区服刑人员每月 8 小时以外的公益劳动，通过领取额外的任务来获得相应的积分兑换礼品，进一步激励他们更好地在社区服刑，用志愿服务来回馈社会，取得社会的信任、理解和包容。另外，该地区还鼓励社会多元力量参与社区矫正工作，发挥广大“五老”（老干部、老战士、老专家、老教师、老模范）在推进社会治理中的优势和作用。苏州工业园区湖东社工委首创，以积分兑换推动各方志愿者参与社区矫正工作，激励更多社区居民关心社区服刑人员，为他们这个特殊群体提供志愿服务。“五老”志愿者通过线上领取任务，线下结对帮教帮扶，每完成一次任务都能获取相应的积分，积分又可以兑换相应的礼品。“五老”志愿者以此项工作为契机，展示了风采，奉献了余热。社区服刑人员也在“五老”志愿者以老帮青、以老带少、以老育新的关怀帮助下，认清犯罪的根源，避免了重新犯罪，也增添了回归社会的信心和勇气，增强了社区矫正效果。②

又如厦门市思明区将参与银行网点防范电信诈骗巡查、治安反扒巡查、

---

① 《龙岗街道社区矫正公益劳动基地正式挂牌》，http://www.szsf.gov.cn/szsf/_300709/_301518/366588/index.html。

② 《湖东首创社区矫正志愿服务积分兑换机制》，苏州都市网，http://www.szdushi.com.cn/news/201605/2016189506.shtml。

交通文明督导列入社区服务菜单等，社区服刑人员可根据自己的时间安排，自愿选择适合自身的服务事项，在规定期限内自行前往服务点履行，由服务点监督人员在登记表盖章予以确认。

B 与专业志愿服务平台合作，将社区服刑人员纳入志愿者队伍

部分地区实行“人性化”社区服务管理，进一步发挥了社区服务的社会公益性作用，将社区服刑人员纳入志愿者队伍，把他们当作普通志愿者看待，帮助他们修复社会关系，帮助他们实现社会责任感、集体观念和纪律意识的回归，减少脱管、漏管和重新违法犯罪。

例如，宁波市“志爱宁海”公益志愿服务平台是由共青团宁海县委、县志愿者协会运行管理，志愿服务组织可以通过平台组织并发布志愿活动，市民可以直接在平台上进行志愿者注册，参加志愿活动获得志愿积分，是一个集志愿者、志愿服务组织信息管理、志愿活动发布、志愿服务记录、志愿积分兑换等功能于一体的公益志愿服务网络平台。截至 2017 年 8 月，平台有注册使用的志愿服务组织、社会公益组织 109 个，累计发布志愿活动 611 个，招募志愿者 9496 人次。借此平台，共青团宁海县委、宁海县司法局积极创新社区矫正工作“互联网 + 志愿”社区服务模式，鼓励全县 400 余名社区服刑人员加入“志爱宁海”公益志愿服务平台，成为注册志愿者。社区服刑人员可就近、根据所长选择服务内容，发起活动招募的志愿服务组织、社会公益组织带动并监督社区服刑人员完成每月 8 个小时的社区服务要求，实现对社区服刑人员的科学管理。此外，共青团宁海县委、宁海县司法局还联合制定社区服刑人员“志爱宁海”公益志愿服务平台使用奖惩制度，将在社区服刑人员救助帮困、推荐就业等方面予以帮扶。

具体合作措施如下。其一，服务线上与线下同步。以“志爱宁海”公益志愿服务平台为依托，为宁海县 400 余名社区服刑人员提供公共设施维护、社区义务服务等四大类 18 小项服务类别，服务区域覆盖全县 18 个乡镇（街道）。社区服刑人员通过注册平台志愿者，根据自身兴趣、特长等灵活选取服务时间、地点、内容和服务团队，满足多元化需求。此外，针对年纪较大、不会使用智能手机或手机为非智能机的对象，由司法所人员代为注册或直接列出平台推出的服务项目，通过线下报名方式，与线上报名人员开展同步服务，确保社区服刑人员每月社区服务时间不少于 8 个小时。其二，组织专职与兼职融合。各乡镇（街道）团（工）委指导司法所人员对所在辖区内社区服刑人员进行平台使用培训。司法所人员在引导、鼓励社

区服刑人员通过"志爱宁海"公益志愿服务平台完成社区服务任务的基础上，对重大敏感活动和社区服刑人员集体参与的活动，联合团县委开展资格审查和服务组织，保障社区服务有序、安全开展。发挥志愿团体专业技能和先天优势，由"志爱宁海"57 支志愿服务队和 18 个志愿服务总站负责社区服务的具体策划、组织、发布。其三，考核数量与质量并重。以社区服务完成数量与质量并重为考核原则，司法局根据需要对社区服刑人员社区服务情况进行现场监督和抽查。乡镇（街道）团工委对社区服刑人员"志爱宁海"公益志愿服务平台活动记录及《社区服务情况登记表》"见证人"签字进行审核，对服务中的具体表现按等级进行评定，并在"单位意见"一栏签字、盖章。司法所对社区服刑人员社区服务证明材料进行审核，作为考核、评价社区服务完成情况依据，对未及时完成 8 小时服务或表现较差的对象，按照相关规定进行严格处理，并存入社区服刑人员档案。其四，帮扶日常与偶然统一。对生活困难或遇到重大变故有帮扶需求的对象，司法所审核后在平台上发布，发动全社会力量共同关注，解难帮扶，共给予 22 人 27343 元经济帮扶。对社区服刑人员按要求参加平台活动且打卡成功的，平台给予相应积分奖励，可以在平台"积分商城"兑换物品。志愿服务时间名列前茅或因志愿服务获得"志爱宁海"平台表彰的，司法局与团县委将给予额外奖励，联合平台合作单位（县第一医院、移动公司、县农商行、知豆公司等 9 家单位）在救助帮扶、推荐就业等方面予以优先考虑，进一步提高社区服刑人员社区服务积极性。①

C 引入专业社工服务丰富社区服务内容

综合来看，我国的社区服务更多的是为政府"减负"或"帮忙"，服务内容一般是环境卫生保护、公共道路维修、园林工程服务、养老院服务、孤儿院服务，等等。另有一些地区引入了专业社工，与志愿服务结合，丰富了服务内容。

例如，上海市闵行区莘庄镇针对社区服刑人员，重点组织了两类社区服务。一是保洁护绿，营造良好的市容环境。身着绿马甲的社区服刑人员，每周一、二上午，在社工老师的带领下走上人行道、公共绿地广场等地，开展各类公益劳动，见到地上烟蒂、纸屑主动捡一捡，看到非机动车、共

---

① 《宁海县司法局四举措打造社区矫正"互联网 + 志愿"社区服务模式》，宁波市司法局网站，http://www.nbsfj.gov.cn/art/2017/8/23/art_487_1325448.html。

享单车乱停马上排一排，发现小广告及时铲一铲，以自己的具体行动服务社区，在公益劳动中有效增强了道德素质，培养了社会责任感。二是疏导交通，积极维护交通秩序。社区服刑人员中有部分涉及危险驾驶罪、交通肇事罪等，莘庄所组织这些社区服刑人员安排在七莘路疏影路、七莘路沪杭高速路口、疏影路群英路口等地交通较为繁忙的路口，积极疏导交通，维持交通秩序，这些社区服刑人员手持小红旗，认真维持交通秩序，通过参与交通，有效地增强了交通法治意识和悔罪意识。[①] 对有一技之长的社区服刑人员，社工老师则会鼓励他们利用自己的专长或技术为社区居民或有关公共机构提供服务。“没想到我的理发技术能在这里派上用场!”刚参加完敬老院社区服务的舒某兴奋地说。曾经从事过美发行业的舒某是宣城市绩溪县一名社区服刑人员，在社区服务中，他通过“服务菜单”选择了自己擅长的爱老敬老服务项目。[②]

### 3. 我国的犯罪惩罚与社区服务结合迟缓的原因

我国犯罪惩罚与社区服务结合进程缓慢既有政府方面的原因，也有社会力量的原因。

**（1）立法进程缓慢**

首先，从政府的角度来说，立法进程缓慢是主要问题。根据《中华人民共和国立法法》第 7 条第 1 款和第 8 条第 4 项的规定，凡是涉及刑罚的有关事项，都必须由国家的立法机关，即全国人民代表大会和全国人民代表大会常务委员会制定的法律加以规范。反观我国目前关于社区服务诸多内容的规定，仅仅来自最高人民法院、最高人民检察院、公安部、司法部等出台的一些司法文件，其法律位阶明显是不足的。此外，尽管 2011 年的《刑法修正案（八）》和 2012 年修改后的《刑事诉讼法》都对社区矫正进行了专门规定，但也并未有涉及社区服务的任何内容。目前有关社区服务的规定，其法律位阶仅为政府规章。没有把公益劳动上升为社区服务刑罚，只是由司法部《司法行政机关社区矫正工作暂行办法》和两高、两部《社区矫正实施办法》加以简单规定，既没有多强的可操作性，也没有严格的

① 《公益劳动服务社会　创新思路助力创全——闵行区莘庄镇社区服务出新招》，http://www.xhang.com/shownews.asp? id =4613。

② 《社区服刑人员可自选公益劳动类型》，人民网，http://gongyi.people.com.cn/n/2015/1021/c151132 -27722580.html。

后盾保障，在实践中流于形式也是不足为奇的事情。因为一项制度如果没有严格的法律依据做保障，在实践的操作中就会有不稳定性和可变性，很难落到实处，只有将公益劳动规定为一种具有规范性、强制性和惩罚性的非监禁刑刑种并以延长公益劳动时间和变更为监禁刑等做后盾才有可能保证其不流于形式，也才能促进其惩罚功能、矫正功能和教育功能的发挥。①

其次，政府在社区服务执行上的定位也需要重新梳理。在政府组织、协调、指导，但并非由政府领导或主导的社区里，非政府的社会组织、团体、社工和志愿者等共同参与，真正意义的社区服务才得以实施。如果社区服务政府化、行政化，推行社区服务意味着政府职能和机构的扩张，那么，在某种程度上，社区服务便只是将罪犯从政府一个部门或形式的管理，转向另一个部门或形式，甚至可能是监狱的“异形”扩大。它不仅失去了本来的性质和意义，甚至会背离其原本的轨道。比如，如果社区服务试点和推行的结果，意味着政府“管”的事情越来越多和政府管理职能的扩张，而不是政府服务职能的优化，那么，中国的社区服务之实就会成为“政府服务”。因此，社区矫正的实施有赖政府转变“大包大揽”的管理方式，为独立于政府之外的社会组织和社区的发育提供必要的环境。

**（2）社会力量薄弱**

在犯罪惩罚与社会服务的结合中，社会组织可作为重要主体承担起供给公共物品的任务，承接司法机关让渡的发挥功能的空间。这是因为社区服务的特殊属性必然会打破犯罪刑罚公共物品的单一供给垄断模式，必然将供给权力向社会转移，必将吸纳社会组织力量作为公共物品多元化供给格局的重要组织实体。在此过程中，司法机关和政府部门需改变其全职全能型的角色定位，更多地充当导航者、监督者和协调者，从立法与政策上宏观进行制度安排，营造有利于公共物品供给多元化的环境，除了确保纯公共物品由司法机关单独供给之外（如审判活动），会尽可能以各种手段整合和优化社会资源，鼓励和支持社会组织在法律、法规许可的范围内，自主承担部分社区服务的管理与协调工作，从而形成公共物品供给的社会合作机制。

《关于组织社会力量参与社区矫正工作的意见》指出，社区矫正把符合法定条件的罪犯放在社会上监督管理和教育改造，社会力量广泛参与是其

① 王耀忠：《论公益劳动及立法建构》，《西部法学评论》2015 年第 3 期。

显著特征。在工作力量上，既要有专职执法队伍，也要广泛动员社会工作者、志愿者以及社会组织、所在单位学校、家庭成员等各种社会力量，共同做好社区矫正工作；在工作方法上，需要充分发挥专业组织、专业人员的作用，综合运用社会学、心理学、教育学、法学、社会工作等专业知识，实现科学矫正；在工作体系和工作机制上，需要依托村居，依靠基层组织，充分发挥各有关部门的职能作用，落实相关政策和措施，为社区服刑人员顺利回归社会创造条件。

从社会力量的角度来说，中国社会、经济、政治、文化等各方面文明程度快速提高，为包括社区服务在内的社区事业提供了极大的发展空间。市场经济培育了人的个性化生活，进而个人对政府和单位的关联和依附削弱，而与其生活所在社区的关系日益密切，社区对人们生活的影响和功能日益加强。与此同时，国家、社会和民众对个人思想、价值、爱好、行为和生活方式的多样性、多元化更加宽容，有了更大的包容性。从真正意义上的社区服务的发展趋势看，社区社会组织的培育是社区服务摆脱传统意义行刑方式的核心，而当前的问题在于中国社区本身的发育还很不完备，与此相适应的是缺少现代意义的真正的社区组织，我国社区基本上建立在一定的政府行政区划基础上，还没有完全或真正意义的社区及相应的社区组织。这种社会结构是中国实行社区服务的根本性障碍，它既没有社区服务赖以实施的空间和条件——社区，也没有真正意义的社区服务的执行主体——社区组织。

## 三　结语

犯罪惩罚与社区服务的结合有利于增加公益资源的供给，促进公益资源的多元化。首先，犯罪者提供的社区服务是无偿的，客观上增加了公益资源的供给。其次，社会组织参与组织社会服务能使社区中的公民意识到，维护社会治安并不只是政府的责任，从而提高公民参与维护公共安全的责任感和积极性。在美国，每年有 30 万 ~ 50 万志愿者加入社区矫正的队伍中，他们来自社会的不同阶层，一般是居住在社区的居民，主要包括学生、社会团体人员、宗教人员等，其中还包括一些认为犯罪对他们有影响的人，如犯罪的受害者和过去的罪犯。这些志愿者通过参加各种活动，在社区矫正方面发挥了积极的作用。

社区服务虽是犯罪人为自己的犯罪行为所应该付出的代价，具有刑事惩罚的强制性，但劳动必须被告人自愿才可。这是因为，首先，从劳动的本质来看，社区服务需要社区服刑人员以积极作为的方式付出进行劳动，如果其不愿意实施相关劳动行为，即便他回到了社区，按时出现在服务场所，也会消极怠工，社区服务便无法进行，则达不到判决该刑的目的。因此，虽然社区服务是一种比监禁刑显著轻微的刑罚，但若非被告人自愿，也不会收到社区服务的效果。其次，劳动必须自愿是相关国际公约的要求。1966 年第 21 届联合国大会上通过、中国于 1998 年 10 月签署的《公民权利和政治权利公约》第 8 条第 3 款规定：任何人不得被要求从事强迫或强制劳动，除非在那些以苦役监禁作为一种对犯罪的惩罚的国家里，按照由合格的法庭关于此项刑罚而执行的苦役。因此，虽然刑事惩罚义务对犯罪人来说是一种强制性义务，但社区服务应是经被告人同意、申请才能予以判决或裁定。

当然，关于是否应赋予社区服务强制性，即被告人即使不同意也可对其适用之，学者们之间存在争议。德国刑法学家李斯特持积极肯定的态度，认为被判处进行社区服务的人，从刑罚的惩罚性出发，应当强制其从事社区服务。但瑞士刑法学家斯脱斯则声称，被定罪人自己同意从事社区服务，应当是社区服务这一替代措施的基本精神。在国际实践中，欧洲的立法者没有采纳李斯特的理论见解，所有的立法规范都把被告人的同意作为社区服务的前提。如《法国刑法典》规定：对拒绝接受公共利益劳动之刑罚或判决时未出庭的人犯，不得宣告公共利益劳动刑罚。法庭庭长在判决宣告之前，通知被告有权拒绝完成公共利益劳动，并听取其答复。之所以强调社区服务服刑需经被告人同意，一方面是出于有关国际法禁止强迫劳动的考虑，另一方面，这样做可以强化罪犯的责任感，促使其积极履行自己的义务。

有关如何促进我国犯罪惩罚与社区服务结合，需要解决的核心问题包括：一是如何通过法律制度正确地反映和确认社区服务“公益”和“刑罚”结合的性质，而不使社区服务被扭曲为“政府将其监禁社区”，甚至偏离社区服务的根本方向成为政府提供公共服务的“帮忙者”，这是将来我国社区服务立法和实践需要解决的首要的和根本的问题。二是在我国的社区服务体系中，政府和社区、社工及非政府组织等各种社会力量之间的关系，如何通过法律正确地固定下来。三是如何在社区服务中有效降低社区服务的经济成本和社会成本，真正实现公共物品的有效率供给，比如，政府如何通过购买社会服务的方式，实现政府职能的“社会化”转变从而真正提高投入产出比。

从社会治理的视角来看，犯罪惩罚与社区服务结合，不单纯是一种刑罚执行制度的变革，而且是社会治理的一大进步。通过让犯罪者从事公益劳动而修复对社会的损害，并且帮助犯罪者重新建立自信的这种措施，实际上是看到了社会力量和社区环境参与刑罚执行和帮助犯罪者重新走向社会的积极作用，以及在有效监督之下能够确保社区公共安全的可能性，因此，这种特殊的社区服务是将司法制度融入其中的社会治理制度，这种社会治理活动不仅实际上跳出了司法制裁的思路，而且是探寻了预防犯罪和保障公共安全的新思路和新举措。[①]

未来，我们期望，社区服务制度和体系建立起来以后，社区服刑人员的数量应当逐步接近和超过在监狱的关押规模，这样可体现出社区服务替代监禁刑的真正意义和功能。由此而言，目前我国法律规定的社区矫正以及其中的社区服务，还不是严格和真正意义的社区矫正和社区服务，还只是将原本就在社会上（而非社区）服刑的人员，通过社区的形式组织起来进行管理，并未强化体现社区服务的本质特征——公益性、强制性和规范性，也就是在本质上还不具有替代监禁刑、降低监禁率以及国家行刑的经济成本和社会成本的意义与功能，而这也正是限制中国社区服务广阔前景的根本之所在。

---

① 曹海青、苗泳：《政府购买社区矫正社会工作服务法律问题研究》，中国政法大学出版社，2017，第 17 页。

# 案例思考：公益组织的战略选择

公益行业规模日益增大，内部领域不断细分，专业化程度逐步提高，各个领域的壁垒和标准正在形成；捐赠方及社会大众越来越关心社会需求满足的程度、社会效果，以及效率和长效性，公益事业的自身发展以及公益产品供给的来源及方式的多元化，让受益人和捐赠人都有了更充分的选择，再加上全球化、现代化和信息化的到来，公益组织无可避免地受到浪潮的席卷，公益组织面对的问题日趋复杂、多变，竞争环境日趋激烈。一些大浪淘沙中坚守下来的公益组织在自己的领域默默深耕，显现出无穷的生命力。在整个过程中，这些领先的、有理想、有抱负的机构，适应时代发展，准确挖掘自身独特的价值和核心竞争力，它们了解自己和外部环境的“变”与“不变”，通过对组织所处的环境和自身的资源及优势进行评估，从而选择、搭配、运用适合的方案，扮演推动社会发展、社会进步、解决社会问题的角色，锚定自己领域和地位。

在西方“strategy”一词源于希腊语“strategos”，意为军事将领、地方行政长官。后来演变成军事术语，指军事将领指挥军队作战的谋略。1962年，美国学者钱德勒在《战略与结构》一书中将战略定义为“确定企业基本长期目标、选择行动途径和实现这些目标进行资源分配”。波特教授认为战略是“公司为之奋斗的一些终点与公司为达到它们而寻求的途径的结合物”，这个定义强调了战略的计划性、全局性和长期性。战略本质上是一种选择，是组织为了实现既定的目标而进行的一种全局性的谋划。

战略选择是一种概率并通过作出的相关措施提高实现这种概率的可能性。恰当的战略选择是公益组织在所处行业获得并保持可持续竞争优势的最佳方法。本文通过借鉴商业上战略选择的理论和思路，以及剖析公益行业优秀案例的战略选择和实施的过程，窥见公益组织何以需要战略选择，以及公益组织应如何做出战略选择。

与企业不同，公益组织不是靠利润驱使，而是靠使命引导和感召，看似没有很强的绩效压力，但社会对公益组织的要求不只是良善的初心，更要求公益组织具有行善的能力和效率。这意味着，公益组织从创立到发展，需要明晰自己“是什么”“做什么”“为什么做”以及“怎样做”，因此需要有独特的规划和选择，为组织画好动态指路标示。

公益组织的战略选择不是停留在观念层面，而是从宏观到微观，从长远到短线的一整套系统架构，具体而言是组织通过对内外部条件和资源进行战略分析，基于组织愿景和使命，从实际出发，进行恰当的战略选择并在战略实施的过程中随着成果不断调整，并随时从组织的核心使命和价值观层面对战略进行检验和反思（见图 1）。

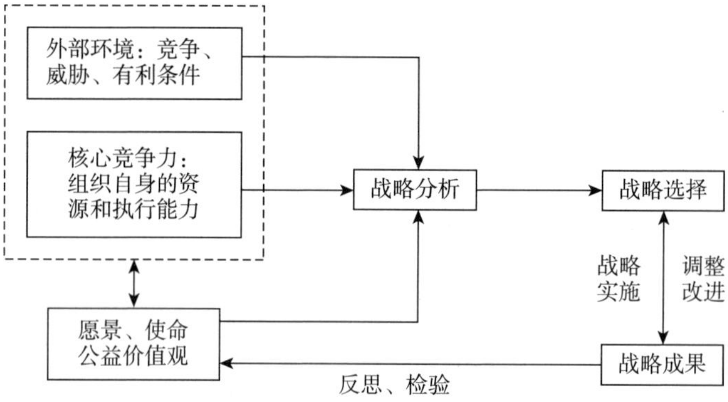


**图 1　公益组织战略选择**

## 一　案例 1：找“蓝海”

对外部环境（需求及供给）进行有针对性的、细致的研究是找到自己在公益领域中的位置的第一步。然而，大量公益组织对外部环境和自身定位思考不足，往往以捐赠者的定向兴趣为导向，“捐赠者希望做什么，我们就做什么”，致使大量组织“扎堆”热门领域（如资助贫困学生），而社会其他一些需求却得不到满足（如文化发展）。

最典型的例子是救灾响应。汶川地震激发了民间公益热情，2008 年被许多人视作民间志愿公益元年。及至雅安地震，被启发的民众和一干热情饱满的草根组织参与到救灾中来。然而，震后救援重建面临两个重复：物资的重复和服务的重复，结果造成资源的错配和浪费。不同的是，四川当地一家社会组织，在经历汶川地震之后发现公益组织救灾响应“扎堆”，及时调整工作重心，退出救灾一线的“红海”，调整为垃圾分类回收和处理。在众多无效的救援面前，他们直击痛点，顺利地为机构找到立足之地，脱颖而出。在同类公益产品、企业产品扎堆的现实情境下，基于自身的产品组合进行战略选择。

每个公益组织需要关注的需求有很多，它需要在众多细分需求中找到自己可以回应，且其他公益组织尚未回应或回应不足的需求，并需要对“市场环境”进行深挖，找到真正的尚未被满足的需求，即组织的所作所为需要“量力而行”，发挥其长处，规避其短处。很多公益组织有能力超越所进行的传统需求的干预，就需时时保留一点空间和精力不断地扫描外部环境，挖掘新需求，找准“市场”位置，进行新的探索，为其他公益组织及整个公益领域做出表率，也就是通常商业领域讲的“蓝海”战略。

当然，公益组织扫描外部环境也存在客观难度，一是公益领域的市场环境和需求难以像商业环境那样通过货币、现金流、收益等形式来量化，公益组织依靠“纯感性”的工作方式是不够的，需要专家、一线工作者的定性、定量专业分析和经验分析；二是公益组织需获得社会各方面的支持来实现使命，公益组织容易受到以机构自身发展取向或资助者的指挥棒的影响，这就需要公益组织坚持“募款的目的，是支持公益组织可以顺利实现自己的使命，而不是将使命置于募款之下”①。当然，在此过程中，公益组织需要考虑不同的利益相关者的诉求并平衡各方利益。

此外，处在不同生命周期的公益组织也需要根据外部环境的变化并结合机构自身情况做出不同的战略决策，如处在成熟期和转型期的公益组织更倾向于使用发展战略强调对外部环境提供的机会进行充分的利用，同时挖掘组织内部优势资源，使组织能够在现有基础上向更高一级发展。

---

① 〔美〕彼得·德鲁克：《非营利机构的经营之道》，余佩珊译，远流出版社，1997，第 72 页。

### 案例：蓝海战略——桃花源基金会公益生态保护地项目

曾经“养在深闺人未识”的天下大熊猫第一县四川平武频频出现在公众视野中，不管是“生态打底”的绿色崛起导向，还是支付宝上被人熟知的自然保护地认领模式以及生态农产品预售模式都被人津津乐道。这个原本连民生基础设施发展都受限的横断山区的县城如何摇身一变，成为中国第一个社会公益型保护地，并且将生态保护的成果与村民共享呢？这要从它的合作者——四川桃花源生态保护基金会（以下简称“桃花源基金会”）说起了。

2011 年 9 月，多位热心公益事业的企业家等社会力量共同发起成立四川西部自然保护基金会（现更名为四川桃花源生态保护基金会，即“桃花源基金会”），致力于与当地政府共同推动四川的生态保护事业。桃花源基金会成立之初，并未引起业界关注，组织者马云要求低调运作，成立初期扫描外部环境，挖掘所关注问题的深层原因，做出恰当的战略选择。

是为现有的环境保护事业增加一支生力军，还是在环保领域开拓新的市场版图，找到新的需求点和增长点进行价值创新？桃花源基金会选择了后者。

要真正做到差异化并不容易，蓝海战略之所以有效，也是因为想要识别出新的蓝海并进入，这本身就是非常有难度的事情。关键在于精准地扫描外部环境，逃脱竞争激烈资源众多的传统需求领域——“红海”，找到被忽略的细分领域——“蓝海”，掌握其中的核心需求趋势，着眼长期。桃花源基金会发现，截至 2016 年 5 月，中国已经建立了 2740 个自然保护区，覆盖国土面积超过 14.8%。加上其他的保护地，2016 年，我国保护地面积已经达到 20.75%，并建立了比较完善的自然保护地体系。但在这些保护地中，欠缺资金、人员、管理水平。根据环保部统计资料，15% 的省级、40% 的市级、58% 的县级自然保护区没有建立相对独立的管理机构。国家在保护地建设方面投入了巨额资金，但和发达国家相比，还显得不足。中国在国家级自然保护区单位面积的投入仅仅相当于美国国家公园投入的 1/4。在鼓励公益机构建设和管理保护地方面，中国也还处在早期。2015 年，美国共有 1363 家土地信托机构（公益机构）在建设和管理保护地，管理土地占美国面积的 2.5%。我国生态保护地面积在数据上并不逊色，但是政府心有余而力不足。而政府之外的主体参与生态保护区治理和管理很少，公益保护地概念还没有普及，从事公益保护地的标杆性环保公益机构还未出现。无论是生态保护领域总体状况还是环境公益组织领域内，公益保护地的需求都是被忽视的“市场”，是名副其实的蓝海。2008 年，林地领域的家庭联产承包责任制诞生于国务院发布《关于全面推进集体林权制度改革的意见》之后，《意见》坚持在林地集体所有权不变的前提下，确立农民可以拥有承包经营权，这就为林权流转以及社会资本的进入提供了可能。桃花源基金会选择进入这个潜力巨大的市场，以自身资金优势推动公益保护地的发展，以帮助国家有效守护 1% 的国土面积为机构使命。

考察外部环境和自身优势后，桃花源基金会并没有贸然决定一头扎进去，他们拥有专业的团队，大量员工曾经在大自然保护协会工作，有浓重的 TNC 底色，技术和理论兼备，他们进行了大量的需求调研和专业的分析，最终把落脚点落在了如何“用公益的心态、科学的手段、商业的手法保护我们关爱的净土”，即围绕“公益保护地”开展相关的保护、支持及教育，改善亟待保护区域的状况。

战略选择确定后，桃花源基金会开始了有条不紊的试点工作。桃花源基金会早期强调“开展生物多样性保护、促进可持续发展”，视线首先落在了老河沟。位于岷山－横断山北段优先保护区内的老河沟，是北亚热带湿润型常绿落叶阔叶混交林生态系统的典型代表，也是熊猫重要的栖息地和迁徙廊道。然而由于规划的问题，平武县的熊猫栖息地部分落在了保护区之外，其中就有老河沟。老河沟原先是摩天岭的国有林场，是为数不多的采育并重情况下真正实现造林多于伐林的林场，场内密布天然林和人工林。停止开采以后的国有林场需要保护和发展，仅凭政府之力是不够的，最好的情况就是维持现状，但是老河沟的村民需要生存，守着无法即时变现的“金山银山”却解决不了温饱，根本没有动力进行生态保护，“靠山吃山”成了村民的生存之道……反复发生的保护与生存的资源争夺战成了摆在人们面前的难题。

从老河沟成立之初，桃花源基金会就联合多个科研院所和动植物门类的研究专家，对老河沟片区进行了翔实的本底调查，形成多样性调查报告，筛选出主要保护对象及威胁因素，作为后期开展保护和科研的依据。保护关键栖息地需要最大限度地激活一切人力、物力、财力和社会资本，所以，如果不能让社区本身成为保护的受益者，保护的可持续很可能成为环保工作者和本地村民的游击战，而前者胜利的可能性微乎其微。想要实现这一可持续的目标，桃花源基金会发现，三个方向缺一不可：保护关键栖息地；通过开发公益产品让当地社区受益；为公众提供自然体验。这是因为外部环境分析不仅是单纯的需求分析，重要的是外部利益相关者的分析与考虑。

在前期调研和项目开发的过程中，桃花源基金会明确了外部环境和重要的利益相关者。利益相关者分析用来识别与机构相互影响以及促成业务活动的相关方，并评估其关联关系和影响程度，确保机构的战略方向和重要决策能够符合所有或至少大部分利益相关者的诉求。最基本的维度是服务对象、资助方、相关影响群体等，通过有针对性的调研和走访了解各方的利益诉求，梳理出多方互动的渠道和关系，有助于组织在之后的具体实践中平衡必要的关系、强化积极链接、避免消极影响。

对桃花源基金会所要做的事情来说，利益相关者包括政府、居民、资助方和媒体等。政府的政策和税收是基础性的因素。政府对于保护区基本是放养状态，没有足够的人力、财力对保护区进行管理，加之保护区多是水草肥美、物产丰富的地带，早已被村民用脚投票，形成稳定的居所。政府如果介入保护区的管理，首先要做的就是清退保护区的“原住民”，面临的可能是政府和居民之间的冲突以及大量的转移安置支出。对于居住在保护区的村民而言，他们并没有维护公共环境的动力，作为公地的保护区被他们当作取之不竭、用之不尽的资源宝库，保护区纳入正式的管理会直接影响他们的生计，极易引起反弹。以马云为代表的企业家不吝投资想要真正地寻求一种有利于环境保护的模式，对可持续的要求是极高的，同时基金会自身从资金到产品链条的完备和强大的消化能力让桃花源基金会免去了公众筹款的诉求，也就得以低调而稳妥地发展。只要桃花源基金会真正做出成果，就能保证从资方（企业家们）得到接续的资金支持与合作。媒体作为监督与倡导的有生力量，也会对项目起到影响。

面对这些外部环境，桃花源基金会以一种至简的模板发展起来，跟政府签订合同，居民搬迁事宜不用政府操心。政府乐得零负担实现自然保护的任务，桃花源基金会顺利地取得自然保护地的管理权力。2012 年，桃花源基金会与平武县政府签订了 50 年期限的委托管理协议，获得了老河沟的保护管理权；2013 年，老河沟获批县级保护区；2014 年，老河沟成立了自然保护中心作为在地化管理机构推动保护地的长期发展和管理。老河沟的发展历程，也是桃花源基金会公益保护地战略选择的成型过程。

桃花源基金会很清楚，当地居民才是可持续保护的关键所在，只有居民得到实惠，才会从心里认同生态保护的理念和方法。桃花源基金会施行保护性搬迁，着力构建周边社区“好邻居”关系，探索保护区与周边社区协同发展模式，桃花源基金会多处用力，把本地村民转化成了有生力量。其一，基金会推动社区成立村民议事会，并设立教育基金用于资助村民教育。其二，鼓励和支持村民利用本地极佳的自然条件，帮助当地村民开发生态农产品。桃花源基金会在老河沟成立的平武县百花谷蜜业有限公司，借着阿里生态扶贫试点的东风，在农村淘宝淘乡甜官方旗舰店、蚂蚁森林、聚划算寻味全球 IP 品牌活动预售上市。很多优质生态农产品被抢售一空。村民一旦得到了生态农产品超高溢价的激励，就会产生自发保护环境的动力。其三，桃花源基金会将区内旅游资源利益完全让渡给周边社区，培养生态导览员，在保护区的开放线路进行生态导览工作。由村民作为生态导览员带人参观保护区，是对其参与生态保护成绩的认可，满足其成就感和社区自豪感，同时村民也会小心注意不破坏保护区的环境，因为他们之间形成了一个休戚与共的共同体。

老河沟自 2012 年建立至今，每年巡护里程 1200 公里，生态产品收入每年超过 120 万元；2016 年，老河沟自然保护区已经实现了保护经费的自给自足，而生态农产品的未来发展也为老河沟的生态保护提供可持续发展的资金来源。

此后，桃花源基金会围绕着“为子孙后代留下更多青山绿水”的愿景，以公益的心态、科学的手段和为村民创造商机的方法实现对保护地的保护，与其他数十家环保机构一起形成联盟，共同推进公益保护地进程。关坝保护小区 2016 年获得批复至今，每年巡护里程 4400 公里，生态产品收入每年超过 25 万元。吉林向海、四川乐山、深圳福田等地的公益保护地也在有条不紊地进行。①

## 二　案例 2：质量优先，创新核心产品

在波特看来，企业经营的核心问题就是“在价值链上定位”和“将战

① 案例由执笔人整理，资料来自互联网公开信息。

略建立在独特的经营活动上”①。公益组织的“经营”也是如此。如果公益组织不能明确自身的核心竞争力找准战略定位，可能会为了生存而疲于一个又一个项目，耗时耗力，影响核心竞争力的构建。

这需要公益组织对所处的外部环境时刻保持敏感度，并有一定的前瞻性，还需分析自身核心竞争力，找准战略定位。因为，对于一个公益组织来说，自身的能力、资源、优势是相对确定且有限的，需要选择占据一个合适的位置，并且不断通过项目的运作以及资源的合作构建自身的核心优势，使自己能够更好地在这一位置上构建所需的能力和资源。当然，公益组织进行战略选择时也是有模式可供借鉴的，使用比较广泛的有基于哈佛大学马克·摩尔教授的《创造公共价值》的三圈理论。该理论认为组织在进行战略规划时需要考虑“公共价值－能力－支持”因素，三圈的相互关系并不是固定不变的，三者之间的流变为组织决策提供框架指导。对于组织来讲，就是要找到机构有能力、资源、有支持和议题、有价值的交集，这就是组织核心竞争力所在。换种说法，战略选择就是战略放弃和战略聚焦。战略选择对一些方案和发展方向投入了资源，势必导致其他方面减少投入。而一个机构可以分配的资源总量是有限的，在这种情况下，识别失败通常比识别成功更简单，那么组织就要勇于放弃，将资源用在刀刃上，集中力量办大事。想要重新开始，先要减少配置。

### 案例：产品与渠道的一体化——歌路营“新一千零一夜”的核心竞争力

对于教育资源丰富的城市儿童，绘本故事并不鲜见，甚至在他们眼里可能不如一本原版英文读物来得有趣。但是对于大量农村留守儿童来说，他们处在信息和资讯的孤岛，即便是广告纸上的字，也让他们想要去看一看，去念一念，遑论结构完整、情节丰富的小故事了。关注留守儿童的项目不少，课业辅导、城市融入、心理建设等等，城市里讲故事的项目和软件也挺多，收费的、无偿的不一而足，但是给留守儿童讲故事却很罕见。

由专业人士编写，各大电台专业主持人和播音系师生录制完成，涵盖品格哲理、成长疗愈、知识视野、机智冒险、人物励志、校园生活和童话

① 〔美〕迈克尔·波特：《竞争优势》，陈小悦译，华夏出版社，2005，第36页。

神话等类别的15分钟左右的小故事，最后通过校园里随处可见的喇叭向百万留守儿童广播，送给农村那些无法跟家长一起享受睡前故事的留守孩子们一份温暖的期待与守候。这就是歌路营的“新一千零一夜”项目。

为什么歌路营会打造“新一千零一夜”这个项目？这就要从歌路营“不断找准战略定位的发展简史”来看了。

据不完全统计，业内有影响力的教育类公益组织近300家，[①] 如长期志愿者支教类的美丽中国、北京市西部阳光农村发展基金会，关注职业教育和乡土教材的北京百年农民工子弟学校、北京天下溪教育咨询中心，短期支教和陪伴成长的EV青年，等等。教育公益组织天然的优势是直面大量需求市场，细分市场特征明显，如既可以从年级划分，也可以从内容、地域等等进行划分，行业门槛较低。不过，也正因为需求端的细分明显，公益组织想要获得昙花一现的美丽并不难，想要松柏常青的繁荣并成为领头羊较难。

2008年，北京歌路营教育咨询中心（简称歌路营）在北京工商局登记注册成立，2017年在北京市民政局注册为基金会。在歌路营注册之初，当时教育领域是以志愿者支教类、助学类公益组织为主；开办公益学校、教育公共政策调研与倡导、社会化学习等类别的公益组织还非常少见。歌路营并没有脱离自己所处的大环境，当时，歌路营确定的战略定位是用青少年喜爱的方式，专业的产品服务，满足青少年生命成长所需，愿景是成为中国青少年教育的领航者。在这个定位的指引下，歌路营与合作组织一起开展了“成长教育共创计划”“友成企业家扶贫基金会青年领袖成长营”“打工子弟城市学习与探索项目输出”“高校社团支持辅导”等项目。机构成立后短短四年时间，已经输出了包括“打工子弟城市学习与探索”“创·可乐——参与式创造思维训练”“知道·不知道——在故事中认识身边的社会”等在内的成熟的课程。此时的歌路营，在基金会、教育科研机构和公益伙伴的支持下，与许多打工子弟学校、公立学校以及高校社团建立合作关系，与城市融入和儿童公共教育可能涉及的事业单位与商业机构或多或少建立了密切合作关系，并且在城市融入和创造力课程积累方面的表现可以说非常出色，但是离它当时的愿景——“成为中国青少年教育的领航者”

---

① 21世纪教育研究院：《2009年第一届中国教育公益组织年会》，http://www.21cedu.org/?yycon/id/264/m/479.html，2018年12月10日。

还有不少差距。平庸不是一种原罪，但是如果不能做出适时调整的战略选择，“泯然众人”并不是一个有领航者梦想的机构的追求。

且此时的教育领域需求发生了很大变化。2001 年 6 月，国务院开始实施“撤点并校”政策。2000 年至 2010 年，全国小学减少 37 万所，其中 30 万所在农村。近 10 万所农村寄宿学校，承载着 3000 万住校生。国家对于农村寄宿学校的硬件建设投入并不含糊，“硬”的需要解决了，“软”的问题也就凸显出来，教育主管部门和公益领域的观察者、实践者也留意到这一问题，但是还没有形成系统协同的解决机制，只能依靠摸索和实验。留守儿童教育始终是公益组织投入大量关注、人力、物力和财力的领域，农村留守儿童的阅读问题也有很多人提出解决方案，捐赠读书角、乡村图书馆的尝试数见不鲜。不论是长期支教、短期乡村夏令营还是教师培训，都有相关机构设计出一套相对完整的模式，贸然进入只会造成无序竞争，对于受益对象和机构来说都不是好事。从外部环境来说，农村寄宿留守儿童教育是一个问题多于方案、需求远超供给的领域，在这个领域当中想要入局并不难，因为缺乏资源的他们对于任何的外来帮助都持开放的态度。与此同时，教育类公益组织呈现上移趋势，扎根广大农村偏远农村的组织在减少，有赖于人的深度参与的支教工作难度增加……

怎么办？歌路营检视自己，四年的时间让其在青少年教育领域积累了大量的一手经验和成果，与研究机构的合作帮助他们能够深入地了解留守儿童的需求和现状，也是在这几年的实践当中，歌路营的工作人员常常与留守儿童进行零距离接触和交流，如发现留守儿童心理健康状况糟糕，抑郁、霸凌等现象严重；课余生活极度无聊；睡前状况差，孤独、噩梦、尿床等现象频发；艺术、信息、科学等成长教育匮乏；等等。更为糟糕的是，留守儿童群体数量庞大，农村教师严重不足，政府和学校应对经验缺乏，缺乏适宜留守儿童的方案。①

毕竟留守儿童有百万之巨，分散在全国各地，凭歌路营一己之力，小打小闹不足以解决问题。歌路营想要产生影响力成为领头羊，就需要从一个创意到一个项目，从一个项目到产生规模化影响，并且能够“一劳永逸”。此时，歌路营面临着许多公益组织不得不面对的抉择，那就是战略选择与战略放弃。歌路营团队在调查走访中意识到，西部地区很多孩子存在

① 歌路营：《中国农村住校生调查报告》，2015。

阅读理解障碍，很多常见的概念、事物对这些孩子来说却是天方夜谭。“所有故事都具有心理治疗的作用，故事能帮助人们建立与‘某个地方’的精神链接，恢复失去的平衡，重新获得健康感”①。

歌路营的成员大多是教育学或心理学专业背景出身，其创始人在青少年心理咨询方面也非常专业。从机构成立开始，所有成员就会一起参与战略规划制定的讨论，让成员对组织的战略选择和转型了然于胸；利益相关方对歌路营的使命和项目的成效非常认可。但是歌路营也敏锐地意识到，机构此时缺乏外部环境扫描，缺乏核心竞争力分析，缺乏对投资人的关系维护。针对上述外部环境和内部核心竞争力的判断，针对留守儿童的心理健康、睡前状况、成长教育和课后教育，歌路营提出用信息化、多场景、综合教育内容，构建寄宿留守儿童喜爱的农村信息化校园新生活。2013年，歌路营成立的第一个五年，“新一千零一夜——农村寄宿留守儿童睡前故事”（以下简称“新一千零一夜”）成为机构的核心公益项目。此时，歌路营的愿景是：人人享受优质教育。

歌路营因为经验积累、成员专业背景、合作关系等因素，在产品方面构建了关键优势。如，多元化和高水准：每个故事独立成篇，适应不同年龄段及性别需要；覆盖小学初中8年，影响持久；专业、高水准的编辑和播音团队精心制作；包含100部经典儿童文学和常配书籍，有效引发阅读兴趣。简单可复制：“新一千零一夜”播放故事的设备极为简单——音源、导线、低功率喇叭；操作也是极为方便的“一键式”，每天晚上在孩子们入睡前，值班老师只要轻轻按下“播放”键，故事就会伴随着孩子们一起入睡，这种简单的模式，不仅满足了孩子们的成长需求，也有效地减轻了值班老师晚间管理的压力。成本相对低廉，按一县10校计算，平均每所学校需要投入5000元，投入26元钱便可让一个孩子听6年故事。这些公益产品的优秀特质解决了项目的下沉和持续性问题，也利用了“互联网+”和社会化学习的思维，能够帮助项目产品更新和迭代。

歌路营在尝试中对机构使命进行了调整：把“青少年”限缩到“寄宿留守儿童”，将“生命成长教育”具体为“健康成长”，新的愿景是“让每个寄宿留守儿童健康成长”。这是因为，歌路营意识到，“新一千零一夜”的价值远远不在这个产品本身，而是通过这个产品成功对接了校园渠道，

① 〔澳〕苏珊·佩罗：《故事知道怎么办》，童乐译，天津教育出版社，2011，第74页。

为后续的产品输送、数据采集、项目更新与迭代创造了充分的条件。如，这个喇叭除了能讲故事，关注孩子睡前的宿舍场景；还能够插入歌路营的另一个项目“好音乐有故事”，在晨间播放，致力于改善农村学生艺术教育匮乏的问题。两个项目一早一晚相互呼应，不需要增加任何固定的运营维护成本，成功地回应了留守儿童群体的两大痛点。这一步战略布局，不可谓不精妙。

此时，歌路营整个公益产品和渠道的开发完全遵循了设计思维，在实践中理解情境、在调研中洞察用户、在探索中明确方向、在合作中产生理念、在团队中制作原型、在使用中测试迭代。以故事产品为核心，依托已经形成的渠道，歌路营基本实现了多场景、多时段、多媒介和多元内容服务体系。截至2018年9月1日，歌路营的“新一千零一夜”睡前故事项目，已经覆盖了全国29个省、725个县区的5404所学校，为1548152名农村住校学生提供了陪伴。

从上述分析中，我们可以看出，歌路营准确地发现了自身的核心竞争力，并据此确定战略定位。项目是一次性的，内容是固化的，但是通过输送产品这一敲门砖建立的持续性执行渠道，可以保证产品组合从供给端到需求端的持续输送。当然，这个产品也必须是简单易行、无差别、全覆盖的产品组合。用故事作为敲门砖，借助校园常见场景，进行规模化、信息化、一体化战略布局已经明确可见了。一体化渠道搭建是歌路营得以规模化复制和推广“新一千零一夜”及其相关延伸项目的前提；规模化和信息化的实现又能帮助歌路营进行项目的验证、更新和迭代，持续保持项目的生命力。

歌路营的战略转变其实是教育类公益组织的一个缩影，成立十年来，也经历了需求端“上得起学—上得好学”的变化阶段，在此期间，无论是头部玩家还是新入场公益组织，都在适应和经历分工细化、专业化的挑战，至少我们没有发现一家公益组织认为自己是全能的，包揽教育领域的一切问题，它们都在反复地评估和实践的基础上重新识别组织的核心竞争力，在尽量准确评估组织面对的内外部环境的基础上，找到“适者生存”的道路，利用最简单的方式实现规模化传播，在协同中逐步去接近组织的最佳假设。从歌路营历年愿景和使命的悄然变化中（见表1）我们也能看出团队在不断地摸索和细分，用不断聚焦的方式逐渐找到自己的核心竞争力所在，打造出品牌项目。①

**表1　歌路营2011－2017年机构愿景和使命变化**

<table>
<tr><th>年份</th><th>愿　景</th><th>使　命</th></tr>
<tr><td>2011</td><td>成为中国青少年成长教育的领航者</td><td rowspan="4">用青少年喜爱的方式，专业的产品服务，满足青少年生命成长所需</td></tr>
<tr><td>2012</td><td>—</td></tr>
<tr><td>2013</td><td>人人享受优质教育</td></tr>
<tr><td>2014</td><td>让农村（住校）学生享受高质量的课后教育</td></tr>
<tr><td>2015</td><td>让每个寄宿留守儿童健康成长</td><td>用信息化、多场景、综合教育内容，构建寄宿留守儿童喜爱的农村信息化校园新生活</td></tr>
<tr><td>2016</td><td rowspan="2">让每个寄宿留守儿童健康成长</td><td rowspan="2">依靠创新方式、采取儿童视角，着力心理健康和课后教育，创造农村寄宿留守儿童喜欢的新校园场景</td></tr>
<tr><td>2017</td></tr>
</table>

注：信息来源于歌路营慈善基金会官网历年年度工作报告。

## 三　案例3：全国布局，储备核心资源

组织在成立初期需要明确自己的愿景和使命。愿景和使命不仅仅是一种表达，也是价值观和组织命脉的体现。愿景也叫远景，是组织发展的前景和方向的高度概括，由组织核心价值观和对未来的长期展望组成，是组织愿意为之奋斗和期冀实现的理想信念。使命相对于愿景而言，内容有所收敛，主要是表达组织的必修作业。与商业组织相比，公益组织进行战略选择的最大区别在于树立价值观的重要性。公益组织战略选择不是为了自身利益最大化和自己的组织基业万年长青，更多考虑的是在维持自身存续的基础上创造更多的社会价值，产生更大的正外部效应。公共性、社会性和公益性应一直悬置在公益组织的愿景和使命价值体系上方，也只有这样，公益组织方有立身之本。这一点我们可以从一些优秀的公益组织战略选择中窥见。例如，中国扶贫基金会的愿景是构建最值得信任、最值得期待、最值得尊敬的国际公益平台，使命是播善减贫，成就他人，让善更有力量。中国青少年发展基金会的使命是通过资助服务、利益表达和社会倡导，帮

① 案例由执笔人整理，资料来自互联网公开信息。

助青少年提高能力，改善青少年成长环境。中国青少年基金会的使命是恪尽天职，共创希望。由此可见，使命可以帮助我们区分出公益组织的更为精细的着力方向。这也是所谓“公益组织是为其使命存在的，它们的存在是为了改善社会和我们每个人的生活”①。

传统战略和经典战略都讲求价值的创造，从商业的角度来说，确实机构和行业都要创造价值。这种价值既包括效益、效率，也包括影响力等，是一个普遍性和概括性的概念。而这一点正是被许多公益组织误读的，它们把实现价值狭隘地理解为“自给自足”，于是想方设法为自己开源，却从未真正地理解公益组织应当生产的社会效益。公益组织作为社会公共利益的代理人，对于价值的考虑需要更加全面，要关注的自然不仅仅是自身的存活，公益发展、社会治理的未来走向和内在逻辑的三重底线都需要关注到。它的公共性使公益组织必须更加谨慎地对待自己的每一个决策，时刻在组织愿景和使命的指导下思考战略选择的每一步为组织带来的溢出效应。换言之，公益组织进行恰当的战略选择诚然能够帮助其获得更好的生存状态和发展前景，但是这种提升最终是为了更好地实现和推进公共利益，创造公共价值。一些公益组织急于获取外界的认可，从社会上得到资源，它们没有耐心也没有意愿去认真打磨自己组织的愿景和使命，并且用自己的行动来证明。

商业组织的战略选择是闭合性回路，每一个战略布局最终的指向是企业自身的发展壮大，是股东利益最大化，因此每一次战略选择一定是基于自身优势或者是为了放大自身优势。例如三大互联网巨头都是在“互联网+”公益的赛道上竞争，阿里一如既往地在环保领域发力，百度和腾讯虽然都是在文物保护领域，但前者发挥了自己的技术优势，后二者很好地利用了自己的平台，最终是和自己的产品挂钩的，通常是线性回环，或者说自己的链条上下游动。而公益组织的战略与企业的明显区别在于，它是开放的，呈现出无限的可能性，在各个环节和链条上都有利益相关者的影子在，可能会在各个组织之间产生联系，刺激资源的再生成，形成网状结构，但结构的终端一定不是组织自己的利益，而是受益者的利益。

---

① 〔美〕彼得·德鲁克：《公益组织的管理》，吴振阳译，机械工业出版社，2007，第13页。

## 案例：公益人才储备——“公益未来”项目的公益价值

中国扶贫基金会（简称扶贫基金会）作为中国基金会的领头羊，自1989年成立以来在每一个重要拐点上都抓住了机遇，做出了重要的战略选择，如早期切实地做了饮水、安居之类的工程项目；在21世纪初的几年里，推出了自己的品牌项目，如2001年推出的“母婴平安120”，2002年的“新长城助学”项目，2003年推出“紧急救援”项目。进入21世纪，扶贫基金会开始向国际化发展。但是，由于政府在基础性扶贫上的利好和政府职能的承担，扶贫基金会的济困减贫工作开展空间收缩。日渐成熟的扶贫基金会自身需要寻找到准确的战略点，并且能够支撑未来三到五年的工作计划，以及能够促进机构构建最值得信任、最值得期待、最值得尊敬的国际公益平台愿景的实现。扶贫基金会的外部环境是方兴未艾的中国公益事业，全行业还面临着人才缺乏的共性问题；内部环境则是扶贫基金会发展到了新阶段，体量增大，触手加强。项目看起来越来越多，战线越来越长，项目与项目之间缺乏必要的逻辑支持，团队成员超负荷运转。

现实状况要求扶贫基金会对自己的定位和战略重新进行梳理。“有理想”成为扶贫基金会内部认同度最高、达成广泛共识的团队特征。播善减贫，成就他人，让善更有力量成为新的使命。在这样的思路下，固然可以继续遵循扶贫基金会此前遵循的“一体两翼战略”，以影响力为先导，现代慈善与公益创投为两翼，[①] 然而还是没有解决“人”的问题。也是在21世纪的头十年，公益行业逐渐正视公益人才的现状和需求，各类调查也发现想要促进中国公益事业的发展，需要提高社会的认知，改善从业环境，传播公益的职业魅力。[②] “一体两翼战略”是有宏观性和先导性的，但如果从议题的可控性和利益相关者的支持两个维度出发，那么对于高可控性和高支持率的战略重点，不做点什么，就白白浪费了机会成本。

扶贫基金会凭借多年的探索学习，敏锐地意识到了这一点，不管执行什么样的战略，离不开的是人才。在好的平台，容易产生的错觉是把时代

① 刘文奎：《基金会的理想与实践》，基金会论坛，http://www.chinadevelopmentbrief.org.cn/news-21622.html，2018年12月3日。

② 腾讯公益：《中国公益人才发展现状及需求调研报告》，2010。

和行业的利好，误以为是自己的能力。扶贫基金会没有这样做，他们在关键时期重新进行战略规划和选择。大多数公众甚至资方对于把有限的资源投入公益机构的发展并不理解，他们的成本核算概念只在于项目的开展和执行，而不是着眼于公益机构长远的可持续发展。许多机构在项目执行方面有充裕的资金，但在人才支持、发展和能力建设上是捉襟见肘的。加之中国的公益行业整体呈现的职业图景看起来模糊不清，外界对于公益从业人员知之甚少，揣测居多，对外展现的形象常常是道德表率或是收入低、工作辛苦、工作压力巨大的“苦哈哈”，这在客观上导致潜在的人才较少主动选择公益领域。大部分选择公益领域的人，都有过志愿者经历，这些人更能深入理解公益行业的价值观和使命，更愿意加入。这种双向的逻辑给了扶贫基金会启示，既然不可避免地要面对与同侪相似的窘境——人才的可持续发展，而人才的储备又可以通过系统化的大学生公益实践来推动，让一些人将公益视作职业生涯的备选项。人才的稳定输入恰恰是拥有良好品牌、稳定合作方、强大执行力和亲密高校关系的扶贫基金会可以进行干预的点。

在这种背景下，扶贫基金会的战略性项目“公益未来”项目诞生了。2002 年，扶贫基金会在全国高校发起建立自强社，对贫困学生提供支持，那是在当时的大环境下，先解决最突出的问题。而到了近年来，学生基本的生存需求被满足以后，如果项目还是只停留在扶贫助困上，自强社自身的会员吸纳也会出现问题，一旦发展中断，前期的铺垫和积累只会成为沉没成本。但是，自强社早期的扶贫实践和成员选择，固化了在学生中的品牌印象，要想开拓新的服务领域，很难从校园激烈的“百团大战”中脱颖而出。并且，高校社团本身也呈现愈发明显的部落化特征，年轻学子一方面寻求个性和独特，同时又希望自己的异质性不孤单，基于兴趣爱好成立的社团明显更受青睐，并且细分更加明显，“民间力量”增强，即便没有学校官方的扶持和鼓励，很多学生社团仍然能够从社会上得到不少支持，足以维持自身的发展。当时的自强社在全国各个高校开展的活动各有千秋又大同小异，如果长此以往，会停滞不前。

变革和创新势在必行。2012 年，“公益未来”项目采用大学生公益领袖集训营的方式，为高校公益社团的发展注入新的能量，对热衷和积极参与公益活动的学生提供能力训练，想要更好地促进自强社为代表的公益社团的发展。集训营确实起到了一些作用，但仅仅通过这一种方式，只是在原本的圈子中不断地巩固和加强，吸引新的“玩家入局”，不论是高校学生还是社会公益资源，都显得有些力不从心。

2013年，以“携手公益·共赢未来”为主题的首届全国高校学生公益论坛拉开序幕，正式将“公益未来”项目推到台前，完成升级并设立专项，项目目标从对贫困学生成长支持扩大到高校青年发展支持，具体手段包括公益青年学院、公益创想基金、社会实践等。项目划分为三个子品牌，公益青年学院通过全国公益社团领袖训练、区域领袖训练、在线课程三个方面支持公益社团领袖、核心成员和热心公益非社团青年进行能力建设。公益创想基金支持公益社团及青年人针对现今社会问题设计出有创意、影响力和可行的解决方案，范围包括教育公平、环境保护、公益倡导、养老等，针对方案的预算，提供一定资金支持实施落地。公益青年X实践行动提供给公益社团一套完善的项目运营模式，从人员招募、培训到现场组织、财务管理、相关方协调等全流程体验，如“善行100”、“花旗金融素质教育”项目、“箭牌垃圾投进趣项目”、“SAP青年责任梦想+”项目。[①] 项目通过对高校学生的公益热情进行良性的引导，通过支持高校公益社团发展，带动大学生更好地参与公益，了解公益慈善理念，用创新的方式探索社会问题解决之道，提高其创造力、行动力和社会责任感，并且由扶贫基金会作为中间人进一步整合社会资源。

从战略选择的角度来说，“公益未来”项目可以说是“一劳永逸”的项目，是极具前瞻性的项目，但也是需要耐心地一步步地“经营”，一点点积累方能看到时效的项目。这个项目的意义不仅在于培养未来的公益人才，也在于它为扶贫基金会建构起撬动社会资源进入大学的渠道。

从公益人力资源战略角度而言，它是颇为成功的，相当于建立了一个可以动态更新的公益人才储备库，通过选择可行的方案，精准识别出为实现短期、中期和长期的战略目标所需要的人才类型；在线课程以及训练营的供给能够帮助激发他们的潜力，与此同时能够有一个庞大的后备人才库适应扶贫基金会的文化与风格，并且对扶贫基金会的使命有较高的认可度，通过扶贫基金会与人才的共同成长，发展出更具包容性和凝聚力的团队文化。

---

① 公益未来，“关于我们”，“项目介绍”，http://www.gongyiweilai.org.cn/index/aboutus/projectintro.html，2018年10月31日。

"公益未来"以社团为联系单位，可控安全，对于扶贫基金会本身的存续不会有根本性的影响，同时既能保证稳定的参与者，将团队搭配组合的内耗和风险控制在学生团体内部，让他们提前解决可能存在的冲突和矛盾；又能避免因人成事、因人废事，社团的稳定性远超某个出色的学生领袖。此外，与真实的品牌方对接，能够形成可预期的方案输出，在大量的设计方案当中，只要有哪怕一个项目能够落地，边际效益和边际成本的核算都十分可观。

更为重要的是，"公益未来"项目可以为扶贫基金会提供一种可能性，一种在适当的时间、适当的地点能够有可利用的适当的人力资源的可能性。"公益未来"项目帮助扶贫基金会的触角延伸到人才供应的上游，在青年学子在校期间就与之产生联系。一方面能够持续不断地观察和吸纳适合的人才与项目，另一方面学生的自主参与会让他们对扶贫基金会产生亲和和信任，也有利于扶贫基金会品牌形象的巩固和维持。中国目前有3.85亿千禧青年，占总人口的28%，扶贫基金会的战略选择对未来意义深远之处就在于提前培育和孵化未来将会成为时代弄潮儿的这批人，将公益的种子提前埋下，待到这批学生进入社会，即便没有投身公益领域，也能以意想不到的方式为公益行业做出贡献，推动社会整体公益认知的提高。

扶贫基金会此举超出了机构自身核心竞争力的构建，为公益行业和整个社会储备优质的公益人力资源。目前，"公益未来"项目已经与68座城市、181所学校建立了联系，志愿者147992名，志愿服务时长964797小时，累计向400个高校公益社团提供过支持，1540名社团负责人获得培训机会，50万人次青年直接或间接受益，公益未来，未来可期。

"公益未来"项目给我们带来很多启示，一是成熟的基金会可以着眼于未来，着眼于社会，而非仅仅所在领域；二是战略效果的显现需要一些耐心，不是所有的战略举措都会立竿见影，重大举措常常更具有累积性而不是作为必杀技；三是战略选择需要根据时代变化，提高对变化的敏感性，既能实现有效控制和掌握市场，又能培育市场。[①]

---

① 案例由执笔人整理，资料来自互联网公开信息。

# 四　案例思考

战略的意义在于它能指导组织的日常工作。公益组织在做出战略选择时可以问自己：我是谁？我要去何处？我应当如何到达？即组织处在什么样的领域，占据什么样的位置，以及实现目标的路径是什么。一些公益组织认识到了战略选择的重要性，但是没有掌握进行战略选择的思路与方法，让战略选择听起来很好、说起来很空、做起来很难。公益组织在进行战略选择时要避开可能的误区，正确认识公益组织战略选择的理路。

## 1. 公益组织可否无视战略？

今天，公益服务的供给不单单来自公益组织，商业部门也在用公益营销、企业社会责任等方式开展一小部分公益行动。公益组织相对于采用商业工具，促进专业化进步，更容易获得社会支持。但是，部分公益组织自身也有许多难以克服的弊端，如许多公益组织普遍存在的使命不清、战略不明的问题，只专注于筹款。它们把故事越讲越好，事情越做越烂，短时间内确实可以取悦捐赠人和公众，但是实际做出了错误的战略选择，是对自己愿景和使命的背离，最终将产生离心力，从内到外地溃败；而另外一部分公益组织进行了战略选择，却不注重持续地跟踪和监控，最终战略只是纸上文字。加之很多公益组织缺乏规范化的管理流程和科学的分工，往往是一个工作人员承担几个工作人员的工作任务，界限模糊，难以进行行之有效的战略规划和选择并将之落到实处。战略落实需要持续的跟踪和监控，正因为公益组织不是单纯的结果导向，所以KPI的考核是片面的，需要与战略同时制定更加明确的分解步骤用以目标达成和绩效评估。战略选择往往是帮助组织更好地找到存活下来的方式和进路，让活下来的组织活得更好。

“把战略观念引入部门是有价值的，但前提是它必须切合实际，不能过于僵化，要使利害关系人认真执行，它应有助于管理，而不是以自身为目的。”① 战略选择并不是集合组织力量进行一次完整的批评与自我批评，形

① 〔澳〕欧文·E. 休斯：《公共管理导论》，张成福译，中国人民大学出版社，2002，第170页。

成一些束之高阁的文件，更多代表着的是在公共产品与服务供给上的实务能力提升，是通过做好现有的项目，对未来的项目审慎规划和思考，用发展性眼光看待组织发展，使组织的各项工作更有战略针对性并且合乎实际。因此，公益组织应当取得当下与长远、预测与现实的平衡发展。

战略选择要求公益组织保证系统内部的最优运作。组织结构、制度建设、组织文化等各个方面都应服从于战略发展目标。组织内部的各个部门要有整体意识和目标感，不能以部门利益或个人利益置于战略目标之上。公益组织对自身成果进行评估之时，不能只重视量的积累，只关注定量数据的判断，要关注发展性，有计划、有步骤地安排人力、物力，避免短时间内增加体量，过度竞争。例如，黑土麦田在前期的发展中，尚未验证出解决问题的模式，也没有与之相匹配的组织能力，在这种情况下做出规模化的战略选择，给组织的有序发展带来了极其负面的影响。战略选择在这种时候能够最大限度地避免内部人视角的泛滥，更加审慎地对待外部环境，减少错误归因，为组织在经历一时的挫折和迷茫之后重新出发提供指南。

公益组织进行战略选择，是公益组织自身发展完善的必由之路。

首先，公益组织通过战略选择可以有效提高对外部环境的适应性。后现代的慈善环境下，唯有“变”是不变的。长期以来，我国的公益事业一直处于补缺型的态势，政府购买的社会服务所提供的也是最基本、最简单的福利。随着社会发展，社会福利从补缺型走向普适型、普惠型成为未来发展趋势，这也要求机构的管理将要在更大范围与更高水平的基础上发展并实现与满足不同层面民众的多样化需求。[①] 公益慈善事业随着经济水平和社会连接方式而发生着改变，受益人群的需求更加多元、精细，有质量、有尊严、有乐趣地供给公益产品和服务，对公益组织提出了很高的要求。这就对通常以 3～5 年为时间节点的战略规划提出了挑战，处于变动不居的公益组织也需要进行科学的、谨慎的战略选择，在“变”中寻找和确定“不变”，建立更加灵活、机动的外部环境反馈机制。这种战略思维要求的不单单是对内外部环境的了解，更重要的是能够在关键的决策窗口选择、放弃和专注。基于自己的愿景、使命以及成长阶段，动态更新对组织的认识和评估，抓住时代的战略机遇期，在发展过程及时找到深耕或转型的岔路口。精准定位，也更加有利于公益组织实施品牌战略，协助其建立口碑

① 王思斌：《从战略高度看社会工作的发展》，《中国社会工作》2011 年第 19 期。

和公信力。

其次，公益组织通过战略选择可以提升专业化程度。很多公益组织习惯于“任务式”地去解决个别问题，无法从根本上去看待问题，很可能带来服务的表面化，造成公益行业的虚假繁荣，解决一个问题却留下诸多的后遗症。而战略选择则会帮助公益组织将短期的结果性目标与长期的过程性目标结合起来，把总体战略目标和局部战术目标结合起来，更好地把握内外部两个市场、两种资源。而且，公益组织在战略选择的过程中，能帮助公益组织识别出自己的核心竞争力，找到组织所具备的不容易被复制和学习却能够对服务对象产生价值的东西，可以从整体、根本的层面去思考公益组织的服务质效，突出战略在组织管理实践中的作用，增强组织的长期效益和持久的管理效能。

再次，公益组织进行战略选择可以提高组织成员的积极性。战略选择全过程都应该是各个部门、全体员工协同参与的过程，无论是对组织内外部环境和核心竞争力进行分析，还是制定战略目标、选择合适的战略并实施均需要成员的投入和参与，机构内部的凝聚和认同，调动各个级别管理人员参与的积极性，这让组织成员将战略选择视为自己与机构共同的事业。这会对组织成员的内心提出挑战，一旦组织成员为了战略的规划与实施付出了努力，他们在实际工作中会更愿意为了战略的贯彻落实而努力奋斗。战略选择可以帮助公益组织在面对变迁的社会现实时能够找到方向，让组织的内部成员产生归属感和认同感，让外部社会认可公益组织的努力，为公益组织提供及时的供求信息和服务反馈。获得认同感给了组织自我发挥的空间，将理念和意识外化成为能力，将内部人员的个人能力和知识淋漓尽致地展现出来成为组织的能力和知识，也帮助行业在社会上获得认同。因此，战略选择的过程是组织专业化的重要一步，组织成员在这个专业化的过程中能够有所参与和奉献，是他们产生组织忠诚度的重要影响因素。

最后，公益组织通过战略选择可以增强创新性。在进行战略管理的过程中，组织的决策者在思考“向何处去”的同时，也要考虑“如何淘汰不合时宜的东西”，并以“计划是否继续有效”为准则指导和重视战略的评价与更新，这就必然让机构的管理者不断在新起点上对外界环境和企业战略进行连续性的探索与监控，根据环境的变化对战略不断评价和修改，从而有助于在循环往复的管理实践和日常活动中产生创新灵感，形成创新性氛围。

### 2. 不排斥商业工具

公益组织进行战略选择是内外部因素共同作用的结果，需要嵌入社会实践当中，不能脱离主客观条件而存在。一些公益界人士认为公益组织没有必要进行战略规划，甚至认为公益组织会在这个过程中沾染商业组织的一些不好的习气和作风。需要明确的是：战略只是中性词，战略的外部性取决于机构。工具诚然具有相似性，价值判断和价值选择会影响最终的呈现。公益组织在使用商业工具和应对竞争中总显示出回避的态势，常常自我设限。公益组织进行战略选择，准确定位坐标，知道自己将往何处去、如何到达，反而能够避免公益组织被乱花迷眼，陷入市场机制主导的陷阱当中。

并且，许多人对公益组织抱有一种天真的幻想，因为天然委托代理缺失，责任分散效应明显，许多从业者会天然地将自己置于道德控制之下，“做得好是因为情操高尚，做得不好是因为受够了道德绑架”，这种从业心态是不健康的。整个行业如果都呈现出一种原始的蛮荒状态，小打小闹，头部组织和“混日子”组织之间天差地别，甚至一些机构保持着传统慈善形态的“原教旨主义”，拒斥对于工具，尤其是来自商业部门的工具的使用，故步自封，只会把机会让给一些身披公益组织外衣的商业性机构，它们深谙市场经济的法则，能够更加熟练地运用各种竞争手段，在战略化时代更好地包装自己，以公益之名把自己潜藏的目的推销给公众，收割注意力资本，攫取社会公共资源。

当然，自主性应当是公益组织的追求之一。公益组织在进行战略选择时，要敢于充分调动和激活一切有生力量，从受益人真正的需要出发，从容地提供公益产品。在运用战略选择思维的时候，需要坚持自主性。如，参与街道孵化的社工组织常常陷入这种窘境当中，它们被街道以利好的政策支持和鼓励引入，开展工作的同时却逐渐把自己生长到了系统内部，在战略选择过程中将主导权让渡出去，其结果只能是最后成为被街道收编的服务提供人员。

### 3. 战略选择任何时候都不算晚

首先，战略选择可以帮助公益组织适应时代的发展节奏。社会对于公益组织的期待越来越高，不仅要求公益组织能够完成既定的目标，帮助受助对象改善所处的情境，甚至期望每一分钱都能创造其应有的或超越其价值。资助者们越来越难以忍受公益组织的低效和无序，对于公益组织的专业程度、工作效率和工作能力的要求大幅度提高。公益组织借用商业战略管理原则可以提高组织的生存能力和适应水平，以更加明确自己的角色并能够获得该位置上所有的优质资源。

其次，战略选择帮助公益组织在时代的不确定性中寻找自己的定位。技术的变革和发展对于所有行业是“无差别打击”，这种改变不止在于工具，而是降维打击。这种打击在很多时候是颠覆的，足以消弭过去积累造成的差距，一切稳固的东西都烟消云散。如，随着以互联网为代表的现代科技为公众赋权，打破了信息不对称，在一定程度上推动了去中心化，人与人之间可以以点对点的方式提供公益产品，公益产品提供者的称号不再专属于公益组织。在这种情况下，一些公益组织不自觉地缩短公益产品的价值链条，只做“短平快”的碎片化项目，不重视中长期规划和愿景的实现；一些公益组织仍然在沿用老产品、老模式，被时代所抛弃。公益组织在时代面前无法独善其身，颠覆者来势汹汹但又无从判断其从何来。在过去，我们强调的是谋定而后动，所以即便没有进行战略选择，先进入行业当中，一边学一边做，面对巨大的尚未得到满足的需求，各类组织都能找到自己的一席之地。但是，在现代新的情境下，公益组织只有通过精心的战略选择，抛弃“大环境还不错，我只需偏安一隅”的想法，一方面找到航向，另一方面意识到新的管理工具的重要性，主动行动起来，去学习、分析、鉴别和使用工具，找到属于自己的“定海神针”，才能进行“72 变”及时应对变化，保持自身的核心竞争力和不可替代性，保住自己的受众和在行业中的位置。

公益行业尚未彻底摆脱野蛮生长的状态，加之超慈善的慈善新形态不断激发新的、多元的社会力量参与到公益中来，公益整体发育态势是欠成熟的，行业内部对于战略规划和选择并没有形成一致的观点，欠缺战略思维和意识。

优秀的公益组织主动进行战略选择，是完善行业规则、推动行业可持续发展的要求，也是打响反对劣币驱逐良币的保卫战，可以对新进入者形成示范效应，淘汰不合格的入场者，形成竞争和差异化发展。领先的公益组织通过自身核心竞争力的塑造，将同一“赛道”的标准提高，使自己难以被模仿。如，对一些国字头的基金会而言，去行政化的要求使其需要重新调整自己的定位和规划；对于一些来自民间的基金会，更少受到体制的约束，更需要通过市场思维来解决问题，时刻关注受益人的需求变化；对于一些支持性机构而言，它们推动着公益组织的专业化、组织化和社会化，更会注重战略选择给其在同质化的竞争中带来的优势；对于草根组织而言，它们通常是利用在地化资源解决本地问题，要求更精准地找到切入点和突破口，很好地利用有限的资源实现组织的发展目标和服务供给。最终，各个类型的组织在公益的“市场”上实现竞争和差异化，通过差异化形成竞争力，实现不同品类的竞合发展。

当然，行业想要进步，只靠其中的领先者组织是不够的，需要一个合作共赢的生态。在这个“赛道”中，新进入者需要努力学习或者与领先者合作，提高自身的实力和创造力，超越或弥补现存竞争者。这在客观上有利于整个行业健康向上发展。当然，与商业竞争不同的是，企业更强调构筑竞争壁垒，而公益则通常并不介意搭便车者，反而欢迎更多的同行者。

最后，战略选择能够帮助混沌当中的公益组织为行业的发展和产出勾勒出清晰的经纬。公益组织进行战略选择，可以明确组织的自我定位和认识，各安其分，各得其所。资本是逐利的，公益常常也是，只是这个“利”不是利润，而是被需要的社会整体福利的增加和境况的改善。当社会问题出现或新的社会问题被识别，许多公益组织往往一拥而上，纷纷倾倒资源，抢占一席之地。而战略选择本身就包含定位，公益组织进行自我梳理，将自己安放到坐标系合适的位置，再来根据自己与目标服务对象的可到达性、可进入性、可供给性来决定是否需要进入，如果自己的进入不能带来整体福利的提升，而是造成无效竞争，就审视他择服务。如果自己的进入有效地弥补了现存供给的不足，就突出自己的差异性，进一步细分市场，与现有的服务提供者一起编织起服务和支持的网络。有效的战略选择可以让公益组织随时保有自己的参照系并且明确自己在谱系中的位置，不做明知不可为和不该为之事。如此，公益组织通过战略选择能够避免不必要的内耗和竞争，减少社会资本的损耗。每个组织都对自身的发展有清晰的设计，其他“选手”也知道其他组织所占据的领域是什么，每个“赛道”上的“选手”都不会突然变道岔道，逐渐形成行业共同认可并践行的规范、底线和共同追求。

战略选择之所以是有用的，就是因为其不只看重未来的结果，也不是简单停留于制定目标，更关注实现结果的方式以及过程。战略高度本身就是立足当下，关注长远的一种目标取向。公益组织长期以问题为导向，如较少关注问题背后的成因和深刻的结构内涵，很容易追热点。在这种情况下，战略选择可帮助公益组织看清社会发展的大势和远景，既要看到解决眼前问题的必要性和紧迫性，妥善解决问题，满足服务对象的需要；同时也要看到社会问题的长期性、结构的复杂性和多变性，做好准备，使组织的内外部环境协调一致，朝着有利于组织发展和目标实现的方向努力。好看与否不重要，能否被组织恰当地使用并发挥应有的功能和效果才是战略分析工具的价值所在。

总体上，公益组织战略选择的内涵应体现“技术与战术并重、个人与机构共同成长”的共赢视野。“选择放弃比选择本身更加艰难”，公益组织的社会性和公共性要求其在做出战略决策时不能闭门造车，而应该呈现一定的开放性，邀请利益相关者、行业专家、组织成员共同进入战略设计的过程。他山之石可以攻玉，公益组织战略选择任何时候都不算晚，重要的是，需要摒弃事后诸葛亮的心态，早早开始战略选择，现在或许就是最好的时机。

# 第三部分
# 典型案例

**典型机构**

知乎社会化问答社区构建的民间舆论场

爱趣职与职场青年的公益生活

北京市志愿服务联合会：志愿服务领域的枢纽

**典型项目**

爱有戏义仓项目："现代义仓"的十年探索之路

寻找"最美家庭"活动纪实

**典型事件**

"米兔"运动引爆中国公益领域之思考

# 知乎社会化问答社区构建的民间舆论场

1992年国内学者项德生首次将"场"的概念引入舆论研究，将舆论场定义为"特定的舆论主客体相互作用而形成的具有一定强度和能量的时空范围"[①]。之后，学者刘建明在《社会舆论原理》一书中将舆论场定义为"包括若干相互刺激的因素，使许多人形成共同意见的时空环境"，并论证了舆论场的三个关键要素：人员密度和交往频率、社会环境的开放度和空间的渲染物。[②] 同一空间人们的相邻密度与交往频率较高、空间的开放度较大，空间的感染力或程度较强，便可能在这一空间形成舆论场。无数个人的意见在"场"的作用下，经过多方面的交流、协调、组合、扬弃，会比一般环境下形成舆论场的速度要快，并有加速蔓延的趋势。开放的、公开平等而自由讨论的地方，是促成舆论形成和变动的重要空间。[③] 新华社原总编辑南振中在《把密切联系群众作为改进新闻报道的着力点》一文中率先将现实生活中的舆论场划分为两个不完全重合的"媒体舆论场"及"口头舆论场"，前者源于主流媒体的着力打造，后者来自人民群众的议论。[④] 换言之，一个是党报、国家电视台、国家通讯社等主流媒体舆论场，即官方舆论场；另一个是依托于口耳相传特别是互联网的民间舆论场，人们在微博、BBS、QQ上议论时事，针砭社会，评论政府的公共管理。互联网成为

---

① 项德生：《试论舆论场与信息场》，《郑州大学学报》（哲学社会科学版）1992年第5期。

② 刘建明：《社会舆论原理》，华夏出版社，2002。

③ 智库百科，https://wiki.mbalib.com/wiki/舆论场。

④ 南振中：《把密切联系群众作为改进新闻报道的着力点》，《中国记者》2003年第3期。

“思想文化信息的集散地和社会舆论的放大器”①。

随着一个与传统社会不同又对现实社会产生巨大影响的网络时代的来临，人们以虚拟互联的方式在其中展开活动并形成社会关系，人人都可以最大限度地脱离现实社会中的管制与束缚，以互联网为平台，自由表达个人思想观念及利益诉求，网络舆论场成为热门话题。2010 年，学者余秀才参考西方关于“场”的研究成果对“网络舆论场”做出界定，认为网络舆论场融合了新媒介场、心理场、社会场，是一个复杂而非单一的时空结构。民间舆论场在网络平台上获得了更多的生存和发展。

创建于 2011 年的知乎是一个社会化的问答网站，在过去 7 年中，知乎吸引了很多行业的专业人士和一些互联网技术圈的名人，他们在知乎都有注册账号，并参与问答。知乎用户的讨论质量、氛围和产出内容相对较高，为当代知识精英、白领阶层群体和高校大学生提供了交流平台。知乎因建立了良好的问答生态，成为高端的问答平台。知乎，这一社会化问答网站，其提出问题的角度以及答案的排名，在某种程度上可以引领舆论走向，成为民间舆论场中的“新秀”。

加之知乎从最初的知识共享型内容社区向商业知识变现的利益驱动转型，如知乎书店、知乎 LIVE、值乎的出现和火热，为知乎形成了以用户为中心同时赚取自身利润的自我可持续运营的经营模式。截至 2018 年 6 月底，“知乎”的注册用户已经达到 1.8 亿，积累了超过 1.1 亿个回答。② 2018 年上半年，知乎营业额相比 2017 年同期增长 340%，知乎大学（原“知识市场”业务）的付费人次超 600 万。出于盈利追求，知乎目前正加速全民知识内容平台的建设，链接信息与人，其特有的“高知”“专业”的平台魅力正吸引着越来越多的普通用户，其用户结构在悄然发生着大幅变化，大量二、三线城市的用户在知乎进行讨论、分享和交流。这也意味着知乎早期定位于高端知识社区的“调性”正在向大众论坛的趣味性倾斜，从“服务一部分人的知识社区迈向普惠内容平台”，即所谓的用户下沉，它为知乎带来不断增长的用户量与活跃度。有专家担心知乎调性转变会影响其功能发挥，但是，知乎运营者却认为自己针对不同用户采取的策略目前仍是相当

---

① 南振中：《把密切联系群众作为改进新闻报道的着力点》，《中国记者》2003 年第 3 期。

② 知乎平台发起人周源 8 月 8 日写的题为《向着北极星，新起点再出发！》的全员邮件。

成功的。的确，知乎目前能够以“高”调性吸引“高”调性，以“高”调性带动“低”调性，既保留其活跃度，又能获得一定的利益，这在知乎看来，利大于弊。

知乎运营者指出，未来知乎还将进一步赋能用户，面向优质内容创作者推出全新的创作服务平台，它将是知乎对领域优秀回答者权益的一次跨越式升级。如果升级成功，知乎制造的民间舆论场及其与其他舆论场形成对接和共鸣，可产生的影响力难以估量。

## 一　社会化问答社区是知乎的基础及核心

### 1. 知识付费

从 2015 年开始，知乎就开启了知识付费探索之路，如电子书。近两年来，随着“知识变现”的条件逐渐成熟，知乎也创造出实时问答在线课堂讨论互动产品“知乎 LIVE”、个性化付费问答产品“值乎”等适应移动端的产品形态。2018 年，知乎将“知乎 LIVE”和“电子书”产品进行了整合，统一为“知乎大学”。目前，知乎已采取的知识付费变现方式有专栏打赏、值乎付费提问、知乎 LIVE、卖付费电子书等。

截至 2018 年 9 月，知乎举办了超过 250 场圆桌讨论；“知乎 LIVE”主题则更加贴近个人的现实和生活，如“法官解疑：女性如何反性侵害”“走出阴霾：认识性侵害，疗愈心理创伤”“在美国遭遇犯罪怎么办?”“我们应该怎么对待父母?”“重拾英语，如何制订适合自己的学习计划?”等。

付费咨询“值乎”来自用户创作的内容，提问者向明码标价且明确说明专业领域的答主发起付费咨询，付费后对答案觉得满意钱就归作者，不满意钱就归知乎官方。已回答的问题由提问者决定是否公开，公开的问题会被公开检索，但不显示答案。其他提问者可以检索并付费 1 元旁听。从形式上看，值乎的模式介于付费内容（即付费前文章完全屏蔽）和自愿打赏（即免费内容看完后用户自行决定是否付钱）之间，用显示部分吸引潜在付费用户，用隐藏部分来换取分享的回报，以实现信息变现。

到目前为止，知识付费业务似乎未给知乎带来可观的回报。一方面，知识付费本质就是对互联网冗余信息的反制，省去用户大海捞针一般地去搜集信息的过程。知识付费业务的目标用户大多是有学习观念的人群，他们恰恰更善于思考，理性消费。另一方面，知乎问答社区本身有很多干货，用户能很容易地搜索到某领域的专业回答，这使用户购买知识付费服务的意愿并不高，大多数用户仅仅活跃在问答社区。因此，包括开屏广告和页面底部广告等的知乎广告成为主要盈利方式。

### 2. 社会化问答社区

从广义上来说，社会化问答是一种提问者通过自然的语句而非一组关键词来描述其信息需求，回答者可以通过提供回答来满足其他人需求的服务。而社会化问答社区指的是基于此服务和参与用户所形成的社区，又称互动问答或社交问答。与普通的问答平台相比，社会化问答社区最大的特点就是其社交性。普通问答平台本质上还是基于关键词搜索，用户的主要目的是获取信息，用户之间不存在问答之外的社交关系。社会化问答社区则是基于“社交 + 问题”，它鼓励用户针对一个话题进行不同角度多元化的讨论，用户之间除了提问与回答，还可以通过点赞、评论、关注等方式产生互动。

知乎作为一个社会化问答社区，其内容是通过用户生成内容来实现的。在知乎创立伊始，其提供的最基本服务是提问与问答，这也是知乎平台的基础和核心，其核心是优质问答。而知乎社会化问答社区的特殊之处是集求知、分享、社交于一体，吸引了大批优质用户并形成了独特的圈子和社交网络。知乎网联合创始人黄继新曾说：“百度知道表面在回答，其实还是搜索；知乎上的一问一答，其实是社交。”这种模式一方面能够源源不断地生产原创内容；另一方面，也为各个领域的专业人才提供了聚集的机会和平台，使他们能够相互连接，交流思想和信息。

知乎社会化问答社区的特点是吸引高端用户，此板块的营利来源为社区中的信息流广告（一般插入内容排序第二、三位），类似微信朋友圈的广告。这批用户由于与知乎的社区调性一致，同时产生了社交情感，对社区的认同感和用户黏性均很强。但是，知乎社区的用户较为理性，对社区内容的要求相对比较高、对广告比较反感。基于这样的情况，广告商在知乎社区中做广告的意愿并不强烈，且社区用户对社区中的广告甚至“多有嘲讽”，并不买账。知乎社区并非如想象的那样坐拥大量高端用户，躺着赚钱，而是一度陷入“知乎的用户质量越高，越赚不了钱”的困境。

### 3. 衍生产品

为了新增用户和增强用户黏性，知乎发展出“知乎专栏”“知乎日报”“知乎周刊”等模块，通过多元化的方式将内容与用户进行连接。目前来说，知乎最主要的内容生产还是通过提问、回答来实现的，“知乎日报”“知乎周刊”等产品则是对已有优质内容的推荐汇编和再利用，将其发布在知乎的微信公众号上，并推送给用户。但是，“知乎专栏”本质上有点类似博客、微信公众号，属于专栏作者主动自由的观点输出，缺乏用户之间的讨论互动。而2017年下半年知乎新推出的模仿微博的“想法”模块，目前看来也反响平平。

上述模块并非知乎的主体模块，可谓知乎产品的衍生模块。“知乎日报”模块与知乎主体模块采用松耦合的架构模式，属于知乎这个庞大的优质内容生产机器的二次开发。知乎日报采取“日报”的方式，每天对知乎中产生的经典内容做一次组织成刊，其简单的布局、呈现方式，更符合人们在移动端的阅读习惯，为使用知乎不方便的用户，或者想在碎片时间阅读的用户，提供了一个更加贴心的可选产品。

## 二　知乎社会化问答社区形成民间舆论场

知乎社区为社会化问答社区，用户在该社区中共享同一规则，围绕所感兴趣的话题而参与讨论、辩论，用户们经过不断的讨论和辩论，产生争议或形成共识。与普通互联网社区不同的是，在知乎社区中，用户被称为“知友”，其中既有来寻求公正和帮助的弱势群体，也有随便浏览的“游客”，但其中基数最大、最为活跃的是新兴的高端群体，他们中很大一部分可谓中产阶级群体，他们来自各行各业，有不同专业背景的专家、知识分子、媒体人士、公司职员等，还有一部分是大学生。他们的价值观念一定程度上具有一致性，利益诉求和表达意愿更加强烈，具有较强的“社会责任感”，倾向于紧密关注社会热点问题。在知乎社区，他们相对理性，能认真讨论、分析问题，由于他们擅长对发散思维进行整合和理性梳理并形成有深度、有见地的共识性意见，知乎社区的话题和意见易于传播，更易转化成传媒议程、公众议程和政策议程，对整体网络舆论场形成了引领、输出和杠杆作用。

可以说，知乎的核心和基础——社会化问答社区其用户素质颇高，互动频率颇高，社区形成的交流氛围积极理性和友善，在一定程度上形成了平等开放的社区治理机制。知友们会有意识地把握公共事务，对垃圾信息能进行有效过滤，使知乎社会化问答社区成为网络时代民间舆论场中颇具理性的舆论场。知乎社区所凝聚的高端人群，通过知乎专业规范的内容设置和良好的用户成长体系，可有效地解决“议题无序”“辩论无深度无共识”的难题。这片被称为舆论的沃土以“社群氛围友好和理性”“认真你就赢了”而著称。知友们普遍认为，知乎社区为大家创造了一个“谈笑有鸿儒，往来无白丁”的交往空间。

我们可以结合具体案例从舆论场的三个构成要素——主体、客体、载体来分析知乎社会化问答社区。这三个构成因素互相融合，互为补充。

### 1. 舆论主体平等、专业且互动频繁

事实上，知乎起初只是一个小众化的精英聚集地，以分享知识、经验、见解而汇集在一起。如今，知乎凭借高质量的内容产出，已发展为大众性的社交平台。作为一个分享型平台，平等专业开放是知乎对待用户的一大原则，因此，任何身份背景的用户在知乎社区都能被平等对待。只要用户具有相关专业知识，能认真解答所提的问题与疑惑，就有可能得到其他用户的认可并成为意见领袖。

#### （1）高端个体用户

知乎的主要目标用户为一、二线城市本科以上学历的中青年，可谓高端用户。

一般而言，接受过更好教育的用户往往拥有更广阔的视野，更积极的生活态度，对知识的需求和认知相对更为强烈。调查数据显示，截至 2013 年 3 月，知乎用户中本科及以上学历者占 87%，职业人群占 75% 以上，收入 4000 元以上的用户占 60%；其中北京用户月收入 1.2 万元及以上的占 30.84%，上海占 26.5%，深圳占 23.67%，杭州占 23.44%；北京、南京的用户中博士生学历的占 4%。[①] 艾瑞咨询 2017 年对知乎用户的调查报告显

① 人民网舆情监测室：《“知乎”为什么这么火?“知乎”等网络社群特征与趋势》，http://mini.eastday.com/a/160528034103503-6.html，2016 年 5 月 28 日。

示，知乎用户具有高学历的特点：大学本科学历占 64.5%，硕士及以上学历占 15.6%。同期，中国整体网民中大学本科及以上所占比例仅为 20.4%。尽管 2013 年开放注册后，知乎的总体高学历人群占比被稀释，但同同类的社区社交平台用户相比，知友社群仍然属于高学历群体。与高学历相对应的是，中高收入及小康用户是知乎主力人群，占比为 76.0%。[①]

此外，知乎用户多注重自我提升，保持阅读习惯，包括企业白领、管理人士或专业人士，且所属行业多元。调查显示，知乎用户追求时尚，注重品牌，看重格调，是品质生活的追求者；关注自我提升，保持良好的阅读习惯，是知识型中产和潜力中产；兴趣多元，喜欢新事物，是新时代新新人类。[②]知乎用户的前 10 大主要行业分布涵盖了互联网、计算机软件、高新技术、金融、高等教育、电子商务、信息传媒、创意艺术、财务和地产建筑。[③] 这样的用户其内容输出和反馈更加快速、有效，对公共事务的关注度和回应度高，且各行各业的实践者均能参与解答问题，可带来多维度、高资源价值和专业性分析。他们带动知识普及和真相剖析，理性对话成为可能。这也使社区更加丰富和有吸引力，吸引了更多的同类人群加入，形成良性循环。

例如，“鸿茅药酒事件”涉及了律师聘请、跨省追捕、广告法等知识讨论，涉及医学、法律等专业领域，有知识分子、专家加入讨论，而不是大众灌水或者简单化的情绪宣泄。

例如，有人在问答社区提出的话题“中国要实现必要治疗和药物免费（或大比例报销），至少应该有怎样的基础?”，共有 50 多人参与了话题讨论，讨论者之间多有互动。参与用户以高校学生（均为硕士生和博士生）、教育类（宿管员和基础教育工作者）、科研类（大学教师、研究员）、电子商务、医疗服务（含临床医疗）、电子游戏 6 类从业者为主。当然，参与讨论不仅有专家、知识分子，还有相关行业和其他行业的知友。即使在医疗这样专业的领域，因涉及公众利益而产生超越行业的讨论。

① 艾瑞咨询：《2018 年中国知识营销白皮书——以“知乎”为例》，2018 年 4 月 20 日，第 26 页。

② 艾瑞咨询：《2018 年中国知识营销白皮书——以“知乎”为例》，2018 年 4 月 20 日，第 26 页。

③ 根据用户“李季”的数据采集，“知乎”成员的占比大概是：互联网 IT 55%，大学生 26%，广告传媒 7%，服务业 5%，房地产建筑 3%，交通能源运输 2%，文化教育 1%，金融服务 1%。

再者，这样的用户有着较为开放的观念，较强的求知欲，这种特征较为一致的同类用户因同样理性、具有共同目标和兴趣而容易产生惺惺相惜的情感，他们因为互相之间的情感连接而“更加热心”“更加理性”，互相激发更具有社会责任感。有的知友基本上工作之外的闲暇时间都会投入知乎社区，知乎社区也成为情感加油站。这样，即使没有热门议题讨论，情感连接也会维持知乎社区的讨论、传播和发展，等待下一个社会议题的浮现。他们是“具有创造力和影响力”的“各行业意见领袖”和“充满好奇心的求知大众和新知人群”，在对公共事务的点点滴滴参与中，践行公共精神。他们不仅能够带动一个平台或社区的精神文化和舆论场的氛围，更是培育整个社会的理性舆论氛围的先导。

综合来看，知乎社区的主流用户具有一定的充裕时间、资金和精力，关注自我提升、关注社交、热爱生活、看重格调。他们在满足生存需要和安全需要的基础上，爱的需要和社交需要甚至自我实现的需要占据主导地位，他们更能承担推动社会发展而发声的作用。

例如，在“百度血友病吧被卖事件”中，帮助当事人“蚂蚁菜”的知友们，需要既懂法律又懂医学，且有充裕的时间提供援助；需要懂得相关的政策，如陕西医大血友病研究院（民办非企业单位）提出“病因新疗法”是否经过国家卫计委批准通过并准许临床应用？涉及需要懂得来自外国的证据怎么用；涉及应该怎样与各方利益相关者沟通联系的细节讨论。“我与其他知友没有见面。但（在知乎问答社区之外）有 QQ 联系，第一个联系我的是个博士。有电话联系，第二个联系我的是记者。之后几天电话不断。知乎很多人想捐款，我拒绝了。……（知乎的）先进还表现在知乎比较理性，重视证据。……（那些记者和律师）专业性还是非常强的。”①

当然，考虑到目前用户注册量已破亿，用户质量并非高度一致，同质性也没最初建立知乎时那么强，或者说，目前的用户质量有些参差不齐。自知乎社区开放注册后，知乎社区中的知友除了上述典型用户群体外，还有一些是困境人群或弱势群体、边缘群体或受害者，他们加入知乎，期望得到信息、知识及舆论的支持。目前，知乎用户大致分为三类：第一类是

① 引自笔者对“百度血友病吧被卖事件”当事人第二吧主（知乎网名“蚂蚁菜”）的访谈记录。

提供大多数优质内容的头部“大V”；第二类是普通回答者；第三类是获取知识和信息的用户，他们目前占比较高，属于“沉默的大多数”，平时并不问答，只是浏览。

**（2）知名机构用户**

2016年，知乎推出了机构号，邀请知名机构进驻，并试图以此实现双赢——企业的品牌得到推广，知乎也能获得一些收益。这是仿效微博蓝V的账号类型，其功能是为企业、媒体及其他社会机构打开在知乎发声的方便之门。有10家机构受邀成为首批用户，分别是迪士尼、奥迪、Mini中国、中国科普博览、《第一财经周刊》、*Lens*、滴滴出行、Airbnb、西门子中国和美团点评技术团队。其中，中国科普博览有官方背景，隶属于中科院，《第一财经周刊》和*Lens*是媒体，余下的7个机构账号均为企业账号。

引入知名机构的好处是，某些知识、经验、见解很难通过个人获得，而专业权威机构拥有独家内容、研究成果，因而也极具价值。知乎认真、专业、友善的社区氛围吸引了很多有料、有内涵的机构，他们希望能够在这里好好说话，认真表达，分享自己独特、深度的内容，与知友进行深入互动和沟通。机构账号的诞生成为知乎社区的一个新的成长点。因为一个好的民间舆论场应是真实社会的映射，要有有价值的“料”。正如真实社会中不仅有人，还有各种组织机构；不仅有人与人之间的交流，还有人与组织、组织与组织之间的沟通。知乎社区需要机构用户来完善社区生态，让机构用户激活和提升社区高质量的内容和高质量的互动。

当然，机构用户在知乎社区也在权衡自己的收益。由于知乎的定位是高端知识分享平台，很大一部分用户对回答内容的专业性要求较高。而知乎为了让用户对答案满意，还制定了相当严苛的机构号答题标准和等级规则。结果，企业回答问题的难度增大，为给出一个准确的答案需要跨多个部门，经过多轮研究或讨论，费时费力；并且，机构用户为了在知乎上获得更多权利、保持高等级的机构号，需要不断答题，结果运营压力提升。机构用户纷纷感觉，在知乎上的大量投入，相对而言宣传效果却并不理想，并且只有关注了该机构号的用户才能看到企业推送。除了一些本身就是以内容运营为主的企业或媒体外，大部分机构号在知乎上的运营情况不容乐观。① 首批入驻知乎的7个企业账号，平均每个账号一年回答11.4个问题，

① https://www.jianshu.com/p/5c38ca1910a2。

分享文章31.6篇，各方面数据不仅被媒体账号远远甩开，甚至和这些企业的其他社交账号相比，也远不理想。

### 2. 舆论议题紧追热点且广泛涉及公共事务

知乎的社会化问答社区建立有社交机制。用户可以通过回答、提问、关注议题而建立起互动或交际关系，而话题内容涵盖日常生活的方方面面，也涉及各行业的细分领域，这使知乎话题能够覆盖公共事务各个领域。同时，知乎话题热榜推荐不仅扮演着传播理性声音的角色，还可能成为某个舆论事件的主推手，使知乎舆论场内形成草根爆料——高知评论——草根拥护的模式，其产生的强大影响力足以对其他舆论场造成影响。例如，2016年5月发生的“魏则西事件”中，知乎平台上的舆论声潮始于西安电子科技大学计算机系学生魏则西生前发布的知乎文章《你认为人性最大的恶是什么?》，这一提问获得了4188个回答，而魏则西自己的观点也得到208条评论，长期位居热榜。在热榜的推荐下，在正义感和同理心的驱使下，众多用户不断加入这一事件的讨论中，从多个角度对魏则西事件发出声音，以提问—回答的方式表达观点和意见。例如，“莆田系医院都有哪些内幕?”“如何看待百度针对魏则西事件的回复?”“魏则西由生病到离世，给你的思考有哪些?”等等。大量的关注度引爆了社会大讨论，演变为广泛的民间舆论，百度竞价排名机制和莆田系医院内幕成为众矢之的。而在这一过程中，高知精英成为舆论事件的主推手，他们将最值得关注的事件推至舆论中心，丰富深化舆论角度，最终辩明事理。①

并且，知乎的话题树结构也便于公共议题进入，对公共事务进行全覆盖。“知乎问答”的“话题”结构模式是单一树型结构，话题通过“父子”关系构成一个有根无循环的有向图。最底层是六类根话题，三层话题均由后台设定。例如，“社会”话题的父话题（上一层）是根话题“实体”，子话题（下一层）是“社会问题”，“社会问题”下面有“歧视、贫富差距、留守儿童、小偷、农村问题、人生七年（BBC纪录片）、强拆、阶层分化、种族歧视”等子话题，这些“父话题”和“子话题”均可以在知友发布问题时作为标签和关键词被贴上，便于归类和邀请关注此类话题的专家进行解答，一个话题可以同时被贴5个话题标签（见图1）。

---

① 杨睿：《网络社会民间舆论场形成与风险规避》，硕士学位论文，湖南大学，2017。

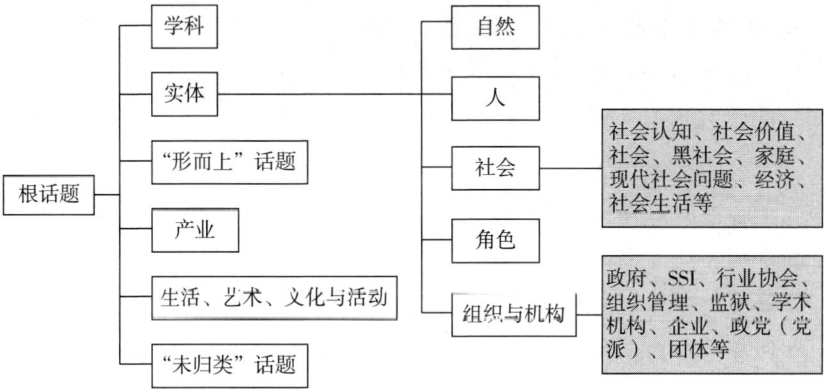


**图1　知乎话题结构**

以2017年12月知乎发布的题为《关于世界，关于中国，关于你》的大事记中所述内容为例，我们可以看到知乎的议题涵盖了公共事务的各个层面。

- 涉及保护、促进和保障案主的权利、福利、资源服务和利益："如何评价林奕含的小说《房思琪的初恋乐园》?""榆林市产妇自杀案中，产妇剖腹（宫）产为什么需要家属同意?""如何帮助（拯救）杭州蓝色钱江纵火案的男主?"等。
- 涉及促进政策和实务的改变，以影响相同群体或同阶层的人："共享单车对城市交通产生了哪些实际影响?""什么样的家长在支持豫章书院?""为何关于在日留学生江歌被害网上的评论会出现一边倒的情况?""如果章莹颖绑架案发生在中国，举国关注，48小时破案概率有多大?""互联网招聘平台有哪些方法可以预防'求职少年李文星之死'事件发生?"等。
- 涉及在政策和立法层面的变革，改善人们所需的社会条件，推动社会公正："如何看待台湾通过同性婚姻有关规定，成为亚洲第一个同性婚姻合法的地区?"等。
- 涉及慈善或公益捐赠或募捐："如何评价腾讯公益发起的'小朋友'画廊活动?"等。①

① 《关于世界，关于中国，关于你》，https://zhuanlan.zhihu.com/p/32168125，2017年12月25日。

### 3. 载体功能相对理性、认真、友好

为了确保内容优质、易识别、易展示，且用户在分享所擅长的知识、经验、见解中有所成长并利于建立个体品牌，知乎建立了一套相对理性、认真、友好的载体功能。

知乎提倡“认真你就赢了”的运营机制，鼓励高质量用户分享知识、经验和见解，从而形成一个理性、认真、友好的社区氛围。在内容生产方面，知乎采取了特殊的投票机制，以控制答案质量、减少垃圾信息。用户可以在知乎平台自由提问，一个问题通常会得到多个用户的答案，所有用户都可以对答案投赞成票或反对票。对于无效或垃圾答案，用户可以点击“没有帮助”一项，当“没有帮助”达到一定数量时无效或垃圾答案会被系统折叠，不再显示。

在具体运营过程中，知乎通过规范的管理与公共监督、不断完善的社区治理体系和完善的用户成长体系维持其载体功能。

#### （1）规范的管理和公共监督

知乎平台的内容规则非常规范，结合大众提问的 UGC 模式（共同编辑）和 PGC 模式（专业生产内容）这两种内容生产模式，通过“智能 + 人工”的双重审核制度、折叠规则、话题设置、回答排序等具体规则对知友的言论进行引导，其话题推荐既有时事热点，也关乎群众生活，在此过程中，社会议题得以沉淀，思想碰撞和理性分析得以开展。

A 共同编辑模式

知乎平台的宗旨是“分享知识、经验、见解”，其最基础的功能是“提问”和“回答”。知乎社区将编辑、推荐的权利交到了用户手中。

就单独话题而言，社区“话题”内容生产采用“共同编辑”模式。通常的流程是，提问者在知乎上发布问题，贴上话题标签，然后可以手动邀请专家、学者以及经常回答该类问题的知友回答，感兴趣的用户可以对其点赞、评价并留言互动，知乎社区后台也会自动推荐给相关用户邀请回答。知友提出的问题并不采用预先审核制，所有修改实时生效供整个社区查阅。除了提问者，“知乎小管家”或公共编辑志愿小组也有问题修改权；所有用户均有回答的权利，每个回答均可以修改补充（见图 2）。

通常，知友广泛关注的话题或者有“大 V”关注的话题会迅速形成热门话题。“回答”形成后，其他用户会通过留言评论、回复、投票支持来表

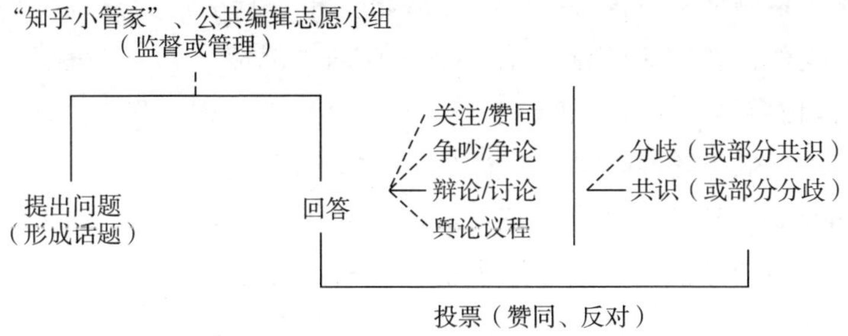


**图 2　话题内容生产模式**

明是否关注和是否赞同。知乎社区把一个回答展示给很多人看并让他们投票，内容质量不同的回答会得到不同比例的赞同和反对票数。

而话题又有两种排序方式。一是默认排序。在默认排序中，"加权赞同数 - 加权反对数"更高的回答被置顶，更低的回答则被"折叠"，新进入"话题"的用户首先会看到排序高的回答，经过争吵、争论、点赞、回复后，该议题则形成了一定程度的共识。二是按照时间排序。为了防止新进入"话题"的用户看不到有价值、有深度的回答，知乎社区还提供按时间排序的方式推荐回答，一旦用户看过某"话题"，再次打开知乎的时候，此"话题"会自动推荐"新回答"供用户浏览和"投票"。

B 专业生产内容模式

此外，除了普通投票，用户话题权重也会影响排序。知友们在某个专长领域下书写高质量的回答可以提高自己在该领域的话题权重，当用户的话题权重提升到一定程度就可成为"大 V"。"大 V"在回答、赞同、反对时因为自身的专业度比普通知友有更高的权重，即"大 V"的一票可能相当于普通用户的好几票，这会影响该回答和所关注的问题的排序。

知乎在早期运营的时候，为了让优秀新人能够被其他用户认可，其管理团队会浏览社区所有新增答案，并发展志愿者去各个话题页发掘好答案和优质新用户，然后推送到整个知乎团队，帮助优质用户获得曝光及认可。在知乎，由于产品机制加大了新人被认可的可能性，答案质量成了用户关心的首要指标。

这个机制保证了高质量回答排序靠前，也从精神上鼓励和支持了提供理性和有价值有深度分析的知友，最重要的是，这种排序可以通过越来越多的投票进行自动排序的调整。因此，呈现在靠前的议题和答案可以看作是经大众筛选过和公众讨论过的共识。

从整个话题体系而言，不是所有话题发布后均会成为热门话题，与单独的话题类似，整体话题排序也有一个自动“沉淀”和“筛选”的过程。“热门问答内容排序”体系相当于一个“自然冷却”的过程，当话题的关注热度增长速度低于随着时间“自然冷却”的速度，该问答排序会逐渐靠后，为新话题和高关注度的话题让位。因此，社会事件能够在“知乎”网络社群的讨论中逐渐浮现，得益于知乎平台的话题筛选机制——改进版的“牛顿冷却算法”和内容讨论排序机制——“威尔逊得分”算法。在知乎用户“权重”机制和“回答排序”机制的双重作用下，那些理性的、专业的、更有证据、符合道德和法律的问答最终被靠前呈现，更好地代表公众的观点。

一般而言，网络舆论开始阶段属于较强情绪化阶段，话语通常会伴随中伤、谩骂、吵架、争吵，而知乎社区中的“问答”交流过程在规则的保障下，其信息交流、协商和综合的“沉淀”的过程变得更为理性。

知乎平台宣称始终笃信优质讨论的价值，笃信人们对于健康的公共讨论空间的需求，希望不同文化背景、生活经历和价值观的人们能够在知乎愉快地分享自己的知识、经验和见解，尝试从社区规定和后台规则等多个角度去维护社区良好的治理体系。这种更高效的有害信息审核机制、更完善的举报机制和反作弊机制，有较为严格的友善度要求和规范意识，为绝大部分提问者和回答者带来了安全感和秩序感。

为了维护社区秩序，知乎发布《良性讨论公约》，并颁布“友善度”管理制度，推出自动治理机器人“悟空”和“瓦力”，形成了一套完整的平台治理体系。知乎团队和知乎授权的社区管理员依据知乎协议和规范中的条款对注册知乎的用户和发布在知乎的内容进行管理，处理举报，将质量较差的评论折叠，并采用智能 AI 机器人识别等机制来维护社区。

例如，2015 年 3 月，知乎颁布了详细的《友善度规范（试行）》。“友善度系统”的目的是鼓励和引导社区用户自治。该用户友善度系统不支持任何对用户个人的攻击、谩骂、嘲讽以及其他不友善言辞。每位用户默认的友善度为 5 颗星，如有一次不友善评论被处理，就会被扣除半颗星，而被人工审核认定的恶劣行为还会被追加扣除半颗星。友善度直接与用户权限挂钩，低友善度的用户会被禁止发言或投票。知乎设置了 3 种非常有趣的恢复友善度的方法：第一种是做题恢复，第二种是通过举报不友善评论来恢复友善度，第三种是在每年国际善意日（11 月 13 日），用户会自然恢复友善度。仅 2017 年上半年，知乎举报受理量为 400 万，其中机器处理和人工处理数量各占一半，用户举报处理率达到100%。智能AI拦截系统“悟空”和“瓦力”每天24小时实时处理违规信息，2017年上半年的处理量达到375万条。

随着知乎注册用户量超过1.8亿，用户行为的日益复杂，社区内容的不断多元化，知乎需要一套更加高效的社区机制来保障讨论秩序，维护平台氛围的良好生态。2018年8月，知乎宣布推出全新的社区治理机制“盐值”（见图3）。

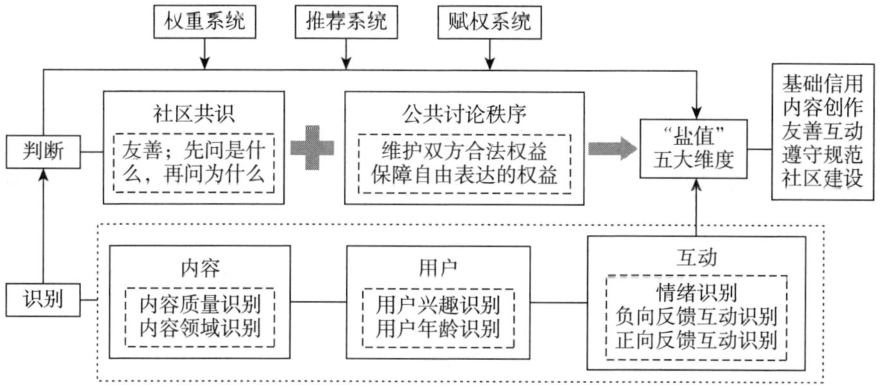


**图3 “盐值”体系**

“盐值”体系综合了“基础信用”、“内容创作”、“友善互动”、“遵守规范”和“社区建设”五个评价维度，对用户行为进行多元化的统计和识别，形成内容、用户以及各类行为的124项因子来进行综合统计打分，并形成0至1000的分值。根据“盐值”的高低，以赋权的形式，进一步给予高“盐值”用户更大的权益和更多的自由。这五个维度，既是一个用户在内容社区的全方位成长，也是让社区健康持续发展的最大推动力。知乎希望通过“盐值”体系，在平台、用户和内容之间达成共识，并以赋权等多种方式，鼓励高“盐值”用户，与平台一起建设更好的公共讨论空间。

对于每个维度，知乎都对其进行了清晰的定义。如“友善互动”，知乎将根据知友们与他人互动中所发布的内容，以及赞同、感谢、关注等行为来综合评定友善互动指数。这一分值将直接影响用户在知乎平台上的权限，在“盐值”第一期产品中，接入了“绿色通道”、“公共编辑”和“加权反对”三大类权益。遵守社区规范、为社区建设做的贡献越大的知友“盐值”越高。

又如，除了内容的连接，互动是平台中最为频繁的行为，什么样的互动才能称为“有效互动”呢？这取决于知乎的定位。作为一个全民知识内容平台，知乎希望构建一个开放而又理性的讨论空间，既需要保障分享者自由表达的权益，也要保护参与者和被讨论者的合法权益。因此，“盐值”机制需要对自由表达的边界进行定义，以保证各个角色之间的平衡，在理性和开放的尺度下，产生更多的“思想火花”。

“盐值”系统实际上是由知乎的算法能力，社区共识以及知乎对于公共讨论秩序的理解共同凝聚而成。算法其实就是识别能力，知乎通过对用户行为、内容以及话题进行精细化的识别，并将其归纳于不同的情境，进行识别，其中包括专业度识别算法、低俗识别算法、封建迷信识别算法、谣言识别算法等，甚至连一些“阴阳怪气”的话语都能识别。识别的前提是平台与用户之间达成一致的价值共识，也就是说，对同一内容，两者有一个可供参考的标尺，以便做出判断，也就是社区共识。“盐值”则是在这些细微的差别中，让平台和用户之间形成一个标尺，以便对不同的内容价值进行定义，希望用户在知乎获得能为自己所用的优质内容。

综合来看，“盐值”系统打造的其实就是一个平台的分寸感，让用户、平台、内容之间既能相辅相成、相互成就，又能共同管理、共同建设，能让近 2 亿用户好好说话、有效讨论的平台。

**（3）完善的用户生长体系**

可以说，知乎平台推行“公共精神”，而这种精神需要传承，需要新的“小白用户”源源不断地加入，并维持原有用户群体的“调性”。具体需要：留住头部“大 V”，开拓更多渠道让“大 V”获利；友好对待普通答题者，更新推荐机制让普通用户的优质答案被更多人所看见；保证社区的良好氛围和答案筛选机制，让知识获取者能够获得自己想要的答案。

在 2010 年以前，知乎社区试运营的初期阶段，知乎开始内测“邀请注册 + 认证制度”，吸引了小批用户入驻知乎，虽然数量不大，但是每个用户都拥有巨大的号召力和影响力，是名副其实的意见领袖，如时任微软副总裁李开复。早期采用的是高门槛邀请制，聚集了一批高质量的核心用户群体。他们活跃在知乎各个议题下，专注于自己擅长领域，热心信息交流和互动。他们逐渐成为知乎社区的核心骨干，并给公众形成了鲜明的印象：这是一群有能力、有兴趣参与公共事务的主体。

2010 ~ 2013 年，知乎社区利用已有的用户在互联网圈子内寻找行业精英，采用现有用户向意向用户发送邀请码的方式，严格筛选注册用户。由于初期用户都是非常优质的，所以他们互相推荐的用户也很优质；且因为有意见领袖为知乎背书，大批高端用户对知乎充满好奇并千方百计寻找邀请码以便进入知乎。在这样一种用户拓展策略下，知乎社区的基调就是高知社区，与其他知识社交平台有着明显的区别。

2013 年 12 月，知乎社区放开了注册限制，用户群体开始下沉和开放，门槛降低。但是，前述印象及核心骨干形成的权威性，以及同类人群的吸引力和排斥性，使后期加入的用户自觉遵循前人既定的规则，新加入的用户在选择是否注册平台的时候会进行“自测”，看自己是否符合原来那群人的气场，并刻意向核心人群（也被称为知乎“大 V”）的气质靠拢。

这种代际传递，使知乎用户大多具有社会责任感，至少有着对公共事务深度关注和热心推动的倾向。并且，在前人的邀请式注册带来的高质量核心用户基础上，新一批的富于公共精神的知友聚集，保持和促进社区氛围，并因“公共编辑”及“自我辩论、优化、整合”沉淀和锻炼出更多核心骨干。

> 知乎用户大部分仍是普通人、中等收入阶层，他们的群像是基于兴趣和擅长、进行共鸣和倾诉、有表演欲、有同情心、愿意分享个人故事和进行科普的普通人……知乎上的人不谈钱，而是讨论有关公共利益的事情，愿意帮助别人……知友们不是通过认证而成为“大 V”，而是其他知友对你回答问题的认同自动产生……像一些边缘群体如同性恋者、戒毒者等只有在知乎社群里才能获得理性对待和交流。[①]

另外，知乎社区也采用一些措施不断凝聚核心骨干。当用户成为潜在核心骨干后，核心骨干会采用群主邀请制，将其纳入“大 V”俱乐部。例如，“知乎”每年的盐 club，会举办年度线下交流大会，举行知友演讲，进行年度答主颁奖晚会，如上海糖 club、杭州油 club、武汉奶 club，等等，这些均为核心骨干参加的活动。

① 引自笔者对资深知友李青芯的访谈。

## 三 知乎社会化问答社区形成的民间舆论场与其他舆论场的共振

无论是有意识地还是无意识地参与社会公共事务，知乎社区上对公共事务的探讨客观上促进了公共利益，知乎社区的知友们正在改变着舆论方向，实现了媒介议程—公众议程—政策议程的互动与循环。①

在上述具体路径中，最为典型的是社区问答，其推进社会公共事务的路径一般是知友 A 提出与社会事件相关的问题，知友 B 在回帖时作为当事人陈述利益受损经过，知友 C 对其进行评论，知友 D 表示有类似经历，更多知友跟帖评论。最开始发起讨论的知友周围逐渐会聚集起同一个话题的利益相关者和关注者，话题逐步向社会舆论蔓延。现以“百度血友病贴吧被卖及原吧主被起诉事件”的实践路径为例进行解析。

### 1. 第一阶段：知乎提问寻求帮助，知友回应形成共识

社会事件进入知乎平台后，为探寻事件真相，知友们通过专业知识和技能，将话题知识化后寻求公众意见，促进公众参与和开放式讨论，通过社区问答辩论、讨论、整合形成明确的议题和内部共识，而内部共识又与其他新媒体进行对接，得到扩散和传播，掀起舆论大讨论。在网络公共领域和传统媒体进行信息交换和强化的过程中，因为知乎有着强证据性和强理性，占据舆论主导地位。

此时，参与者则更加多元和丰富，不仅包括立法参与者如人大代表、政协委员，行政部门人员如各级政府工作人员（公务员等）、专家（律师等）、知识分子（科研人员等）、媒体记者等，还包括来自各行各业的普罗大众。

这个互动过程可以说是“多对多”，遵循着“讨论—理解痛点—同情—产生共振—转发—更多网络共振”的逻辑，经由一个较为开放的空间广泛地了解和理解社会痛点，产生共鸣并多层次传播。每一个行动者如同网络上的一个纽结，社会痛点不断地被传递和扩散，并伴随着观点扩散和交换，形成共振场域。在此过程中，舆论竞争的成败不仅取决于行动者的社会地

---

① McCombs Maxwell and Donald Shaw, “The Agenda Setting Function of Mass Media,” *Public Opinion Quarterly*, 1972, pp. 1, 76, 87.

位、心态和实际活动能力，而且也与行动者所拥有的资本数量、种类等有密切联系。多个具有共同认同感的用户，通过评论和互动形成了具有凝聚力的群体，传播结构呈网状形，节点与节点之间不规则分布，不是传统的一对一传播，而是跨级的、跳跃式的多对多传播，具有强大的影响力，可形成“社群领导者—核心参与者—活跃用户”多层级相互作用的效果。

有时，知乎社会化问答社区的舆论议题刚开始形成，即便还未与其他新媒体、传统媒体进行交互，也有可能被政府决策者关注，这取决于议题的重要性和政府决策者的敏感性。

2016年1月10日，百度贴吧血友病吧第二大吧主，以“蚂蚁菜”为昵称在知乎社区发帖，称“百度血友病贴吧被卖”。具体情况是，“百度血友病贴吧”原来是血友病群体的互助分享贴吧，血友病患者在贴吧中共享治疗经验和信息；吧务组成员为自愿申请担任，主要负责贴吧中的秩序维护。但是，原吧务组成员却突然遭到百度单方面撤换，且空降了官方吧主“血友病专家团队”，原所有吧主账号已经无法正常发帖。因此，“蚂蚁菜”认为，百度贴吧已经将血友病贴吧经营权卖出；血友病贴吧已经从公益性社群变成商业性社群。这是因为，百度通过“商业合作”引入的新吧主“血友病专家团队”中的大部分医务人员来自西安某私营医疗机构，且顾问团队中有一位是来自陕西医大血友病研究院院长的某教授，曾在2014年4月多次被血友病贴吧网友举报，是个声名狼藉的骗子。“蚂蚁菜”说，之前记者采访“刘××”的帖子还在，只是暂时不能确定是不是“刘××”个人买了贴吧，可以肯定的是，血友病贴吧是被卖了。此问题迅速被知友关注，投票置顶，成为知乎热门话题。

在“百度血友病贴吧被卖事件”话题下，从“蚂蚁菜”的一个问题引申出了79个类似的话题讨论。其中“如何看待百度将‘血友病贴吧’吧主撤掉并售卖贴吧”的问题被置顶，在此问题下，共有1816个回答，大部分的回答是分享自己或自己亲戚朋友被百度欺骗的经历，一位知友回答的第一段是“我今天刷这个帖子和相关消息，气得直发抖。我也写一下自己的亲身经历”（被赞2.9K，感谢487，评论284）。而置顶回答的赞同数是19K，其中有这样一段话引发了极大的共鸣：“百度目前最可怕的地方是：在互联网时代，它已经成了绝大多数百姓心中的权威，就像以前的电视、广播一样。煤老板再黑心，也不过是搞死几个几十个矿工，代工厂再血汗，也不过是压榨几千几百个打工仔，而百度所影响的，则是几亿人对生命的选择”。知乎网友“ytytytyt”在“百度血友病贴吧被卖”事件下，发起“目前有哪些与疾病相关的百度贴吧被卖”的统计并进行分析，称实际上“百度40%的热门疾病吧已经被卖，而大多数用户会通过百度搜索医疗信息甚至完全信任这些信息”，认为百度贴吧被卖是常事。

在这个话题下，答题者既有“医学话题优秀回答者”，也有“作家”，还有“自媒体”的运营者。他们不仅在知乎问答中踊跃回答，还将话题“搬到”别的传播渠道中，如微信公众号、朋友圈等进行“跨级”传播。①

**2. 第二阶段：话题进入大众舆论议程，推动社会变革**

在知乎社区中，因内容不同，知友们扩散内容选择的具体路径不同。通常，知友们更愿意在问答社区进行深度原因解析，例如，“如何评价教育部部长对大学生需要‘增负’的观点?”，并邀请专家解答；专栏和文章板块适合进行个案推进，例如，贝壳青年王××开设了《贝壳青年》专栏，对“魏则西事件”和“罗尔事件”进行持续跟踪报道；百度血友病贴吧吧主“蚂蚁菜”写了“关于‘刘××起诉‘蚂蚁菜’侵犯他名誉权的官司’求助汇总”文章，并开设了《血友病》专栏，便于聚焦案主；圆桌话题更适合立法政策推进。例如，“向儿童性侵说不”圆桌即邀请了北京市公安局警官、著名社会学家、公益机构主管、三个不同律师事务所的律师、国内外高校学生、心理咨询师组成圆桌嘉宾，对话题进行法律界、学界、国内外做法的比较讨论，浏览人次达2187万。圆桌话题还有“健康中国”举办的“疫苗接种二三事”“知识产权保卫战”“残障：我和少数人的生活”“告别抑郁”等。

知友们不断地将观点分享出去，数量的骤增、膨胀会迅速产生舆论议题。在回答和讨论问题中，个体互动变成了群体行为，改变了传统媒体单向的信息传播模式，促进新的议题形成。以知乎为议题发源地，经由网络

① 内容由执笔人整理，信息源自网络。

达成舆论共识，形成集体行动，与现实中传统媒体传递的舆论形成公众舆论，影响社会事件的走向乃至政府决策。

知乎社区为自主而灵活的研究、交流、探索和尝试提供了有力的平台支持和良好的讨论环境，为知友共同关注社会问题提供了充分参与公共决策和推动社会发展的渠道，为政府和社会公众之间架设了桥梁，也提供了一个全新的活动空间和公众参与路径，使来自公众个体的意见和讨论可以进入媒介议程、公众议程和政策议程。

随着微博、博客、扇贝新闻、腾讯网、搜狐网等传播渠道转述知乎关于“贴吧被卖事件”的话题内容，网络舆论被传得沸沸扬扬。当事人“蚂蚁菜”从“血友病贴吧”被封就开始进行真相查询和跟踪，随后开设了知乎《血友病》专栏进行求助汇总，持续关注事情动态；其他知友爆自身就医经历进行支持。

2016 年 1 月 12 日，百度迫于压力，正式发出声明，“病种类贴吧全面停止商业合作，只对权威公益组织开放。”同日，血吧原吧务组发表说明，“经过血吧吧务组、中国血友之家会长关涛哥哥及全体吧友，还有新闻媒体记者，以及所有热心网友们的共同努力，百度已经确定会把血友病贴吧归还给血吧原吧务组以及全体吧友们了”。

2016 年 1 月 15 日，在国家卫计委例行新闻发布会上，国家卫计委回应“百度血友病贴吧被卖”事件。中新社记者提问，最近网友称百度贴吧的血友病贴吧被卖，原吧成员遭撤换，并引入了“陕西医大血友病研究院院长”的“血友病专家团队”成为新吧主，引起网友热议，国家卫计委对此有何态度？毛群安（国家卫计委宣传司司长、新闻发言人）回复：关于百度贴吧的问题，媒体报道之后，我们高度关注。一是涉及很多患病网友日常网上交流，因为这涉及一些健康和疾病治疗相关信息的传播。二是这些群体是我们进行健康教育、健康传播的重点人群。我们向百度进行了一些了解，希望进一步了解详细情况……这个事情发生后，百度也做出了回应。我们希望共同把大家关注的这个问题协商好，真正发挥网络在精准健康传播方面的作用，处理好网民自发组织和一些专业机构、专业学术机构、专业医疗卫生机构，特别是有意愿开展健康教育，并且也有这方面经验的机构，能够同百度等网上平台开展合作，我们也会继续动员精准健康传播机构同百度开展合作。[①]

### 3. 第三阶段：形成网络公共领域，产生舆论共振

社会议题经知乎平台讨论后会逐渐“冷却”或内缩，由圈子内主要“网络意见领袖”“活跃用户”持续跟踪，通过在话题广场提问—关注—设置精华—回答—点赞—出现“大 V”和“小 V”的自动认同过程产生意见领袖及相对更小的意见领袖社群。

因为某次高质量答题被大家认可，某普通知友迅速成长为圈内知名的意见领袖，具有一定影响力和号召力，可组成范围较小的社群，进行较为封闭的圈子式讨论，并产生更为强烈的情感连接，其采用的沟通方式包括知乎私信、微信群、QQ 群、百度群组、微博私信、手机等。这种社群的组成为下一次社会倡导打下基础。

在“问答”之外，知乎社区通过构建知识平台、开辟专栏和圆桌讨论、提供轻量交流的“想法”互动等来实现“问答形式”不能实现的更高质量的专业性文章的发布，来让各个有足够知识水平、时间、精力、兴趣进行事件分析和跟进的行业精英，进行系统性信息整合、经验分享和观点输出。如此一来，高质量的创作更易被传统媒体直接引用和传播。

在“百度血友病贴吧被卖”事件中，“蚂蚁菜”面对侵害名誉权的起诉，需要懂医学、法学和会收集证据的专业人士，他们成为愿意花费时间和精力参与的核心群体，同时，出现了大量线下社群。通过线下社群的拓展和伙伴网络，不同层级的组织网络形成，这些网络充分考虑求助者的需求，建立起不同参与者，尤其是公众、捐赠人与受助人之间的连接和互动关系。

原血友病贴吧吧主“蚂蚁菜”公开发表回答“刘 × ×是个声名狼藉的骗子”并接受了记者的采访，提供了证据和截图，之后，“蚂蚁菜”接到了刘 × ×提起的侵害名誉权的诉讼。于是，“蚂蚁菜”在知乎

---

① 内容由执笔人整理，信息源自网络。

平台求助如何打这个官司。知乎网友“ytytytyt”声援；专业律师提供法律援助；法官提供审判视角；医生从经验角度谈如何看待与刘××的官司。在知友们的陪伴下，自身就是血友病人的“蚂蚁菜”坚持打完了官司，以对方撤诉告终。这件案子持续到2016年9月，历时8个月。最终，百度贴吧、知乎社群、微博等网络阵地的讨论形成空前团结的网络公共领域，产生舆论共振。①

“蚂蚁菜”认为知友非常热心、理性和专业。② 随后他继续在“知乎”上关注健康和教育类公共话题，开设《血友病》专栏，成为非常活跃的知友。截至2018年6月3日回答“知乎”402个问题，“蚂蚁菜”从一个“知乎”提问者变成了问题回答者和倡导者。

## 四　知乎社会化问答社区的核心价值

知乎民间舆论场在舆论生成与传播过程中有着独特的角色定位——传播理性声音，通过精英话语的传播，影响他人对舆情事件的看法，它具有独特的价值和意义。

### 1. 引领舆论

知乎社区在社会公共事务中逐渐从事件评价者走向舆论引领者，成为为边缘群体发声、反对不公平、伸张正义的信息源头。知友们能够科学地、讲究证据地提供接近标准的参考答案，进行高质量的回答。高质量的知友积累的信誉使大众愿意相信知乎平台上披露的社会问题，再加上专业、理性的分析和有力的证据整合，知乎成为舆论议程的重要源头。

知乎使公共话题能够更长时间被热议和进入舆论议程。知乎在扩散舆论议题过程中与其他类型的媒体的良好互动，往往使知乎的话题内容被转载到微博、微信、新闻网页上，引起网络公共领域的讨论，加上各种媒介之间的沟通和交流足够充分，通过私信、传统媒体等引起现实公共领域的讨论。在这个过程中，一方面，知友追求真相的特性在知乎这个舆论场中

① 内容由执笔人整理，信息源自网络。

② 引自笔者对当事人百度血友病贴吧吧主“蚂蚁菜”的访谈。

被鼓励，倾向于长期跟踪。比如“魏则西事件”的主角身份是知友，信息发源地和场域是知乎话题和专栏，参与讨论者是知乎社群，长期跟踪者是关注话题的核心社群。“魏则西事件”一年后，知友“贝壳青年王佳恒”发表《声明：魏则西事件一年后反转，百度的态度让人心寒》；“魏则西事件”两年后，知友发起“百度医疗广告竞价排名卷土重来，疾病搜索花钱可置顶，百度为什么一再做出这种行动?”的讨论，被“复大医院”欺骗的当事人现身说法。另一方面，知友群体是掌握事实和证据、拥有理性分析能力和表达能力，且经常互动的社群，他们提供的答案经常直接被引用，向微博、微信、电视媒体复制和扩散，引发全民讨论，形成舆论共识，由舆论议程进入媒体议程和政策议程。

### 2. 培育公民精神

知乎通过早期用户筛选和现在的友善度等制度完善，使知友在公共领域的表达方式逐渐理性化，更是直接或间接地培养了大众的公共精神。并且，其讨论话题具有道德指向性。通常以“如何看待”“如何评价某事件”为提问方式，知友们在遵循友善度的规则下往往给出理性、专业、符合道德的正能量回答。相比其他交流平台、论坛、社区，知乎显然更加理性、有序。知乎社群更加具有社会责任担当、更具有话题凝聚力。这种沉淀一方面突破了其他社交平台的谩骂和争吵模式，转为辩论和讨论的理性沟通，形成了新的表达习惯，培养了大众在公共领域的辩论技巧和公共精神，培养了新时代的理性公民；另一方面，知乎本身提供了公众参与社会事务的渠道和场所，这种新型舆论场对大众的公共精神的塑造为公众的公共参与提供了能力储备、知识武装和规则保障，使人们更加关心公共利益、公共事务管理，并参与进来，最终形成可持续的公众参与，推动了社会主义民主政治的发展。

知乎中意见领袖的主体是多元化的，既有互联网“大 V”，也有演艺明星，还有各个领域的专家学者，也有一些亲临事件现场的当事人或者各类事件的经历者。众多知乎中的意见领袖作为普通大众，向人们讲述了普通人的日常生活和对待事物的态度，说出了普通群众的心声。

知乎社区可以说是网络公共领域的试验田，更是适宜进行理性社会倡导的社区，其颠覆了论坛容易传播负能量、非理性攻击和难以管理的印象，逐渐成为社会事件信息源头，能够被微博等其他网络公共领域和实体公共领域认同和转载，形成舆论共识，在此过程中培养了遵守社会公德的、具备公共精神的、善于表达诉求的合格公民。

## 五　知乎社会化问答社区能构建民间舆论场的外部原因

### 1. 网络环境

首先，移动互联时代带来了技术保障。新科技革命带来互联网革命，互联网革命带来连接和组织化。截至2017年12月，我国网民规模达7.72亿，网民规模持续保持平稳增长；其中，移动端手机网民规模达7.53亿，占比97.5%。以手机为中心的智能设备，成为“万物互联”的基础。与此同时，我国2017年在线政务服务用户规模达到4.85亿，占总体网民的62.8%。我国政务服务线上化速度明显加快，网民线上办事使用率显著提升，大数据、人工智能技术与政务服务不断融合，服务不断走向智能化、精准化和科学化。互联网技术尤其是移动互联网技术的发展，将人与人、人与信息、信息与信息连接起来，为普通公民参加公共事务提供渠道和便捷的选择。此外，新媒体尤其是自媒体和社交媒体的兴起，使人们的意见表达放大音量、传播更广、即时互动，解决问题时从个人智慧走向众人智慧，公众参与的质量也显著提升。知乎是近年来社会议题频出的场域，这是因为互联网技术为公民参与推动社会公共事务的实践、动员提供了便利，而“互联网+”高质量社群打造出一个相对理性的、可以平等探讨的网络公共领域。总之，互联网连接了社区和公众；互联网技术的升级尤其是移动互联网的产生更使公众间的时空差距缩短趋零；互联网技术带来网络社区的兴起，使其具备议题选择、扬弃和传播的天然优势。

其次，自2016年始，各大网络舆论平台出现爆发，其中，微博重回高地、微信爆发和动员能力空前提升，“知乎”“果壳”等网络社群和知识问答社区平台崛起，形成“三网”并重的多平台协同影响网络舆论走势的新格局，[①] 形成了舆论场之间的互动。

最后，资本成为掌握舆论场核心资源的有力操盘者。一方面，曾经的

① 李良荣：《新生态　新业态　新取向——2016年网络空间舆论场特征概述》，《新闻记者》2017年第1期。

“大 V”，或失声，或转场（微信等），或转型（变营销号），网络“大 V”“群雄割据”不复存在，意见领袖在细分市场里精耕细作。另一方面，资本对网络舆论的操控能力空前强化，商业化团队以“一己之力”调用几乎所有网络媒体、平台和“大 V”等资源，把控互联网传播权，其议题设置能力远远超过传统媒体或官方媒体。

### 2. 社会环境

首先，知乎所处的社会文化氛围和法律保障良好。其一，为了配合互联网技术升级，2017 年《中华人民共和国网络安全法》正式实施，相关配套法规如《互联网用户公众账号信息服务管理规定》《互联网群组信息服务管理规定》也陆续出台，为此后开展的网络安全提供了切实的法律保障。[①] 其二，近年来，政府强调依法行政，为公民参与社会公共事务提供了空间。相继颁布《国务院关于全面推进依法行政的决定》（1999 年）、《全面推进依法行政实施纲要》（2004 年），并在原有《中华人民共和国行政诉讼法》《中华人民共和国环境保护法》之外，颁布《政府信息公开条例》，对《民事诉讼法》进行修订，增加公益诉讼条款等。虽然这些法律法规在执行效果上仍有大量问题存在，但它们的出台，是公民得以参与公共事务的依据；反之，公民在现实中进行的推动社会公共事务的探索，也进一步推动着法律的逐渐完善。[②] 其三，公众的表达需求强烈，但实体空间有限，迫切需要网络渠道。政府没有给出公共话语权空间，但社会有这个需求，知乎平台成为一个表达出口。当今中国正处在发展关键期、改革攻坚期、矛盾凸显期，许多矛盾和问题相互交织、叠加呈现。当代中国正处于爬坡过坎的紧要关口，正经历着我国历史上最为深刻的社会变革。在这种转型期，社会矛盾、观念冲突、社会进步的后遗症必须要有一个发泄口。大众需要这种非政府、非经济的讨论空间和交流平台。在这种情况下，平台型网站价值显现——能够满足人们的社交需求、尊重需求、自我实现需求。[③] 从现状看，人们的表达意愿更加强烈，表达能力也不断增强，旧的宣泄渠道和意见表达渠道正在发生改变。

---

① 中国互联网络信息中心：第 41 次《中国互联网络发展状况统计报告》，2018 年 1 月。

② 中国发展简报：《中国公共倡导的多元化发展》，2000，第 8 页。

③ 艾瑞咨询：《中国网络社群研究报告》，2016，第 7 页。

### 3. 网民心理

长期以来，互联网上充斥着“低年龄、低收入、低教育水平”的“三低人群”，中产阶层作为网络上沉默的少数存在。如今，中产阶层走上网络舆论前台，网民的基本诉求发生重大转变，特别表现在2016年的一系列以“安全”为关键词的舆情热点事件中。例如，“人身安全”（和颐酒店女子遇袭、深圳两女孩逛街遭强制传唤）、“财产安全”（A股熔断事件、易租宝卷钱跑路事件、徐玉玉电信诈骗案）、“健康安全”（山东非法疫苗案、魏则西事件）等安全事件成为网络舆论和意识形态论争高发地。中产阶层对自己的未来，对中国社会的未来表示强烈关注。他们担心社会保障机制，教育、住房、疾病等问题能够轻易改变他们现有经济地位，一夜之间从中产阶层沦落为贫穷阶层。①

现在的主要心理环境是中产阶层没有安全感和满足感，陷入集体焦虑之中的他们在一次次的公共事件中，对执法机关、涉事企业产生怀疑，进而问责。总体来说，他们仍然是在政治协商的框架内参与公共事务。作为改革开放的同龄人，中产阶层的出现得益于社会转型，随改革开放而诞生，随改革开放的深化而壮大。他们拥护市场经济和公平竞争的原则，支持社会稳定，这样他们的资产才能保持稳定和增值。如此心态和社会地位决定了他们是执政党的拥护者，也决定了他们作为网络舆论场上的新生力量的诸多表现。②

知乎社区的用户们通过代表、沟通、赋权、支持、促进、影响、争取、维护、保持、提出建议或要求等推动不同层面的改变——包括个人层面、机构管理层面，甚至是政府政策层面，实际上是在维护中产阶层的权益，改善自身处境，实现一定程度的社会公平、公正。

## 六　几个担忧

面对各种公共事件，公众开始认识并运用自身的力量，在虚拟社区开

① 李良荣：《新生态　新业态　新取向——2016年网络空间舆论场特征概述》，《新闻记者》2017年第1期。

② 单凌：《中间阶层的觉醒：中国舆论场新生态》，《新闻大学》2017年第3期。

展社会互动和社会交往活动，自发决定讨论目标，集中揭露社会问题，聚集讨论，他们的意见在网络公共领域中达成共识，这种汇聚“民意”的意见表达影响力通常超越时间和空间的限制，最终形成几何级递增的信息爆炸，并逐步进入媒体议程和政策议程，形成强大的民间舆论场影响力，参与到相关的法律、公共政策的制定和执行过程中，影响着现实的政治经济文化生活。

目前，媒介平台大致包括微博、微信、论坛、贴吧、新闻网站、知乎几大舆论场，每个舆论场各具特征。《2016 年中国社交应用用户行为研究报告》显示，社交应用媒体属性增强，成为热点事件传播的重要途径，截至 2016 年 12 月，近一半的网络社交用户通过社交应用来获取新闻，高于使用手机新闻客户端、专业新闻资讯网站获取新闻的比例，社交应用成为网民获取新闻资讯、传播热点事件的重要渠道。人民网舆情监测室认为知乎等社群网站在时政、社会类议题上的介入程度和影响范围，较之此前明显增加。[①] 作为国内最具代表性的社会化问答社区——知乎，在这种公众意见表达及达成共识的民间舆论过程中，在如“百度血友病贴吧被卖事件”“魏则西事件”等多起公共事件中，知乎、微博、微信等新媒体平台均起了至关重要的作用，在舆论场引发强烈反响，其参与主体、传播路径和话语体系也显露出当前民间舆论场的一些新特点。

作为“公共领域的试验田”[②]，可以说知乎仍然是中国所有社会化媒体中，最能够代表理性和自由的社区。归根结底，知乎社群的理性源于“如果我们长期以来已经习惯于公众讨论，那么普遍精神将被提高到更高的层次——合理的舆论将更加通行……理性和探讨精神将会在所有社会阶层当中蔚然成风”[③]。知乎社群的自由源于“友善度”等社区建设规则。知乎社区所构建的公共领域能够更好地为弱势群体发声服务，为社会服务。这一点，在今天有着特别重要的意义。但是知乎社区在民间舆论场的建构上也存在相互关联的几个隐忧。

① 人民网舆情监测室：《“知乎”为什么这么火？“知乎”等网络社群特征与趋势》，http://mini. eastday. com/a/160528034103503 - 6. html，2016 年 5 月 28 日。

② 茹西子、胡泳：《知乎：中国网络公共领域的理性试验田》，《新闻爱好者》2016 年第 2 期，第 24 页。

③ 哈贝马斯：《公共领域的结构转型》，曹卫东等译，学林出版社，1999，第 118 页。

### 1. 娱乐化

为了解决商业化困境，知乎调整了运营策略，过去知乎着重打造专业社区，汇集了大量高知用户。而自2017年起，知乎社区的用户越来越下沉，更多“低端用户”开始使用知乎，知乎问答社区呈现出泛娱乐化的趋势。这虽然扩大了知乎广告盈利规模，但是稀释了高知用户“曾经的热情和凝聚力”，广告的密集投放及“下沉用户的策略”对知友们参与社会公共事务的用户体验带来严重影响，很多老用户选择离开，或者不参与讨论。

低质量用户的数量目前已远超高质量用户的数量，这个问题可以从最新推出的热榜中发现。热榜中的大部分提问属于社会问题或最近媒体报道的热点，回答门槛很低，答案的质量也不容乐观。但知乎运营管理方并没有对出现在热榜的问题进行管理。该新功能推出的目的很明显，一方面是为了获得更高的关注度，另一方面则是对新盈利模式的探索——制造可供营销的热点。但热榜的缺点也日益凸显。它进一步模糊了知乎与其他社交及新闻软件的区别，也降低了知乎的“格调”。虽然这是用户注册量提升和面对流量变现压力的必然结果，但长远来看，知乎社区的良好氛围可能会逐渐消失，最后它变成一个以社会娱乐新闻、大众知识为主，以少量专业知识为补充的普通问答社区。①

### 2. 商业化

客观上知乎社区产生了促进公共利益的效果，但不可忽视的是，知乎是营利性的公司，自然有营利动机，而追求商业目的作为大前提，一定会有商业和公共利益之间存在冲突而进行取舍的情况。或许在未来的某天，知识付费业务能够支撑起知乎的盈利，知乎可以不再为了广告盈利，降低社区推动社会公共事务的氛围和用户质量；又或许在未来的某一天，知乎因逐利，不再是那片汇聚有识之士们的沃土，而是与普通社交网站没有区别的娱乐化社区，可以“大把数钱”，却“泯然众人矣”。希望现在的知乎能在追求盈利和推动公共利益之间，找到一个最好的平衡点。

① https://www.jianshu.com/p/5c38ca1910a2。

### 3. 情绪化

今天，我们也看到知乎平台用户理性化与情绪化并存。

在知乎上人人都可以来提问与回答，但是可以看到，点赞数高、被收藏次数多的高票回答均是详尽的专业回答与论证。从知乎用户的样本内容分析来看，知乎用户已经形成了摆事实、讲道理的习惯，在问题回答中不仅仅使用文字，同时采取发图片和超链接的方式，像写论文一样引用出处或举证，从而保证了信息内容的客观性。这些转引的图片和超链接，大多是知乎用户对来自其他权威平台的信息转载。

但是，知乎问答社区的另一特色是情绪化。知乎用户的内容叙事多为以自身的亲身经历为主，原创性高，流露出的情绪表达也多为情绪体验。内容的原创性意味着它是“鲜活且独一无二的信息”，它的情绪也是用户所独有的。“魏则西事件”本身就是个例子，魏则西本人为知乎用户，他最早在知乎“原创”自己的经历，讲述百度竞价排名和将莆田系医院当作救命稻草的故事，控诉莆田医生和百度竞价推广的行为是“人性最大的恶”。在具体样本中，匿名用户在“莆田系医院都有哪些内幕?”问题下，讲述自己五年前去北京 466 医院求医的亲身经历，痛斥了无良医生没有医德、谋财害命且肇事潜逃的事实，情绪呈现极为“气愤”。知乎用户“萧楚白”讲述了自己在莆田系医院推广机构实习的经历，怒揭莆田系真相。

在“魏则西事件”中，部分知乎“大 V”涉嫌故意为百度洗白，进行违反知乎社区管理规定的操作，“买卖账号、关注、赞同，发布干扰社区秩序的推广内容或进行相关交易”，对公众的观点判断进行恶意引导。这一行为引发了知乎用户的不满，产生了强烈的情绪对抗，甚至同时引发微博平台用户进行激烈的声讨。知乎用户对“权威”的情绪对抗直至知乎永久封禁六位知乎“大 V”的账号才得消解。

公众的确需要彰显公平、正义和理性的民间舆论场，现实也证明网络上的民间舆论场在很大程度上弥补了传统社会公众参与公共事务的空白，但是，由于同时存在“信息交流无序”“信息爆炸”“信息不对称”等问题，民间舆论场有时也会表现出极端的情绪化、非理性，通常情况下反而表现为“跟风”或“发牢骚”，成为情绪发泄平台。

### 4. 群体极化

在网络舆论场上不存在完全理性和全部共识，因此也就存在着网络非理性的可能性，这可能导致知乎社区的舆论建构的不够完全理性、秩序性不够、在推动变革上心有余而力不足。因此，尤其需要依靠公众自身营造一种道德自律和公共精神的氛围，在发挥民主的作用的同时，增强社会责任感，加强网上讨论的深度和集中性，避免群体表现出极端化倾向。

# 爱趣职与职场青年的公益生活

爱趣职是一个公众号，一个微信群，一个职场青年的公益生活空间，是一个公益性网络社群。这个社群的“群友”主要是职场青年。他们平日在职场打拼，日常轨迹是工作地与居住地两点一线，生活、工作显得单调乏味，他们期望有其他的事情丰富自己的生活，他们期望结交更多的朋友，他们也期望做点什么，证明自己的价值，并对社会有益。2016 年 4 月，几个温暖可爱的职场青年成立了爱趣职公益性网络社群，想集合年轻人做点有爱、有趣、有意义的事。自称是伐木累（family）成员的他们，每周至少发表一篇公益微文，记录各种有趣好玩的公益活动，而这些统统是他们在业余时间做的。他们放弃刷剧、网游、“买买买”，将小小的善念孵化成一次次公益行动。他们来自五湖四海、各行各业，他们有着不同的性格，为着“趁年轻做点有爱有趣有意义的事”而聚在一起。他们在网络上筹划，讨论，制作活动方案和任务书，他们用心经营着他们共同聚集的这个社群。

## 一 职场青年因公益而聚合

越来越多的年轻人渴望结交朋友，渴望为社会贡献自己的专长。出生于 20 世纪 90 年代的 M 在银行做了四年的项目管理工作，她有着令人羡慕的稳定工作和收入，却有一颗想做事的躁动的心。她决定行动，开始在网络上寻找可以做公益的地方。她发现北广深的年轻人在做非常有意义、令人激动的事情，但是，哪些适合在职青年做呢？她觉得并不多。

M 决定自己着手为同她一样的青年做一个能丰富业余生活、参与公益的链接信息的平台。2016 年 4 月，M 从单位辞职，注册了“爱趣职”公众号。起初，开设公众号是想为城市职场年轻人提供能在业余时间贡献自己的专长、参与公益的信息，通过信息发布，让年轻人自主寻找参与公益的机会。然而，实际上，此时的 M 并不清楚怎么做公益，也不了解公益是怎么一回事。那时，公众号发布的文章大多是有关青年人可以参与的社会创新活动的信息，或是国际交流的信息，有些也与就业有关，并不完全是公益活动。幸运的是，M 在网络上遇到了从美国留学回来的木子。木子的本职工作是财务，但是早期做公益的经历相对比 M 丰富，木子认为公益是工作之外重要的生活方式，她曾在豆瓣网站建了一个公益小组，与拥有同样“公益爱好”的人拉了一个 QQ 群，但是，这个 QQ 群没活跃起来。M 发现居然有想做公益的 QQ 群，就加入其中，在这里 M 遇到了志同道合的伙伴，这让 M 感到很开心。M 与木子，两个素不相识的年轻人因公益在 QQ 群结缘。之后，她俩决定，将 M 创建的“爱趣职”公众号与木子的 QQ 群合并，成立“爱趣职”志愿者社群。她们将爱趣职公众号注册的时间——2016 年 4 月 11 日作为爱趣职正式成立的时间。

加入“爱趣职”志愿者社群的群友决定在线下聚聚，聚会的地点由 QQ 群中一位开瑜伽馆的群友提供。后来，瑜伽馆成了他们线下召开例会的专门场所，每周二晚上 7 点，他们聚在一起召开例会，讨论爱趣职的发展。

爱趣职的群友，只要有一部手机或者一台电脑，就可以随时随地按自己的喜好组建一个微信群，请身边志同道合的朋友帮忙扩散，共同发起、执行公益活动。手机或电脑成了他们做公益的重要工具，也成为他们每个人的创想和传播工具。网络激发并鼓励他们的创造力，他们乐于尝试自己专业不擅长但感兴趣的事情。在这里，他们齐心协力，共享信息，求助，助人。爱趣职的群友不断扩大。

### 1. 重要的社会资本

爱趣职把不同地域、不同行业的人汇在一起，锻造了一个全新的关系网络，许多原本不在网络中的人因爱趣职而加入其中，并不断地吸引和引入更多的新人。

爱趣职的群友有着共同的热衷公益的文化情境，这使他们容易相互理解、熟知，形成一个关系密切的网络社区，组成相对紧密的参与公益的网络。这一网络建立了互惠性（聚在一起相互鼓励、分享知识和信息、相互学习、共进）的规范，强化了群友之间的信任关系，有着公民精神，这种公民精神及公民参与所体现的就是重要的社会资本。而爱趣职本身，也比较注重社群的发展，进一步强化社会资本。

爱趣职内部推崇的价值是对群友们公益兴趣的培养，帮助大家建立常规性的公益行为和公益习惯。例如，在推广旧物改造的手工课程时，爱趣职的成员积极调动自己所有的资源，主动跑去参加上海的公益市集，虽然没有经验，缺少物料闹出了一些笑话，但正是这样的付出和尝试增强了团队成员之间的黏性和社会资本的质感。又如，在公益徒步中，一群小伙伴共同挖掘上海隐藏的美，从不同的视角欣赏和传播人们习以为常的上海风貌，本身也成为融入城市和资本搭建的过程。

爱趣职的伙伴们也尽其所能为自己的社群营造温暖的氛围，让大家感到温暖、包容和接纳。这也是团队不断壮大和成长的核心所在，人们因投缘而识，因理解而建立了深厚的友谊。有两位男士，开始加入时并没有太在意公益，只是觉得做的事情有价值，慢慢地，他们理解了公益的益处，成为团队坚实的后盾。还有的成员为交友而加入社群，希望业余时间能发挥自己的作用，他们也同样在群内找到很多事做。有成员表示："我曾经以为所谓的温暖，是他人温柔待你，后来明白，温暖是温柔对待他人，你成长起来之后，你去关照别人，别人自然会有亮光回馈你，在与别人交相辉映的过程中，那个最暖的人是你。"① 爱趣职就是让成员沐浴在温暖中，自然就卸下冷漠、疏离的冰凉外表，用感动和收获拧成绳索，牢固万分！

### 2. 蕴含着巨大的公益能量

青年人进入职场之前，可以通过所在学校的社团或学校组织的活动参与公益，进入职场后，这样的机会少而又少。自己不知到哪里去找，也不清楚如何辨别哪类公益会是自己喜欢的。过去，有街道、居委会组织的志愿活动，但现在的年轻人与街道的联系并不紧密，居委会开展志愿活动的"常客"往往是黄发垂髫，而中间的生力军，在街道号召之外，在单位统筹之外。爱趣职解了职场青年参与公益的"渴"。

职场青年蕴含着巨大的公益能量，爱趣职的"轻公益"形态将这种能量汇集起来，成为公益领域的新型资源。例如，医疗行业从业者可以做癌

① 引自爱趣职微信公众号。

症防治的科普志愿者，法律从业者可以提供公益咨询和指导。这些看似“浅层”的公益行为，让它相对一般的公益组织，能为大众或困境人群提供直接的支持和帮助。爱趣职以其非正式、轻松的方式扩大了公益的基数，汲取更多的支持。而且，爱趣职的轻形态降低了人们参与公益的门槛，也使公益回归本原，去神圣化。

爱趣职体现了公益志愿服务的社会性，它不是存在于个人生活的私人领域，而是在一定的公共空间和特定的人群中进行他助或互助。公共福利和社会公益是志愿服务的价值目标，也是衡量志愿服务的社会价值性和有用性的评判标准。志愿服务正逐步成为社群成员的一种日常行为，成为社群成员广泛参与的一项事业。

爱趣职使群友们相信，付出时间、精力和爱，便会收获“被需要”的存在感，这种存在感使人快乐。

### 3. 获得个人成长

爱趣职的每个伙伴都始终相信：一个人热爱的、感兴趣的、职业的方方面面的知识和技能，在8小时的学习和工作之外都能有所用途。爱趣职提倡，在尽可能久的时间里，对尽可能多的人，做最善意的事。他们相信，这将会形成一个良善的正循环，青年人因为参与公益获得成长，公益事业因为有了更多的关注和投入而充满活力。当然，作为业余做公益的公益社群，爱趣职也是在困惑中成长的。例如，有关公益传播，有关整个公益项目的定位、功能和实际起到的效果，团队也是在糊里糊涂中摸索的，虽然仍会迷茫，但也逐步形成了栏目化的编排设置，呼应时令的传播节奏和渐趋成熟的设计风格，具体负责项目的人也从中收获了经验和技能。

爱趣职的群友能够通过正向回馈增强自我效能，在这样一个没有明确层级和强制性任务的网络中，个人的协调能力、沟通交流能力都能得到有效提高。每个人在团队中的成长完全可以自己把控，主动性掌握在自己手中。

爱趣职其实是每一个普通社会成员的缩影，做着平凡的工作，在微小中感受意义和价值，这本身也是一种能力，是帮助个人对抗现代原子化个体自我价值迷茫的有效工具。正如霍曼斯的价值命题所展示的那样，如果某种行动所产生的结果对一个人来说越有价值，那么他就越有可能采取同样的行动。[①] 参与是一种行为，它让你觉得自己的出席很重要，让你在看到或听到某些东西时觉得自己的回应也是活动的一部分。对整个组织来说，创造的不仅仅是一种消费的机会，还是一种回应、讨论、争辩甚至创造的机会。团队成员的参与为自己的行为赋予了意义，会强化他们去重复更多的同类行为，形成善的循环，个人在行动中收获成长。爱趣职坚信，社群也是能生产或搬运与青年人相匹配的、有公益性质的、组织良好的项目，能满足青年人对公益的诉求，从而吸引青年积极参加公益，形成正向循环。

从看到问题到深入了解，再到发起或参与改变，每一步都伴随着成长和改变，爱趣职提供的平台帮助个人践行和巩固习得的技能，学习和培养新的兴趣点。爱趣职中提供的公益服务与成员各自的工作技能或爱好特长有关，客观上延长了技能的生命力。将自己的技能在公益服务中变现，这不是靠金钱激励的，非物质激励给予了参与者更多元的成就感和满足感，让习惯短平快回馈方式的人们可以慢下来，可以去享受善带来的美。对于这些参与者来说，“眼前的世界仿佛在一点点被打开，这可能会带给你平和的心、对生命和自然的敬畏、对已拥有的感恩。”[②] 兴趣、职业各不相同的同行伙伴，也让他们体悟到不同的生活方式和乐趣。

从服务他人、奉献社会中感受到温暖和快乐其实是一种非常治愈人心的力量。M 说：“我是发起者之一，投入了精力、时间还有自己能链接到的资源，可能还有一点点钱吧。我收获了友谊、提升了对自己和对这个世界的认识和了解。我觉得它是我这 20 多年，做得最棒、收益率最高的选择。未来期待和爱趣职一直走下去，期待看到它更加成熟和完善。”爱趣职的例会记录也体现了其他伙伴在自己所负责的项目板块上的自我成长，体现了其技能日臻成熟，对公益的理解日益加深，并逐渐形成了稳定的公益活动。

## 二　爱趣职建构的公益性网络社群

今天的互联网技术为人们提供了全新的互动领域与交往空间，当人们接入互联网并彼此有着相同且明确的目标和期望而开展互动活动时，网络社群便诞生了。社群规模有大、有小，交往有的很紧密，有的很松散。

---

① 刘少杰：《西方社会学理论》，中央广播电视大学出版社，2011，第 133 页。

② 引自爱趣职公众号。

网络社群的出现和发展是人类社会发展的新阶段呈现的社会结构类型，网络社群于20世纪90年代开始在我国出现，于21世纪初逐渐形成并发展。艾瑞咨询《2016年中国网络社群研究报告》认为，成型的网络社群的产生是以2002年的“QQ群聊”的出现为开端的，随着论坛、博客、微博、微信等多种网络技术的出现，网络社群在今天具备了丰富的表现形式。2016年，我国网络社交应用中，社区社交使用率为32.2%，其中以百度贴吧、天涯社区、知乎、豆瓣等为主。网络社群的出现是社会变迁与技术变迁双重逻辑发展的结果：由改革开放引发的社会结构和社会关系发生重大变化，进而逐渐形成新的社会形态，即网络社群。网络社群，又被称为“虚拟社群”“虚拟组织”等。最先提出“网络社群”概念的是Rheingold，他认为：“当有足够多的人长时间地共同参与一个公共讨论，投入足够多的情感，并在网络空间中构成一个由个人关系组成的网，就会产生网络社群这种网络上产生的社会群聚现象。”①

社群即社会群体，实际上，它是人类开展集体生活的基本形式，亚里士多德最早在其著作《政治学》中提出，人类发生社会行为的本意在于追求某种善，人类为了达到这种共同的善而组成的关系或者团体就是社群。随着社会学的发展，关于社群的界定逐渐规范化，目前学术界一般认为社群是指由两个或两个以上的具有共同的认同和团结感的人所组成的集合体，群体内的成员相互作用和影响，共享着特定的目标和期望。社群既包括广义的关系松散的群体，也包括狭义的高度组织化的群体。这个群体，一般说来，不仅群体中的个人自己能够意识到，而且也被群体以外的人们所了解到。一个群体是否构成社群有一定的界定标准，一般认为社群具有以下的特征：有明确的成员关系；有持续的相互交往；有一定的群体意识和规范；有一定的分工协作；有一致的行动能力。

国内对网络社群没有统一的界定。有人强调网络社群的关系联结，提出网络社群是人们通过互联网互动而形成的、由一定的社会关系联结起来进行共同活动的集合体，② 认为网络社群是由具有共同兴趣的参与者进行互

① H. Rheingold; *The Virtual Community: Home - steading on the Electronic Frontier*, Cambridge: MITPress, 2000.

② 张文宏：《网络社群的组织特征及其社会影响》，《江苏行政学院学报》2011年第2期，第68~73页。

动与分享的一种丛聚领域，[①] 它是以社会网络为基础的、区别于以初级关系为基础的社群，分享意义和采取群体行动是其核心特征。[②]

广泛的网络参与催生了“全民参与”的社会化公益，这种基于互联网技术的社会化公益的兴起，正逐渐打破我国传统政府主导型公益及组织化公益难以满足民众日趋多元化的公益需求的僵局。网络社群的组织特点是集体生产。也就是大规模的志愿加入和业余参与，是互联网创造的一个非凡现象。网络社群的崛起有效地集结和放大了个人的力量，公益性网络社群为我国的多元化公益提供了强大的动力和支持，他们与专业从事公益的人们有着明显的区别，尽管他们日常可用资源相对较少，但并未限制他们从事公益的热忱和“野心”，而且可用资源的差距正在缩小。他们中的每一个人都能生产价值，传递价值。

### 1. 组织临时性

网络社群的构建和解散大多为环境导向、机会导向和兴趣导向，随着互联网尤其是移动互联网的发展，只要对解决某一社会问题有想法，感兴趣，个人就可以通过微信等平台建立组织，实施项目。这类组织的成立不需要满足发起人数、活动资金、固定的办公场所等条件以登记申请获得独立法人资格，成立成本极低；并且，即使由于某些原因被迫解散，组织成员受影响较小，解散成本同样非常低；再者，成员可随时进，随时出，进入门槛和退出门槛低。组织出现、成立、萎缩或缩小或解散的成本低，这也使组织具有不稳定性，不受长远组织规划的约束，与其他类似组织的竞争并不激烈。

爱趣职的核心团队和志愿者团队的规模和人员组成是随时变动的，而产生的项目运作模式让团队随具体情况而调整，没有固定的部门和定期的维护成本，因某类活动、某个想法，即可组成小群，“组织”呈现临时性的特点，需要时即可以直接组建，功能发挥完毕则可以随时解散，时刻保持高效低成本的状态。

---

① G. Siemens：“Learning Ecology, Communities, and Network”, http://www.elearnspace.org/Articles/learning_communities.htm, 2003 年 10 月 17 日

② 张华：《网络社群的崛起及其社会治理意义》，《编辑之友》2017 年第 5 期，第 50 ~ 54 页。

### 2. 组织结构扁平化

爱趣职网络社群中的成员关系平等且有高度的选择自由，个人能凸显自己的力量和智慧，社群的组织结构呈现扁平化特征，不存在实体组织中严格的科层关系和严格的规章制度，无行政管理层次，结构简单，清晰，按事务分类管理，形成相对紧凑、干练的管理模式。群友之间以共同的价值观、信仰或兴趣等来约束。组织中的权力不是来自职位，其决策权分散，存在多中心的“领袖”角色，其权力来自个体拥有的资源、特质等。

爱趣职刚创办的时候，M 已从原单位辞职，一心扑在爱趣职上。M 全职负责爱趣职的运营，其他伙伴负责出谋划策，业余时间帮忙。2016 年 4 月到 2017 年底，M 在爱趣职是全职投入。直到因家庭原因重新工作后，M 才利用业余时间参与爱趣职的工作。

M 作为早期的联合创始人在一定程度上已经属于深度参与者了，这对团队的融合、项目的进展起到了很大的推动作用。M 没有“控制欲”，尽可能地让每个群友都能感受到自己对于爱趣职的责任和归属，用委婉的方式提醒和督促成员参与。

此后，爱趣职的内部架构发展起来，基本按矩阵式进行职能划分，融合了项目组的关系结构，使日常决策在小组内达成，而重大决定则在更大范围的团队内讨论。爱趣职有双周团队例会制度，团队例会上会同步各小组的进展，如果有小组内无法拿定主意，会在这个会上讨论。内部核心成员和外围人员是相对动态的，会根据一段时间的项目重点和个人投入而变动。

爱趣职成员的共同特点是对公益充满热情，愿意付出时间和行动。具体怎么付出，以何种方式参与则因人而异。爱趣职会优先按照个人兴趣进行分配，不拘泥于能力，为有意愿的伙伴提供指导，小到排版，大到选题，都会有明确的说明和答疑，帮助每个有兴趣的人成长，彼此收获分享的喜悦。爱趣职也会依据性格进行日常互动的匹配，例如在公益传播板块的准备过程中，搜集和整理资料会让很多人觉得乏味无趣，爱趣职就请有耐心和细心且愿意从这项工作中体会到乐趣的伙伴完成工作。内部架构的稳定运行得益于团队文化知人善任。

### 3. 谁贡献大谁领导

网络社群与实体组织的一大区别是决策权分散，群友之间的讨论平等、自由，这能够汇集大家的智慧。在这里，“各显神通”显得相当突出，看似缺乏资源的社群，通过调动每个人的能量，变得资源丰富，群友资源相互补充，并且还能随时向外撬动，达成个人难以达成的目标。

爱趣职实施项目小组制，每个项目小组有自己的项目主导或“领导”，因每次活动性质不同，主导者或“领导”依据其贡献大小，以及大家公认的其完成任务的能力大小而随时更替或调整。因每次或每类活动需要的资源和能力不同，不同的人因自己的投入而在不同活动中扮演不同的角色，人们在此过程中积累自己的经验以及被认可度和受尊敬度。在具体项目的把控上，完全是百花齐放，职能或者项目条线的主导者，视情况更替，他们能成为主导者，很大一部分原因是他们有足够的自驱力来主导事情，并且有相应的能力令大家信服。在爱趣职内部，排序基本是项目大于资金大于人员，项目为主导可以保证合理充分地调用人力资本，如果某个成员自己就能把项目运营好，就可以长期持续地做，资金吸纳和人员招募都建立在项目的具体需求之上。例如，公众号小组由医学编辑负责；网站由程序员团队负责；年刊小组由有生活情趣的小伙伴负责。M 认为，“目前的状态恐怕是当下我们能做到的最优状态了。整体的运行机制和其他机构相似，但是在互动节奏上，我们应该是偏慢的。不过也挺适合我们的状况，因为我们本身就是工作之余在做这件事，太高频的节奏可能会导致我们的公益心和本职工作、生活失衡，我们也并没有强 KPI 束缚，目前的沟通节奏和项目节奏也吻合。”①

### 4. 规范来自价值观约束

价值观是抽象的，规范体现为具体行为。在爱趣职，规范源于价值观。爱趣职的群友有着共同的基于道德的良好的集体观念，群“规”是这个社群共同维持的公认的行为标准，有相对正式的规范，也有相对非正式的规范，后者看似随意，却是更普遍的行为方式。

爱趣职是一种网状结构，在这里，群友之间的互动往往围绕公益目的而展开，群友关系建立在彼此的认可上。有关公益项目的决策，通常需要进行几个方面的判断。一是符合爱趣职的定位，即公益性。二是需要群友贡献八小时之外的时间，愿意参与，愿意投入。三是能结合青年人的热爱、

① 引自笔者对爱趣职 M 的访谈记录。

兴趣和职业，对青年人有吸引力。四是有资源来支持，包括要有愿意牵头做事的人，有一定的资金，资源在一定程度上能保障到位。对具体事务的把握，一直秉持开放和尝试的态度，只要符合上述前提，爱趣职都乐意去探索。这是爱趣职提倡的自我驱动文化，也是群友不竭的动力。它希望尽可能地让每一位群友发自内心地投身公益，去感知、去聆听内心的声音，去感悟他人的激情和呼唤，让每个人的公益之路走得更为长远。

在这种情境下，有的人离开了，有的人留下了；有的人可能一开始只是抱着好玩儿的心态加入，后来却逐渐发现很有意义，包括对社群仪式的认可，以及对公共议题的关注。在这里，虽然没有明文规定，却因善达成了共识，划出了组织的底线和原则，大家会尽力呵护“不安于稳定的内心”“勇于打破现状的决心”“乐于回报社会的爱心”。

爱趣职提倡“承诺一致原则”，即人人都要言行一致，言必行、行必果。在这里，留下的人默默遵守，彼此潜移默化。爱趣职不强迫群友，而是让群友自己“有言在先”，让大家自己选择态度，这类似于群友对自己的预期目标做了承诺，使群友彼此陪伴、相随，同时，群友之间又有随时可见的反馈，行动大家都看得见，这样自动产生了维持和推动的机制。

### 5. 活动成本由个人承担

相对于实体组织，网络社群运作时更为灵活。每个人都是主角，有决断权，助人者与受助者之间的沟通成本低，群友之间的信息流相对通畅。

集中精力办大事的方法论可以较大程度地摆脱形式主义的束缚。爱趣职的群友利用一切可能的方法和资源，将成本降至最低。他们会利用好共享办公室的会议时间；也会在某个咖啡馆见面，每个人只需一杯饮料的钱，就能和其他伙伴面对面讨论。爱趣职也明确表示不会考虑注册实体组织，“因为我们的初心就是倡导八小时之外做公益，我们目前的核心运营团队就是八小时之外在运作爱趣职，注册实体组织可能会带来很多不必要的工作和精力，去做一些实体组织‘不得不’做的事情，这影响我们真正想做的事情。”

爱趣职帮助大家把正外部性进一步放大，并将成本尽量降低，由每个人承担必要的成本，包括时间、精力和少量的资金，这都是一种承诺。这种承诺使群友珍视自己的投入，不会“事不关己”“袖手旁观”，彼此会协力共进，经营这份业余时间里的公益事业。

### 6. 巧用“工具”

爱趣职的群友分布于天南海北，不仅不能面对面工作，还无统一的工作时间，这需要爱趣职充分利用好网络工具，以达成分工、协作。群友通过石墨等开放式办公软件进行交流，在建立的分享的文件夹中，每个人按照自己的可用时间上传信息、分享信息，降低沟通成本。爱趣职提倡群友之间协作分享，为此，大家共同维护愿意自由分享想法的氛围，形成良好的互动网络。

互联网缩短了人与人之间的交往距离，让资源的触发点增多，新的媒介工具正在以一种空前的规模累积人们的创造力和传播力。

与此同时，各种在线工具使群友的协作成本大大降低，为彼此的交往和知识获取提供了便捷，人们会对自己惯常使用的平台和工具进行“例行化”安排，以适应不同人的工作习惯和行为方式，这使大量重复性工作更为得心应手，也使许多新的具有挑战性的工作变得不那么棘手。爱趣职的工作也因此变得简单、灵活和高效。

各种“工具”使加入爱趣职的群友自身的参与门槛降低，而彼此的能力及聚合力增大。群友们随时可发现需求，随时可商议如何回应需求，随时可通过网络或线下采取行动。

### 7. 边界模糊

爱趣职群友的加入门槛低，群友可以根据个人能力、时间等自由选择加入或退出，“无拘无束”，社群充分开放，与实体组织相比，社群的边界相对模糊。

爱趣职的群友来源大致有两种，一是在志愿者库中找到闪闪发光的同道中人，二是公开招募或从项目志愿者中发掘。针对第一类群友，爱趣职会设计相应的问题邀请报名者回答，根据“笔试”“面试”情况判断报名应征者是否适合特定的项目。针对第二类群友，则是通过成员和志愿者之间的日常接触，进一步确认双方的三观、认知和诉求是否一致，并且是否有意愿深度参与爱趣职。正如爱趣职的伙伴所说，“与实体组织的相同之处是我们都是做公益，都是做希望能让世界变得更好的事情。不同之处可能是我们的思路会比较开放和活泼吧，项目会更倾向于能吸引青年人的，并且青年人参与其中，自身也可以获得成长。原因可能跟我们组织就是一个青年人组织有关。”

爱趣职的边界模糊还体现在活动的开放性上。爱趣职用非闭环式的“热爱生活”“正能量”“与公益相关”等原则性的描述来表达组织的期待，其活动方式及人员参与表现出较强的随机性及人员的流动性，群友参与广度、深度、方式无固定要求，无固定模式，只要大家感觉舒服、随性即可。

每个群友拥有随时退出的权利，使群友感觉自己“无拘无束”。群友进入和退出的成本低，组织运作富有弹性，群友“用脚投票”更显示出社群本身是否有吸引力。我们也看到，爱趣职对于群友的意见和建议呈现出完全开放的心态，各种例会纪要上清晰地记录着群友的困惑和纠结，这使群友能共同面对和解决。

## 三 有爱有趣的公益活动

爱趣职成立的初衷是解决群友职场八小时之外想参与公益却又找不到好的机会和渠道的问题，爱趣职依托互联网，利用社交媒体，帮助青年人连接、设计、组织适合自己的公益项目，群友间维持互动，有一致的群体意识和行为能力，大家在业余时间助力公益的同时，也可以收获成长、友谊和对世界的认知。

### 1. 不断清晰的目标设定

爱趣职的目标设定其实经历了相对漫长的时间。成立初始，群友对自己的目标并不能做出准确的描述，他们像是在大雾中前行，隐约知道自己的去向，却不能将之准确地传达给其他人。经过不断地尝试和调整方向，才有了现在的目标和机构介绍。

爱趣职的 Logo 设计是在定位逐渐清晰后，由群友设计的，先是由一位设计达人负责设计，她给出了多个 Logo 版本，最终群策群力，选定了现在的 Logo。该 Logo 由爱、趣、职的三个首字母 A、Q、Z 组成，看起来很像一个蹲着的小人。A 是爱，像一个人的脑和眼，爱促使大家去看去思考；Q 是趣，像一个洞，是看到更大世界的窗口和原点；Z 是职，像一个人的脚，是立足社会的根本。整体图式呈三角形，给人以稳定感。有伙伴认为目前的 Logo“不够热情”，都是线条，而且是清冷的蓝色。这与爱趣职当时的状态有关。在一切模糊不清的时候，只有尽可能从规范出发才能更好地定义和展现自己。随着爱趣职的发展壮大，群友对社群投入更多的感情和时间，爱趣职充满了人情味，未来的 Logo 也许会往更具个性、增添更多专属细节的方向发展。

### 2. 因需求而存在，因需求而变化

爱趣职群友之间形成了乐于参与、乐于奉献的快乐氛围。在爱趣职服务的学校和社区项目中，可以看到其简单且快乐的随手公益理念，以及改善和修复一定范围内社会不良行为的诉求。

市场经济的发展和现代公益事业的进步让最基本的社会福利需求得到了满足，社会整体生活水平有了大幅提高。随着低端需求得到满足，人们有了更多元、个性、小众且随时发生变化的需求。从助人者一端来看，职场青年普遍将助人视为自己的责任和价值所在，参与慈善的积极性、自主性和行动能力很强，并且拥有一定的资源，有开阔的眼界，能够敏锐地观察和识别到社会需求的空缺。爱趣职使群友发现了更多的社会需求，以自己的方式去为这些需求服务。

爱趣职的群友们虽在业余时间从事公益，但是他们做公益却不“业余”。他们用专业的心态和精神呵护公益“小树苗”。爱趣职的公益项目主要产生于群友的兴趣和专业能力。由不同的群友组成的团队每年会制定出年度发展规划，在规划中每个项目从战略层和实施层两个层面进行思考和布局。2017 年的发展规划分为“公益活动推荐”“周五美文分享”“远程支教”“旧物改造”和“公益咨询”。例如，“公益活动推荐”在战略层的定位包括常规项目、公益性质和造血作用。2018 年的发展规划进一步吸收了前一年的经验，在规划上直接按照职责划分，更加直观明确，项目包括“远程支教”“公益 wiki”“公益咨询”“公益传播（线上）”“旧物改造”“环保艺术课堂”“公益咨询”和对外合作对接。

目前在运行的项目有：公益传播，每周二爱趣职团队都会通过公众号，发布一些适合青年职场人参与的公益活动；环保艺术课堂，把旧物改造打造成系列手工课程，在传播环保理念的同时，也给需要的人带去欢乐和陪伴；公益徒步，约伴一起徒步健身，并把徒步的步数通过米公益捐赠给爱趣职关注的公益项目；公益咨询项目，联合有爱心有意愿的咨询师，给需要的人带去公益咨询和引导服务，称之为“点灯计划”；公益地图，计划绘

制一张公益视角的上海地图，目前还在筹备策划中。

**（1）公益传播**

爱趣职的公益传播分为线上和线下两部分：线上是爱趣职的微信公众号定期筛选和梳理发布适合青年职场人参与的公益项目；线下是通过发起专题活动，推动社会问题的认知和公益理念的传播。公益传播的定位是立足公益，让更多美好的人和事情发生连接。公益传播逐渐形成了相对固定的栏目，如常规推荐和主题推荐，半原创的“周五看见美”以及纯原创的特辑。公益传播项目的特点其实折射了爱趣职团队的风格。例如，利用碎片时间；避免重复，创意开发；走心，积累爱趣职的粉丝群体；把有价值有趣的想法和行动记录和沉淀下来；配合其他项目的宣传、招募和互动，打好组合拳。公益传播其实回应的正是爱趣职团队一开始的困惑，有善心、善念的青年人如何找到自己适合的途径去参与公益，在这个层面，公益传播的作用是基础性的。2017 年，爱趣职通过微信公众号发布了 113 篇文章，收获阅读量 22829 次，“粉丝”数较前一年增长 103.9%。

**（2）旧物改造环保艺术课堂**

旧物改造是爱趣职的环保艺术系列手工课程，因为有较强的互动性，在爱趣职线下拓展与寻求合作的过程中起到了不小的作用。课堂用有趣的方式推广低碳环保的生活理念，容易让参与者在动手动脑的过程中，收获乐趣也赋予旧物新生。旧物改造手工课堂在不同时期有不同的发展形态。起初是团队中作为设计师的 S 有着极强的手工能力，富于创意与热情，思维很活泛，想到一起动手破冰的妙招，而且手工课还能针对不同的服务对象进行转化。在最初的实验成功之后，太阳花流动儿童教育中心（以下简称“太阳花”）的孩子都被高质量的课程“圈粉”，“太阳花”就这样与爱趣职达成了合作。手工课程成为团队比较核心且持续的一个项目。亮点在于手工课程需要在每一期都招募志愿者给孩子们上课，于是就需要对符合要求的志愿者进行培训，这些成功上岗的志愿者在课程结束之后即便不再继续志愿服务，爱趣职也实现了将快乐和技能带给更多的人，埋下公益和分享的种子。如有的志愿者在给孩子授课的过程中发现原来孩子们会因为很简单的小事而快乐，在做手工的时候时刻认真对待，不是像成年人一样去考虑怎么完成任务，而是用各种可能的方法，让自己制作的纸娃娃足够美丽，不管是用水彩笔涂色，还是找到包包上与手工娃娃匹配的材料扣下来给它做衣服，孩子们都会用最珍重的态度来对待美，让志愿者感动万分。

志愿者在提供手工课程的过程中也会逐渐激发出新的想法。改造的核心其实更偏向手工，是在实际演绎中环保元素才进入考量的，顺势将环保这个公益领域的大问题与手工课程结合起来。团队成员也会因为实际看到孩子们的生活成长状态，而考虑到很多孩子没有玩具，或者说负担不起价格昂贵的玩具，而手工制作的方式可以一举多得，能够锻炼能力，废物利用，还能够让孩子自己动手，意义远远胜过一次简单的购买行为。

当然除了在“太阳花”，手工课程还在社区和职场发光发热。爱趣职通过进入政府主导改造的小区，为带着孩子的妈妈和居家的老人提供每次两小时的服务，发挥着“承上启下”的社会角色。在金杨社区看到老人喜悦而平和的笑脸，对于志愿者又何尝不是一种感动和体悟呢。同时，为了获得一定的流动资金支持课程的物料成本，爱趣职也从职场招募一些对课程感兴趣的职场人付费参与课程培训，用以反哺公益课堂。也因为这种“死磕”精神，爱趣职获得了与沃尔沃汽车的合作机会，为沃尔沃员工家庭带去旧物改造课程，成功为 2017 年下半年的活动攒到了实施经费。后期，爱趣职又投入较大的精力对项目进行了一次改造，将课程上线到了米公益平台，有了米公益平台 5000 元的支持，虽然不多，但已经足够团队将课程继续下去，也就叫停了面向职场的收费课程，回归到公益的主轴上来。

**（3）公益徒步**

爱趣职的新点子常常来自成员的热忱和兴趣，公益徒步就是这样的例子，团队成员娜娜自己就是徒步旅行的爱好者，她的加入，也将这种方式带到了团队中来。徒步的健身、放松等属性加上公益的加持，很容易找到拥护者，公益徒步没有门槛，操作成本低，又容易成为一种值得倡导的生活方式，大家畅所欲言地在其中加入公益元素，所以活动很受欢迎。该项目也因此成为团队新的核心项目。更重要的是，徒步的过程就是一次自我探索和发现的过程，想要了解一个人，还有什么比一起做事更好的方法吗？小伙伴们在徒步中逐渐加深对其他人、对爱趣职这个团队、对上海这座城市的认识。这份难得的记忆有光影涌动流金溢彩的上海滩，也有伙伴们共同的城市探秘，一树一草都带上了自己的色彩。

**（4）公益地图**

上海在不同的人眼里有着不同的样子，在旅游热门景点常常会有人做出诸如美食地图、古迹地图。“上海公益地图”是爱趣职 2018 年年刊的子版块，也是爱趣职公益实验室的一次新尝试，建立在既往对本地志愿活动认知的基础上，期待通过汇聚上海职场青年伙伴和本地公益机构力量，尝试以公益的视角串联对上海的观察和认知，深入思考背后的社会问题，以对话、分享和调研的方式，产出一系列采访手记、手绘公益地图、电子版地图、调研报告等。有着公益视角的地图本身就是价值观的体现，是爱趣职想要认真维护的公益初心，也是他们在招募公告中道出的追问：志愿服务真的可以帮助到那些被我们贴上标签的所谓弱势群体吗？社会现象背后的原因是什么？生活在上海这座城市，可以通过公益认识到一个怎么样和职场朋友圈完全不一样的世界？什么样的志愿活动真正适合职场青年人？如何能够更好地做个正直有爱的人？①

公益地图更大的愿景在于对上海本地公益现象背后的故事进行独特的观察和解读、与不同职业/知识领域之间进行广泛联系；通过不断解锁地图的未知版块，明晰视野，扩大选择，提高青年职场人理解上海公益的精密度，从而建构同属社区和共享文化。可爱的爱趣职团队用自己朴拙的方式小心翼翼地探索社会，在实践中去追问和反思，关注现象背后的逻辑，这不正是我们希望一个有担当、有脊梁的社会组织能够去做到的吗？

**（5）远程支教**

爱趣职与上海交通大学的学生社团合作，社团有远程支教的专业设备，用基于互联网技术的新教学方式为合作学校的孩子授课。远程支教以“帮助每个孩子成人”为教学理念，给孩子的梦想插上翅膀，也让授课人的公益梦尽情翱翔。爱趣职做好了中间的衔接和桥梁，帮助没有途径的学生社团链接了职场资源，分享主讲人的行业现状、从业经历、职业选择与人生态度等相关思考与认识，引导孩子们自主思考，更积极地面对生活。第一年，大家便对足不出户做公益，又能与遥远的孩子的纯净心灵产生回响非常感兴趣，很顺利地就招募到了成员，也得到了支教学校很好的配合和反映。年终项目结束后，参与者还在所工作的公司召开了正式的论坛，对成果进行了回顾，也对未来计划进行了展望，让大家真心实意地感觉到自己是在正经地做公益。目前已经囊括了售前工程师、公司信贷岗，覆盖大学教师、外科医生、电视编导、军人、银行工作人员等志愿者。

收获满满的不止屏幕另一端的孩子，除了教学相长外，其他成员也通过旁听志愿者的故事而获益匪浅。他们和孩子处在不同的人生阶段，共同

① 引自爱趣职微信公众号。

回顾过去的历程，重新发现新知，都是一种际遇和欣喜。

**（6）公益 wiki**

公益 wiki 项目，是爱趣职团队小小的野心和大大的雄心。具体做法是，爱趣职对过往项目和收集到的资料进行分类整理，公布在网站上；同时接受志愿者投稿并审核，及时予以更新，打造一个公益界的 wiki 百科。但由于项目需要网站搭建和开发经验且每周最少 1～2 小时的时间投入，没有找到合适的伙伴执行而处于停滞状态。公益 wiki 其实是在公益传播量的积累的基础上想要进一步进行质的飞跃，爱趣职的业余工作属性决定了这一工作的难度，毕竟一个合格的“程序员”可能正在多金而繁忙的本职工作中挣扎，所以爱趣职更要继续做下去，做好沉淀和积累，等待着合适的时机和恰当的人。

**（7）公益咨询**

从 2017 年开始，爱趣职联合了多位国家职业生涯规划师向有需要的青年人提供“一杯暖饮换咨询”的服务；2018 年，再次尝试和咨询师团队合作，为流动儿童开展成长相关的引导课程，也面向青年做各个阶段问题的探索分享沙龙。公益咨询本来是充分发挥职场专业优势的项目，第一年大家也是出于自己刚刚拿到生涯规划师的资质，在理论和实践当中需要有一个跨越，所以想把积累经验的新手免费开放给青年人，双方能够共赢。于是十几人的咨询师团队进行了第一次的咨询服务。2018 年爱趣职又联系到了新一批的咨询师进行分享。针对青年人的职场困惑，爱趣职带去了公益咨询、职业发展等相关知识，助力青年人职业规划与发展，从而促使他们更好地成长、转化为未来的新生公益力量。该项目被命名为“点灯计划”，以期为处于迷茫和不确定中前行的年轻人照亮一束光，汇聚微光的力量，为后来人点亮一盏灯塔。

当然，除了常规性的项目，有爱有趣的群友也会根据实际情况和个人兴趣开展一些非常规的活动。例如，“抓住时光　爱趣职摄影分享会”“欢度六一　外滩徒步”“无视觉体验活动”，等等，这些都收到了不错的评价。其中，“无视觉体验活动”还被评为上海市青少年活动中心的优秀公益项目；关于流动儿童的公益摄影传播得到了上海慈善基金会旗下公益杂志《至爱》的整版报道。

2018 年度，在爱趣职各项常规性活动中，“太阳花”英语课有 18 人参与，投入时间 720 小时；“太阳花”环保手工课 70 人参与，投入时间 1320

小时；公益徒步53人参与，投入时间370小时；公益咨询23人参与，投入时间420小时。

## 四　合作与协作无边界

### 1. 与专业公益组织合作

一些公益项目需要相对专业的视角、方法论、资源和渠道，爱趣职找到专业的公益组织进行合作。

爱趣职群友感觉，与合作伙伴相处是幸福的，常常接触这群美好的志愿者和公益组织，会让人对未来和明天怀抱期待和信心。当网络上铺天盖地谩骂和抱怨这个世界的时候，有这样一群美好的人和组织，正在用行动去努力、去推动、去改变，是一种莫大的欣慰。和合作伙伴的相处从来不需要一纸契约，成为爱趣职的合作伙伴的原则很简单：是不是一群靠谱的人在做一件有利于社会的事，爱趣职有没有能力为这件事做点什么？如果这两个条件都满足，那就有了很好的合作基础。

这种单纯却有效的合作伙伴筛选法则帮助爱趣职在初期时间精力有限的情况下找到了可以进行稳定合作的伙伴。专业的公益组织可以消化和承接爱趣职初期满溢的热情和想法，帮助他们在实践中逐步清晰自己行动的边界和规范，不会在最开始的道路上空有激情却缺乏引导而跑偏。因为爱趣职的可能性是无限的，试错成本却是有限的，专业的公益合作方能够帮助节省成本。例如，“太阳花”就是爱趣职有益的合作伙伴。“太阳花”首先存在客观的需求，对于孩子的陪伴和成长，从多角度都能进行切入；其次是“太阳花”自己有丰富的项目经验，可以在面对面的交流中不断地打磨爱趣职提供的服务，为爱趣职的项目进展提供可贵的建议和思考，慢慢进行调整；最后是“太阳花”的孩子给予爱趣职的志愿者热情和赤诚，是最能让志愿者在自己的付出中得到满足的，不管是英语课堂还是手工课程，“太阳花”的包容和接纳，确实像暖阳一样，照着爱趣职的来路，让爱趣职坚定了长期开展课程的信心。

### 2. 突破专业局限，跨界合作

爱趣职在招募具体项目参与者时会明确地提出每个项目所需匹配的能

力和责任，群友则通过自我评价后将自己认为所拥有的才能、时间、观点、感情和态度都贡献出来。爱趣职遇到越来越多志同道合、各行各业的伙伴们，靠谱暖心会计女木子，金融细心男 Tony，温柔巧手妈妈 Jenny，鬼马精灵设计师 S，呆萌踏实 IT 男火星，俏皮文艺老师女艾伦，寡淡高冷瑜伽男 Ric，团队小太阳医学女西西，温婉细致 IT 女猴子……他们参与了公益传播、旧物改造、公益咨询、远程支教等各种各样的新鲜、有趣的公益活动。他们在八小时之外，无薪却无比用心，成为一个“战壕”里的战友，越来越多的新伙伴加入爱趣职，越来越多的公益点子被开发出来。曾经的公益“门外汉”利用自由时间从事自己喜欢或关心的活动，成为公益领域中的新人，也是积极发挥主观能动性的“斜杠”青年。

同其他网络社群一样，爱趣职具有很强的开放性和边界模糊性，它能不断突破血缘、业缘等社会网络关系的限制，将共同兴趣和行动目标一致的人聚集起来。在这里，彼此的关系不是基于社会身份和社会地位而建立的，大家平等而自由；在这里，彼此之间的年龄、职业、行业、地区不同，能突破自身的专业限制，进行各个领域的合作。

而与此同时，群友之间不是竞争关系，他们之间无须“戒备”，他们会充分集中自己的“优势兵力”，尽力贡献。例如，身为设计师的伙伴会充分开发自己的动手能力去对接手工改造课程；从前就有媒体相关经验的西西担纲公益传播的重任；咨询师小伙伴用自己的专业征服受众。他们也不排斥专业技能的学习，很多在自己行业内部司空见惯的知识和技能分享之后也会在其他领域大放光彩。例如，团队将“造旧”项目作为一个小的试点，对体系和管理方法进行试验，一旦成功，就可以复制到包括远程支教在内的其他后续项目的跟进。在爱趣职，群友之间彼此尊重各自的专业和能力，对自己不熟悉、不了解的问题积极请教，相互提问，即便是同一个项目，也会因为主导人员不同而有较大的风格差异，但这正是团队的特色所在，没有要求每个人都千篇一律，而是让大家在自己擅长的领域共同把公益事业做到最好。

## 五　爱趣职青年的忧虑

爱趣职也有自己的忧虑。虽然在群友眼里，“总体来说都算是顺利的，部分项目可以说是超过了预期。谈不上‘不满意’的地方吧，可能是因为我们本身就是八小时之外在运营，遇到困难是常态，所以谈不上满意不满意，觉得每个小进步都挺可贵的。”① 但是群友们也会为机构的可持续发展、新鲜血液的加入和老志愿者的留存、项目的深度和意义而有所忧虑。

### 1. 机构的可持续性

就网络社群而言，多数网络社群有两种发展走向：持续存在；萎缩、消失。而持续存在又分两种情况：持续以网络社群的形态存在；落地注册实体组织。

网络社群的生命力高度依赖于非结构性、非制度性的因素。这也是网络社群存续的困难所在。一旦愿意主动发起和承担责任的个人退出，其他人虽愿意继续参与，但是没有能力和兴趣挑起大梁、缺乏领头人，社群的存续会陷入尴尬。

爱趣职扁平化的组织结构，对于个体的依赖度可以一定程度地降低，但是对于核心团队中每一个个体的要求则提高了，不止需要奉献精神，还需要主观能动性。团队中也有成员带着“随缘”的佛系心态来看待社群的发展，虽然也会为爱趣职的茁壮成长提出中肯的意见和可行的建议，但是不会去关注其最后的落地，推进和改善的责任又会落在固定的几个人身上，会在无形中造成压力和责任的集中。

从爱趣职现有的核心团队和志愿后备力量来看，还是集中在年轻的、初入职场的、工作相对轻松的白领群体，一旦他们进入人生的另一个阶段，如结婚生子或者面临更大的成家立业的压力，成员就会逐渐淡出。

### 2. 公益项目的深度

爱趣职在探索阶段尚能够通过群友自我价值的实现而达到组织的持续发展，但是在持续而深入的转型过程中如果不能保证自己的优势很可能导致失败。并且，爱趣职在很多时候无法直接掌控提供的公益服务的频率和质量。例如，在公益咨询中，第一轮咨询之后，愿意继续投入的咨询师就不多了，而新更换的咨询团队被爱趣职因资质问题主动进行了限流，希望

---

① 引自笔者对爱趣职 M 的访谈记录。

能够寻找到更合适的资源，这也导致了非合作的饱满度和项目的深度都达不到预期的要求。又如，在远程支教中，因为爱趣职不是直接对接支教学校，随着合作的学生社团的换届、支教活动频率的降低，而爱趣职没有及时挖掘更多的合作方，远程支教项目也逐渐陷入停滞。

另外，由于爱趣职群友更多的是因项目而聚合，关于基础设施的深入讨论相对缺乏。这也表现在很多项目对于一些志愿者来说只是为了做而做，欠缺对项目成果和意义的反思，让爱趣职的项目看起来热闹成分多，流于表面形式，也容易让具体的团队成员产生自我怀疑，失落和萧瑟感如果不能及时得到调整，可能会放弃继续参与。

但爱趣职的确有源源不断的参与者加入。尽管有时是浅层地参与公益项目，但是每个公益项目的直接投入成本不高，成本高主要体现在社群的吸引力和声誉方面。目前，全国范围内类似于爱趣职的网络社群的大量存在，会共同交织成一张全国性的网络，超出自己利益之外为社会带来温暖和改变，本身就有很大的价值。

## 六　结语

爱趣职作为职场青年业余的公益生活场域，为有着公益信念和热情的年轻人提供了一个相对稳定的公益行动参与渠道，“爱趣职最吸引大家的地方，我想在于我们的平凡、纯粹、坚持，以及我们伙伴散发出来的自驱力和乐在其中。”①

爱趣职代表了一种青年人做公益的路径探索，这种近年来新兴的公益性网络社群之活力、生命力及价值丰富了整个公益生态，也成为公益生态系统中不可忽视的类别。它拓展了以往以实体公益为主的公益边界，也使越来越多的人将公益作为一种生活方式、一种人生价值而去追求和尊重。

尽管前面说到爱趣职青年有各种忧虑，但是，为什么要求公益性网络社群必须“可持续”，必须“有深度”呢？网络社群有其独特的轨迹和逻辑，如果为了“可持续”“有深度”，可能反而会因此设障，影响社群的活力，影响社会的吸引力和凝聚力。任何现实的存在都有其合理性，有其独

① 引自笔者对爱趣职西西的访谈记录。

特的价值，而正是这种有别于实体组织的网络社群的存在，使公益生态更为丰富，也带来更多的可能性和无法估量的潜力。

正是这种“无拘无束”式的公益使人们愿意承诺，陶醉其中。这岂不意味着今日公益领域的巨大发展机遇和美好前景吗？

# 北京市志愿服务联合会：志愿服务领域的枢纽

2008 年 9 月，北京市社会工作委员会（也称北京市社会建设办公室）出台《关于加快推进社会组织改革与发展的意见》，提出了构建“枢纽型”社会组织工作体系的新思路。2009 年 3 月，北京市颁布《关于构建市级“枢纽型”社会组织工作体系的暂行办法》（以下简称《暂行办法》），将“枢纽型”社会组织定义为由市社会建设工作领导小组认定，在对同类别、同性质、同领域社会组织的发展、服务、管理工作中，在政治上发挥桥梁纽带作用、在业务上处于龙头地位、在管理上经市政府授权承担业务主管职能的市级联合性社会组织。[①]《暂行办法》为“枢纽型”社会组织从行政上确立了合法性、权威性、垄断性和排他性。2009 年 4 月，北京市政府认定首批 10 家市级“枢纽型”社会组织，2010 年认定了第二批 12 家单位，北京市志愿者联合会为 12 家单位之一。

北京市志愿服务联合会正式成立于 2014 年，前身是北京市志愿者协会和北京市志愿者联合会。20 世纪 80 年代，北京市志愿服务工作开始兴起，并于 90 年代进入党政群团大力倡导的新阶段。[②] 1993 年 12 月 5 日“国际志愿者日”，北京团市委发起成立了北京市志愿者协会并负责指导本市的志愿者工作，[③] 由此，我国志愿服务开始从政治动员的形式、个人自发自为的行

---

① 《关于构建市级“枢纽型”社会组织工作体系的暂行办法》（京设领发〔2009〕1 号），2009 年 11 月 24 日。

② 赵国均：《志愿者协会将成为北京奥运会志愿者工作的主角》，《中国社会报》2006 年 11 月 20 日，第 5 版。

③ 《北京市志愿服务促进条例》，北京市第十二届人民代表大会，2007 年 9 月 14 日。

为转向规范化、制度化。[①] 2001 年北京申奥成功，团市委成立了全额拨款的事业单位来承担北京市志愿者协会秘书处的职责，同时以北京市志愿者协会为志愿者招募平台建立了志愿者队伍的组织化体系，以保障奥运会顺利开展。[②] 奥运会结束之后，北京市志愿者协会保留了奥运会志愿服务工作的成果，包括志愿者资源、支持机构和部分物资等，并于 2009 年由北京市志愿者协会升级为北京市志愿者联合会，成为联合各部门、各系统、各领域志愿者组织的“枢纽型”社会组织。[③] 2014 年 4 月 30 日，北京市志愿服务联合会（以下简称“北志联”）正式成立。

从产生及功能定位的角度而言，枢纽型社会组织分两类：政府主导型枢纽型社会组织和社会自发型枢纽型社会组织。北志联属于政府主导型枢纽型社会组织，从其产生的背景及缘由来看，其定位、功能及其发展与社会自发型枢纽型社会组织截然不同。由于政府主导型枢纽型社会组织承担着政府赋予的使命、角色与职能，其工作逻辑及方式方法更符合政府的设定和要求。

由于注册、资金、管理等方面的限制，国内目前还没有绝对意义上的社会自发型枢纽型社会组织，较为人熟知的社会自发型枢纽型社会组织如成立于 1919 年的英国志愿组织联合会（National Council for Voluntary Organizations，NCVO），该组织是英国志愿及社区部门的伞组织，主要扮演志愿组织的“代言人”的角色，其权威性、合法性、公信力的获得来自社会。NCVO 致力于为民间独立的志愿者组织提供一个繁荣发展的环境，持续支持志愿部门，积极推进志愿部门在社会中的独特作用，并在不断变化的社会背景下与政府对话。今天，NCVO 建立了一个“多元化的社区”，已拥有大到国家志愿者部门、小到民间志愿者中心超过 13000 个成员组织。[④] NCVO 设计的组织标志有代表志愿者组织“主动发声”并强调“发声”效果的目的。

NCVO 对其成员组织没有政府“指派”的管理职能，由于与北志联的目的性和指向性不同，其服务与支持的具体方式和内容也不尽相同。NCVO 为其会员组织提供信息与指导（包括从如何启动慈善机构，到资助、管理

① 丁元竹、魏娜、谭建光主编《北京奥运志愿服务研究》，北京出版社，2009，第 11 页。

② 丁元竹、魏娜、谭建光主编《北京奥运志愿服务研究》，北京出版社，2009，第 13 页。

③ 《中共北京市委、北京市人民政府关于进一步加强和改进志愿者工作的意见》，中共北京市委、北京市人民政府，2009 年 3 月 21 日。

④ 英国志愿组织联合会官网，https://www.ncvo.org.uk。

人员和志愿者，以及治理）、培训、咨询（志愿和社区组织在如治理、影响和评估等一系列议题上的咨询）、质量标准、可信供应商（帮助志愿组织降低成本，变得更有效率）、出版。[①] 而北志联的出发点主要是政府意志的落实，政府希望通过政府主导型枢纽型社会组织的出现来解决浓烈的“官办”色彩，解决依附性和依赖性强和“科层化”问题，解决对草根社会组织管理上的困境，解决党建工作相对滞后的问题，是管理与服务兼顾，甚至管理为主，服务为辅。尽管枢纽型社会组织是为了推进和实现政社分开设立的，官办分离，从本质上而言，更多体现为“形式”分开，实质未分。

此处介绍 NCVO 只是便于读者对政府主导型枢纽型组织与社会自发型枢纽型组织有个简单的认识，本文重点不在于描述两种类型的差异，也不再继续对 NCVO 自身及其与北志联的差异进行分析与解读，本文只聚焦于描述处于特殊地位的北志联作为政府主导型枢纽型社会组织，在中国的社会发展进程中，从产生至今，发挥了何种职能？是如何发挥的？又面临着怎样的挑战？或者说，如果纯粹从政府主导型枢纽型社会组织而言，其功能的发挥是否相对是完整的，并且是成功的，值得其他地区借鉴与学习？而从整个社会发展需要的角度而言，当我们需要自发型枢纽型社会组织发挥社会呼吁的职能时，我们该怎么办？特别是，当我们深知志愿者组织是社会发展的重要组织类型，是加速多样性进步的关键，其独立性、自主性、民间性，以及与政府、企业的平等合作及对话关系对其发挥功能至关重要的时候，整个社会将如何回应这一现状？尽管这些问题不是北志联需要面对的，而是我们这个社会需要面对的，但是，本文也期望每位读者看到社会发展进程中的变化轨迹，看到这种变化带来的新需求和新问题，以期我们在共同分享变化的成果时，反思其背后的实质以及缺失与遗憾。

## 一　管控与引导

近年来，我国志愿服务领域蓬勃发展，早期以个体化、零散化、突击式、临时性为主的志愿服务模式正逐步向组织化、系统化、常态化、规范化及规模化的现代模式转变。参与、提供志愿服务的不仅有亲人、朋友、

① 英国志愿组织联合会官网，https://www.ncvo.org.uk。

同事、网友、陌生人等个体，也出现了各种类型的志愿团体。这些特点各异的主体运用多样化的方式和渠道，在我们生活的实体社区及虚拟网络中，为有需要的群体、各类社会矛盾及冲突的解决提供支持和帮助，满足伴随着时代发展而愈加多样化、个性化的社会需求。然而，志愿服务供给与不断变化的社会需求之间存在鸿沟，如何实现需求与供给的有效对接，如何不断激发供给，如何保障供给的有序性、有效性和可持续性，如何确保志愿服务工作与国家发展的总目标以及政府的意愿更好地契合，是我国志愿服务事业与政府管理面临的共同挑战。特别是，志愿服务主体，活动领域，活动的专业性、规范性、持续性以及资源的多样化配置带来的治理及管理上的挑战，成为政府的关注要点。枢纽型社会组织的产生成为政府突破这一困境的一种选择。政府通过枢纽型社会组织既能满足政府职能转变的需要，又能实现对社会领域的有效管控，提升社会组织能力，规范社会组织的发展并有效维护社会稳定。

从北京市志愿者协会到北京市志愿者联合会再到今天的北志联，其机构职能不断完善，会员主体和服务领域不断扩展，业已成为北京市志愿服务工作中的重要枢纽。在此过程中，政府通过北志联这个枢纽掌控志愿服务领域的各类供给、供给方式及供给领域，并掌控志愿服务领域与政府所希望满足的需求进行对接，通过为其业务范围划定的志愿主体提供资金、技术、项目等多方面的支持，与社会力量协力共进，形成了我国特色的志愿服务工作模式。

2014 年，北志联由共青团北京市委发起、经北京市民政局核准登记成立，成为联络、团结、凝聚全市各部门、各系统、各领域志愿者组织的“枢纽型”社会组织。经过规范化管理，现有备案的市级志愿团体近 400 家。①

### 1. 枢纽型组织定位明确

自成立之日起，北志联便被法律赋予了指导全市志愿服务事业发展的权威地位，历经二十余年的发展，其枢纽性地位不断增强。2010 年，北志联成为第二批市级“枢纽型”社会组织后，引发了北京市志愿服务管理系统的结构调整。在此之前，无论是北志联，还是作为北志联成员的志愿团

---

① 北京市志愿服务联合会官网，http://www.bv2008.cn/show/272570.html。

体，都需要接受民政部门和业务主管单位的双重领导，相关政府部门直接联系、管理不同类型的社会组织，即“相关行政部门—志愿团体”的直接管理模式（见图 1）。在此之后，北志联承担了北京市所有志愿团体的业务主管职能，数量众多的志愿团体须经北志联整合、指导，并通过北志联与业务主管单位联系，转变为“相关行政部门—北志联—志愿团体”与“相关行政部门—志愿团体”并存的多重管理模式（见图 2）。

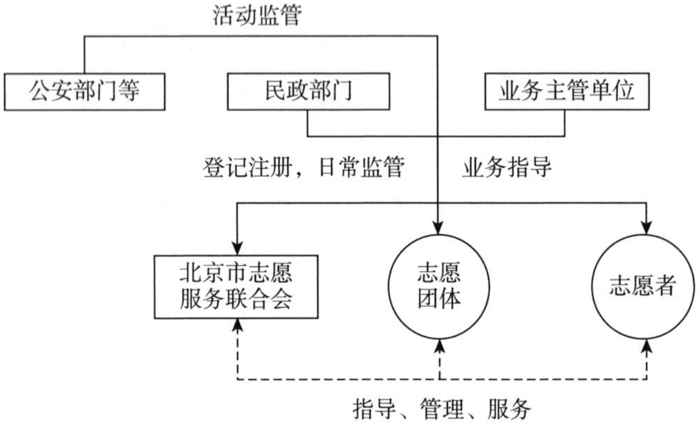


**图 1　北京市志愿服务系统管理网络（北志联成为枢纽之前）**

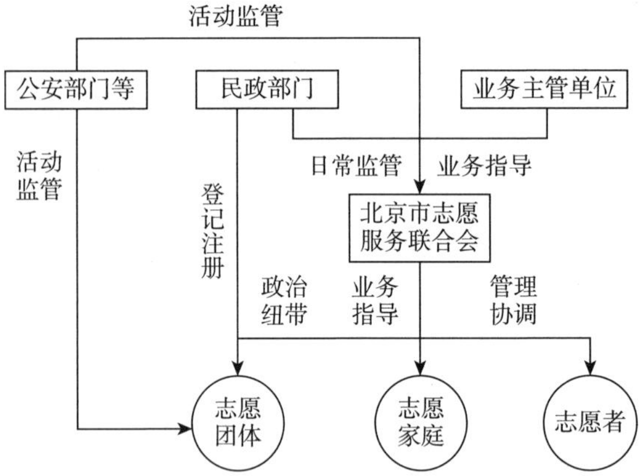


**图 2　北京市志愿服务系统管理网络（北志联成为枢纽之后）**

在新的管理模式中，政府部门、北志联及志愿团体之间的互动关系也发生了变化。政府部门对志愿团体的管理方式从直接向间接、消极向积极、从阶段性管理向全周期管理转变。一方面，北志联分担一部分政府的管理职能，使相关行政部门可以从繁杂的对志愿团体的直接管理工作中解脱出来，把精力更多地放在总体战略规划上，抓整体重大局，避免因直接面对太多志愿主体而精力不足，顾此失彼；另一方面，北志联作为社会组织，在指导志愿团体时比政府部门更专业，能够针对志愿团体存在的问题提供更加对症的回应；同时也有精力关注社会组织的动态发展过程，不仅限于登记注册及相对固定的阶段性监管，而且从成立开始及时跟进志愿团体的发展状态。此时，志愿组织面对的不仅仅是具有官方权威的管理者，同时也是一个具有更多相似之处的行业的引导者。这些相似之处能够使北志联更好地理解志愿团体的处境，进而建立彼此密切的互动关系。

### 2. 行政权威渗透内部治理与管理

北志联枢纽地位的确立在行政上主要依靠官方授权。作为具有官方背景的社会组织，北志联既有社会组织的一般特性，也具有浓重的官方色彩。从法律身份来看，北志联属于社会团体，需要接受共青团北京市委的业务管理和北京市社会团体管理办公室的监督。但在实际运作中，北志联与党政机构部门关系密切，无论在组织治理、资源获取还是活动开展等方面，都与党政部门具有密不可分的联系。

在组织治理方面，共青团北京市委为北志联日常工作的开展提供了重要的支持和引导。北志联理事会下设秘书处，其实际工作由北京团市委成立的志愿服务指导中心实际承担。该中心是北京团市委直属的全额拨款事业单位，负责统一规划、协调和指导北京志愿服务工作；中心主任由北京团市委的 1 名副局级干部兼任，既是北京团市委分管领导也是团市委书记会成员。此外，首都文明办、市委社工委、首都综治办、市民政局、团市委为副会长单位，[①] 共同决策、指导北志联的工作。

在资源获取方面，北志联的办公经费由北京团市委从市财政中申请拨付，用于维持机构自身运作，开销人头费、车马费、办公租赁费、水电费等相关费用。除此之外，重点的志愿服务项目则有另外的项目经费支持。如，应急志愿服务工作 2013 年专项拨款 230 万元，2014 年拨款 500 万元。在主要管理人员的人事安排上也体现了政府的主导作用，北志联的主要管理人员的招募根据《北京市事业单位公开招聘工作人员实施办法》

① 王赢：《北京市志愿服务政策研究及公众参与案例》，https://wenku.baidu.com/view/73640512d4d8d15abe234efc.html，2018 年 7 月 26 日。

规定进行，享有公务员或事业单位员工正式身份，其工资薪酬统一由财政支付。

在活动开展方面，“承担党和政府与各级各类志愿者组织联系的桥梁和纽带作用，完成市委、市政府及有关部门委托或转移的相关事项”是北志联的基本工作之一。北志联按对口关系，需要向北京团市委提交工作要点和报告。如一位北志联管理者谈到，关于北志联的活动安排方面，有些是政府指定任务给北京团市委，而北京团市委会把关于志愿服务方面的任务分配给北志联去做。①

因与官方的密切联系，北志联获得了不同于一般社会组织的官方背景、垄断性和权威性。官方背景使北志联能够更好地领会官方的政策内涵与改革方向，保证组织目标与政府管理总目标的高度一致，并且依据自身的目的性对所加入的志愿者组织进行行政审核，辨别，筛选。正如一位北志联管理骨干所言，北志联其实相当于北京团市委的下属单位、一个部门，② 能够自觉地与业务主管单位保持目标和行动上的一致。垄断性使北志联在不需进行充分的社会竞争的情况下，即能优先获得资金支持以及开展项目活动时优先的行政支持。权威性使北志联在面对其他社会组织时有更高的可信度和威慑力，能发“通知”，便利地推进工作。并且，依靠政府提供的资源和平台，北志联有能力为数量众多的志愿主体提供生存与发展所需要的支持。

在此基础上，社会组织的法律身份使北志联能够以相对亲和的姿态联络各类志愿服务团体，其面向社会直接与志愿者组织的关联方式为北志联开展志愿服务领域的工作提供了便利。

## 二　网络与服务

得益于枢纽功能，北志联通过直接与志愿者组织开展工作，也构建起由志愿者组织及志愿者构成的网络。随着组织的发育，网络规模不断拓展，聚合、沟通、指导等核心功能日趋显现。

① 孙婷：《志愿失灵及其矫正中的政府责任》，博士学位论文，中央民族大学，2011，第91页。
② 孙婷：《志愿失灵及其矫正中的政府责任》，博士学位论文，中央民族大学，2011，第91页。

### 1. 构建志愿服务网络

现代社会，“大多数或者全部社会任务都不是在一个组织里和由一个组织完成的”[1]，也不能由某一类组织单独完成。组织种类的多样化与组织合作的常态化，是一个现代社会发展进步的标志。在北京市志愿服务领域，全市各部门、各系统、各领域志愿者组织经由北志联这个枢纽，形成了一个整体性的互动网络。该网络是志愿主体局部联合的升级版，其突出特点主要表现在两个方面：一是成员主体的多样性，二是互动关系的多重性。

#### （1）丰富多样的成员主体

北志联志愿服务网络囊括了北京市所有的志愿者个体、团体及其相关的资源、渠道类型。这些主体通过在“志愿北京”平台上实名注册，成为北志联大家庭的一分子，注册身份主要包括志愿团体、志愿者、志愿家庭三种类型。

志愿团体分为两类：一类是在民政局登记注册的、被官方正式认可的法人团体，另一类是尚未在民政部门登记注册的非法人团体。其中，被官方正式认可的北京志愿团体又分为两类：一类是体制内志愿组织，如共青团系统的志愿者组织，民政系统的社区志愿组织等。这些组织由政府或其他体制内单位（如各种事业单位、国有企业等）由上至下主导推动下建立，多数有很强的官方背景。如各区县的志愿者协会正是在各级团组织的推动下建立的，社区志愿组织则多数来源于民政部门和街道的推动。另一类是民间志愿组织，通常又称为草根志愿组织，如北京红枫妇女心理咨询服务中心。这些组织涵盖了政府机关、事业单位、企业公司、民间组织等诸多领域和行业。截至 2017 年 8 月，在“志愿北京”平台上注册的各级志愿团体数量约 5.9 万个。[2]

同时，“志愿北京”是全市统一的志愿者注册网络平台。该平台的信息系统与公安部联网，能够对志愿者进行实名认证。并且，该平台以文明办、社工委、民政局、综治办、团市委、残联、妇联等在基层社区的工作站为载体，提供志愿服务终端平台，在社区层面与志愿者对接。无论志愿者在社区或者市级层面注册，无论在民政局还是团市委注册，其信息最终都将

---

① 〔法〕彼得·德鲁克：《后资本主义社会》，张星岩译，上海译文出版社，1998，第 52 页。

② 笔者对北京市志愿服务指导中心副主任陈炳具的访谈。

汇总到“志愿北京”平台，成为该网络的志愿者。截至 2017 年 8 月，“志愿北京”实名注册志愿者占北京市常住人口的 17% 多；其中在平台上记录服务时长的占 38.5%，服务时间累计达到 100 小时的星级志愿者达 329023 人，达到 1500 小时的五星级志愿者达 18314 人。[①] 截至 2017 年底，北京全市实名注册志愿者超过 413.7 万人，记录服务时间超过 2.25 亿小时，[②] 位居全国前列。

除了志愿团体和志愿者外，北志联 2014 年开始在丰台、海淀等区试点开展“志愿家庭”行动计划，倡导以家庭为单位参与志愿服务的理念，发挥家庭在志愿服务中的作用，扩大志愿服务参与人群的覆盖面。丰台区启动《中小学生志愿服务户口簿》，让每一个中小学生成为“志愿家庭”的小户主。志愿服务户口簿由丰台区教委统一制作，中小学生在“志愿北京”信息平台登记注册，获得实名认证志愿者唯一编码后，自愿申领，经学生所在学校核实无误盖章后，予以发放。试点结束后，2015 年 5 月 15 日，北京市“志愿家庭”行动计划正式启动。“志愿北京”网站平台开通“志愿家庭”注册系统，实名注册志愿者可在线申请开通“志愿家庭”功能，申请成为户主，通过上传志愿家庭成员合影照片进行认证。志愿家庭成员均可在线发起志愿服务活动，记录家庭志愿服务时间，参加星级志愿家庭评选。截至 2017 年 8 月 23 日，在北志联注册的志愿家庭已达 22418 个[③]，略高于北京常住人口总户数的 2.5‰。[④] 有研究者设计了《北京市“志愿家庭”调查问卷》，在 2017 年 7 月 20 日 ~ 2017 年 8 月 7 日，依托网络问卷调查平台——问卷星，对“志愿北京”平台上注册的 2 万多名“志愿家庭”家长进行了问卷调查，调查范围涉及北京市 16 个区县，最终回收问卷 2766 份。调查结果显示，36.8% 的参与调查的志愿家庭中自注册以来就没有参与过志愿服务，2016 年注册的志愿家庭中更是有超过四成的家庭没有参与过志愿服务。据推算，参与过志愿服务的志愿家庭平均服务次数为 3.89 次，其参与活动领域最多的是环境保护，其次为交通维护、助老助残、捐赠/义卖。[⑤]

① 笔者对北京市志愿服务指导中心副主任陈炳具的访谈。
② 北京市志愿服务联合会秘书处：《北京市志愿服务联合会 2017 年工作总结》，第 1 页。
③ 笔者对北京市志愿服务指导中心副主任陈炳具的访谈。
④ 张网成、郭新保：《志愿家庭：北京经验与反思》，社会科学文献出版社，2018，第 3 页。
⑤ 张网成、郭新保：《志愿家庭：北京经验与反思》，社会科学文献出版社，2018，第 76、92 页。

**（2）系统性引导**

以北志联为枢纽而构建的志愿服务网络体系不仅服务于社会需求，还为其成员提供信息和资源共享的平台。北志联作为引导者，通过宏观协调，为其成员提供指导和支持。各志愿主体之间也互相帮助，增进沟通与合作。

首先，能力建设。志愿者和志愿团体能够从北志联平台上得到业务能力提升的支持。对志愿者，北志联按照“不培训不上岗，培训不合格不上岗”的标准，为注册志愿者提供志愿服务所需的教育和培训。培训内容包括通用培训和专业培训。其中，通用培训主要使志愿者具备志愿服务必需的知识技能，具备较强的服务意识、服务精神和服务能力。而专业培训，重点对象是专业志愿者，根据服务岗位的专业要求，实施相关专业知识和技能的培训。如应急救援、志愿者自护、医疗常识培训等。“志愿者培训除了通用的培训，内容包括志愿服务理念、相关支持部门、应急措施等介绍，还有具体岗位的职责培训，比如大型活动中，哪个部门要用人，这个部门就培训，上岗之前都让志愿者知道遇到什么问题怎么处理，做到心里有数。”①

对志愿团体的技能培训可能由北志联实施，也可能由其他主体实施。例如，一些非法人团体财务管理能力欠缺，北志联可以帮忙管理；如，北志联 2009 年启动的“春芽计划”公益项目管理培训课程，旨在为各种类型的志愿者组织及项目负责人开展有针对性的、专业的培训课程。“如果有些社区需要培训但没有某方面的专家，北志联会帮忙协调，收取一定的补贴性的报酬”，不过，“原则上谁发起项目、谁用人，谁来做。”②

其次，孵化培育。作为志愿服务领域的“枢纽型”社会组织，北志联有选择地孵化和培育处于初创期或者达不到在民政部门登记注册条件的志愿者组织。尚未在民政部门登记注册的没有取得合法身份的非法人志愿团体可以在“志愿北京”平台上注册，享受该平台的资源和服务。“对于志愿非法人团体，我们跟民政局、民政部沟通，把这个作为一个培育、孵化社会组织的前端。比如某团体不够条件在民政部门登记注册，但可以先到这个平台上，只要认可北志联的章程，我们就可以提供支持和帮助，他们也可以打着北志联的旗号开展活动，等哪天达到申报条件时就申请成为正式

① 笔者对北京市志愿服务指导中心副主任陈炳具的访谈。

② 笔者对北京市志愿服务指导中心副主任陈炳具的访谈。

的组织。”①

此外，北志联会以自己的名义帮助备案类或处于孵化期及其他未登记成立的志愿组织申请政府购买服务项目，以此帮助志愿服务组织通过政府购买服务项目的方式规范发展，某天达到申报条件时就申请成为正式的组织。“正常政府购买社会组织服务项目是针对法人团体，北志联这边非法人团体也行，社会组织报过来，由北志联统一汇总去跟政府沟通合作。”②

再次，项目、资金支持。北志联主要参与政府购买服务过程，为志愿者组织提供项目、资金方面的支持。北志联作为枢纽和中介，一方面可以围绕政府特定的工作目标研发志愿服务项目，向市财政申请项目专项资金，再将这些项目发包给志愿团体。这类活动往往围绕特定的政府工作目标展开，既为志愿者组织开展志愿服务活动提供机会，也促进政府工作目标的实现。比如，2011 年 3 月北志联研究开发了毛主席纪念堂志愿服务项目，该项目是根据中央办公厅毛主席纪念堂管理局和共青团北京市委的要求，自上而下地招募志愿者组织参与，北志联在其中主要负责分时间段和批次对接企业、社区、高校系统，招募组织志愿者上岗，由志愿者和志愿团体提供人流疏导、信息咨询、团队预约、扶老助残、语言翻译、简单应急等服务。③

另一方面，在政府直接购买志愿团体服务的过程中，北志联可充当引荐、筛选的角色。志愿组织申报政府购买服务项目原则上需经由北志联向北京市社会建设工作领导小组办公室申报，北志联对申报项目的志愿组织进行申报资格审查。在北志联上注册的志愿团体，经过北志联的支持和指导，在申请资格和条件上可能更容易符合标准。

此外，精神激励。北志联主要通过精神激励来吸引志愿者持续参与。北志联根据志愿者服务的时间累计及服务评价情况，开展星级志愿者认定。获得认定的北京市五星级志愿者除了能获得五星级志愿者证书和徽章外，还将得到一件印有自己姓名的志愿者马甲，五星级志愿者将穿着实名马甲参与志愿服务，让优秀志愿者家喻户晓的同时，进一步增强志愿者荣誉感，打造优秀志愿者品牌效应。此外，北志联已将五星级志愿者数据与市经信

① 笔者对北京市志愿服务指导中心副主任陈炳具的访谈。

② 笔者对北京市志愿服务指导中心副主任陈炳具的访谈。

③ 北京市志愿服务联合会：《北京志愿服务指南 2015》，第 428 页。

委社会信用记录共享，逐步将志愿服务纳入公民信用记录。[①] 然而因为志愿者星级认定根据的是在志愿北京平台上所记录的时间与绩效，未在该平台注册的好人好事将无法记入该评级系统。

最后，其他福利。北志联为注册志愿者提供保障服务和便利条件，以提升志愿者的体验，增强他们的黏性。比如为志愿者购买人身意外伤害保险，以保证志愿者在提供服务过程中的人身安全。自 2014 年 6 月起，北京市政府出资为北京市实名注册志愿者购买人身意外伤害保险，凡是在“志愿北京”网站注册并通过实名认证，从事“志愿北京”网站所发布的志愿服务项目的志愿者均成为保障对象。其中，除了对中青年志愿者提供权益保障，也为超出商业保险年龄范围的老年志愿者提供保险服务。他们在志愿服务期间和往返路途中发生意外均可申请保险理赔。除了这些基本保障，志愿者还可享受到一些福利回馈，比如故宫、首都博物馆等公共文化场所在特定时间对优秀志愿者免费开放，部分演出活动也增设志愿者专场等。

### 2. 改变志愿服务的资源供给模式

以北志联为枢纽而形成的志愿服务网络通过全局性资源配置，促进相关主体之间的合作。

首先，政府通过项目制向北志联及志愿团体购买社会服务，让渡出一部分公共产品供给的空间，交由后者来承接。[②] 这样既可以将政府从不愿做、做不好的事务中解脱出来，也为志愿团体发挥特长提供了机会。北志联作为政府购买服务的信息传递者和项目转接者，在此过程中帮助政府筛选出合格的服务提供者，并对其进行全程监督。在此过程中，政府主要负责制定政策、提供资金，志愿团体更多专注于服务供给，北志联在其中进行统筹和协调，在信息沟通、孵化引导、过程监督等方面发挥重要作用。这有助于促进服务型政府的建设，响应“党委领导、政府负责、社会协同、公众参与”[③] 的号召。

---

① 《北京市举办“爱满京城”学雷锋志愿服务主题推动日活动》http://www.wenming.cn/syjj/dfcz/bj/201703/t20170307_4100405.shtml，2018 年 8 月 3 日。

② 王向民：《分类治理与体制扩容：当前中国的社会组织治理》，《华东师范大学学报》2014 年第 5 期。

③ 《胡锦涛在省部级主要领导干部社会管理及其创新专题研讨班开班式上发表重要讲话》，http://www.most.gov.cn/jgdj/djyw/201103/t20110330_85718.htm，2018 年 8 月 3 日。

在此过程中，志愿主体之间可相对灵活地进行分工、组合。志愿平台为各志愿主体之间彼此了解、走近对方提供了便利，各主体的项目、资源信息在平台上都有呈现，为更好地实现服务目标，他们可以相对自由地选择合作伙伴、合作渠道和方式。他们既可以选择独立承担项目，也可以与其他志愿主体合作开展项目；他们既可以自主结合，也可以在北志联的协调下结合。由此，北志联平台中的每一个项目都可被视为不同的志愿主体及其目标、能力和资源的一次排列组合。这种组合基于具体的项目目标而建立，根据彼此的能力特点来分工，通过一次次的互动尝试，使慈善资源在北志联建构的网络中进行优化配置，增强了提高绩效的可能性。

最后，志愿主体可以根据自己的兴趣、特长等选择项目，通过参与实践挖掘潜能、培养新技能。北志联为志愿主体提供了经政府认可的领域广泛的志愿服务项目清单，志愿团体和志愿者可以根据兴趣和能力进行认领；志愿团体也可以在“志愿北京”平台上发起志愿服务项目，供其他志愿团体和志愿者选择。相对而言，这种自主发起项目、自主选择项目的权利使志愿主体有更强的参与感和获得感，激发参与热情；同时，志愿者个体可在此过程中丰富自己的人生体验，在日常工作与家庭生活之外，走入新的领域，发现、塑造新的自我。

## 三 对接与规范

以北志联为枢纽的志愿服务网络结构之所以能够建立，更深层的原因在于同时满足了志愿服务供给主体与需求主体的需要。社会需求数量不断增多、需求种类更加丰富，要求质量更优的公共服务；而这个目标仅靠政府或者志愿主体一方难以实现，只有双方合作才能达成。

作为供给方，从理性的角度出发，政府与各类志愿主体总要寻求成本更低的方式来取得更好的收效。在此过程中，政府与志愿主体之间需要建立一种有效的合作机制，既能发挥双方的优势，又能避免可能的冲突，进而将两者的合作关系调整到最佳状态。以“枢纽型”社会组织为核心的网络结构即提供了这样一种选择，通过建立全面覆盖的网络、共享资源与行为规范、减弱预期的不确定性等方式，在政府与志愿主体可接受的成本范围内，尽可能提高双方的合作绩效。

### 1. 构建政府与志愿主体相互依赖的合作关系

无论是大型组织还是小型组织，无论是政府部门还是非营利部门，没有一个组织可以实现对资源的完全控制。[①] 为了生存与发展，组织必须通过交易从环境中获得必需的资源。对政府和非营利组织来说，双方在公共服务领域中的合作也是基于资源依赖而建立起来的，特别是政府需要志愿服务满足公共物品的提供，而志愿服务需要得到行政的认可、资源的供给以及法律上的合法性。

对政府部门来说，政治服从与绩效是实现稳固统治的核心资源，而这些资源在很大程度上掌握在社会组织的手中。一方面，社会组织作为具有政策倡导和传播价值观念功能的作用，其在行为上是否顺应政府的管理决策，直接决定着公共秩序的稳定；另一方面，社会组织能够提供政府、市场都无法有效提供的公共产品和服务，产出独特的公共价值和绩效，而这种价值和绩效对于维持社会的稳定与发展具有不可替代的作用。志愿团体作为社会组织中规模大、影响力强的重要部分，是政府部门获得政治服从与公共服务绩效的重要来源。

对志愿主体来说，需要从政府处获得许可才能合法地运营，需要从政府部门获得活动空间和资金等支持。而对于成长初期以及能力较弱的志愿团体来说，从公众和企业处获得大量且持续的物资支持并不现实，而政府以项目合作形式提供的资金支持也是重要的生存资源。

然而，对外界依赖关系的存在使社会组织面临着环境不确定性的威胁。就政府而言，若志愿团体不服从政府的命令和权威，则政府面临着统治稳定性的威胁；若志愿团体不能够产出足够或者有效的服务，则政府的绩效合法性就会受到影响。就志愿主体而言，如果得不到政府的认可和必要的支持，其生存与发展将极为艰难。因此，在双方的关系中，将极力减少因依赖对方而产生的不确定性，以增强对对方行为的预期。而通过建立一种将双方都纳入其中，使双方利益“捆绑”起来，彼此能进行“利益”交换、资源共享、风险共担的互动平台，来减少彼此的不确定性。

北志联这一具有官方色彩的联合会就为政府与志愿者主体之间构建了

① 〔美〕杰弗里·菲佛、杰勒尔德·R. 萨兰基克：《组织的外部控制——对组织资源依赖的分析》，闫蕊译，东方出版社，2006，第2页。

一种减少彼此不确定性的依赖关系，成为彼此互动的重要平台。由于身份类型不同，政府对志愿团体的直接管理只能覆盖其注册、活动申请与事后监督等关键节点，而北志联基于自身的社会团体的法律身份，能够名正言顺地将大量志愿团体聚合起来，为其提供从成立到成长各个阶段的监督和引导；在管理措施的针对性和全面性方面，能够为政府的直接管理提供有力的补充。

首先，北志联为政府与志愿主体的目标协调一致提供了沟通渠道。在提供公共产品和服务方面，使双方更好地了解对方的目标和要求，“求同”而朝一个方向努力，进而产出对双方都有利的成果。对政府来说，为社会提供公共产品和服务是其基本职责所在，优质的公共服务可以帮助政府获得绩效合法性；对志愿主体来说，为社会提供所需的公共产品和服务是其生存之根本，为其提供社会层面的生存合法性。然而单靠政府或志愿团体任何一方的力量，难以满足现代社会日益增长的多样化需求，彼此“联起手来”是两者实现共同目标的优先选择。

其次，北志联为政府与志愿主体之间的资源流动建立了对接渠道。一方面，政府以项目合作的形式为在“志愿北京”（北志联）平台上的志愿团体提供生存、发展所需的人、财、物等资源；另一方面，志愿主体利用这些资源生产出更多、更优的公共产品和公共服务。通过北志联这个平台，政府能够了解对志愿团体来说最急需的或者最关键的资源，选择性地进行供给；在北志联的支持和引导下，这些志愿主体产出的公共服务也都是符合政府需要的产品，对政府的绩效产出是重要的完善和补充。

### 2. 为志愿主体制定行为规范与准则

北志联的章程及其相关规定为志愿主体提供了行为规范与准则。凡是在“志愿北京”平台上注册的志愿主体，都必须遵循北志联的章程，并以此为基础与政府开展项目合作。在此过程中，北志联依据管理规则监督志愿团体的规范化运作，包括资金、项目、人力等方面的合法合规，并在此基础上提供建议和支持。比如，北志联通过召开评估会的方式，组织评审专家对政府购买志愿组织服务项目进行评估，从项目执行、团队管理、资金使用、社会信息公开等方面考察项目完成情况，并提供优化建议和参考。

北志联的章程及相关规定融合了政府与志愿主体的需求和主张，其意义在于将政府与志愿主体的目标协调一致，为彼此依赖的双方提供一种相对稳定的合作模式，最大限度地增强了双方对外界环境变化的预测能力，减少彼此行为的不确定性带来的威胁和挑战，为促进共同目标的实现提供了保障。具体来讲，政府掌控资源，具有主导优势地位，通过确立“游戏规则”——通过北志联的章程来表达对志愿团体行动的要求和建议，志愿团体需通过北志联的章程得知哪些行为是受到鼓励和支持的，哪些是不被允许的。只有接受和依照这种规范和章程办事，才是受欢迎和被认可的。以活动领域为例，“志愿北京”平台上的服务项目涵盖赛会服务、应急救援、城市运行、文化教育、关爱服务、社区服务、绿色环保、医疗卫生、在线志愿服务、京外服务、国际服务等11类。无论是志愿者、志愿家庭还是志愿团体，都可以从这些类别里自由选择，并能够得到平台所提供的资源和机会；但如果活动范围、方式超出此范围，不按规定行事，得到平台支持的概率将大大降低，甚至可能受到惩罚。

北志联通过制定行为规范和准则为各志愿主体提供支持和引导，而各志愿主体将自我约束避免违规，以求得政府持续的支持。在此过程中，对政府而言，志愿主体行动上的不确定性和对权威的挑战性将降到最低；对志愿主体而言，那些符合政府意愿并与政府利益一致的空间可以生存并获得资源支持，而对来自政府的管制的担忧将降到最低。这种“你情我愿”式的规范和准则，较为柔性地化解了政府与志愿团体之间可能的冲突与不一致，满足了双方彼此的诉求。

## 四　独特性与挑战

多年来，政府在我国公共服务和社会需求供给方面承担着主导功能。然而，伴随着经济水平的提升和社会力量的成长，我国志愿服务领域的需求与供给都发生了巨大的变化。除了基础性、保障性的需求和供给外，个性化的、高层次的需求日渐增多，如何保障有序、多元、可持续的志愿服务供给，是现阶段我国政府与志愿服务领域共同面临的重要议题。对此，传统的政府主导模式显得力不从心，而社会力量也未强大到能够有力地回应这些挑战。无论政府还是志愿服务主体，都需要寻找更有效的方式来应对挑战，更好地实现自身价值，北志联这个“枢纽型”社会组织的形成是政府不断探索的创新成果。

这一独特的创新推动我国志愿服务领域进入了新的发展阶段，然而机遇中往往蕴含挑战，与西方国家中的志愿服务体系相比，这种模式既有优势也有不足。一方面，全局性的志愿服务网络在宏观协调和资源配置方面可能效果更优，集中力量办大事的效率可能更高，政府重视的基础性、保障性志愿服务供给效果更好。但另一方面，网络的联通性和覆盖性使志愿主体的行动范围和行动方式受到限制，平台设立的共享规则会影响志愿主体的行动方向，进而影响志愿服务资源的分布，政策导向之外的社会需求可能无法得到有效的供给。志愿主体作为社会问题警报器的功能被弱化，其作为调和剂和救火器的功能可能只集中在部分领域，而在另外一些领域可能甚少甚至没有。此外，外部环境和互动双方的力量对比不断变化，要求对合作关系进行不断地调适。比如政府为志愿主体提供能力培训，这些能力一旦获得，既能够用于为政府提供帮助，也能够用于挑战政府权威。因此如何平衡政府与志愿主体的相对优势，可持续地优化其合作关系，需要进一步持续而深入的思考。

与此同时，北志联作为党对社会组织进行领导的载体，作为社会组织党建的一个抓手，利于形成社会组织党建工作管理体系和实现“全覆盖、凝聚力、组织化”的大党建工作要求。政府希望通过政府主导型枢纽型社会组织的出现来解决政府管理上的问题，这是政府的诉求，那么，当政府诉求实现，社会诉求未被关注或忽略时，甚至从注册上、资金上、服务地域及服务领域上予以限制，挤压社会诉求实现的机会与可能时，又该如何？特别是，志愿部门作为社会诉求的利益代表，其民间性、独立性如何体现？这些问题，均需我们在看到政府管理成效的同时，也需进行反思。

### 1. 枢纽的独特性

政府的参与和引导一直以来是我国志愿服务发展的重要特色，但在以北志联为枢纽构建的网络结构中，这一特色呈现了不同于以往的表现形式。北志联作为枢纽，联通了政府和各类志愿团体，建起了一张联系密切的立体互动网络。这张网络为政府与志愿团体提供了一个既合法、合规又相对通畅的平台，促进了政府与志愿主体积极关系的建立。在这个平台上，北志联不仅能够使用行政管理手段及时了解志愿团体的活动状态、进行业务指导，也可以运用社会化的方式对志愿团体进行有针对性的支持；政府可以将更多的时间和精力用在战略制定和大方向的把控方面，而不必直接管理数量繁多、参差不齐的志愿团体；而志愿团体在其中不仅可以获得外界的身份认同，还可以得到来自政府和其他志愿团体的支持。通过这张网络，政府直接的行政管理作用分解、转化为间接、全面的管控、支持和引导，与志愿主体展开了更直接的合作，在一定程度上改善了当今我国志愿服务领域的发展状况，促进共同目标的实现。

这种独特的志愿服务管理模式是政府在特定发展阶段的创新之举，既结合了我国的政治、经济、文化背景，也借鉴了西方的实践经验。不同于西方一些发达国家的志愿服务发展模式，中国社会力量发育较晚，对政府的依赖性更强；政府在社会需求供给方面长期占据绝对主导地位，缺乏与日渐强大的社会力量合作的意识和经验，因此在我国志愿服务发展初期，政府对民间的志愿主体主要采取消极、被动的管理模式。其后逐渐受到西方新公共管理的启发，开始运用一些商业领域的方法来处理与志愿主体间的关系，比如授权、购买服务、合同外包等。

对中国来说，完全借鉴西方国家的志愿服务发展模式又是不可行的。西方的政治制度和自由主义文化蕴含着自由、多元、小政府的基因，正式的、非正式的志愿团体遍地开花，各自为所信奉的价值和目标而战，志愿团体会积极地与政府、企业及其他志愿团体开展合作。相比之下，中国的政治制度和文化背景赋予了政府在社会治理中的无限责任，政府会更为主导性地、积极地参与到志愿服务领域的发展过程中，在稳定发展、改善供给的双重目标下提供管理和支持。因此，既要保障政府稳定的超然地位，又要兼顾快速成长的志愿主体的发展需求，一个既能传递政府政策也能联合起各志愿主体的枢纽——北志联，以其独特的得到政府授权的行政角色和得到法律认可的社会角色的双重身份，为中国的现实提供了一种解决问题的样本，帮助中国政府和志愿主体应对各自的外部风险，基于相互依赖建立起“捆绑”关系。

### 2. 枢纽面临的挑战

#### （1）双重身份困境

北志联作为介于政府与社会组织之间的中间者，兼具官方性和民间性双重属性。这种身份特征实现了其最重要的功能——将志愿主体联结起来，并与政府进行合作。但在硬币的另一面，这种身份特征的双重性也存在一些负面影响。

社会组织的身份为其接触志愿主体带来了天然的便利性，但浓重的官方色彩形成了北志联与志愿主体之间的隔膜，甚至，形式上北志联与志愿团体同是独立法人，处于平等地位，但由于北志联垄断着资源，并兼具业务指导和管理的职能，拥有主导性的话语权和决策权，北志联与志愿团体之间的关系实质上并不平等，形成一种隐形的控制与被控制、领导与被领导、督导与被督导、管理与被管理的关系，使北志联因双重身份陷入“什么都像又什么都不像”的尴尬境地。这进一步会减弱北志联与志愿团体之间的亲近感、认同感和目标感，不利于其工作的开展。而本文前面提到的NCVO与其会员组织之间则有着较为一致的使命感和目标感，彼此之间更类似于一种共同体。

**（2）挤压社会空间，弱化志愿主体的独立性和自主性**

北志联这个枢纽型组织的建立作为一种尝试和探索，不仅拉近了政府与志愿团体之间的距离，使双方的合作成为可能，也最大限度地保障了政府的主导地位。

然而，在保障政府主导地位的同时，也使北志联与政府边界存在极强的模糊性，这容易导致政府对社会空间的挤压。行政力量的过度压制既消耗政府的精力，又影响北志联及其团体成员供给志愿服务的能动性和创造力。对此，需把握好双重身份之间的平衡，既要避免行政权力过分挤压社会自主性空间的生长，也要让不断发育的社会机能能够直接作用于社会与国家关系的和谐与稳定发展。① 当然，做到这一点非常困难。

表面上，政府让渡出了对志愿团体或社会组织的直接管理权，但通过北志联仍可以在很大程度上保证其政策意图的落实。并且，政府对各志愿主体的管理形式看起来更有弹性，但实质上的管理力度并未减弱，并且监管网络更加严密。各类志愿主体被以北志联为枢纽的网络所包围，在这个整体地、全面地覆盖了几乎所有重要渠道和资源的网络中，志愿主体愈加被“部件化”。志愿组织和个人不得不依赖该网络，得到政府与该领域伙伴的认可，遵循该网络的行为规范，作为该网络的一个组成部分配合整体开展活动，越来越难以“独善其身”。

志愿主体在垄断性资源面前，为了获得更多的支持，接受北志联对其活动与产出的限制和约束，在政府划定的服务范围内设定行动目标和行动

① 吕雪峰：《在创新社会管理实践中凝聚青年社会力量》，《社团管理研究》2011年第7期。

方式，提供政府认可的公共产品和服务。在此过程中，志愿团体的活动空间被挤压，其独立性和自主性被削弱。

北志联构建网络的目的是想更好地服务于志愿主体，激发志愿主体内在的志愿精神，但目前这张网络的形成和运转则需要靠强制力量和利益诱导来维持。比如只认可在“志愿北京”平台上注册的志愿行为，而对自主自发默默无闻的志愿行为不予承认；在吸纳组织成员时，靠单位、学校等动员甚至强制加入；又如，将志愿服务行为与评优评先等与志愿服务无直接关联的活动和机会挂钩；再如，在吸引志愿者方面，重视数量忽视质量，忽视活跃度，忽视志愿服务的效果与贡献，缺乏完善的记录、考核与激励措施等等，这些具有强制性的动员行为和“利诱”机制可能是北志联业务扩展初期的权宜之计，能够帮助北志联在短时间内把尽可能多的志愿者和志愿主体聚拢到平台上，但极易引发志愿者对志愿服务的误解和排斥，扭曲志愿精神的利他本质。对志愿主体来说，强制力和利益诱导并不必然导致内在志愿精神的缺失，前者可能带领他们进入志愿服务领域，后期再培养起志愿精神；但是单纯靠强制性因素推动的志愿行为，以及单纯为实现利益目标而开展的志愿行为，既是不可持续的，也会对其他人产生错误的示范。对此，应持续探索过渡和变通的方法，在后续工作中正确培育、引导志愿主体的利他精神，激励志愿主体由外而内、由表及里地认识志愿精神，主动、自发地参与志愿服务。

第三部分

# 典型案例

**典型机构**

知乎社会化问答社区构建的民间舆论场

爱趣职与职场青年的公益生活

北京市志愿服务联合会：志愿服务领域的枢纽

**典型项目**

爱有戏义仓项目：“现代义仓”的十年探索之路

寻找“最美家庭”活动纪实

**典型事件**

“米兔”运动引爆中国公益领域之思考

# 爱有戏义仓项目："现代义仓"的十年探索之路

我国古代义仓起源于隋代，是旧时各地储粮备荒的机构，也是我国古代备荒体系中的主要构成部分。区别于政府设立的常平仓，义仓和社仓①由当地乡绅在丰年提出倡议，当地居民出钱或出粮成立并创办，属民间行为，起到了在灾年赈灾、丰年济贫的作用。民间义仓弥补了官办常平仓管理模式和运作机制上的不足，立足社区内部，充分调动社区内部资源，在社区互助、社区救灾体系、社会稳定的三个层面均发挥了价值功能。尤其是宋代时期，义仓的发展达到了高潮，一些全国闻名的先贤大儒将义仓融入儒家乡村政治理想，在各地开展了义仓实验，如范仲淹在家族内部创办的范氏义庄、陕西蓝田吕氏兄弟设立的吕氏乡约、朱熹设立的朱子社仓，这些大儒将义仓制度与保甲制度、社学制度统一纳入乡约制度中，不仅实现了区域内的赈灾济贫和乡里自治，更重要的是实现了乡民教化。及至明清，义仓实现了全国范围内的兴盛和普及，义仓体系也更加完善，包括救灾、养老、资金互助、教育和基金会的综合功能。可以说义仓制度是我国历史上社会保障制度的一个创举，同时义仓背后的价值观体现了儒家以"仁者爱人"为核心，以"博施而济众"② 为手段，"出入相友，守望相助，疾病相扶持，则百姓亲睦"③ 的社会理想。晚清时期由于原有仓储体系的衰败和社会经济状况的变化，以及西方救助思想对中国的影响，各地的义仓陆续

① 古时民间储粮备荒机构包括义仓和社仓，其中义仓设于城市，社仓设于乡里。

② 《论语·雍也》。

③ 《孟子·滕文公上》。

荒废，义仓文化也逐渐式微。此后的百年，中国再无义仓及义仓文化的复兴。

社会学家许烺光提出，中国人的生活方式是情境中心的。它的特征是有一个将近亲永久地连接在家庭和宗族之中的纽带。在家庭这个最基本的人类群体中，个人相互制约、相互依赖，由它延伸开去形成各种相互依赖的关系网。① 因此不论是在家庭内还是宗族内部，中国人都本能地渴望一种交流、关怀和互助。但是进入现代文明之后，城市化和现代化打破了中国原有的熟人社会格局，社会结构分化加速，尤其在城市地区，家族、宗族的概念不复存在，核心家庭的出现宣告了城市居民"家"的范围逐渐缩小，人与人之间的传统连接越来越少，亲人、邻里之间的关系甚至从熟络走向淡漠，原本人与人进行交流的熟人网络基础被瓦解。改革开放以来，中国城市中的社区主要包括街道社区、单位社区和商品楼社区三种基本类型的社区。无论是传统型城市社区还是新型城市社区内部的人际关系均出现了比较严重的社会疏离现象，表现为居民对社区的认同感降低，社区内联系减弱，居民缺乏归属感。在这一背景下，消除社区互动障碍，重建邻里之间的情感桥梁，建立互帮互助、相互关怀的情感纽带成为人心之所向。

爱有戏成立于2009年，其发起人刘某受江西青原色井冈山大学人文纪录中心的"一勺米计划"的启发，从2011年5月开始，正式以项目的方式对"现代义仓"进行探索，以"解决邻里关系疏离和社区公共生活匮乏"为目标，直至今日已经走过了十年的路程。如今，爱有戏的"现代义仓"项目已经形成了以义仓为中心，以"义集""义坊""义学""义网"为辅助和保障的社区参与式互助体系。十年时间，爱有戏的"现代义仓"实施地已从最开始的成都市锦江区发展到整个四川省。放眼全国，越来越多的社会组织认识了义仓、了解了义仓，并提出希望复制爱有戏的"现代义仓"模式。2017年，在壹基金的支持下，由爱有戏牵头成立了义仓发展网络，义仓发展网络打出的口号是"复兴义仓文化、推动社会互助"。截至2018年底，义仓发展网络已经吸纳成员机构149家，在20个省（直辖市）71个城市开展活动，覆盖了1500多个社区，义仓核心志愿者人数达到15748人。

在现代的中国情境下，爱有戏的"现代义仓"模式到底是怎么一回事？它具有何种文化特征？与古代义仓有何异同？它是如何摸索出来的？又是

① 许烺光：《宗族·种姓·俱乐部》，华夏出版社，1990，第2页。

如何掀起全国"义仓热"的？它具有何种启示？

## 一 "现代义仓"的试验田

### 1. 中心城区的老小区

2008年，作为成都市锦江区孵化的第一个社会组织，爱有戏进驻到水井坊街道。水井坊街道辖区地处成都市锦江区东部，一环路以内，街道下辖4个社区（水井坊社区、锦官驿社区、交子社区、点将台社区），辖区历史文化底蕴丰厚，众多历史文物古迹和非物质文化遗产诞生于此，如"水井坊酒窖遗址"、世界第一张纸币"交子"的发源地——交子街、保存川西民居特色的百年古街道——锦官驿街和水井坊历史文化保护街区等。与这些千年的人文积淀仅一江之隔的太古里、香格里拉酒店、东方广场等商业楼盘又代表着现代文明的繁荣。辖区内既有老旧院落，也有拆迁后的新兴楼宇；既有祖祖辈辈生于斯长于斯的土生土长的"老成都人"，又有赴蓉打拼、满怀希望的"新成都人"。小小的水井坊街道辖区承载着传统与现代、"熟人社会"与"陌生人社会"。

最初，爱有戏试图在这样一个复合型的社区开展社区文化项目，在项目筹备前期的社区摸底过程中逐渐发现了水井坊街道的一系列问题。

### 2. 老小区中的"大问题"

爱有戏意识到，在社区开展哪类项目并让项目真正发挥作用，落到实处，需要树立问题意识，以问题为导向，从问题出发，设计项目，实施项目并做最后的项目评估。在水井坊街道工委书记朱烈的支持下，爱有戏志愿者和街道人员共同开始了辖区内的调研。调研发现辖区内主要存在三类问题。

**（1）贫富悬殊**

调研涉及2586户居民，其中困难家庭576户，而需要经济和物资资助的有158户。除了政府和亲朋好友提供的一些极为有限的救助外，这些困难家庭几乎得不到任何其他来自社区和社会的救助。贫困家庭包括孤寡老人、残疾人家庭、大病家庭等，他们不仅缺少工作能力，最重要的是缺乏社会网络，依靠政府的低保贫苦度日。

地处中心城区繁华地带的水井坊街道居然存在如此多的困难家庭，让刚刚进驻社区的爱有戏十分震惊。最初爱有戏负责人刘某依靠人脉关系找到一些朋友希望对这些城市贫民进行资金帮扶，但是她意识到要想解决这个问题需要更持久、持续的方式。

**（2）人际关系冷漠**

水井坊街道是中心城区内的老街道，辖区内既有高档楼宇也有老旧棚户，虽然街道内辖区历史悠久，街道内原有居民的情感具有一定基础，但是随着旧屋改造、老房拆迁，部分原有居民迁出，同时辖区内的新楼盘也吸引了外来人口的大量涌入。传统社区内部的熟人关系格局逐渐瓦解。居民间由于不了解、不信任，缺少互相之间“知根知底”的机会，社区内部邻里之间不仅关系冷淡而且相互提防，甚至因为一些小的邻里纠纷和矛盾经常闹到社区和街道办，居民本可以通过相互协商解决的问题，却因隔膜而互相埋怨，心存芥蒂，邻里之间成了“最熟悉的陌生人”，社区和街道管理者也苦不堪言。

除了邻里事务，爱有戏工作人员调研也发现一些孤寡老人、失独家庭虽然并不需要物资上的资助，但是内心孤独、情感痛苦、无法倾诉也困扰着这些家庭，甚至影响了他们的正常生活。俗话“远亲不如近邻”，但邻居或许是因为不了解情况，或许是情感上的疏离和淡漠，辖区内各个家庭之间甚少往来。

**（3）社区公共生活缺乏**

缓解人际关系冷漠的途径，是加强人与人之间的互动，真正做到让居民之间真实地接触，才能实现人与人的沟通和交流，进而加强理解。而共同的活动，彼此频繁的互动可带给原本陌生的居民以共同的回忆和故事，通过这些故事大家能够联结到一起，有了共鸣，情感的壁垒才能逐渐打通。但是爱有戏在调查中发现，水井坊街道内缺少将大家真正沟通联结在一起的项目和活动，甚至对于中青年来说对公共事务的态度更是“不屑一顾”，即便是社区的老居民，其社会参与也大多只停留在关于政府政策的服从和执行上。①

缺少社区公共生活及居民参与平台让原本已经打破了熟人结构的社区

---

① 赵小平：《公益领域中的“市场运作”：社会组织建构社会资本的机制创新》，《中国行政管理》2015 年第 11 期。

中的人情疏离问题更加难解决。

### 3. 初步探索"现代义仓"

2009年6月，井冈山大学教授简艺带领他的学生们成立了青原色井冈山大学人文纪录中心（以下简称"青原色"），这是一家全方位记录和讲述城市、社区、家庭和个人故事的公益性艺术文化机构。青原色受古时江西吉安新圩镇的义仓启发，发起了青原色"一勺米计划"：慈心家庭加入"一勺米计划"后，承诺每周捐赠一勺米，义仓的义工负责将这些米和其他粮食交给受助家庭，在帮助贫困家庭的同时，帮助自己，帮助建设和谐社区。同时，慈心家庭可以捐赠时间，作为志愿者实现对孤寡老人的陪伴。青原色希望从小的社区做起，逐步影响到整个城市，为吉安的城区和农村社区建立人与人之间信任、互爱的纽带，提升社会善的力量和信念。[①]

刘某和团队在网上了解青原色"一勺米计划"后，意识到这个项目既承载有中国传统的"义文化"，符合国情和民众的期待，具有心理上的亲切感，又能实现通过邻里间的互动和互助来对困难家庭进行持续性地帮助，便开始了最初爱有戏"现代义仓"的运作。

爱有戏对"义仓"的最初设想是在社区内选定爱心家庭和受助家庭，爱心家庭定期向"义仓"捐赠食物、洗化用品、二手衣物，由爱有戏牵头带领志愿者和爱心家庭定期把这些"义仓"物资送到受助家庭中，在派发物资的过程中淡化爱有戏的角色，建立爱心家庭和受助家庭的情感纽带。

"义仓"是作为新鲜事物出现在水井坊街道的，居民不了解，必然不会认可。资源从哪来，谁来做爱心家庭，如何在社区内对活动进行宣传，敲开居民的门后对方是否接受，均成为难题。当刘某向水井坊街道的领导介绍爱有戏的义仓设想之后，对方非常支持，马上召开了党委会议，辖区内党员、社区和街道的工作人员签约，成为首批水井坊街道"现代义仓"的爱心家庭。

在派发物资的过程中，为了让居民对"现代义仓"项目有所了解，消解抵触感，爱有戏的志愿者们和专职社工通过统一的义仓服饰，主动热情地对辖区内居民口头宣传义仓项目；进入受助家庭后也注意语言的斟酌，用"我们来看你了"而不是"我来给你送东西了"来减少受助家庭的戒备

---

① 青原色创新实验室，https://site.douban.com/158064/。

心和防备。久而久之，普通居民慢慢了解了爱有戏的义仓项目到底在做什么，逐渐加入爱心家庭和自动报名成为志愿者；受助家庭得到了爱有戏义仓的帮助也十分想要回馈邻里、回馈社区，因此义仓的捐赠物资类别又加入了时间选项，普通居民和受助居民都可以在爱有戏的义仓中捐赠时间，成为志愿者，提供志愿服务。值得一提的是，除了物资帮扶，爱有戏义仓项目最初启动时即注意到了精神陪伴的重要性，与物资帮扶不同，精神陪伴带来的反馈是双向的，爱心家庭与受助家庭在义仓的活动中相识相交，双方都获得了一种精神上的满足和愉悦，因此不仅受助家庭获得了帮助，爱心家庭也从中收获了心理上的幸福。随着项目的开展，参加爱有戏义仓项目的爱心家庭和热心的居民志愿者越来越多。就这样，爱有戏逐渐把居民从观望者变成了捐赠者和物资派发者。与此同时，爱有戏开发了“单件物资可追溯”的制度，即每件捐赠物资都有属于自己的一个编码，爱心家庭捐赠之后可以通过编码查询物资去向，一方面做到了对爱心家庭的信息公开，提高透明度，另一方面也让爱心家庭有了助人的成就感和动力。在派送物资的过程中，社区内爱心志愿者和受助家庭增进了解，互话家常，原本冰冷的社区人际关系开始解冻。图 1 是爱有戏义仓初始运作模式。

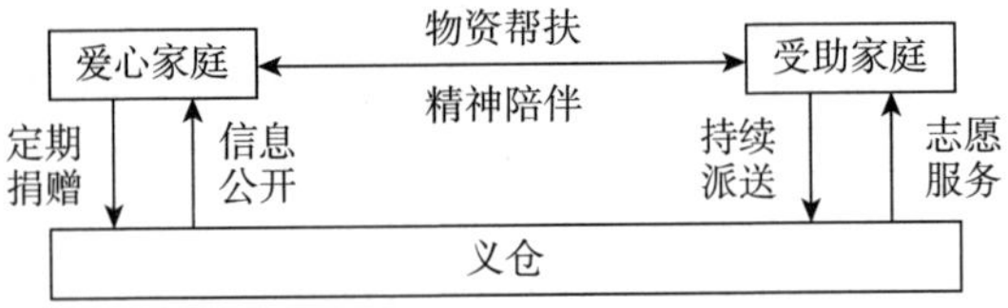


**图 1　爱有戏义仓初始运作流程**

## 4. 逐步深入，形成“五义体系”

### （1）义集——让爱心物资“流动”起来

爱有戏义仓在社区的知名度和接受度越来越高，居民的捐赠热情也不断高涨，但是随着捐赠数额的扩大，原本由爱有戏专职社工完成物资的接受、登记、整理工作量也逐渐上涨，工作效率无法得到保证。同时，爱有戏在最初设计时是接受二手衣物的，不仅考虑到社区内物资流通也考虑到了资源的可持续性，但在这一环节上二手衣服的清洗和消毒也是由爱有戏的工作人员负责，这部分的开销不断上升，加重了爱有戏的财务负担。2011 年 10 月爱有戏举办了第一期义集，让爱心物资“流动”起来，解决低效和财务负担问题。

爱有戏对义集的定位是"公益庙会"，分为两个区域：一是爱心摊位；二是义演区域。义集的活动区域一般设在社区内比较宽阔的广场或步行街，如果辖区内有较大的商场，商场会把门前较大的广场给义集用，一方面作为辖区内企业对社区的反哺，另一方面也是希望招揽更多的顾客。如果辖区内没有商场，则由社区或街道为义集提供场地和安保工作。居民可以向爱有戏申请义集摊位，在摊位上出售自制小物件、小食品或者二手物资，价格一般低于市场价。没有申请摊位的居民，可以申请提供义集服务。售卖的钱按一定比例或者全部用于购买生活用品，再捐赠给义仓，于是义集和义仓有了链接。辖区内的企业为了树立良好的形象和履行企业社会责任，也会在义集现场进行义卖，所获资金同样会换成日用品反馈给义仓。

除了爱心摊位外，义集还有义演区域。每期义集都确立有一个主题，主题一般由社区、爱有戏和居民志愿者共同商议确定。义集设置义演区域主要是为了面向社区进行宣传，包括征兵、党建、安全生产、居民互助等。

爱有戏义集实施前，2011 年 5 月至 10 月，爱有戏义仓在水井坊辖区共募集物资 289 件，总价值约 4000 元。爱有戏义集实施后，2011 年 11 月至 2012 年 11 月，义仓水井坊辖区共募集物资 3400 余件，总价值约为 15 万元。一年中，共帮扶困难家庭 718 户/次，动员、吸纳了爱心家庭 511 户。在爱有戏义集中实现二手物资交换的数量更多，参与人次超过 16000 人/次。[①] 图 2 是爱有戏义集运作模式。

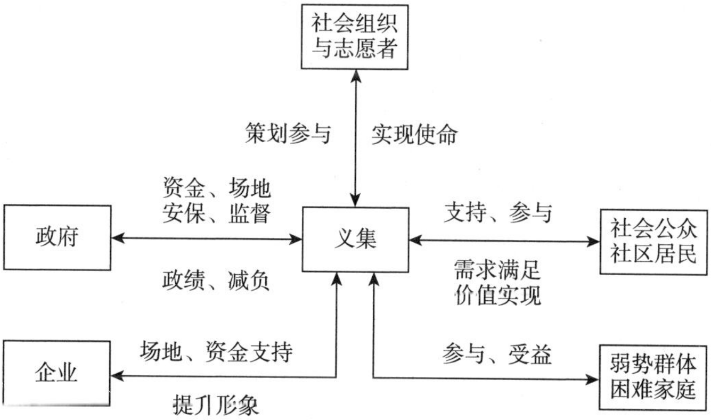


**图 2　爱有戏义集运作模式**

① 赵小平：《公益领域中的"市场运作"：社会组织建构社会资本的机制创新》，《中国行政管理》2015 年第 11 期。

**（2）义坊——从“授人以鱼”到“授人以渔”**

在义仓和义集发展得如火如荼的时候，爱有戏发现，困难家庭和弱势群体并不是社会上所认为的好吃懒做、依靠政府“等、靠、要”的“吊脚户”，他们普遍缺乏施展才能的机会和平台。参加义集的困难家庭也向爱有戏提议，延长义集的举办时间或者增加举办频率，使他们能够获得工作机会。

政府将社区内一些临街的空地提供给爱有戏，由爱有戏负责在这些空地上建立格子铺，即“义坊”。困难家庭可以向爱有戏申领格子摊位，象征性地缴纳租金，根据自己的情况和优势在格子铺做小生意。最初，格子铺主们各自经营，容易出现竞争，反而破坏了通过义仓、义集建立起的邻里感情，爱有戏于是对义坊进行改革，将区域内的格子铺联合成了一个共同体，慢慢形成了义坊合作社（未注册），在合作社内大家合作共赢，积极性也提高了，实现了经济上和情感上的合作和互助。

但是，2015 年底，由于义坊合作社各类成本的提高，再加上社会资源注入匮乏，义坊合作社的收入慢慢减少，爱有戏此时引入了“爱心股东”机制，社区的爱心居民和爱心企业作为股东，可以为义坊商户提供资金、技术、人力的资助，股东不拿分红，也无须固定，希望通过这一方式打开义坊商户的社会关系支持网络。成本低，同时又有外部社会资源的帮助，而且没有税收的负担，义坊格子铺的贫困家庭一个月最多甚至可以盈利 3000 余元，是一笔较可观的收入。

但是最近两年随着网购的兴起，义坊格子铺渐渐衰落，目前爱有戏还在探索义坊未来的方向。

**（3）义学——重视居民教育**

社区居民越来越认可爱有戏的义仓项目，但是，爱有戏也发现了一些问题。尽管参加义仓项目的志愿服务人数越来越多，但是，志愿者们在为困难家庭派发物资时，仍然抱着救世济人的心态，甚至居高临下。爱有戏意识到，居民志愿者的意识、观念需要教育，需要改善。2013 年，爱有戏成立了友邻学院。

友邻学院主要由专业的义工老师为辖区内居民志愿者进行志愿服务和公益项目的系统化培训。目前，学院已经建立了一套课程体系，共 24 门课，课程内容涉及态度、知识和能力，涵盖培养居民成为“社区主人”的意识类课程，以及辅导居民绘制社区地图，查找社区资源，在社区内学做公益项目，学习撰写项目书等知识和技能课程。

截至2018年底，已有400多名居民学员从友邻学院毕业，这些学员大多是社区内退休的老人，他们时间充裕而且对社区事务十分热心，在友邻学院的帮助和爱有戏的孵化下，社区内的老人们自发形成了居民互助组织，并且针对社区特点设立了不同的主题。例如肖家河之星微电影剧场，主要负责的工作是院落和社区内的影像记录和公益剧本的拍摄编写活动；肖家河心连心小组，主要负责辖区内重疾家庭、失独老人、残疾家庭的心理、情感帮助工作；锦官驿互助养老小组，主要针对辖区内高龄老人的物资和精神慰藉。这些社区内的互助组织在爱有戏的帮助下成立了居民互助联盟，形成了一个小范围的志愿者共同体，爱有戏每月会给予互助联盟资金支持，用于团队的日常运营和团队建设，这些由志愿者组成的互助联盟内部，形成了更为紧密的情感联系。

以友邻学院为基础，后续又发展出了其他居民教育的项目，形成了爱有戏义学体系。

**（4）义网——信息技术助力传统智慧**

义仓项目启动之初，本着信息公开、透明的原则，以及便于过程跟踪和事后评估，爱有戏就十分重视单件物资信息可追溯查询，从入仓编号，到派发到家庭，都一一对应。

最初，爱有戏对义仓物资的"进出"只用excel表格呈现，2012年5月爱有戏开发了义仓管理软件1.0，2015年3月义仓App投入使用。现在，已经有了义仓管理软件3.0版。在之前单纯的爱有戏义仓追溯物资的平台基础上，产生了"义网"，它融入了街道便民服务、政务公开、信息反馈、社区新闻和居民社交功能，成为全方位的居民事务"义网"。

以解决社区问题为导向，经过多年的探索，爱有戏形成了"五义体系"，即以义仓为核心，以义集、义坊为辅助，以义学为支持，以义网为保障的社区居民参与式互助体系（见图3）。

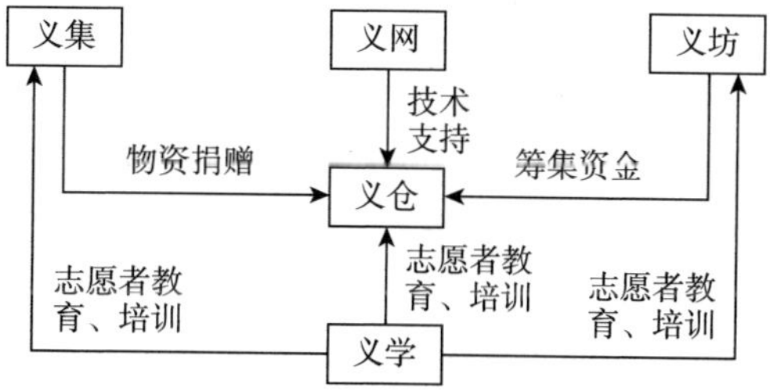


**图3　爱有戏的五义体系**

至今，爱有戏形成的“现代义仓”的功能及其运营模式——“五义体系”已经超越古代民间义仓。它与古代民间义仓有相同之处，也有不同之处。相同之处有五：第一，公益性、利他性；第二，民间性、独立性；第三，与政府有良好的合作关系；第四，以解决社区居民的需求为导向；第五，它不仅仅是社会救济、社会保障的补充，也是社会治理的一部分。不同之处有十：第一，它不局限于“助”，而成为新时代下以社区为单位的人与人之间的社会网络构建的桥梁；第二，受助者得到的帮助不局限于物质，或基本生活需求，还有发展性需求；第三，受助居民不是单纯的、被动的、彼此割裂的受助者，而是积极主动的参与者、互助者、贡献者；第四，施助者不局限于社区居民内部，已经拓展到社区之外；第五，施助者赋予的不仅仅是物资，还有时间、知识、技能、平台；第六，施助者与受助者之间的关系更为平等，互动的机会更为广泛；第七，资金来源更为广泛、多元；第八，方式、方法更为多样；第九，其专业性更强，并且组织化，且在组织化的基础上网络化；第十，其价值理念更为丰富，它融入了慈善是一种权利的要素，强调公民性，以及社区的公共性，为公民参与公共活动提供共同体环境。

### 5. “现代义仓”遍地开花

爱有戏的“现代义仓”开始在全国各地、各社区进行复制、拓展。为此，爱有戏确立了推广原则：依据每个社区面临的问题，以及每个社区的优势，需进行“量身定制”，“因地制宜，就地取材”。凡是符合义仓设立条件的，应不囿于具体开展义仓活动的手段，以益于解决邻里情感疏离和社会公共生活匮乏的问题。

2013 年，爱有戏发起了全国义仓学习网络，广泛吸纳了全国范围内对义仓感兴趣的机构，这些机构在不同程度上促进了各地义仓文化和社区互助的复兴和推动，到 2018 年底，义仓学习网络机构已经达到 855 家。

随着爱有戏推广到全国各地，随着义仓推动伙伴的不断增加，为了更好地为义仓伙伴提供支持和促进义仓发展，2016 年底义仓在壹基金的支持下，正式成立义仓发展网络理事会与义仓发展网络办公室。义仓发展网络由认同义仓理念，并致力于传播义仓文化，推动社区互助的公益组织与个人共同发起成立。与义仓学习网络较为松散的组织结构不同，义仓发展网络主要侧重义仓文化推广的行动，加入义仓发展网络的机构需要签订协议，在实践中联合行动，共同探索。

义仓网络的发展思路及其开放性和结果导向性，使网络规模越来越大，发展速度也令人惊叹。2017 年 5 月 22 日，义仓发展网络启动，截至 2018 年，义仓发展网络已经吸纳成员机构 149 家，在 20 个省（直辖市）71 个城市开展活动，覆盖了 1500 多个社区，义仓核心志愿者人数达到 15748 人。仅仅 2018 年度义仓发展网络成员累计筹资 1700 万元，直接帮扶家庭 12223 个，累计受益对象超过 1000 万人。

**（1）按需定制服务**

针对贫困邻里，爱有戏通过义仓和义集对困难家庭进行物质帮扶。除此之外，还有"芳邻驿站"这样的义仓子项目，通过建立互助小组让居民走出家门互相认识、互相帮扶。"现代义仓"除了扶危济困的作用，更希望邻里间充满温情，在社区内部，大家跳脱出原有的社会身份，不因钱、权力、利益交往，而是因为中国人内心深藏的情感需要和"家"的意识，让每个人都将自己的邻居作为家人去帮助去爱护，生活在情景中心的中国人[①]，内心渴望交流，需要彼此，结成团体，重建现代情境下的熟人社会。

针对并不贫困的普通邻里，爱有戏义仓着重解决邻里情感疏离的问题。具体做法是，如前所述的向邻里募集一勺米；还有"你好，邻居"子项目，在社区内居民佩戴爱有戏负责设计的共同的 Logo，有了共同符号标识的居民见面问好并一起拍张照片发到社交网络，通过这种方式加强居民间网络关系的扩大，从不熟到相熟，在这个过程中营造共识，增进情感。

因高龄老人更需要精神上的陪伴和关怀，爱有戏特为高龄老人研发了"一个观众的剧场"。即，社区内的志愿者到高龄老人家中，或为其表演节目，或陪老人聊天。水井坊街道的互助养老小组的志愿者贺阿姨说："他需要什么，我们就表演什么。可以唱歌，可以跳舞，也可以打太极，甚至为老人做一顿饭也有可能。"这种定制化的志愿服务得到了高龄老人们的热烈欢迎，志愿者在此过程中体会到了"送人玫瑰、手有余香"的快乐，更加热情地参加志愿活动，实现了受助人、志愿者及社区三方共赢。因地制宜，定制服务的工作原则大大提高了爱有戏义仓的项目效果。

定制服务的理念不仅深植爱有戏项目设计者的头脑中，也是社区内志愿者们的共识。服务队的队员对这一工作原则十分自豪。锦官驿社区有一

① 许烺光：《宗族 · 种姓 · 俱乐部》，华夏出版社，1990。

个低龄老人敬老服务队，成员最低年龄60岁。服务队的骨干阿姨们骄傲地说："我们去看望他们，他们需要啥子我们就提供啥子，他们需要听歌，我们就唱革命老歌；他们想看跳舞，我们就给他跳舞，我们是低龄老人服务高龄老人，这个互动里面他们高兴我们也开心！"

肖家河街道的刘阿姨家是重疾家庭，曾经也是义仓项目的重点帮扶对象，在受到爱心邻居和爱有戏志愿者的帮助后，逐渐打开心扉，曾经眉头紧锁、日日以泪洗面的她开始走出家门，主动找到小区内和她家庭情况类似的家庭谈心、劝慰。刘阿姨说："像这些重疾家庭、精神病患者家庭，物资的帮助其实还在其次，最重要的那个是心理和情感的帮助。因为我走过这条路，我之前也是见到人就哭，就希望有人能来陪我说说话聊聊天。"刘阿姨的行动感染了越来越多同样情况的人，他们组建了"心连心"爱心互助小组，专门针对小区内情感缺失的家庭，对他们进行心理上的劝慰和情感的疏导，"心连心"小组的成员不断增多，目前已经有数十位骨干志愿者。"心连心"小组的这种方式不仅对受助家庭是一种安慰，同时也让参与帮助的志愿者在此过程中解决了自己的生活苦恼，受助人和帮扶人的双赢让社区内的志愿者团队不断发展壮大。

**（2）因地制宜，就地取材**

针对老旧院落，爱有戏除了开发对辖区内贫困家庭的物资帮扶之外，还注重通过社区的历史故事来唤起居民的自豪感和共同记忆。以锦官驿社区为例，杜甫诗作《蜀相》中"锦官城外柏森森"就是该地，作为古代成都城区的第一大驿站，锦官驿历史悠久，社区内的部分老人虽经历次社会变迁，但是世世代代都生活在这里，他们对锦官驿有着深厚的情感，同时也对区域内的历史文化和历史故事非常熟悉，希望传承下去。因此在爱有戏的协助下，发展了社区老居民口述历史的项目，老人或通过口述或通过画画的方式将本属于社区内的历史名人或重大事件或社区内的原始地图呈现给其他居民包括新入驻居民，营造文化和历史的共同感，让社区居民感受到一种自豪感和把本区历史传承下去的责任感，无形之中建立了居民间的情感纽带。

针对新兴社区，爱有戏提供平台让居民讲故事，以营造共同感。来自天南地北的居民聚到一起，讲述自己的故事，通过引起共鸣，打破彼此间的感情壁垒；通过举办义仓和义集以及义仓体系下的其他小项目，让居民真正参与进来，创造共同的新故事，使彼此走得更近。刘某说："每个社区都是有机体，它是生长出来的，它之所以是现在的这个样子并不是从天而降的，每个人都带着自己的故事，对社会的理解，组织起来的，组成邻里，可能有我们自己的选择也有被迫的选择，但是聚在了一起。没有社区是一样的。爱有戏做每一个社区都很用心，要研究社区。”爱有戏通过讲故事，让新兴社区的居民渐渐打破陌生人社会的格局，彼此之间熟络起来。

**（3）重视居民力量——主动与互助**

爱有戏认为要解决社区内部的问题，必须依靠社区内部的资源，充分调动社区居民的热情和积极性，才能实现社区内的良好互动。这也是爱有戏义仓项目的使命要求。

在锁定受助家庭并识别其问题的阶段，其实最有发言权的是困难家庭的邻居。他们通过日常接触和观察了解，清楚困难家庭到底缺少哪类帮助，清楚困难家庭成员的脾气秉性，也有助于后来的帮助方式、帮助程度和帮助边界，使项目效果最大化。经过对“现代义仓”的十年探索，目前各个社区内已经形成了一整套居民自发地、完全由社区居民主导的识别问题、发现问题、反馈问题的工作流程。第一，由居民志愿者发现邻居的问题，并在定期召开的志愿者议事会上做出汇报，议事会通常由爱有戏社工代表和居民志愿者共同参加；第二，议事会讨论内容：根据爱有戏义仓受助用户的标准来考核是否能够进入受助范围；进入受助范围之后如何救助，救助的程度和边界；第三，实行爱有戏义仓帮扶；第四，每隔一段时间，居民志愿者都要向议事会反馈受助家庭的改善情况，在会上讨论是否终止帮扶并提出新的帮扶对象。

爱有戏信任居民、充分调动和发挥居民的想象力，并十分重视对社区内居民的教育。除了前文提到的友邻学院之外，具体到爱有戏义仓和义集项目，爱有戏都会给居民志愿者进行“上岗培训”，基础课程是对古代义仓历史和爱有戏义仓价值观的培训，其次是依照平等、尊重的原则对居民志愿者派送物资实施帮扶的具体行动指导。

社区内部有志愿热情的老人们经过友邻学院专业社工的培训后，在社区内部自发形成了各种各样的互助小组和异彩纷呈的公益项目，如腊八节或端午节，组织志愿者在社区内各家各户募集一勺米，将募集到的米熬成百家粥再送给社区内的邻里，大家聚在一起增进了解和邻里情感，在这个过程中不仅邀请老年居民参加，中青年和儿童也积极参与进来，像古时社区内的聚餐制度一样，使居民感受到自己作为社区的一分子的骄傲，感受到温暖的同时又希望有机会尽到本社区居民的义务和责任，在义仓和义集或其他社区公共事务中贡献出自己的力量，实现了义仓体系的良性循环。

在爱有戏的支持下，目前在各个社区内经过爱有戏孵化的社区居民自组织已达739个，种类众多，既有文化类剧团，又有低龄老人服务高龄老人的互助小组，也有针对情感陪伴的心理互助帮扶小组。这些居民自组织在社区内成立互助联盟，有了自己的入会标准、议事机制和流程、考核评估的原则的指标，在成都市的各个社区内开展了丰富多彩的“义仓子项目”。

目前，在一些居民互助比较活跃和完善的社区，爱有戏已经开始筹备“撤出”机制，在“居民社工”的带领下，使社区居民的主动性充分发挥出来，建立真正属于社区内的自助和互助体系，这也正是现代义仓所强调的主动、参与、互助和邻里关怀。

## 二　“现代义仓”的三个面相及其意涵

### 1. 传统慈善文化

#### （1）儒家之“义”与义仓文化

“義”是“义”的繁体字写法，最早见于甲骨文和金器铭文中，“義”字从“我”从“羊”原有己之威仪、美善、适宜之意，后来逐渐成为表示应该做到的准则和规范的总称，是我国古代重要的伦理道德概念。[①] 孔子提倡“义”：

“君子义以为质。”[②]

“君子义以为上。”[③]

“君子之于天下也，无适也，无莫也，义与之比。”[④]

“君子喻于义，小人喻于利。”[⑤]

儒家思想认为，“义”是由个人自身的仁爱道德情感和社会礼仪规范共同作用而产生出来的道德义务和伦理责任，是一种与利益相对应，同时旨

① 方克立主编《中国哲学大辞典》，中国社会科学出版社，1994，第48页。
② 《论语·卫灵公》。
③ 《论语·阳货》。
④ 《论语·里仁》。
⑤ 《论语·里仁》。

在追求社会公利的价值合理性实践活动。[①] 因此我国传统文化中的"义"文化有两层语境：一是人在内在仁爱感情驱动和社会规范要求下作出的善行、善事；二是"义"文化追求的是社会公利，而不只是单纯指个人和家族的利益，而且将范围辐射到比家族更加广泛的范围之中。

中国古代义仓将传统的"义"文化和仓廪制度有机结合起来，形成了中国传统慈善智慧和独特的文化。

大同社会是儒家的最终社会理想，主张建立一个安定和谐、讲信修睦、物同一体、财富均分的大同社会。孔子将之具体描述为"人不独亲其亲，不独子其子，使老有所终，壮有所用，幼有所长，鳏、寡、孤、独、废疾者皆有所养"[②]，亚圣孟子也设想了一个"出入相友，守望相助，疾病相扶持，则百姓亲睦"的理想社会，它与孔子的"大同"之说交相辉映，一起构成儒家大同思想的精华内容。[③] 儒家的大同思想为中国乡土社会内部的行为准则和道德规范制定了一个基本的蓝本，即以家庭为基本单位，将"孝、悌、敬、信"由家庭推向整个家族、村庄乃至整个社会，最终实现"大道之行也，天下为公"。具体地针对仓廪制度，孟子也提出了劝种备荒的思想，"五谷者，种之美者也。苟为不熟，不如荑稗。夫仁亦在乎熟之而已矣"[④]。《一切经音义》对此引用《尔雅》注释："荑似稗，布地秽草也。……按荑稗俱堪水旱，种无不熟，北方农家种之，以备凶年。"

作为中国传统慈善文化源流之一的墨家文化强调了粮食积储对救灾备荒有着十分重要的意义。墨子引述《周书》："国无二年之食者，国非其国也；家无三年之食者，子非其子也，此之谓国备"。他进而提出："故备者，国之备也。凡五谷者，民之所仰也，君之所以为养也。故民无仰则君无养，民无食则不可事。故食不可不备也，地不可不用也，用不可不节也"[⑤]。墨家思想明确提出了储备粮食对国家长治久安的重要性，为仓廪制度的设立提供了理论依据和思想来源。

战国时期的政治改革家李悝在经济上推行"尽地力"和"善平籴"的政策，在变法中设立"平籴法"——国家在丰年以平价购买粮食储存，发

① 涂可国：《儒家之义的责任伦理意蕴》，《孔子研究》2017年第5期。
② 《礼记·礼运》。
③ 周秋光、曾桂林：《中国慈善简史》，人民出版社，2006，第34页。
④ 《孟子·告子上》。
⑤ 《墨子·七患》。

生饥荒时又平价卖给农民，取有余以补不足，以防谷物甚贵而扰民，或甚贱而伤农。① 作为法家的启蒙思想，李悝的变法思想对后来商鞅、韩非影响很大，商鞅十分重视发展农业生产，丰仓裕廪，他认为："民之欲利者，非耕不得。"②

无论是儒家、墨家还是法家思想，均为延续在中国几千年的义仓文化提供了丰富的理论渊源，不仅为古代的义仓提供了理论依据，也为今天义仓文化的复兴打下了坚实的基础，为当代义仓的复活提供有益的借鉴。

从实践的层面来看，宋朝时期的吕氏乡约和朱熹创办的朱子社仓是历史上较为成功的义仓案例。吕氏乡约以乡为单位，人民自发、自愿地缔结公约，将"德业相劝、过失相规、礼俗相交、患难相恤"十六字为共同的道德标准和礼俗标准，除了解决物质资源相互流通、救济贫困家庭的问题之外，更重要的是教化乡约制度下的每一位成员，使大家认识到休戚相关、利害相同，从而生出互帮互助、共生共存的理念，最终达到儒家大同社会的理想。朱子社仓由乡本社土居官及士子数人共同掌事。乡绅、士官、儒生参与，州县不得参与干预，保持了社仓的独立性和民间性，同时也避免社仓"人亡政息"的现象，保障了社仓的持久性。从社会治理的角度来讲，自下而上形成的义仓也是社区自组织的一种形式，通过善俗的培养收到达到了善治的目的。

**（2）传统慈善文化缘何在现代中国"胜出"?**

如前文所述，偶然的机会，刘某及其团队在网上发现了青原色。它发起的"一勺米计划"的人文性深深打动了刘某，她认为这个项目以中国传统熟人社会的互帮互助为载体，承载了中国传统的义文化，无形的力量能够深入人心，同时传统文化色彩浓厚的义仓项目十分适合历史悠久的水井坊街道。青原色的创始人简艺为有人开始关注义仓文化十分高兴，经双方沟通，青原色无偿为爱有戏提供了"一勺米计划"的整套操作流程和规范，希望双方共同摸索"现代义仓"之路。遗憾的是，因种种原因，后来青原色慢慢解散。爱有戏在青原色"一勺米计划"的基础上针对水井坊街道的特点对项目进行了改造和研发。2011 年 5 月爱有戏才开始了对"现代义仓"的探索。

① 《汉书·食货志》。

② 《商君书·慎法》。

爱有戏的"现代义仓"深受居民欢迎，爱有戏在与居民共同的探索中逐渐摸索出了"现代义仓"的发展路径。其成功看似具有偶然性，但却有必然性，一个具有如此历史感的"名词"为何能够在现代化的城市中有如此高的接受度并发展壮大呢？除了科学的项目设计和运作、完善的组织管理之外，其历史性和中国人根深蒂固的"家"文化，以及人们的心理需求发挥了作用。

儒家文化中理想人格的"家、国、天下"的进阶逻辑把家庭放在了承上启下的位置。儒家文化背景下的中国社会，不是个人本位也不是社会本位，它所宣扬的"仁"，从人从二，以二人为准绳，从家庭出发，不断将外围的人网罗进"仁爱"的范围，最终达到四海之内皆兄弟的理想境地。古代的中国，血缘关系决定地缘关系，即人们依据氏族或者宗族关系确定居住地，因此家庭的概念便从最狭义的"家庭"概念扩展到以家族为主体的"大家庭"概念，进而扩展到国家，扩展到天下。在这个"家庭"中，人人组成一个荣辱与共、休戚相关的命运共同体。在共同体中，人们形成了以"仁爱"为核心思想、以"救老扶弱"为具体准则、以"礼"与"让"为核心的具体措施的亲密关系。两宋时代盛行的"乡规民约"正是把这一体系落实到现实层面的成功创举，其中较为有名的如吕氏兄弟的吕氏乡约和朱熹创办的朱子社仓。

"家文化"是中国文化的一大特色，家在中国人的心目中有着不可替代的地位，中国的一切政治经济文化活动都是以家为核心而展开的，无论传统文化和人的精神层面发生怎样变化，"家"依旧是维系所有中国人的地方，"家"对中国人有着特殊的意义。"家文化"是传统文化中最大的内容，也是最主要的部分，而"互助"是家文化的主要元素。随着人们的物质生活极大满足，精神层面的需求得到提升，人们开始在文化传统中寻求自己的根基。

在科技飞速发展的今天，通信工具的升级换代让人们失去了面对面交流的机会，人们逐渐忽视了与家人的沟通和对家人的关怀，然而人是有向往亲密关系的心理诉求的，如果在原本的熟人社会，人们可以寻求其他的亲密社会关系，如氏族成员、邻里街坊等，但是城市的"感情空巢者"在无法向家人寻求情感互动后，由于现代社会匿名性更强，对信任问题、安全问题的顾虑让人们无法获得邻里的关注。近二十年，我国的邻里关系遭遇了"鸡犬之声相闻，老死不相往来"的尴尬窘境。人们希望从邻里关系中得到情感的慰藉和支持，对于现代社会而言，这一需求缺口正逐渐蔓延并呈扩大之势。

而“心理—社会均衡”理论认为人处在一个人与人、人与物、人与文化规范互动的“场”之中，是一个心理与社会的动态平衡体。当某一类互动缺乏时，人们会动用其他类的内容来弥补以达到平衡。[①] 爱有戏“现代义仓”的出现刚好弥合了这一缺点，基于中国传统的慈善文化，并鉴于人们对精神层面的诉求，对于社区居民乃至社区外各类人士而言，物资帮扶并不是最重要的，重要的是缓解邻里关系疏离的问题，重构邻里之间的亲密关系，从而达到“心理—社会均衡”的状态。因此，“现代义仓”的出现有时代的必然性。

“现代义仓”抓住了时代的痛点，尝试医治日趋匿名化的现代城市“之病”。

### 2. 现代公益理念

爱有戏的现代义仓除了从传统文化中吸取营养之外，还注意现代价值观的融入，它认为必须将现代的价值理念融入项目中，着眼现实，更益于解决当代的社会问题。

**(1)“现代义仓”强调平等、尊重和权利**

最初，在水井坊社区内做“现代义仓”摸底调研工作时，爱有戏发现社区内有很多吸毒者、刑满释放人员、同性恋者等“边缘”群体。爱有戏的“现代义仓”于是剥离了中国传统义仓对受助者存在道德判断的标准，实现了道德价值中立，强调只要符合爱有戏制定的受助者标准，这些“特殊”群体也可以纳入爱有戏“现代义仓”的体系中来。“现代义仓”一直以来强调每一个人都是平等的，即使他是“坏人”，爱有戏也要去接纳他、尊重他，因为每个人都有向好的力量，用一种博爱的胸怀去接纳和关怀每一个人。在这个过程中爱有戏的“现代义仓”借鉴了西方慈善价值观的权利、义务概念和社工工作伦理。爱有戏认为，帮助社区内的居民就包括处在社会边缘的“特殊”居民，是辖区内居民的责任和义务，在帮助他们的同时是爱心居民释放爱，实现自身对邻里、社区的责任的过程，至于对方是否

---

① 尚会鹏：《许烺光的心理社会均衡理论及其中国文化背景》，《国际政治研究》2006 年第 4 期。

能够发生本质变化、内心是否真的受到触动，爱有戏并不强迫受助家庭回报社区，但是它始终相信，每个人都有向好的力量，只要营造出好的环境，自然而然受助人也会实现社区居民责任意识的觉醒。

义学体系的构建也是为了教育和培训居民志愿者如何以更专业的态度和技能服务社区，摒弃原有的家长式的施善，打造邻里间平等的互助体系。

爱有戏的行动指南是"着眼新文化、采取新行动、构建新传统"。因此，"现代义仓"既融入了中国传统义仓的价值观，又吸纳了西方慈善的价值观；既有古代文化的血液，又有现代文明的烙印；既有"仁爱"，又讲"博爱"。"现代义仓"不是居高临下的施舍，不是济世悯人的雄心，不是助人自助的概念，而是让每一个人基于爱而交往的幸福。

爱有戏十分注重平等、尊重和权利与义务，这与它是专业的社会组织密不可分。

爱有戏创始人刘某从1998年便开始了志愿者服务，对志愿工作有着极大的热情。2009年，刘某基于自身的号召力集合了300多名志愿者成立了"爱有戏公益戏剧社"，分设编导部、演员部、动漫部。爱有戏，旨在通过拍摄文艺作品，宣传无偿献血活动，最初奠定了刘某通过文化项目来宣传公益目的的思路，这期间爱有戏拍摄了数部作品广泛传播于网络甚至电视台，为爱有戏后来的发展打开了知名度。2010年爱有戏内部人员变动，开始转型做面向社区的专业社会组织，成立了盲童广播剧剧团。在这期间，已经陆续有报纸、电视台和网络传媒对爱有戏进行宣传，在继续扩大知名度的同时，吸引了四面八方志愿者的关注。这一时期的爱有戏虽然靠着刘某的热情和之前文艺作品的知名度汇聚了不少的志愿者，但是团队内从刘飞到志愿者均没有受过专业的社会工作训练，依然是一个靠着志愿者成员"满腔热血"做事的"草台班子"。

通过熟人介绍，恩派公益组织发展中心（以下简称"恩派"）对爱有戏进行了考核与评估，将爱有戏纳入为孵化伙伴，给予技术和资金的支持。非科班出身的刘某此前认为做公益最重要的是"志愿者就要做到哪里有问题就冲向哪里"的草莽精神，专业的知识和技能以及作为管理者的相关能力并不重要。恩派对爱有戏的孵化让爱有戏认识到公益组织的专业性是组织长久发展的重要因素，这成为尚在发展初期的爱有戏迅速成长的助推器。

从最开始的公益戏剧社到盲童广播剧团，虽然爱有戏定位为文化类公益组织，但此时爱有戏对文化项目的理解就她个人看来还是相当"肤浅"

的，刘某认为社区内的文化公益项目只是唱歌、跳舞、拍电影等简单的艺术活动。机缘巧合，香港社区伙伴（PCD）了解到刘飞和爱有戏，开始对爱有戏进行资助。2002 年 1 月由嘉道里基金会创办的 PCD，其愿景和使命是“人与人、人与大自然和谐共处”，“社区伙伴于社区和相关人群一起努力，恢复人们内心与大自然的联结，探索实现可持续生活的道路和方法”，PCD 认为社区要团结起来，反思社区与大自然的关系，重寻传统文化的根，传承和创新乡土文化。[①] PCD 对爱有戏的帮助主要是从项目背后的理念和文化价值观出发，引导其对社会问题、文化项目背后的思考。通过一系列的学习和培训，刘某认识到作为一个文化类的公益组织需要找到自己的意蕴和人文性，同时也开始注意到中国传统文化。

**（2）“现代义仓”通过专业化营造共同体环境**

刘某意识到了传统文化的重要性和力量，她希望利用中国传统文化，通过凝聚社区内居民的共识，唤醒属于中国人原本“家”的观念。

“现代义仓”项目的初衷是要解决邻里关系疏离和社区公共生活匮乏的问题，其中最重要的出发点是要社区内的居民们相熟、相知起来，义仓项目在这个问题上具有天然的优势。中国隋代时期已经有设立义仓的传统，千年义仓实践和文化传承在中国这片大地上生根发芽，已经浸润到每个人的血液中。儒家讲求“仁者爱人”，人者仁也，以自我为中心，不断推己及人，通过修身、齐家、治国、平天下的顺序最终实现社会理想；通过在“家”的单位中做到“爱人”，并将这份仁爱扩展到四海之内，达到“老吾老以及人之老”“幼吾幼以及人之幼”的大同社会。“义”文化是儒家文化重要的一部分，而对于中国人来说，从古至今都在不同程度上受着儒家文化的教育和熏陶，即便“终身由之而不知道”，每个人心中也有“义”的“基因”。因此，在这样的土壤上，兴办“现代义仓”容易扎根生长，也易获得居民的认同和共识，更易牢牢凝聚居民，在此基础上创造新的共同的符号和仪式，构建属于今日社区的独特文化，唤醒当代城市居民心中已有的意识和冲动，鼓励居民走出家门去认识、去帮助邻居，去分享和创造共同的邻里故事，实属“天时地利”。

如果说恩派的孵化让爱有戏认识到了“术”的重要性，那么 PCD 的帮助则让爱有戏了解并体会到什么是“道”，即文化类公益组织要有它独特的

---

① PCD 官网，http://www.pcd.org.hk/zh-hans。

灵魂所在。2010 年，爱有戏转型为专业的社会组织。截至 2018 年底，机构共 200 余名专业社工，爱有戏十分重视社工们的专业技能，频繁开展社会工作理论和实践的培训和学习。队伍中的社工老师也会开展对居民志愿者的专业技能培训，以此为基础的友邻学院已经毕业若干届"社工居民"。

爱有戏通过一系列的组织化、专业化机制，突出社区居民个体的作用，强化居民的权利意识、主体意识、责任意识、自主意识、参与意识及程序规则意识，引导居民积极而负责地参与社区公共生活和公共事务，为居民参与公共活动提供共同体环境。例如，孵化、组建各类互助小组，各小组接受一定程度的"规范化""标准化"建制，而义仓、义集、义坊、义学、义网构成的五义体系，以及义仓网络的建立，更使现代义仓有效地、广泛地将现代慈善理念与传统慈善文化进行有效的融合。

### 3. 社区治理

爱有戏建立了一套以解决社区问题为核心，集居民、社区自组织、社会组织、政府及基层群众自治组织（居委会）、企业在内的社区治理体系（见图 4）。

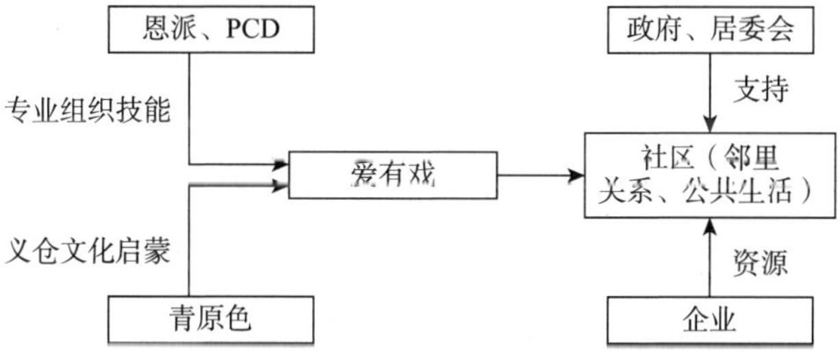


**图 4　以解决社区问题为核心的社区治理体系**

在该体系中，各方力量优势互补。有关居民自组织、社会组织（青原色、恩派、PCD）的作用上文已有描述，下述政府及企业的作用。

**（1）政府主动邀约，并与政府密切合作**

爱有戏与政府合作起源于政府的主动邀请。2008 年汶川地震之后，全国各地的社会组织涌入成都。作为中心城区的锦江区正值三大改革：一是创新街道管理体制改革，街道剥离经济职能；二是社区治理体制改革，将政府职能从社区居委会中完全剥离出来，实现社区自治；三是社会组织管理体制改革，大力发展社会组织。这一时期，相当多的社会组织得以引入街道或社区，小有名气的爱有戏在此时进驻到成都市锦江区市民中心，2011年2月在锦江区登记注册为“成都市锦江区爱有戏社区文化发展中心”，成为锦江区孵化的第一个社会组织。与此同时，爱有戏正与PCD合作一个社区文化类项目，由PCD支持资金，爱有戏设计并实施项目。时任水井坊街道工委书记朱烈认为这既不需要政府出资，又能实现社会创新，同时响应大力发展社会组织的号召，由此，爱有戏开始进驻锦江区水井坊街道。

水井坊街道所在的锦江区属于成都市中心城区，水井坊街道与成都商业中心仅一河之隔，占地1.06平方公里，辖区内4个社区，历史十分悠久。常住人口和流动人口共4万多人。在三大改革的背景下，街道书记找到刘某希望能够尝试做居民自治的工作，提出的工作愿景是“进千家门，结百家亲”。居民自治对爱有戏来说是一个新鲜的名词，刘某认为无从下手，但是街道给予了爱有戏极大的信任和活动自由，“只要放手去做，并且允许出错”。

2008年爱有戏进驻水井坊街道之初，街道已经向爱有戏提供了一份社区内部贫困人群的名单和家庭详细情况，包括贫困程度、致困原因等，让爱有戏在确定义仓的受助者名单时更有针对性和目的性。在社区内摸底调研和爱有戏义仓项目的最初实施阶段，社区内居民对爱有戏并不熟悉，因此如果只有爱有戏的社工上门调研和派发物资往往会吃闭门羹，若此时街道和社区的领导和工作人员陪同爱有戏社工一道，走街串巷，派发物资就异常顺利，同时通过街道和社区的领导向居民介绍爱有戏、介绍义仓项目也让居民逐渐打消了对新组织和新项目的抵触，为后期居民深度参与义仓项目奠定了基础。

爱有戏义仓的第一批爱心家庭主要由街道和社区的领导和工作人员报名签约，他们积极向义仓捐献物资并参与派发物资使得爱有戏义仓项目的“试水”大获成功。从2011年爱有戏义仓项目开展以来，社区和街道的工作人员和党员发挥了充分的模范带头作用，无论是义仓还是义集，都号召亲朋好友积极参加，积极捐赠。除个人层面外，从2012年开始，爱有戏义仓的“老家”水井坊街道便成立了专项资金，每年为爱有戏义仓项目拨款30万元的托底资金，作为爱有戏的日常办公开支和人头费的基本保障。

政府除了提供资金支持以外，还提供场地的支持，包括办公场地和活动场地。以水井坊街道锦官驿社区为例，锦官驿党群服务中心划拨出两个办公室作为爱有戏的办公室和义仓物资储存室。

**（2）与辖区企业合作共赢**

除了政府和本社区的居民，辖区内企业为了树立良好的形象和履行企业社会责任，也充分参与到爱有戏的现代义仓体系中来。与其他公益项目——企业捐钱做好事的逻辑不同的是，爱心企业的身份从单纯的一次性捐赠者变成了深入持久的义仓参与者。在这一过程中，社区困难家庭得到帮扶，企业树立了品牌形象，提升了社会责任感，捐赠过程不再是企业单方面的输出，而是双向互动的过程。

企业参与的方式主要是对爱有戏的义仓提供资源支持，其中包括五种资源的捐赠。

❶**场地捐赠**。辖区内的爱心企业为义集举办提供场地。以锦官驿社区为例，该社区的义集就举办在社区内某商场门前的广场上。热闹的公益庙会和“义集”的义演区吸引了大量的市民关注并参与，也为商场招揽了客源，双方实现了共赢。

❷**资金捐赠**。爱有戏服务的某些街道内成立了具有公募资格的慈善会，可以接受资金捐赠。辖区内甚至社会上的企业将资金捐到街道慈善会，以项目制的形式对爱有戏义仓进行支持，如针对辖区内大病家庭、残疾家庭设立的个案管理中心（注：个案管理中心也是隶属于爱有戏义仓体系下的子项目）。

❸**物资捐赠**。物资捐赠包括两种途径。一是爱心企业直接向义仓捐献物资。二是参加义集活动，将在义集中所赚取的资金购买成物资再捐到义仓中。

❹**时间捐赠**。为了教育员工、培育员工的社会责任感，企业会组织员工参与志愿者活动，同时爱有戏方面也会和企业协商，根据企业的特点，为企业“量身定做”一些社会志愿服务。员工通过参与义仓的志愿服务，除了提升社会责任感外，对企业也多了一份认同感和归属感，落实到具体工作上提高了工作效率。

❺**知识捐赠**。企业作为义坊的“爱心股东”，为义坊的居民商户提供经营技术、专业知识和经验的帮助，提高困难居民的经营水平、增加家庭收入。爱心企业无形中也成为这些困难家庭的人脉资源，打开了义坊商户的社会关系支持网络。

## 三 “现代义仓”背后的思考

综观爱有戏的组织成长史和“现代义仓”项目的发展史，我们看到了爱有戏希望通过将中国传统的慈善文化与西方现代公益理念结合，解决邻里关系和社会公共生活的问题。“现代义仓”的十年发展历程，也在一定程度上反映了中国草根组织的发展特征。

### 1. “体用”解析

“体/用”是中国古典思想中的重要范畴。在观察和分析当下的中国慈善时，我们将其作为一种分析框架，其中“体”是根本性的，表现为基本理念、规律与价值观；“用”是从生性的，表现为工具、行为方式、组织制度等等。

在“现代义仓”的十年探索中，中体、中用、西体、西用既有碰撞，又有融合。爱有戏义仓项目的文化口号是着眼新文化、采取新行动、建构新传统。希望通过融合古今中外的慈善价值观和价值理念的方式来对中国的古代义仓进行改造，创建“现代义仓”来回应现实问题。正如前文提到的，爱有戏的“现代义仓”希望既融入中国传统义仓的价值观，又吸纳西方慈善的价值观；既有古代文化的血液，又有现代文明的烙印；既有“仁爱”，又讲“博爱”。我们也意识到，古今中外的慈善活动大多涉及包括物质和精神上的扶贫济困、扶老济幼，最终的结果也是达到个人和社区、社会、民族、国家的和谐发展，但是支持其活动背后的逻辑确实截然不同。中国古代的慈善价值观是由“人之性本善”的逻辑起点而发展出的“仁者爱人”，人之间有相亲相爱的潜能，而最完美的人际关系是家庭内部的人际关系，大家彼此无条件地相互关心、相互爱护，支持帮助，从而家庭中生发出对家族、民族、国家的爱，最终达到“大道之行也，天下为公”的社会理想。而西方的宗教慈善虽然也是以同情心生发出的爱为出发点，但它背后的逻辑是上帝之爱，人们通过信仰上帝，严格遵守教义去无差别地爱所有人，它的背后是由上帝之爱衍生的“博爱”。无论是中国传统的“仁爱”还是西方宗教的“博爱”，都是从人的内心中生发而出的、无须受到外力约束的慈善价值观，因此一旦有了“爱人之心”，便会是坚定地行“爱人之事"。进入到资本主义社会之后，西方个人主义的慈善价值观逐渐脱离"同情心"和"爱"的范畴，更多的是以权利和义务为中心，以法律关系为约束条件。"现代义仓"背后的慈善观既有中国式的慈善观，又有西方以个人权利为核心的价值观。相对而言，在"现代义仓"中，西方个人主义的慈善观对比中国的慈善观，其"统治力"哪个更强，哪个更弱，难以判断。并且，二者具体是如何结合、如何融合的，彼此谁主谁次也较为模糊。因此，我们还难以准确地解读爱有戏"现代义仓"的价值观背后到底是一种怎样的"一以贯之"的逻辑。

康晓光在《中体西用新论》中提出：现代世界不可抗拒，传统世界必然要离我们远去，现代化是中国的宿命；但是，告别传统世界并不意味着彻底抛弃传统文化，进入现代世界也不意味着全盘西化，中国必须也必然要在本土传统文化要素与西方现代文化要素之间进行取舍，以创造自己的现代文化，即以中国传统的"体用"思维范式为方法论，以"体用二分"方式处理传统与现代的关系，以中国传统文化之体为中国未来文化之体，以西方现代文化之用为中国未来文化之用。[①]

从这一角度而言，尽管"现代义仓"发展顺利，并且在一定程度上解决了邻里情感疏离的问题，增加了社区公共服务，起到了前述诸如推动社区居民自治、自主行动，以及为居民参与公共活动提供共同体环境的作用，等等，但是搞清慈善文化背后的逻辑，并且对此有正确的判断和清晰的梳理后再运用到具体实践中，对现代义仓的持续发展更是长久之计。当然，在中国社会中，"搞不清楚"并不会阻碍行动的步伐，可以在实践中边做边思考。而且，中国慈善文化的"体"也非一成不变，它本身也在吸纳、适应和发展变化中。

需要说明的是，本文的重点不是探讨慈善文化及其"体用"，因此，本文的结构也不服务于这样的目的，此处的思考只是作为靶子"抛出"，供读者与执笔人共同思考。

### 2. 一叶知秋

改革开放 40 年以来，中国的第三部门发生了很大变化，尤其对于中国的草根组织来说，进入 21 世纪之后，草根组织逐渐从默默无闻到走上历史

① 康晓光：《中体西用新论——当代中国文化变迁动力学》，八方文化创作室，2017，第 161 页。

舞台扮演了积极角色。爱有戏根植一个受政府管制或管理的有着传统社区文化基因的社区，同时它又处在一个市场开放，公益理念受外来因素影响的环境中，它一方面要生存，另一方面又要现实地回应和解决社区问题，需资源，需合规，这其中的酸甜苦辣和五味杂陈，大概只有最前线和最基层踏实做事的“老兵”才能体悟。爱有戏的“现代义仓”正是中国发展中的草根组织，或者说最基层的社会组织的缩影。

虽然从宏观和总体上看，中国的草根组织依然属于“依附式”发展。[①] 但是我们欣喜地看到像爱有戏这样的组织，面对着多元和复杂的文化格局，在政府和企业的力量之外，依然用十年时间做出了有益的探索。无论是自身的局限还是时代的复杂性都没能阻止一群有激情、立志服务社区的人，以自己的见识和智慧实践现代义仓文化。正是在他们的影响下，中国古代义仓历史和义仓文化为更多的人所了解并熟知，也有更多的人加入实践“现代义仓”的活动中，共同探讨“现代义仓”的文化价值观和运作模式，希望“义仓”改变社区，希望变化的社区能够带动社会的变化，进而影响民族和国家。更令人欣慰的是，通过网络，重塑新型邻里关系，构建社区公民文化，共治共享和谐社区的理念已经为越来越多的人接受并付诸实践。

梁漱溟先生说：“在自己感触亲切之问题上为大众发愿，奋不顾身，不顾一己力气单薄，只将大众问题一力承担起来，放在自己肩膀上，心中念念只此一事，则凡百问题都成小问题，都不成问题。”[②] 这是对爱有戏“现代义仓”十年探索的概括，也是对中国如星火般的草根组织的最好概括！

---

① 康晓光：《依附式发展的第三部门》，社会科学文化出版社，2011。

② 梁培宽编注《梁漱溟往来书信集》下卷，上海人民出版社，2017，第1059～1060页。

# 寻找“最美家庭”活动纪实

对中国人来说，有家就有家风。家风，也叫门风，是一个家庭或家族多年来形成的传统风气、风格和风尚，[①] 承载着一个家庭或家族的生活方式、生活态度、文化氛围、伦理道德和价值观念等。[②] 从世族大家文字化的家训、家谱，到普通百姓父母长辈的一言一行，家风形式不同，传递的都是一个家庭或家族的道德准则和价值观。在不同的历史时期，家风有着与时代相适应的内容，但好家风的主体内容却少有变化，这个主体内容就是中华民族传统的家庭美德，比如尊老爱幼、夫妻和睦、母慈子孝、兄友弟恭、勤俭持家、邻里团结等。

在家庭功能方面，功能外化和单一化导致传统家风无所附丽。过去，中国的家庭是一个事业组织，负担着除了生育之外的经济、政治、宗教等诸多功能。这一方面决定了中国家庭的结构不能限于亲子的小组合，必须加以扩大；另一方面，诸如经济、政治、宗教等事物都需要长期连续性，这决定了中国的家庭不能因个人的成长而分裂，也不能因个人的死亡而结束。[③] 默多克列举核心家庭的四种社会作用：再生产、两性关系、教育和经济。[④] 孙本文也指出，“凡社会上一切功用，在家庭组织中无不发见之”[⑤]。而现今不止家庭呈现原子化趋势，独生子女政策、大规模城市化进程也带来了亲戚之间交往的表面和中断。与此同时，社会分工的高度发达，家庭

---

① 王泽应：《中华家风的核心是塑造、培育与树立正确的价值观》，《上海师范大学学报》（哲学社会科学版）2015 年第 4 期。

② 叶长青：《家风 · 作风 · 党风 · 社风》，《宁夏日报》2018 年 9 月 14 日。

③ 费孝通：《乡土中国》，群言出版社，1999，第 344 页。

④ 魏章玲：《家庭社会学与现代化》，《社会科学战线》1981 年第 1 期，第 88 页。

⑤ 孙本文：《孙本文文集》，社会科学文献出版社，2012，第 196 页。

的诸多功能逐渐被社会上兴起的其他组织取而代之。家庭的情感强度和纯度需求攀升的同时，对个人的吸引和限制却在下降。

在家庭结构方面，家庭规模微型化和代际结构扁平化是导致家风优良传统内容被忽视的重要影响因素。随着大工业的发展，家庭发展的总趋势，从规模上看似是由大到小，从结构上看似是由紧到松，从功能上看似是由多到少，从家庭观念上看似是由浓到淡，① 这一趋势正在日常成为现实。由于城镇化、计划生育政策等，中国家庭以传统大家族、大家庭聚居为主的居住形式被逐渐打破，联合家庭、拓展家庭的形式不再适用于公寓式住宅生活，家庭结构逐渐呈现小型化、核心化的趋势。根据《中国统计年鉴(2017)》统计数据，2016 年中国平均家庭户规模为 3.11 人。第六次全国人口普查数据显示，由 1 人或 2 人构成的“超微家庭”占家庭总数的比例在 2000~2010 年 10 年间从 25.34% 上升到 38.90%。家庭向微型和超微型发展，伴随的往往是家庭传统养老育幼功能的急剧丧失，意味着家庭发展潜力受到严重制约。仅由父母与子女两代人所组成的核心家庭在缺少祖辈等家庭成员的情况下，老一辈的优良家风传统往往无法得到继承，中华民族传统家庭美德逐渐被忽视。② 家庭规模缩小的隐含危机是家庭配置资源的弹性减少，功能弱化，抵抗风险的能力降低，脆弱性增强，更加呼唤来自家庭道德伦理的制度化价值支持体系。

除了家庭规模的缩小，代际结构的扁平化也对家风的传承和塑造形成了冲击。第六次全国人口普查期间“一代户”占家庭户总数的 34.18%，家庭的无子化、少子化倾向突出，家庭规模的缩小，往往也伴随着代际数目的急剧减少，家庭的互哺和传承功能迅速弱化，家风需要从实践中总结新内涵。

另外，许多社会学家认为家庭本就具有引起冲突的特性，尤其是现代家庭更容易发生冲突，需要良好的家庭道德进行润滑和调适。旧家庭中有族规家规，为家庭成员设立好行为模式和规范，一旦发生冲突，既可以采取家规中的具体细则进行处理，也可根据家风家教的行为原则来解决。现代家庭中传统功能消失，个人自由增加，亲子关系中的控制作用下降，子

① 邓伟志、刘达临：《家庭社会学讲座第一讲》，《社会》1982 年第 1 期，第 65 页。

② 李奥运：《当前家风建设存在的问题与对策》，《南京工程学院学报》（社会科学版）2016 年第 6 期。

女辈在父辈面前拥有了更多的主动权，又缺乏有约束力和向心力的家教家风引导，家庭固有之矛盾与冲突就愈发泛滥，有可能进一步导致家庭分裂的危机，造就社会化不良的个体。

家风具有很强的教化功能，对人的品德和行为的塑造更是发挥着至关重要的作用，是影响个人成长的重要因素。每个人自出生之日起，就处于某种特定的家风教化之中，持续接受着其家族文化的熏陶感染和父母长辈的日常教导，这种早期教化潜移默化地影响和形塑着一个人的世界观、人生观和价值观。[①] 正如《新闻联播》对家风的解说：“家风是一个模子，一个人能不能成才成器，算不算一个好公民，很大程度上要看这个模子怎样塑造他。”

家风是影响社会风气的重要元素。一个家庭有良好的家风，就会塑造起整个家庭崇德向善的精神气象，在很大程度上对整个社会风气的改善形成道德辐射力和影响力。习近平总书记明确指出：“千家万户都好，国家才能好，民族才能好。”“家庭和睦则社会安定，家庭幸福则社会祥和，家庭文明则社会文明”[②]。

家风是家庭的精神内核，是社会价值的缩影。家风是个人人生观价值观形成的重要土壤，家风会受到时代变迁的影响，同时家风本身就是时代精神的一部分，具有强大的育人功能，“家是最小国，国是千万家”，对家风的寻找和引领既能形成对家庭成员的约束，也是良好家庭氛围的保障，有了一个个健康的细胞，社会这个有机体才能正常运转。

2013 年，习近平总书记在同全国妇联新一届领导班子集体谈话时提到：“千千万万个家庭的家风好，子女教育得好，社会风气好才有基础。”[③] 2016 年 12 月，习近平总书记在第一届全国文明家庭表彰大会上指出，“家风好，就能家道兴盛、和顺美满；家风差，难免殃及子孙、贻害社会。”[④] 深刻阐述了好家风对形成好的社会风气的基础性作用，对注重发挥妇女在社会生活和家庭生活中的独特作用，发挥妇女在弘扬中华民族家庭美德、树立良

---

① 刘先春、柳宝军：《家训家风：培育和涵养社会主义核心价值观的道德根基与有效载体》，《思想教育研究》2016 年第 1 期。

② 习近平：《推动形成社会主义家庭文明新风尚》，人民网，http://politics.people.com.cn/n1/2016/1212/c1001-28943662.html，2018 年 6 月 23 日。

③ 转引自《宋秀岩：充分发挥妇女在家庭文明建设中的独特作用》，中国网，http://www.china.com.cn/cppcc/2015-05/21/content_35624992.htm

④ 习近平：《在会见第一届全国文明家庭代表时的讲话》，人民出版社，2016，第 5 页。

好家风方面的独特作用提出明确要求。[①]

让家庭重新回到国家的视野中，以“个人”为基础单元的社会政策和公共服务无法应对日益复杂的家庭发展趋势，[②] 而过去工具主义的家庭政策更是难以满足现代家庭的多元利益和诉求，推崇优良家风的价值，可以用整体性的、柔性的思路来填充过去囿于应急干预的机械性操作造成的疏漏，将人们浸润其间而不自知的优秀养分充分提炼出来加以推广。

在这个快速发展的时代，家庭作为社会的基本细胞，对社会有着独特的价值。处在复杂的转型时期，家庭也在交织碰撞中形成新的文化景观，重新调适自己的社会功能。家庭是个人社会化第一个也是至关重要的场所。家庭这个最微小的单位，直接对个人产生联系和影响，进而关系到社会的安定和发展。

近年来，改革开放和现代化建设取得了巨大成就，但社会的转型、文明的冲突以及精神文明建设滞后的情状却使现代家庭道德建设面临着许多严峻的问题。无论是因时代变迁导致家庭结构和功能的剧烈变化还是伴随而来的家庭道德滑坡问题都令人瞩目，对家庭折射出的矛盾、变迁的重视和解决也成为一个重要的“社会问题”。作为社会基本细胞的家庭是作用关键，但现在面临偏差，需要调适健康的家庭伦理亟待重建。另外，社会多元价值观值得尊重，但也需要引领，家风是有效的抓手。

2014 年起，全国妇联在全国范围内开展寻找“最美家庭”活动。活动通过千千万万家庭的参与寻找“最美家庭”，为千家万户树立美好家庭的榜样，宣传和弘扬这些家庭的优良家风，推动形成良好家风、建设好的家庭这样的风气，用好的家风支撑起好的社会风气。活动开展四年来，在全国妇联的组织和倡导下，各级妇联组织充分利用自己的下沉优势，推动活动从城乡社区向机关学校、部队企业、两新组织等各领域拓展延伸，覆盖面广，影响力大，这场持续开展的寻找“最美家庭”活动借助妇联遍布全国的组织构架在全国各地遍地开花。统计显示，截至 2017 年底累计

① 《宋秀岩：充分发挥妇女在家庭文明建设中的独特作用》，中国网，http://www.china.com.cn/cppcc/2015-05/21/content_35624992.htm。

② 彭希哲、胡湛：《当代中国家庭变迁与家庭政策重构》，《中国社会科学》2005 年第 12 期，第 118 页。

已有4.1亿群众参与线上线下寻找活动；推选出314.5万户各级“最美家庭”。[①]

家庭联系着社会，关系着民族大义。全国妇联发起的寻找“最美家庭”活动具有重要的社会意义。自上而下的直接命令也许不如“润物细无声”的滋养来得有效。有言之教谓之训，无言之教谓之风。虽然项目名称是寻找“最美家庭”活动，但项目并不是为了选出几户“最美家庭”，而是要发挥活动过程的教育作用，引导广大家庭以“最美家庭”为榜样建设良好家风，塑造、培育与树立正确的价值观，以此来缔造千千万万个“最美家庭”。本文将探寻妇联作为该项目的发起者、组织者、实施者如何利用自身独特优势，以家庭风气为抓手，通过“寻找榜样”进行社会倡导，促进社会风气的改善。

## 一　动员公众参与寻找与认同“最美家庭”

2014年起，全国妇联在全国范围内组织开展寻找“最美家庭”活动。家风是优秀传统道德和鲜明时代精神的统一体，拥有强大的力量。家风的来源一方面是去芜存菁的优秀传统文化，另一方面也源自新时代人们的实践，进行系统的收集、评选和展示，是更好地寻找优良家风的精髓，找出时代和社会的共性，使日后推广的家风真正“从群众中来，到群众中去”，扭转家风缺失的局面，而不是只停留在育儿书册上。

开展寻找“最美家庭”活动的根本目的，是要通过妇联组织的层层发动，积极引导妇女和家庭在认知和参与的过程中，自觉接受家庭道德教育，树立家庭美德观念，形成良好文明家风，提升家庭文明水平。[②] 寻找“最美家庭”活动的核心问题有三个：一是要最大限度地发动广大家庭参与，扩大活动覆盖面；二是保证寻找出来的“最美家庭”具有榜样示范功能；三是最大限度地宣传推广榜样，发挥榜样的示范作用。

---

① 《寻找最美、争当最美、展示最美》，http://www.sohu.com/a/231947242_362042，2018年6月24日。

② 宋秀岩：《在寻找“最美家庭”活动专题工作电视电话会议上的讲话》，全国妇联内部资料。

寻找“最美家庭”活动取得成功的关键不是为了寻找多少个最美家庭，而是让社会能够知道，让公众能够参与。因为只有参与其中，才能够看到别人的美，然后激励自己学习美。因此，寻找“最美家庭”活动从宣传发动到征集推荐再到评选公示的各个环节，都在最大限度地激发公众参与的积极性、主动性，充分而全面的参与也会带给他们仪式感，让大家更容易对“最美家庭”产生认同。

### 1. 利用遍布全国的纵向及横向组织架构广泛深入发动宣传

寻找“最美家庭”活动利用妇联的纵向组织体系和横向组织架构广泛发动公众参与，这是妇联开展寻找“最美家庭”活动所具有的得天独厚的渠道优势。

全国、省、市、区（县）、街道（乡镇）、社区（村）各级妇联组织构成了妇联的纵向组织体系。机关和教科文卫等事业单位、社会组织建立妇女委员会或妇女工作委员会，企业基层工会女职工委员会及其以上各级工会女职工委员会，以及在民政部门注册登记的以女性为主体会员的各类为社会、为妇女服务的社会团体构成了妇联的横向组织构架。依托纵向组织体系，妇联组织广泛深入发动，全国妇联部署活动的视频会议直接联通到县，从全国到农村、社区，8 万多名各级妇联干部同时参会，使活动触角延伸到了社会最基层，触及城乡社区家庭。依托妇联横向组织构架，寻找“最美家庭”活动得以触达各行各业各领域的妇女。北京市平谷区滨河街道滨河社区妇联主席王月波说：“平谷区妇联在开展寻找‘最美家庭’活动时，覆盖到 272 个村和 30 个社区，因为平谷区这个村和社区是固定的。然后还有就是 119 个区直的党政妇联组织以及 450 个企业女职工委员会，等于是只要有妇联组织架构的，全部开展了‘最美家庭’活动。”

### 2. 吸引公众“自下而上”参与寻找榜样

寻找“最美家庭”活动通过整合线上、线下多重传播渠道，让公众知道参与活动的路径，采取“自下而上”的方式选拔榜样。

活动重视各种接触公众的渠道，包括线下和线上传播渠道。比如，全国妇联要求妇联干部走家串户，面对面向公众宣传活动的意义和内涵，讲解活动步骤形式，让公众周知参与的渠道路径；要求活动宣传画贴遍“妇女之家”[1]；活动宣传片要在社区 LED 屏不间断播放；[2] 协调广播电视报刊网络各种媒体，一齐刊登播放活动宣传片、公益广告；[3] 要求通过民航、高铁、公交、地铁以及其他公共传播平台多层次传播。[4] 各地在具体开展寻找“最美家庭”活动时，更是创造了形式新颖的传播方法。比如，湖北省武汉市百步亭社区制作了印有寻找“最美家庭”活动的标志的环保袋来收集最美家庭资料，把环保袋放在我们的门栋里面，让居民随时可以把最美家庭的故事投进去。再如北京市平谷区熊儿寨乡发动各村的巾帼志愿者走街串巷，进入每家每户去宣传。比如，时任全国妇联党组书记、副主席、书记处第一书记宋秀岩在 2017 年全国“最美家庭”揭晓会上的讲话中提到：“各地妇联也积极协调主流媒体开辟专栏专题，建立官网、官微和客户端，运用动漫、H5、微电影、微视频、微课堂等新技术、新手段，全方位立体化宣传寻找‘最美家庭’活动。”

为了让广大家庭“天天看得见、随时能参与、不断受教育”，寻找“最美家庭”活动建立了常态化的寻找机制。“所谓常态化，就是全国城乡社区‘妇女之家’做到周周有活动、月月有安排、季季有上榜、全年有展示……比如围绕夫妻和睦组织开展推选好丈夫、好妻子活动，围绕孝老爱亲组织开展推选好儿女、好媳妇活动，围绕科学教子组织开展推选好父亲、好母亲活动，围绕邻里互助组织开展推选好邻居活动等等。”[5] 常态化的寻找机制一方面为公众提供了充分的参与机会；另一方面，由于反复展现榜样行为，最终公众对榜样行为形成一种持久的、可回想的印象，从而向“最美”学习，向“最美”看齐。

为保证尽可能多的家庭参与，活动确定了宽泛的寻找标准：不论身份、背景、经历、贵贱、贫富、阶层，只要是在弘扬家庭美德、体现文明风尚、

---

① 为贯彻落实建设“坚强阵地”和“温暖之家”的要求，全国妇联从 2010 年开始，在全国城乡社区全面推进“妇女之家”建设，目前已建立基层“妇女之家”近 75 万个。遍布城乡社区的“妇女之家”已经成为妇联组织在基层开展工作的主要阵地，是广大城乡妇女参与妇联活动的重要场所，也是发动妇女和家庭广泛参与“寻找”活动、展示家庭文明风采的第一平台。

② 全国妇联：《关于 2015 年在全国开展寻找“最美家庭”活动的通知》，内部资料。

③ 全国妇联：《宋秀岩在 2015 年全国寻找“最美家庭”活动专题工作电视电话会议上的讲话》，内部资料。

④ 全国妇联：《关于 2016 年在全国开展寻找“最美家庭”活动的通知》，内部资料。

⑤ 全国妇联：《宋秀岩在 2015 年全国寻找“最美家庭”活动专题工作电视电话会议上的讲话》，内部资料。

诠释幸福内涵的某一方面事迹突出、精神感人的家庭就可以参与评选。在推荐方式上，鼓励公众自荐、他荐。为方便公众自荐他荐，全国妇联下发的《关于2015年在全国开展寻找“最美家庭”活动的通知》中这样写道：“所有‘妇女之家’都要设立公众自荐他荐报名点，印制公众自荐他荐表格……全国以及各地各单位的活动官网、官微、客户端都要开设本级本单位活动推荐窗口，接受公众自荐、他荐和评议。”

为了吸引公众走出家门参与寻找“最美家庭”活动，基层妇联组织设计丰富多彩的活动内容，创造形式新颖的“寻找”活动。实际上，这些活动的作用不仅仅是吸引公众走出家门，更重要的是活动过程本身所发挥润物细无声的教育作用，提高了公众的参与热情，更把公众和整个寻找活动捆绑在一起。全国妇联深刻地认识到这一点，并且把有没有在“妇女之家”落实“晒家庭幸福生活，谈良好文明家风，讲家庭和谐故事，展家庭文明风采，秀家庭未来梦想”这五个基本规定动作作为考核各地活动成效的核心指标。要一个过程一个过程地走过来，不能贪图省事，不能敷衍了事，不能省略跳跃，要让公众在参与过程中去深刻感受中华民族家庭美德的独特魅力，接受社会主义核心价值观教育。①

在这五个基本规定动作要求的指引下，各地妇联从实际出发，创造具有亲近感、新颖性，紧贴公众需求和心理的活动方式。鼓励家庭踊跃展示自己家庭的文明家风、和谐家貌、感人故事，使家庭在参与的过程中相互欣赏启发、相互促进提高。比如，北京市石景山区金顶街街道模式口东里社区妇联为了调动妇女和家庭的参与热情，开展广接“地气”的宣传活动。该社区妇联主席韩颖说，利用“元旦春节两节”节点，组织公众自编自演相关文艺节目，此节点也可算为自2015年来，社区寻美活动的开场序曲。在每年“三八妇女节”节点，通过社区院落普法平台，三八节特色妇女公益活动，在社区里掀起“社区寻美”宣传高潮。每年“红色五月歌咏诗歌赛”节点，把“格言治家”活动开展普及展示。暑期同时配合开展学生格言诵读比赛，通过诵读名人家书及“温存一封信”（爸爸妈妈给我的一封信及爸爸妈妈我想对您说）等形式传颂治家先进，以生动活泼的方式晒家庭幸福生活、讲家庭和谐故事、展家庭文明风采、秀家庭未来梦想。

---

① 全国妇联：《宋秀岩在2015年全国寻找“最美家庭”活动专题工作电视电话会议上的讲话》，内部资料。

## 二 确保寻找到的“最美家庭”具有榜样示范功能

“最美家庭”作为榜样存在的最大意义就是被学习或模仿。根据班杜拉的社会学习理论，榜样在以下三个方面的特点会显著影响示范行为的获得效果。一是相似性。榜样如果在年龄、性别、需要、兴趣、价值观等方面与学习者相仿或接近，那么学习者更容易获得榜样行为，并自然产生模仿的倾向。二是榜样的能力水平与学习者相仿或稍高，有利于激发学习者的学习动机，榜样的能力水平偏低会对学习者失去吸引力，过高会使学习者感到无法企及而丧失信心。第三，声誉和地位。具有良好声誉和社会地位的榜样易于成为人们模仿的对象，不过，当学习者与榜样之间的差距过大，也不利于行为的获得。因此，在榜样教育中，教育者树立的榜样人物，不仅应该崇高可敬，具备良好素质，而且还要平实可近，让学习者通过努力能够达到。[①] 基于此，寻找“最美家庭”活动提出了“三可目标”寻找，即“发动公众寻找来自身边的生动可亲、真实可信、优秀可学的家庭榜样”[②]。寻找“最美家庭”活动具体通过以下方面保证“三可目标”的实现。

### 1. “寻找”的主动权和“最美”的决定权掌握在公众手中

寻找“最美家庭”活动不预定标准、不设定门槛，“寻找”的主动权、“最美”的决定权在公众手中，充分尊重公众的价值观和道德标准。只要公众觉得自己的家庭或者他人的家庭在某些方面是优秀的，就可以被推荐为“最美家庭”。公众的推选有利于充分张扬多元的价值观，“横看成岭侧成峰”，从多个面向来诠释“最美”。

在“最美家庭”评选的过程中，公众是评价主体，这是推选各级“最美家庭”的一条硬要求。在评选环节，妇联组织通过组织“最美家庭”评议会、基层妇联干部入户走访等方式征求公众对候选家庭的意见，只有通

---

① 袁文斌、刘普：《榜样教育的理论依据与心理机制》，《河北大学学报》（哲学社会科学版）2010 年第 1 期。

② 全国妇联：《宋秀岩在 2015 年全国寻找“最美家庭”活动专题工作电视电话会议上的讲话》，内部资料。

过公众评议讨论和认可的家庭才会被推选为“最美家庭”。正如北京市平谷区滨河街道滨河社区妇联主席王月波所言：“得老百姓站出来说‘他们家不错，这家挺好的’才行。”在人人参与评议的过程中，人人都在审视自己的家庭，起到了自省和找差距的作用。

各级“最美家庭”的产生一般都会经过公众投票环节。社区（村）级“最美家庭”的投票评选一般是线下投票。北京市平谷区马昌营镇后芮营村妇联主席杜可欣说：“到 10 月，就进行全民投票，为‘最美家庭’投票。‘最美家庭’有什么类型，每个类型投出一户，最后谁家票多就被评选为‘最美家庭’。”北京市西城区“最美家庭”的产生需经过公众网络投票，西城区妇联副主席吴洁说：“（‘最美家庭’候选家庭）在妇联官网、微信、微博，进行公示，接受公众的投票点赞、评议监督。”① “首都最美家庭”是以专家媒体评议投票和网络公众点赞投票 6∶4 加权的方式产生的。北京市妇联家庭和儿童工作部部长尤筠说：“我们每年就是网络票选，还有综合评议。综合评议我们就是请了各方面的代表：主办方的代表，家庭建设方面专家的代表，媒体的代表，家庭公众的代表一起综合评议。票选和综合评议的比重是 4∶6。”②

投票的过程既是公示评议的过程，也是公众接受教育的过程。北京市西城区家庭代表余文红说：“投票的过程就是一个学习的过程，我们作为一个驻区单位，接到通知，都会把网址发给所有的教职员工，让他们去看、去学习。”③

经由公众寻找出来的“最美家庭”，一方面是生动可亲、真实可信的，因为他们是真实的，不是经过美化的，更不是虚构的，是活生生的，是有血有肉有感情的人。另一方面是可学的。首先，“最美家庭”是日常生活中的榜样家庭，让学习者感到榜样就在自己身边，自己完全有能力和条件进行学习，并且经过学习自己也有可能成为榜样。北京市平谷区滨河街道滨河社区妇联主席王月波说：“学天边不如学眼前，我们的‘最美家庭’都是邻居，这个是‘最美家庭’群众基础最好的地方”。其次，“最美家庭”是与学习者经常有固定交往的人，常常成为学习者反复观察、模仿的对象，

① 笔者对北京市西城区妇联副主席吴洁的访谈。
② 笔者对北京市妇联家庭和儿童工作部部长尤筠的访谈。
③ 笔者对北京市西城区家庭代表余文红的访谈。

也是他们学习得最彻底的对象。再次，“最美家庭”是具有多样性的。因为活动不预定标准、不设定门槛，每个人都有选择榜样的权利和自由，所以“最美家庭”是各具特色的。它们辐射于不同背景、不同身份、不同行业、不同地域，承载着不同的精神品质，表现出多元化，这就给广大的学习者留有很大的选择空间，让大部分学习者能够找到与自己的年龄、性别、成熟水平、职业、兴趣爱好等方面相仿或接近的对象，从而产生模仿的倾向。最后，“最美家庭”是具有鲜明时代特色的。公众寻找出的“最美家庭”是现实中涌现的活生生的榜样，属于当下的这个时代，与当下人们的价值观和行为方式相契合。

### 2.“隐性标准”和制度流程保证“最美家庭”与社会主流价值观相契合

为了保证“最美家庭”是优秀可学的，活动通过“隐性标准”来保证“最美家庭”与社会主流价值观相契合。

虽然寻找“最美家庭”活动不设参与门槛，不定“最美家庭”标准，但是，不设标准，不等于无标准。合乎社会道德规范和主流价值观，是寻找“最美家庭”活动一个隐性的判断标准，这一点可以从全国妇联下发的活动通知中得到印证。比如，全国妇联下发的《关于2015年在全国开展寻找“最美家庭”活动的通知》中提出，“大力培育和弘扬夫妻和睦、尊老爱幼、科学教子、勤俭持家、邻里互助的家庭文明新风”，这里提到的夫妻和睦、尊老爱幼、科学教子、勤俭持家、邻里互助就是“最美家庭”的隐性标准。各地妇联在具体开展寻找“最美家庭”活动时，对“最美”的隐性标准达成默契，那就是“有一个方面很突出，其他方面都及格”。这个“及格”就是指家庭成员的行为要合乎社会道德规范和主流价值观。北京市平谷区熊儿寨乡妇联主席郭海荣说：“虽然‘最美家庭’不设门槛，是自愿，只要他有积极性，我们都让他参加，但是，邻里和谐、夫妻和睦等这些最基本的家庭道德都必须作为首选条件的。”有些地方的妇联把这条“隐性标准”明确写在了活动通知中，山东省济宁市金乡市妇联在《县妇联寻找“最美家庭”活动实施方案》中明确提出，“被推荐家庭需满足遵纪守法、家庭成员中无任何违法违纪等不良行为，无违反社会公德、无民间借贷纠纷的基本条件。被推荐家庭是在夫妻和睦、孝老爱亲、科学教子、热心公益、勤俭持家、勤政廉洁、健康生活、邻里互助、志愿服务等方面事迹突出、精神感人、得到社会好评的家庭。”①

从结果来看，寻找出来的“最美家庭”身上蕴含的价值观基本囊括了我国社会主流价值观。比如，2015年福建省寻找出的100个“最美家庭”的价值观集中在“夫妻和睦”“孝老爱亲”“教子有方”“邻里友善”“节俭持家”“勤勉廉洁”“平安和谐”“情系国防”“乐善好施”“笃行勤学”这十类价值观类型上。②

“最美家庭”荣誉分为国家级、省级、市（地）级、区县级、社区（村）级五个级别，高一级的“最美家庭”由妇联组织从获得下一级称号的“最美家庭”中择优向上推荐产生。每一级别的“最美家庭”都需经过严格审查把关，以保证“最美家庭”是优秀可学的。社区（村）级“最美家庭”是各级“最美家庭”的入口，所以对被推荐候选家庭事迹的严格把关尤为重要。尽管各地因地制宜，评选方式略有差异，但一般来说，遵循以下步骤：一是看书面材料初选；二是入户了解筛选；三是投票评选、公示。北京市平谷区熊儿寨乡妇联主席郭海荣说：“评选过程可以用两个字说，就是‘严谨’……首先我们有自荐、他荐和组织推荐这三种推荐方式。自荐需要家庭自己书面写出来，我这个家庭到底有哪些方面是优秀的。他荐，就是公众通过电话或者直接当面跟我们村级的妇联干部说，咱们村谁家特别好，比如教育子女方法特别好。组织推荐，必须是村两委班子全部通过，然后才能作为村级候选最美家庭，这些最美家庭评出来是需要公示的，在我们村里边公示栏里面进行公示，公示一星期，如果没有意见，然后才能上报到乡一级。”

## 三 让“最美家庭”的榜样家风内涵传递给参与者

“最美家庭”一旦被寻找出来，传播“最美家庭”就成了关键。“最美家庭”只有被传播出去，才能对千千万万个家庭产生价值观上的引导效用和行为上的模仿效用。妇联通过各种形式对“最美家庭”榜样及其内涵进

① 《县妇联寻找“最美家庭”活动实施方案》，http://www.jinxiang.gov.cn/art/2015/11/20/art_1538_83539.html。

② 《我省10类100户“最美家庭”揭晓》，http://news.ifeng.com/a/20150507/43708047_0.shtml。

行了传播。让寻找出来的“最美家庭”去讲他们自己的故事，本身就是对“最美家庭”行为的一种肯定与赞美。这种肯定和赞美一方面鼓舞着“最美家庭”成员，使他们对自我获得一种自信，另一方面名声在外对他们也是一种约束，时刻用“最美家庭”的标准约束自己，不能落后。同时，这些“最美家庭”的良好家风也激励影响着其他家庭，发挥一种互学互鉴的带动作用。

其一，隆重的揭晓仪式传递良好家风。活动每年在5月15日国际家庭日前夕举行全国“最美家庭”揭晓仪式，通过揭晓会这种具有仪式感的形式赋予“最美家庭”荣誉，并向社会发布。如，2018年度全国“最美家庭”揭晓活动于2018年5月14日在人民网一号演播厅举办，同时在人民网全程在线直播。揭晓活动流程大体包括短片展示、现场采访、评论点睛三个环节。短片展示环节，采用客观叙述、细节表达的方式将“最美家庭”的美浓缩在5分钟内。每个短片都有家庭最鲜活的特点和最动人的细节，以微知著。短片以事实说话，娓娓道来，观众就像在看一个身边发生的故事，不知不觉中已经认同了片中家庭的行为。现场采访环节，主持人与“最美家庭”代表以聊天的口吻补充短片中未呈现的内容，深入洞察人的内心，使可亲可信的一面得到充分的展现，从而产生较强的感染力和说服力。评论环节画龙点睛，升华精神内涵。现场采访结束后，主持人会朗读大屏幕上出现的一段话，这是给予“最美家庭”的评价，类似于颁奖词。评价直截了当地表明观点，直指核心价值，准确、简短、有力。语言风格感情丰富，充满人情味。

其二，寻找“最美家庭”活动常年在城乡社区设立光荣榜，通过不断地树立榜样、通过故事和事迹的传播，反复展现榜样行为，最终使观察者对榜样行为形成一种持久的、可回想起的印象，让广大家庭在潜移默化中受到感染和熏陶。有些机关、企事业单位通过举办“最美家庭”风采展的形式向单位职工展现“最美家庭”之美。风采展通过文字、图片、实物等形式，宣传“最美家庭”的家风文化。比如，北京市市直机关妇工委在机关大楼举办“家风促和谐、喜迎十九大市直机关最美家庭”风采展，展示“最美家庭”的清正廉洁、孝老爱亲、夫妻和睦、科学教子等良好家风。通过发通知的形式，号召单位职工观看展览。

其三，活动还通过开展“最美家庭”巡讲活动，组织寻找出来的“最美家庭”去讲他们家庭自己的故事，以此来传播美，让所有观看巡讲活动的人都能从中受到启发，对他们的家庭建设有所启示。在全国层面，2017年全国妇联主办了“梦想启航——中国好家庭好家风巡讲活动”。巡讲活动选择那些有分量的“最美家庭”组成巡讲团，赴各地及相关单位进行家庭家教家风巡讲，生动展示家风故事，并通过新媒体全网直播。为了让观众产生共鸣，让观众有所反省、有所思考、有所感动，“讲”必须生动、走心。为此，策划编导“梦想启航——中国好家庭好家风巡讲活动”的铁路文工团导演车洁玮在详细了解每个家庭故事的基础上为参加巡讲的“最美家庭”撰写演讲稿，用最朴实、最真挚、发自肺腑的语言打动观众、感染观众。

地方及基层妇联组织也组织成立了“最美家庭”宣讲团，把本社区(村)、本乡镇、本街道、本区（县）、本市的“最美家庭”组织起来，让他们把自己家的故事讲给百姓听。比如，北京市妇联组织全市来自不同区县、从事不同工作的10名“最美家庭”代表成立“最美家庭”百姓宣讲团，他们走进全市16个区县，用朴实的语言为大家讲述他们与亲人、朋友、邻里之间真实发生的故事，展现家庭之美。再如，北京市西城区妇联组建“最美家风”宣讲团，宣讲团成员以整体组团宣讲或个人专题宣讲的形式走进社区、街道、企业、社会组织，在全区开展巡回百姓宣讲活动。

## 四　寻找“最美家庭”活动启示

对于“最美家庭”的寻找和推崇，不仅仅是形成外化的行动模范，更重要的是，暗含了对家庭情感需求的呼吁。过去传统的中国家庭对于情感满足的程度是有所欠缺的，家庭的核心化原子化其实帮助家庭筛选出必不可少的功能，即情感维系。在“最美家庭”活动中，公众积极参与、自我展示、通过巡讲学习，正是在对自己家庭履行的功能、塑造的氛围、达到的价值进行梳理，这种爬梳帮助参与的家庭树立起对于自家家风的认可和悦纳，也建立起对社会共同倡导的家文化的认同和实践，从多个层面抚慰人们的情感需求。

“最美家庭”帮助我们重新认识家庭，重新定位家庭在社会发展中的重要作用；让我们在经济逻辑泛滥的今天，重塑和坚持家庭的价值，保持其温暖纯良；此外，也是把家庭视作重要的文化和价值资源，从实践中从传统中找到适合现代社会转型的答案，让家庭回归国家视野，给予支持性服务，帮助家庭更好地回应转型期的新需要。

不可否认，目前寻找“最美家庭”活动的公众参与度没有达到100%，公众参与的广度和深度都还有提升的空间。全国妇联表示，未来寻找活动还将不断向纵深开展，进一步拓宽活动的覆盖面和群众的参与度。我们相信，随着寻找“最美家庭”活动的持续开展，越来越多的“最美家庭”将会被缔造出来，“各美其美，美人之美，美美与共，天下大同”。

### 1. 家庭伦理观念遭遇社会不良风气挑战

首先，经济理性入侵家庭伦理价值观。当代中国家庭的价值体系经历了一个世俗化的过程。改革开放以来，经济的市场化改革让人们的生活水平有了显著提高，物质财富得到了较大丰富。但是在此过程中，经济理性的价值观逐渐影响人们的生活方式和思想观念发生变化。家庭不再嵌套于传统理智体系当中，褪去神圣色彩。不少社会成员开始逐渐关注和追求自身的物质利益，在生活中也更为关注自身利益和欲望的满足。这些生活方式和思想观念的变化无疑会间接地影响到家庭风气的变化，让整个家庭风气的主题受到影响。父母将无意识地把个人的功利主义和个人主义的价值观通过各种方式传递给下一代。下一代不断传承并强化这种功利主义价值观，并且他们的自私自利缺乏有效约束①，进而导致家风偏离正常轨道。

经济理性入侵带来了链式反应。时代的发展就是陌生人社会取代熟人社会，那些依靠时间和经验累积的技能不再具有重大的价值。客观上导致尊老的良好家风传统日益弱化，父母权威下降，子女的收入和“现代社会必需的知识技能”增长的同时话语权也在提高，“家有一老，如有一宝”也不再被人们提及；“在家靠父母，出门靠朋友”也逐渐演变成了“靠父母买房，跟朋友吃饭”，功利的算计渗透到家庭的日常生活中来，许多人在攫取代际积累的财产的同时又不愿意承担养老责任，赡养危机频出。显然，工具理性超越价值理性进一步贬抑了家庭的地位和价值。家庭不再是“学习自我牺牲和自我克制的课堂，至高无上的道德圣地”②。经济理性的另一个

① 如对超越性的畏惧，以及来自熟人社会的道德谴责和经济约束。

② 〔法〕埃米尔·涂尔干：《社会分工论》，渠东译，三联书店，2000，第28页。

表现是“自我中心式的个人主义”①泛滥，导致人们个体意识极端膨胀，自然也背离了为家庭带来纪律和责任的道德要求。经济理性入侵家庭——自我中心式个人主义疯长——侵蚀家庭伦理道德的链条正在发挥作用。

其次，非传统家庭在新时代背景下大量涌现，挑战传统家庭伦理观。随着计划生育政策的改变，以往的“4—2—1”家庭可能会快速转化为“8—4—2—2”家庭。②宏观政策下，纯老家庭、隔代家庭、留守家庭、大龄单身家庭、单亲家庭、丁克家庭、失独家庭，乃至同居家庭、同性家庭等一时并茂，对于传统的家庭伦理和行为规范形成挑战。正如吉登斯所言：“家庭是传统和现代性之间斗争的场所。”③这些家庭的占比逐渐提高，但是还没有找到适合自己的、可以参照的样态，其他人并不将它们视作普通家庭中的一员，反而认为它们是对家庭正统的反叛，彼此之间的不理解遮蔽了家庭文化中共享的价值伦理。

家风不是唯一受到歪风习气侵蚀的受害者，却是进行伦理变迁问题最有利的解决者。在家风式微的现状下，广大家庭的家风需要引导，明确什么是值得推崇的，什么是需要摒弃的。今天，家庭的建设已经成为社会的一个热点，国家已经把培育良好的家风放在一个重要的位置。国家通过对家风的重塑和宣扬，让良好家风潜移默化地影响每一个家庭，以家庭为单位作用在个人身上，小成本大收益。根据家庭生态系统理论，家庭系统中存在一种相互作用的模式，家庭成员的相互影响是同时发生的，一个成员的行为会影响其他成员的行为、认知和情感的变化，同时也会导致他们对行为、认知和情感的反思，其中一个成员做出一些改变会导致其他成员发生一些不同的变化。④从这一理论视角出发，家风的再造和传承有着举足轻重的意义。

### 2. 再造家风的必要性和重要性

在现代，家庭不再是人们唯一的生活中心。从历史维度看，传统中国

① 阎云翔：《私人生活的变革：一个中国村庄里的爱情、家庭与私密关系 1949 - 1999》，上海书店出版社，2006，第 239 页。

② 彭希哲、胡湛：《当代中国家庭变迁与家庭政策重构》，《中国社会科学》2005 年第 12 期，115 页。

③ 郑曦原、李方惠：《通向未来之路：与吉登斯对话》，四川人民出版社，2002，第 147 页。

④ 关颖：《启动家庭生态系统传承家风的 5 个通道》，《中国教育报》2018 年 11 月 1 日，第 11 版。

的“家国同构”在一次次的革命和改革中逐渐消散，家庭制度不再神圣化和政治化，家庭不再占据社会视野的中心。在个人层面也表现出五四以来对婚姻家庭的关注和解放不再是热潮，人们对家庭的重视程度下降，研究者也面临转向，家庭作为一个整体单位受到的关注减少。从大众传媒的流行趋势我们可以隐约窥见大众的喜好，从以前万人空巷的《渴望》《我爱我家》到《家，N 次方》《金太郎的幸福生活》《蜗居》《裸婚时代》《双城生活》《金婚》等，可以看出家庭一度是所有故事发生最重要的场域，尤其是与之紧密相连的婚姻爱情故事。但我们也发现，近期的电视、电影围绕着家庭发生的家长里短、小情小爱已经不能打动观众，职场、校园甚至异次元空间成为更多撬动资本的关键词，背后反映的都是人们对家庭处于一种若即若离的状态，一方面离不开家庭提供的庇佑和支持，另一方面又将家庭视作约束和负担，欲卸之而后快。

不管趋势如何，中国仍然是一个家庭取向很强的社会。人们仍在为家庭伦理与价值的纽带作用兴奋不已，也在为彼此之间的拉扯而困惑万分。这种矛盾和胶着反映在家庭内部出现了一系列的越轨现象，家庭不断承受冲击和解构，家庭道德和风尚亟待重回正轨。从人们对于新的家庭形态、相处方式、亲子关系等的探索中可以看出，公众需要一个引导来帮助他们面对家庭流变的不确定性，应对这种失范状态。

而想要重新激活中国优秀传统文化中家庭教化的作用，自上而下地挤压和摊派对于倾向于原子化的个体来说只会适得其反，有效的应当是“礼失而求诸野”，从日常生活中寻找意义。在重复、单调、日复一日的日常生活中找到影响人格塑造和价值传递的因素，赋予其时代性和生命力。所以，在所谓的“小家庭”时代，再造家风的必要性和重要性仍然存在。

### 3. 榜样的作用机制在社会倡导中的意义

“最美家庭”释放榜样力量的前提是人们有向“最美家庭”学习的动机，而动机是在内在需要和外在诱因共同作用下产生的。内在需要是激励人们向榜样学习的一种需要；外在诱因是引起动机的外在条件，包括两个方面：一是榜样的替代性强化，二是社会舆论所引起的外在压力。

“最美家庭”的美体现在良好的家风上，诸如夫妻和睦、孝老爱亲、科学教子、勤俭持家、移风易俗、绿色环保、热心公益等等。一个个“最美家庭”实际上是好家风的具体化、人格化，是中华民族家庭美德的实际载体，对社会大众产生价值观上的引导效用和行为上的模仿效用。

首先，人有向榜样学习的内在需要。需要是动机产生的内部条件。人本主义心理学家马斯洛把人的需要从低到高分为五个层次，依次为生理的需要、安全的需要、爱和归属的需要、尊重的需要和自我实现的需要。对自己的尊严和价值的追求是尊重的需要。每个人都十分重视他人对自己的看法，希望得到他人和社会的高度评价。[①] 受到他人和社会高度评价的“最美家庭”的出现，给人们提供了参照的标准，树立了奋斗的目标，激发起内部学习的动力。比如，有网友在看到石景山区五里坨街道高井社区任全来家庭的事迹后留言：“像任全来一样能坚持几十年关爱没有任何血缘关系的老人，才能把中国尊老爱幼、孝顺老人的良好美德传承下去。我们要向任全来师傅学习。”[②] 人们也会通过对“最美家庭”活动的逐步了解，意识到原来家庭之美、家风之美不是局限在某一种特定类型的，他们会更有动力去发现属于自己家庭的美，放大，并践行之。

其次，根据班杜拉的社会学习理论，替代性强化指观察者因看到榜样受强化而受到的强化，从而使自己也倾向于做出榜样的行为。也就是说，榜样的行为受到表扬和肯定会加强学习者产生同样行为的倾向。活动寻找出来的“最美家庭”持续不断地受到社会的肯定、认可及褒扬，人们相信在习得和表现榜样行为之后会得到同样的报偿，从而产生学习动机。从宣传发动到征集推荐、评选公示，再到传播推广，寻找“最美家庭”活动的每一阶段都在营造一种扬善惩恶的社会舆论。在这种舆论氛围里，“最美家庭”的言行得到社会的认同和赞美，与之相悖的则受到抨击和谴责。当人们与“最美家庭”进行比较，意识到自身与“最美家庭”的差距时，就会产生内疚、惧怕和痛苦等消极的情绪体验，而这种消极情绪体验会“放大”这一差距，使人们更易产生向“最美家庭”学习的动力。

最后，仪式感和参与感带来认同的转化。寻找“最美家庭”是一个历时性的、多个主体参与的活动，公众掌握着“寻找”的主动权和“最美”的决定权，让那些即便最终没有获得“最美家庭”的参与者也可以把外在的推动转化为内心的认同，与有荣焉，这种仪式感成了一种自我暗示，帮

---

① 袁文斌、刘普：《榜样教育的理论依据与心理机制》，《河北大学学报》（哲学社会科学版）2010 年第 1 期。

② 北京市妇联：《五里坨辖区居民对任全来的公众评议及留言》，内部资料。

助更多的旁观者转化为参与者。

### 4. 提升公众参与的难度

尽管寻找“最美家庭”活动深刻地意识到，最大限度地提高公众参与度是实现活动目的的关键，但目前来看，活动的公众参与度还很有限。本文所指的公众参与度包括参与广度和深度，广度指参与群体的多少；深度通过参与过程来衡量，具体表现在参与过程中是全程参与还是阶段参与。

一是提升公众参与广度的难度。为了扩大寻找“最美家庭”活动的覆盖群体，各级妇联组织利用横向组织体系发动职场人士参与活动。但就目前来看，妇联横向组织体系涵盖的单位主要是机关和教科文卫等事业单位以及国企，而大量的民企、私企、个体工商户、社会团体、民办非企业单位等两新组织并不在其组织体系内。北京市西城区妇联妇儿工委主任周慧娟说：“如果没有（单位）到我们执委系统里，从妇联角度进入就困难一些，因为我们跟他们建立不了特别有效的联系，没有对接关系。”因此，寻找“最美家庭”活动利用妇联组织的横向组织体系覆盖的人群仅仅是在机关和教科文卫等事业单位以及国企工作的职工。

二是提升公众参与深度的难度。在开展寻找“最美家庭”活动中，公众参与的环节包括：在参加“晒家庭幸福生活，谈良好文明家风，讲家庭和谐故事，展家庭文明风采，秀家庭未来梦想”活动的基础上自荐、他荐“最美家庭”候选人，评议“最美家庭”，听取“最美家庭”的宣讲、看“最美家庭”展览等。目前来看，公众参与最多的环节是线上评议以及听宣讲、看展览，而很少自荐、他荐“最美家庭”候选人，造成公众参与深度大打折扣，这在城市商品房社区尤为明显。

在城市商品房社区，多由组织推荐“最美家庭”的人选，群众自荐、他荐的少。北京市西城区2016年度区级“最美家庭”代表王吉安说：“我是哪一层级‘最美家庭’我也不知道，我是被社区推荐，赶着鸭子上架的。”[①]北京市平谷区滨河街道滨河社区妇联主席王月波说：“我们（社区）这么多年自荐就只有一户……一般都是单元长、楼长推荐，还有就是社区推荐，社区了解到的（家庭），就是层级推荐的方式。”以组织推荐的方式决定“最美家庭”人选，候选人的产生其实是一个“暗箱”操作的过程，

① 笔者对北京市西城区家庭代表王吉安的访谈。

没有群众的说一说、看一看、比一比，群众无法相互学习交流、相互欣赏启发、相互促进提高，活动过程润物细无声的教育作用被减弱。商品房社区开展寻找“最美家庭”活动的特点是由商品房社区邻里关系的特点决定的。商品房社区是由不同职业，在不同单位就职的陌生人组成的居住生活共同体，居民的各种社会活动圈是分离的。一般的生活模式是早上从居住地去公司，下班后在娱乐区参加交际或娱乐活动，深夜返回居住地，社区仅仅是居住空间。多数居民的精神生活不在社区之中，对社区的依赖性非常小，人们的生活焦点在私人的小天地。所以，需要群众广泛参与的寻找“最美家庭”活动在新建商品房社区不具备活动开展的客观环境基础。①

在妇联横向组织体系所覆盖的单位，一般也是直接由基层单位自己权衡一下就推荐上报。北京市平谷区教委妇委会主任王俊英详细描述了平谷区教育系统推选“最美家庭”的过程：首先，平谷区教委妇委会接到平谷区妇联关于开展寻找“最美家庭”活动的通知后，与平谷区教育工会联合下发通知到本系统所属各学校。各学校接到通知后，请各处室或者各年级推荐“最美家庭”候选人，推荐到学校层面后，学校再优中取优，推荐一到两名到教工委。然后，教工委再从不同的处室（基本上就是一些业务科室）抽调工作人员对上报上来的“最美家庭”事迹进行综合评定，选出 2/3，再推荐到平谷区妇联。② 从上述过程发现，单位在推选“最美家庭”候选人时，没有职工评议、职工推选，而是由组织推荐上报。

全国妇联具有横向及纵向触及个人及家庭的渠道及有力的行政保障，寻找“最美家庭”活动尚且有如此难度，其他非营利组织在中国开展倡导类项目的难度更是可想而知的。

① 李国庆：《社区类型与邻里关系特质——以北京为例》，《江苏行政学院学报》2007 年第 2 期。

② 笔者对北京市石景山区教委妇委会主任王俊英的访谈。

# 第三部分

# 典型案例

**典型机构**

知乎社会化问答社区构建的民间舆论场

爱趣职与职场青年的公益生活

北京市志愿服务联合会：志愿服务领域的枢纽

**典型项目**

爱有戏义仓项目："现代义仓"的十年探索之路

寻找"最美家庭"活动纪实

**典型事件**

"米兔"运动引爆中国公益领域之思考

# “米兔”运动引爆中国公益领域之思考

2018年的“米兔”运动（以下简称“米兔或米兔运动”）称得上年度大事。在美国米兔的影响下，中国的米兔先波及高校，将高校内隐蔽而丑陋的性侵和性骚扰事件置于光天化日之下，接受公众审视。而将声誉视为生命线的公益领域2018年7月也接连爆出性侵事件，多名公益人士被指控性侵并被证实。

中国米兔来无影去无踪，没有行动纲领，没有组织领导，没有事先的安排和筹谋，作为一场无组织的组织化运动，不依靠权力，通过去中心化的广泛参与，成为一场近年来颇具广度和深度的社会运动。它的出现和消失与社会总体性别观念的改善和重新启蒙、社交网络实现的自我赋能以及议程设置、运动自身的性质和阶段有关。

在正当的法律手段和组织保护缺位的窘境下，受害者被迫选择公开事件，通过曝光，维护权益。米兔运动经由传媒扩散，放大受害者的声音，使性侵者得到惩罚，使受害者走出精神困境，通过共情实现治疗（therapy through empathy），也使普通人得到自我保护的知识。

米兔引爆中国公益领域呈现出与其他领域的共性，也因公益领域本身的使命是维护社会公共利益，主张公平和正义，而具有特殊性。

## 一　“米兔”运动的由来

国外的米兔主要的发端地和斗争地是在美国，从娱乐圈开始，席卷职场，最终形成了部分制度化建设和专门反性侵组织。

2017 年 10 月 5 日，《纽约客》的罗南·法罗、《纽约时报》的朱迪·坎特和梅根·图伊，因对包括好莱坞最具影响力的制片人哈维·韦恩斯坦在内的相关性侵报道，大范围揭露好莱坞性骚扰事件，成为点燃 Me Too 运动的导火索。[①] 哈维·韦恩斯坦性骚扰受害者之多出人意料，全美对于性越轨行为的“大清算”迅速掀起。15 日，女演员爱丽莎·米兰诺发布推特：如果所有被性骚扰或侵犯过的女性都能发一条“Me Too”（中文翻译“米兔”）标签的状态，那么人们或许能认识到这个问题的重要性。这条推文发出后的 24 小时内，带有“Me Too”标签的推文和引用量超过 50 万次，Me Too 热从推特烧到了 Instagram 和脸书，越来越多的人参与到事件的关注和讨论中来。随后，哈维·韦恩斯坦陆续被超过 80 位从事电影行业的女性控诉在过去至少 30 年中对她们性骚扰。迫于巨大的舆论压力，他被公司解聘、被专业学术组织开除，并于 2018 年 5 月被捕，以强奸和其他侵犯罪行被指控。除哈维·韦恩斯坦之外，好莱坞著名影星摩根·弗里曼被 16 名女性举报性骚扰，导演伍迪·艾伦、罗曼·波兰斯基也陷入性丑闻。娱乐圈众多明星通过在社交媒体上打标签（#Me Too#）、集体穿黑衣走红毯等行为，支持和鼓励受害者说出遭遇性侵害的经历，此后更是引发多个行业一连串的指控。好莱坞女演员罗丝·麦高恩 2018 年 1 月底出版新书 *Brave*（《勇敢》），书中爆出当年她遭受哈维·韦恩斯坦性侵的遭遇，罗丝·麦高恩成为米兔运动新的领军者。

在反性侵运动的推动下，2018 年 1 月 24 日，156 名体操队员联合指控美国女子体操队前队医拉里·纳萨尔在 20 年间侵犯 160 人，年龄最小的只有 6 岁。由于纳萨尔在美国女子体操队位高权重，加上美国体操协会的包庇，所有受害的队员都不敢说出他的恶行。最终在 100 多名队员铁证如山的证词下，这位“色魔队医”被判刑 175 年，主审法官更是鼓励受害者将伤痛留在法庭，重新开始。

同时，米兔蔓延到线下。2017 年 11 月，上百人在好莱坞举行了“还我职场”游行和“Me Too 幸存者”游行。运动还催生了一个专为女性权益奔走的专业组织。娜塔丽·波特曼、艾玛·斯通等超过 300 名影星、编剧和导

---

① Ronan Farrow，“Harvey Weinstein's Secret Settlements”，*The New Yorker*，https://www.newyorker.com/news/news－desk/harvey－weinsteins－secret－settlements.

演公布组成反性侵联盟，以“Time's Up”为名，协助受性骚扰和性侵犯的社会各阶层女性。两个月的时间内为该组织筹得2100万美元，远超预计的1500万美元，成为美国米兔最重要的组织成果之一。有影响力的媒体和活动，也为此留出版面和时长。2017年12月，美国《时代周刊》公布了2017年度人物，当选的不是掌权者，不是明星，而是一群选择“打破沉默的人”，她们分布在各行各业。第75届全球奖终身成就奖得主奥普拉·温弗瑞在演讲中提到“Me Too”运动。甚至，“Me Too”运动对整个美国的内容产业产生了影响。奥斯卡奖的投票阵容扩大，在2018年的928名获邀艺术家中，近一半是女性。前几个月，美国小姐选美大赛取消了泳装和晚装环节。被举报者腾出的空位中，超过一半由女性填补。不过，米兔在美国一周年之际，许多人进行了检视，发现女性的处境并没有明显改善，反而在职场上受到了更多更隐蔽的压制。

有关米兔运动有两种声音，一种是看重米兔运动的启蒙意义，认为这对于在现有权力结构之下女性权力不被司法系统保护的现状是一种非正式的反击，能够让受害者获得公开谴责的机会，让更多的女性能够站出来捍卫自己的权利。另一种声音则主要来自以欧洲大陆的法国、意大利为代表的国家，认为公开的指责可能造成诬告；米兔运动有扩大化趋势，可能会使亲密关系丧失不可言说的模糊性带来的美感，造成人际关系的紧张和脆弱；此外，米兔的叙事方式可能会巩固女性的受害者形象。

## 二 中国公益领域的“米兔”事件及反应①

2018年当米兔燃至中国公益领域时，一片哗然，公众震惊，业内惊愕。至今，米兔仍在公益领域持续。

### 1. 第一阶段：“外围”酝酿

风起于青蘋之末，中国的米兔始于高校反性骚扰系列事件。受美国米兔的启发，2018年1月，罗××在微信公众号实名举报前北航教授、“长江学者”陈××，由此刷爆网络。4月，北大毕业生李××在新浪微博实名发

① 因出版规范要求，部分“米兔”事件案例，本文不提及。

表一篇万字长文，揭露20年前北大女生高×因性侵自杀的旧事。此后中国人民大学、北京师范大学、南京大学、中山大学等多名高校教师都被或匿名或实名举报对学生曾有性骚扰和性侵犯行为。

米兔先从高校遍地开花，首先与传统的师道尊严崩塌，师生之间有了新的依附关系形态，身份和权力的不平等被放大有关；也与高校教师的社会声誉日益降低有关。其次，在中国的教育制度下，导师对学生能否顺利毕业有着很高的决定权，此时米兔事件涉及的举报者多数已经毕业或在国外，她们不必害怕举报导师而影响学业和就业。

在这个阶段，举报者通常已经不再同被举报者处于同一个圈子，基本上举报者证据清晰、逻辑分明，被举报者几无还手之力。这一时期的举报者基本是独自完成叙事，举报者相对比较节制，在策略上也有一定保守倾向，不需要公众参与其中，只是一种迟来的公正和诉说，要揭穿施害者的真实面目。公众站在一边旁观，多抱以同情、愤慨。涉事高校和行政管理部门也在较短的时间内进行回应，但共同点是都不认为高校在其中有失职失察的行为。到2018年上半年为止，米兔呈现出个别、分散的特点，影响还未成气候，处于酝酿和发酵时期，但是为2018年下半年的事件集中爆发做好了舆论准备。

### 2. 第二阶段：集中、持续爆发

2018年7月后，米兔火焰逐渐燃烧到公益界、体育界、文艺界，并呈现了集中爆发的特点。

2018年7月23日，一篇关于亿友公益创始人性侵志愿者的控诉在网上流传，下午时分，雷×先后发出两篇文章回应，先是承认性侵事实并指出“正在考虑自首”，继而推翻先前陈述，称两人曾是情侣。同一时间，网上流传出一些公益人士的聊天截屏，以兄弟情义为雷×站台，并将其塑造为勇于承认错误的英雄。这种对性侵者角色的错位在网上一时间掀起风浪，随着网上论战的展开，越来越多的人先以匿名形式讲述自己曾经受到的性骚扰，等待事件持续发酵。如果说雷×事件只是蝴蝶扇动翅膀，那么随后引起的风暴就不容小觑了。“分量”更重、形象更“伟光正”的公益界资深人士如同多米诺骨牌一样倒下，公益领域一时面临巨大的公信力危机。

在短短的一周之内，公益领域爆出的米兔事件呈井喷式增长，当事双方也处在无限的拉锯状态中，被举报者基本都是否认，先前承认的也随后删除微博，推翻“强迫”之说，试图将性关系纳入合理的亲密关系范畴中。

经过一个星期的爆发，有组织的行动明显地呈现出来。

7 月 27 日，反性侵行动组给雷 × 和其工作过的亿友公益分别致公开信，并在新浪微博、微信朋友圈公开两封信的内容。此后的几天在微博上开通公众账号，并全国动员行动者给雷 × 和益友发公开信。

7 月、8 月，米兔运动势头不减，事件波及众多公益圈知名人士。除了这种横向的扩展，米兔也在其社会属性的纵轴上不断延伸。随着米兔运动的深入，许多被举报者还被发现了其他问题，包括将公共资产据为己有，财务混乱不透明，等等。

这一时期的米兔运动呈现出观点和“子弹”齐飞的事态。由于举报者与被举报者都需要舆论作为自己的可用资源，事件的广泛性和传播性变得不可控制。并且，即便被举报者意欲用简单粗暴的方法进行舆论压制，因新媒体自身的特征，几乎难以做到。更为甚者，人们难以预料下一步是否还会爆出新的事件。中国米兔成为过去多年积压的难以计数的性侵或性骚扰事件的一个出口，如火山喷发般迅速。

公益行业反性侵运动的声势浩大，与公益行业本身相对扁平化的结构和较为开放平等的氛围是分不开的。另外，举报人现在都不处于被举报人的直接权力控制之下，甚至其中一些已经掌握了一定的资源和渠道，为自己争取到了话语权。

### 3. 第三阶段：退潮与风波再起

2018 年 9 月之后，米兔运动逐渐退潮，陷入沉寂。此时的沉寂不是被打压的结果，而在此间，中国经历着更为深刻的自我反省。

#### （1）举报者的冷静与失望

事件当事人举报后，通常有三种情况。一是达成寻求法律救济目的退出舆论场；二是达成舆论审判目的后退出舆论场；三是仍在斗争，但无果。举报者爆出事件后，其中很多人或被迫或自愿暴露了自己的真实身份，可以想象，讲述本身以及引发的反应会对她们造成重复性伤害。第一类受害者在米兔运动开始前曾经试图动用法律武器，但由于被举报人得到庇佑，所在机构不作为，以及调查取证的难度，还有对性骚扰或性侵界定存在现实困难，而未能得到伸张，但是，米兔运动使她们能够借势使被举报者不得不回应，回归法律途径。第二类受害者往往对司法正义不抱期待，她们清楚地知道即便对簿公堂，也可能不会得到期望的结果，通常在举报初期便开宗明义地指出要求或希望施害者道歉、相关组织对被举报者做出应有的处理（如停止职务、停止资助），防止有更多的受害者。的确，多数施害者“销声匿迹”，或辞去职务。第三类受害者因自己的诉求没有实现，继续用微弱的声音在抗争。

**（2）被举报者的沉默**

被举报者在事件发生之后，他们往往惯用的公关策略是承认错误，或保持沉默，淡出公众视野。很多一开始“嘴硬”的被举报者被捅出更多“黑料”以后被迫“安静”，淡出公益圈或寻求其他发展，避免自己再次与米兔相关信息挂钩。

**（3）媒体的焦点转移**

由于媒体大多追逐流量，媒体在米兔中一般不会持续跟踪事件，只会在爆发初期进行关注，也没有动力继续挖掘。再加上，米兔话题在一定程度上较为敏感，媒体“主动”不再报道相关事件。与此同时，媒体界本身也是米兔的重灾区，他们更愿意选择让法律说话。多重原因使媒体从米兔中转移了视线。

**（4）新事件爆出**

米兔经过一段时间的发展，人们在舆论面前变得更为理性，特别是潜在的当事人、涉事机构观察了各事件的发展路径后，在舆论动员的策略、组织手段、事件讲述、斗争方式等方面，得到了启发。新的举报者吸取“前人”的经验和教训，用更坚决和勇敢的态度来推进议程进展。

例如，沉寂 4 个月之后，2019 年 1 月 16 日，北京工友之家在其微信公众号上发布声明，表示接到一名投诉人代表多名曾在该机构服务过的志愿者举报，指多年前在北京工友之家参与志愿服务期间，曾遭到北京工友之家一名管理人员的性骚扰。同时在该声明中表示，多年前该机构曾收到过两起对该管理人员的相关投诉，但当时未妥善处理及回应受害者的要求，为此在声明中道歉，表示将采取改善措施。有受害者在当天即发布对北京工友之家声明的回应，表示“北京工友之家发布声明是一个积极善意的举动”，但是对于声明的内容表示不满和失望。受害者要求北京工友之家披露性骚扰事件中前管理人员的姓名和职位，在保护受害人隐私的前提下披露当年事件的具体内容；以及披露北京工友之家当年处理该事件的经过和措施，并反思这个过程中的不当之处。1 月 17 日中午，北京工友之家发出第二份声明，解释不公布前管理人员姓名的理由。1 月 17 日深夜，受害者发出第二份声明，不接受北京工友之家的解释，并公布侵犯者的姓名及当年受害的一些细节，以及与北京工友之家沟通的过程，批评工友之家未及时、严肃及负责任地处理事件。1 月 18 日，乐施会发布了《乐施会对北京工友之家发生性不当行为事件的回应与立场》，要求北京工友之家尽快回应受害者的要求，并严肃处理有关事件和相关侵害者；并完善和严格执行防治性不当行为和权力滥用的机制和措施。1 月 19 日，工友之家发出第三份《北京工友之家就 × × × 性侵性骚扰事件的道歉和承诺》。1 月 21 日，工友之家的总干事孙恒发布《北京工友之家总干事孙恒的致歉信》，就此事表示道歉和反思。

此次事件的受害者表示，此前还没有受害者用不公开的方法迫使机构主动发出性骚扰事件的声明的案例。受害者在经历了焦灼和艰难之后，还是继续和工友之家商量，最后非常成功地推动了工友之家发布了公开声明，这样的尝试，让她们成为推动中国新一波米兔进展的先行者。这表明米兔运动逐渐褪去的是青涩和冲动，在反思中默默地成熟。从相关事件最初披露的相关报道的留言处，也能看到公众的态度在发生变化：从一开始大量对受害者的谴责和羞辱变成了对她们勇气的褒扬。

## 三　中国公益领域“米兔”运动的必然与偶然

中国的米兔运动是社会发展进程的必然，也是事件交杂的偶然。米兔运动的必然性在于社会发展到了一定阶段，而妇女运动本身就是社会发展的产物。中国的妇女运动正式诞生在辛亥革命的高潮中，新中国成立之后从法律上逐步确认了女性的婚姻自主权、受教育权、财产权和政治参与的权利。但是，性别平等还没有落实到实践中来，在“生男生女都一样”的包装和叙事下，女性表面上享受着同等的法律地位，实际仍要面对逐渐扩大领域的性别压力、手段更加高超的性别歧视和保护缺位的性别暴力。“应然”和“实然”之间的鸿沟之深愈发隐蔽。这之间自然存在巨大的张力，一旦出现突破口，必然“决堤”。

回顾以往，并非没有性侵事件爆出，只是从未如此广泛、迅速地进入公众视野。例如，仅在体育界就有多重事件发生。2014 年，《东方早报》报道，湖南某体操运动学校校长、副校长被爆性侵多名女童。调查发现，从2012年至案发，有6名女童遭多次猥亵。2012年，《新民周刊》报道，中国女排联赛第二轮，上海女排发挥失常。赛后有人在微博上爆料，上海队输球的一个重要原因是某教练对几名球员进行了性骚扰。

大量被“雪藏”的事件，受害者为什么选择今天说出来呢？这涉及普拉莫的故事社会学里所提出的，“为什么有的故事当年不会出来，现在却开始浮现”，这甚至成为流行话语。这显然与当年及现在社会背景的差异以及性别运动的发展是有关系的。[①] 对于性侵的关注，在中国也只是最近几年的事情（尤其是2016~2017年以来）。虽然20世纪90年代的女性主义者有过提醒，但是进入媒介，显然与近期新女权运动的发展有关。

米兔运动以来，评论纷纷指出，性骚扰和性侵并非只关乎“两性那点事儿”，而是权力压迫、性别歧视、坊间传统、社会氛围等因素交互作用的产物。这可以分为两大变量，即社会及文化环境变量和技术变革变量，推动米兔运动的产生。

### 1. 社会及文化环境变量

#### （1）社会总体性别权利意识觉醒

米兔运动的出现，是与女性充分认识到在各种层面上男女权利不对等相关的。可以说，中国米兔是中国的“平权运动”的雏形。这体现在两个方面：一是对性别意识的再启蒙；二是让底层经验重新被发现。

女性发起的平权运动起源于19世纪的英国。工业革命之前，“男人耕田地，女人守锅台。男人佩刀剑，女人掌针线。男人有头脑，女人有心地。男人发号令，女人愿听命。”[②] 这是英国女性生活的真实写照。但是工业革命的到来，让更多的女性卷入了工业大潮，不少妇女走向社会，寻求经济独立。尤其是通过中产阶级妇女发起的“白领革命”，女性意识到自己不再做男子的附属品。从1851年到1871年，英国女性在商业、公共管理、医药和教育领域受雇佣的人数从95000人增加到138400人。在这样大的社会环境下，越来越多的女性认识到男女的不平等、权利的不对等，开始寻求在

① Ken Plummer, *Telling Sexual Stories: Power, Change, and Social World*, London: Routledge Press, 1995.

② 出自阿尔弗雷德·丁尼生的长诗《公主》。

政治领域、教育领域、婚姻制度领域等范围内对权利的呼吁和伸张。由此揭开了女权运动的序幕。

中国封建社会中妇女大多没有经济收入，家庭地位较低，尤其在父权文化的传统中女性的地位更加弱势。虽然在20世纪50年代政府已经提出了“妇女能顶半边天”的口号，1978年改革开放之后，西方男女平等的意识传入中国，经过20世纪的革命运动，中国女性已经通过自身努力大大拓展了自由的边界，但千年文学传统为之赋予的审美传统，和隐藏在司法、行政和政治体系中的父权理念和规则，依然在约束压迫着女性。男女不平等的现象仍然广泛存在。尤其在经济水平和教育水平都较为低下的地区，妇女的家庭地位依然较低，甚至承受着家庭暴力的伤害。但是任何一项社会运动都有其发展过程，量变一定能引起质变。近二十年经济发展迅速，教育水平的普遍提升让女性日益独立和自信。而早已平等分担经济重任的女性，已经受够了在忍受不安全的环境时，还要忍受“不要太过性感”“不要不懂表现性感”“不要过于强硬”“不要软弱不懂奋起反击”“不要依赖男人”“不要太讲独立”之类混乱、独断而相互矛盾的日常训诫。

女性持续面临双重的控制和压迫，一边是对于现代女性独立自主的要求，一边是将生育、家务等视作理所当然，对于女性的付出没有给予合理的对价；社会的性别观念在一定程度上出现了回潮，社会对于性别平等的要求远没有达到我们想象中的自由和平等。拥有了反思和觉察能力的女性对于社会的性别规范、约会文化和强奸文化心生不满，敢于也愿意公开表达自己的性别平等观念。尤其是这次米兔运动的主力军，“80后”“90后”的年轻女性，她们能够清晰地阐述自己的遭遇，合理运用策略，表达诉求，寻求支持。

另外，底层经验过去总是被消音的，近年来底层声音有了被重新发现的可能。人们对于底层的想象来自俯视，甚至最近的关注也来自居高临下的“下沉”一词，然后惊讶地发现原来世界如此地不同。这一次的底层经验不完全等同于此前的“工人书写”，来自完全陌生阶层的冲击，而是对于表面上与观者处于同一阶层，却因为性别、地域等原因实际上处于相对弱势的人，她们从自己的视角出发，平视个体特征和生存境态。多了一些对现代性的反思，对制度问题的触及，以及对利益化和欲望化根源的分析，以及对于自己的体察，大家不再忙不迭地往自己身上戴上大而无用的花冠，而是冷静地看待自己在阶层中的脆弱性，她们如同小心翼翼地粘贴碎瓷片的匠人，一派光鲜亮丽，满腹辛酸难说。过去阶层内部共同维护虚假繁荣的共识被戳破，底层经验和上流叙事有了无数的重合交织。让很多人意识到，性侵、性骚扰、性别歧视、性别暴力是不分阶层的。不过，我们对目前米兔运动的讨论上下两端都是隐形的，一方面假借底层话语，另一方面又让底层失语。政府机构以及底层群众，无论是不敢、不愿、不能说，他们均是静音的。不过，就目前关于米兔的讨论，不管是对自由的声张，还是关于正义的困扰，本身已经是开放和进步的表现了。

经过前期米兔的洗礼，人们意识到原来性侵离我们并不遥远，身边的人都有可能曾经有过被性骚扰或者性骚扰的经历；同时从高校教师群体陆续曝光的性侵事件当中，公众对于曾经占据天然道德优势的职业和人群的祛魅也在逐渐完成。它跨越了所有经济阶层和群体，而直接从最私密的个人经验开始，切入了家庭、职场、公共空间的每一个角落，揭开父权社会的隐秘压迫。正是对身边人的形象的信任，米兔展示出的性侵犯性骚扰的普遍才能引起如此大的反响。与其说米兔统一将性侵者描述为邪恶之人，不如说受害者惊讶于身边的好人、熟人、名人竟然也会犯下这些罪。挣扎和反抗带来的幻灭感是另一种绝望的来源，也是对于原有观念最大的冲击。

公众在此过程中受到更多的教育，从形式平等追求实质平等，最明显的就是曾经“提起诉讼”“提交律师处理”等可能会被视为事件的终点，但随着米兔的发展公众显然不满足于此，而是敢于也愿意与举报者一起去追求这个结果，才会出现几次反诉的原告（被举报者）想要在庭前调解却发现此路不通的情况。人们逐渐感受到互动中的权利也会带来不平等。米兔的受害者并不完全来自严格的上下层级之间，还有一些是志愿者与服务对象或其他公益参与人之间，志愿者在看待这些人的时候心里带有道德滤镜，自动过滤掉不合理的成分，同时觉得自己是来学习和服务的，会有道德压力和负担，看似平等的相对地位遮蔽了互动中微妙的不平等和对关系的掌控能力。这种隐蔽性较强的不平等也在逐渐被发现，对于这种关系下产生的关系暴力和性别暴力也为更多人所知晓。

**（2）性别平权运动蓄势蓄力**

因性别而施行的伤害，无论是性侵还是性骚扰，受害者也不只有女性，甚至不只是成年人，性别暴力从来都是房间里的大象。米兔虽然聚焦性侵和性骚扰为代表的性别暴力，更宽泛意义上的性别平等也受到更多人的关注。

米兔虽然被我们称为“运动”，却缺乏有力的系统性资源的支持，依赖于高强度的自愿行动。是每一个节点的个人高度投入和自愿行动带来了活动的可持续，米兔没有借助现有结构下的任何权力，所以一轮的热情燃烧殆尽的时候需要重新蓄力，找到新的爆发点才会重新焕发生机。但是米兔远没有消逝，它用一种柔性力量来对抗社会性别权力结构的刚性设置，从微信指数来看，“米兔”作为关键词在2018年9月后关注指数就从高峰时期的几千万降到了几十万，但是“性骚扰”的关注度却在动态中保持百万的水平，看来米兔是“化作春泥更护花”了。米兔的降温也让大家放下对米兔势不可遏的担忧，正视这样的现实：在顽固的父权制凝视之下，充满生命力的米兔其实是非常脆弱的，它想要改良和改革的愿望，它想要张扬的正义和公平，是极其容易受到压制和扭曲的。由于缺乏系统的有力支持，米兔很难产生自下而上的深刻变革，在这个阵痛期间，会让社会整体处于一种难以忍受的困顿之中，而且会进一步激起男权系统的回击和反抗，进一步压制女性力量。与其硬碰硬，不如沉寂下来，在更日常的领域渗透它所追求的平权意识，以期未来产生更深远的影响，这或许是许多实际上有组织的性别平权运动者能够达致共识的策略。

但是，从另一个角度来说，米兔将个体最私密的话题用作“攻击”的武器，受害者承受着指控的巨大压力和负担，她们因此受到的伤害再次放大，人们会愿意付出同情和信任。也因为指控的代价之大，无论被举报者是否真实存在性侵行为，米兔的舆论背景未必会支持其自证清白，这也让人们对米兔带来的影响有所担心，“米兔运动把臭鸡蛋一般恶臭的现实逐个打碎，于是整个社会充满了恶臭的味道。美国的社会现状证明，当米兔运动走得离谱时，文化不仅没有改良，反而更加糟糕。”① 米兔是否会发展成为“猎巫行动”的质疑声尤其响亮。所谓猎巫，指的是中世纪时针对女巫的审判和猎杀行为。这个词后来被引申为一种道德恐慌和政治迫害，暗含人们对被指控即有罪的隐忧。米兔到目前为止的精准打击以及大部分被指控者销声匿迹，让人们陷入对其杀伤力的担忧：一旦随意冤枉成为可能，是一种更大的社会恐怖。于是更多人减少参与到共同审判中的频率，逐渐降低了事件的热度。

**（3）“谴责受害者”文化溃败**

经济的进步增强了社会文化环境的包容性。性自由思想的传播让公众

① 《风起云涌的米兔运动：正义的诉求也可能变成破坏的利刃》，http://www.jnmd.org/xintu/12910.html。

不再“谈性色变”，性话题的禁忌性不再如从前严格。在大众舆论中，因主动揭露被性骚扰和性侵而被冠以“荡妇”，乃至“荡妇羞辱”的可能性和程度大大降低，人们对揭露的抵触感也大大降低。

然而，米兔中的确有另一种态势崛起，即受害者谴责成为网络舆论的常态。在受害者有罪文化和个别人目的可疑的声音驱动下，期待受害者瑕疵出现的声音也弥漫网络。一些人乐此不疲地攻击受害者的瑕疵，强化“完美受害者”的概念。

“完美受害者”这个概念来自指责受害者自身的瑕疵，并认为是这些瑕疵导致了被害的“谴责受害者”文化。谴责受害者的思想模糊了施害人的主要责任，对导致侵害的霸权存在视而不见，而试图将伤害的发生归因于个体，对受害者造成二次伤害。

解释“谴责受害者”思路众所周知的理论是“公平世界谬误”（Just-world hypothesis）。这一理论认为，倾向谴责受害者的人陷入了一种逻辑谬误，他们假设世界是完全公平的，灾难从不无故降临到人头上，只要行为得当就绝不会遭受不幸，因此受到伤害一定是因为受害人本身有错。现实中，不乏在面对受害者时使用这套思维方式的人，这背后是对自身脆弱和无助的回避。[①] 尤其是在性别暴力的案件中，人们头脑中的第一个反应往往是去猜测受害者“是不是长得很好看”“是不是穿着太暴露、行为不检点”“是不是自己发送了错误的信号”，一旦确证，就变成了“她既然都……那就是活该”。这种错误的归因，在很多时候都会对受害人造成二次伤害，最可怕的是，社会将这种观念深植人心，就连受害者自己都会产生类似的想法，怀疑自己，继而自我厌弃，甚而妥协与施害者交往等要求，以求得认知和心理上的平衡。

近几年，“公平世界谬论”逐渐被击穿，大家逐渐意识到，即便受害者有错也不能影响其对自己正当权利的追求和获得社会应当给予的保障。最早进行性别平权运动的艾晓明教授指出：作为社会运动的米兔叙述，挑战了社会认知的盲区，让受害者发声以置换有关强暴的传统叙述。受害没有错，也不该背负耻辱生存。讲述带来力量，力量来自分清是非，厘清责任。这对受害者来说成为社会动员，借此摆脱文化羞辱而重生。

---

① 柯晗：《令人作呕的“完美受害者”》，《大家》2017 年 7 月 10 日。

### 2. 技术变革变量

#### （1）社交网络推动

社交网络由于其便捷、迅速和病毒式的传播特点在米兔中起到了关键性作用。《卫报》评论提到：社交网络推动了女权主义的民主化进程，它给予了女性一个平台去讲述自己的遭遇。区别于传统媒体（报纸、电视、广播）的线性信息传播模式，以新浪微博和腾讯微信为代表的新媒体在信息传播上具有社会化强、互动性高、参与门槛低的特点，在新媒体时代与传统媒体一道形成了网状信息传播的模式。

信息的传递彻底改变了线性传播的模式，体现出互动化的特征。大众通过网络互动的形式，通过新媒体平台来获取信息。“大众”自身与“新媒体”和过去的“传统媒体”“意见领袖”等逐渐站在同一起跑线上。在这当中，以往重要的角色——意见领袖的作用发生了变化，意见领袖不再仅仅根据媒体的报道做出自己的解读再转发分享自己的观点和意见，他们更多地进入信息的早期挖掘阶段，开始有能力左右传播的方向和大众对事件态度的走向，在信息传播中意见领袖逐渐与传统媒体、网络媒体占有相同的话语权。[①] 米兔中呈现的是相对成熟、层级平等的网络结构，而核心参与者多半受过高等教育，有一定性别平等意识和公众参与的观念，具有关注和参与性别议题讨论的基本能力和素养，不会轻易被转移注意力。

与此同时，网络的扁平化、多元化和匿名化的特征，使更多人卷入其中得以进行理性或非理性的表达，网络上的“无名小卒”能畅快发表意见，而“大V”则很容易“因言获罪”，引火烧身。原本可能会出现的因为“兄弟会”为性侵者背书并提供一种没有立场的原谅成为主导的现象被消解，普通公众会力图搜集足够多的“黑料”来攻击背书者，甚至背书者还被挖出性侵/性侵未遂事件。

传播主体的去中心化一方面使利用社交媒体成为可能，另一方面也在一定程度上减弱了意见领袖对于表达权的统摄，让米兔传播极尽所能，只要参与主体的意愿没有减退，在客观上就不能完全压制话题，也无法寻找到责任主体进行个别打击和分化。

① 孙屹山：《新媒体时代：网络互动在网络信息传播中的作用研究——以微博为例》，硕士学位论文，浙江大学，2018。

米兔受害者的特殊性和案件的隐蔽性在社交网络的推动下，显示出新的逻辑：发声可获得支持，围观者不是取笑者，他们也能传递伸张正义的力量，确切地说，他们不是旁观者而成为赋能者。举报者发现自己并非孤立无援，因而对公众开始信赖和感谢，这也使旁观者有了参与的成就感，“看，又曝光了一个，也有我的功劳”，这种激励和帮助给了公众源源不断参与的动力。与此同时，举报者自身也获得了为与自己有同类经历的人伸张正义的力量，也获得了避免产生新的受害者的动力，如“我才知道还有其他受害者存在”“我感到很内疚，如果早点说出来就不会有其他人被他得手”“希望他停止继续侵害其他人”的论述。

**（2）事件的传播规律**

米兔在2018年底降温与事件的自然传播规律有关。在这种网络吸引眼球的时代，注意力资源实际上非常有限，各媒介更愿意将公众的注意力引向新的爆点。

米兔发展到后期，除了个别人士以上诉来终结事件，基本再无下文。一方面，有些人想尽快平息风波，避免被频繁提起；另一方面，受害者通过前期调动公众资源进行群力救济，得到了自己想要的结果（如曝光、起诉、自我和解）或确证自己根本得不到想要的结果，反而被无休止地进行道德羞辱、被反诉，他们将自己后续的行为重新拉回私人领域。少了推波助澜的新“燃料”，事件的热度逐渐降低。

另外，米兔运动后期，因关注女工权益的劳工 NGO 发声，米兔运动被视为有政治意涵，在一定程度上加速了米兔运动被“消声”。

## 四　中国“米兔”运动之逻辑

中国的米兔运动肇始于高校，进而爆发在公益领域，伴随着文体圈子的持续发酵，最终风尾扫到职场而渐渐归于寂静，呈现出随机性、必然性和广泛性。

反观中国米兔运动的逻辑，可以借鉴法律术语从事件发生的逻辑进行展开：“立案”，“审理”，“判决”。不同的是，米兔运动中的举报者前期多是匿名，后期为实名；参与“审理”的是公众通过社交媒体深度推进事件的进程，通过广泛的舆论场进行公力救济，无明确的领导者和组织者，无数网民参与其中；而“判决”的对象也不仅仅是事件曝出的被举报者，也包括大量未被曝出的伤害者，以及未来潜在的伤害者（威慑作用）。还原2018 年的中国米兔运动逻辑，可用图 1 展示。

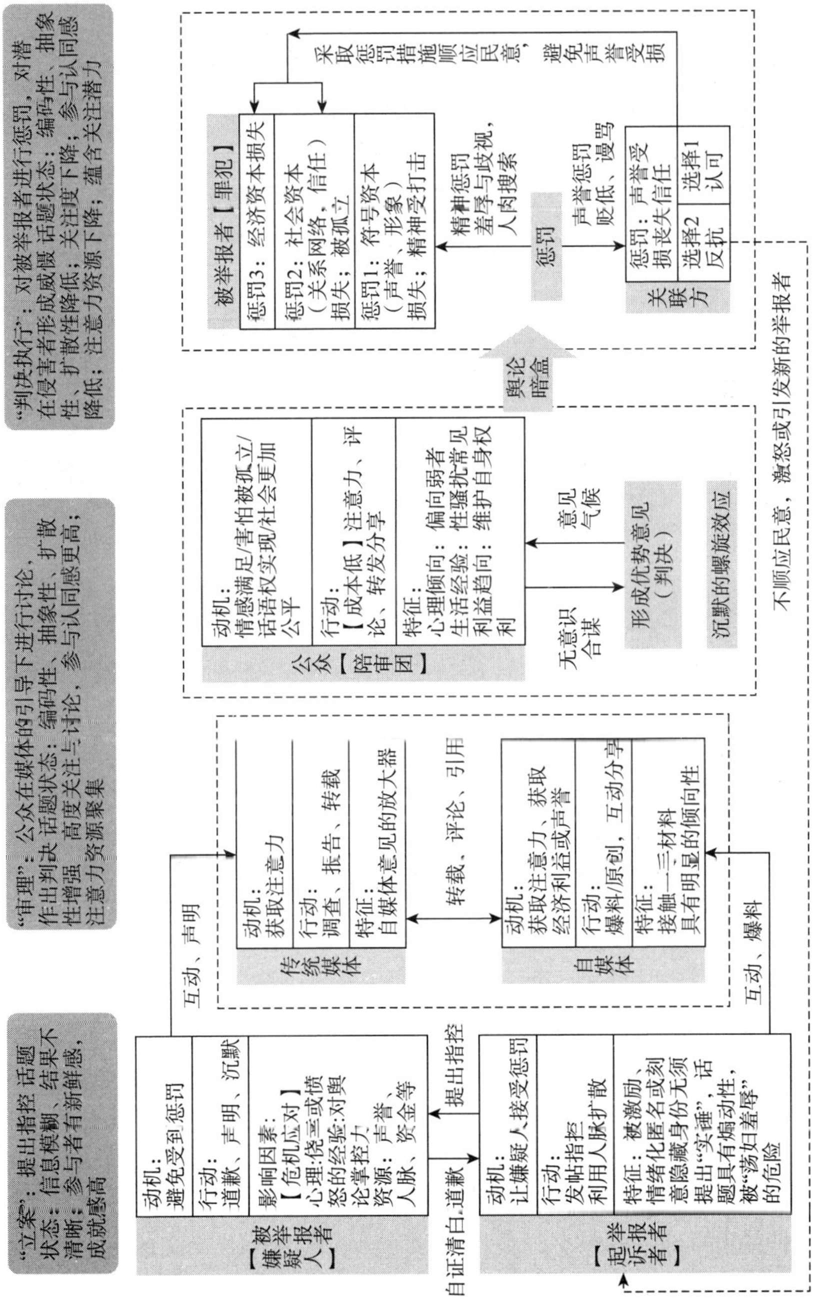


**图1 中国米兔运动逻辑**

### 1. “立案”：举报者提出舆论指控

此处的立案不是指法院受理，而是让事件进入公众的舆论场，举报者对被举报者提出舆论指控。

举报者就是起诉者，他们通常选择匿名或者委托他人进行发布，一般不选择传统媒体，而是利用公众号或朋友圈长文的形式传播。举报者走法律之路求助无门，希望在公共领域借力完成对被举报者的惩罚。

通常，举报者会选择隐去关键信息，甚至对被举报者也做了模糊性处理，立案信息不完整。之所以如此，一是举报者对自己的起诉能否奏效不确定，模糊性处理可以筛选出同盟；二是观察被举报当事人的反应，再决定是否需要进一步清晰信息，或将事态扩大。模糊性处理则使事件充满煽动性和情绪性，具有感染力。随着事态的发展，举报者往往敢于承担遭受二次伤害的风险，进行公众舆论引导。

而被举报者被动参与其中，有的表现为愤怒；有的深知舆论的厉害；有的则心存侥幸，坚信没有“实锤”证据，性犯罪在法律上是无从审判的，而舆论风头一过就没事了。于是，他们的反应通常是承认并道歉，或声明否认并宣称将诉诸法律途径，或选择沉默。做出哪种反应，与被举报者自身情况直接相关：被举报者会根据自己拥有的声誉、人脉、资金等资源的变动情况以及对舆论的掌控能力，进行自我反应判断。例如，有的被举报者在承认并表示愿意接受法律制裁之后得到了舆论支持，几经衡量之后，反转自己的策略，推翻自己之前的说明，将性行为的性质归于正常的男女朋友之间（殊不知却落入了约会强奸的范畴）。例如，雷×性侵事件爆发后，雷×表现出多重面孔。有的被举报人索性同时双管齐下：一边公开宣称自己被诬告，已委托律师处理，希望弥补自己的声誉损失；一边私下联络举报人，想“私了”，以期快速让事情平息。

在“立案”阶段，米兔的发展逻辑符合以下特征。

**（1）在“公”领域解决“私”问题**

从法律角度讲，即便事发当时性侵受害者寻求司法救济也十分困难，更何况事件发生后多年再提起。受害者寻求司法救济存在困难有多方面的原因：一是取证困难，通常性侵或性骚扰案件是在一个相对私密的空间发生，找到目击者的可能很小；二是性侵未遂或没有采取性器官插入的方式，体液等证据也难以留存。

2005年《中华人民共和国妇女权益保障法》修订案规定“禁止对妇女实施性骚扰”，明确了我国法律对性骚扰的态度，是我国反性骚扰立法迈出的第一步。但此后十多年，配套的性骚扰法律规制体系以及应对机制并未获得健全与完善。一方面，从立法层面看，涉及防治性骚扰的条款只散见于法律、地方性法规、政策之中，缺乏独立的专门法；另一方面，就应对机制而言，国内企业或高校普遍缺乏成熟、完整的防治性骚扰机制，现有机制大多处于试点阶段。此外，值得关注的是，在我国职场性骚扰高发生率的背景下，仅有极少数受害者选择司法诉讼或报警求助，多数受害者选择隐忍或离职。

北京源众性别发展中心的《中国防治职场性骚扰法律和司法审判案例研究报告》以2010年到2017年期间中国法院公开的裁判文书作为统计资料基础，对其中以职场性骚扰为主要诉讼事实的案件判决书进行数据统计分析。[①] 以聚法案例网为主要数据库、以中国裁判文书网为辅助数据库，以“性骚扰”为检索关键词所得法律文书超过400份，其中准确提及“性骚扰”字眼的法律文书约300份，聚焦于劳动领域并去除同案重复的法律文书（如同案之一审、二审文书），最终获得34例以性骚扰为主要诉讼事实的案件。整体的裁判文书有5000多万份，与我国庞大的案件基数做对比，这34例如沧海一粟。研究报告进一步指出，在这仅有的34例案件中，绝大多数涉及劳动争议，性骚扰事实的认定只是附随于劳动争议解决的过程中予以处理，并非受害者主动进入诉讼程序。法律教授刘明辉认为，以上数据表明，职场性骚扰受害人极少主动以诉讼的方式进行维权，并且即使受害人走向司法救济也较难获得法院的支持。

就中国的米兔而言，大多数侵害事件发生在多年以前，一些必要的物证都已经不可获取，而司法程序内部的原则是“谁质疑谁举证”“谁主张谁举证”，对证据的要求非常之高，需要有完整和闭合的证据链条。而女性举报者只能通过回忆或者复述当时现场的方式来还原当时受侵害的过程，而这类性侵犯又很可能发生在私密空间，缺少了必要的人证，因此女性走司法途径解决性骚扰和性侵犯的问题异常困难。对米兔之前的性骚扰和性侵犯事件的回顾也充分显示，司法途径解决该类事件的成功案例并不多，因

① 《中国防治职场性骚扰法律与司法审判案例研究报告》，http://www.chinadevelopmentbrief.org.cn/news-21464.html。

此在这次米兔中，大部分女性选择了直接在网络上发声，将私问题引入公领域。

**（2）寻求同盟，鼓励发声**

“沉默的螺旋”是大众传播学在描述某一事件或某一观点在传播过程中有的声音越来越强，有的逐渐偃旗息鼓的原因。也就是说，人们在表达自己想法和观点的时候，如果看到自己赞同的观点受到广泛欢迎，就会积极参与进来，这类观点就会越发大胆地发表和扩散；而发觉某一观点无人或很少有人理会（有时会有群起而攻之的遭遇），即使自己赞同它，也会保持沉默。意见一方的沉默造成另一方意见的增势，如此循环往复，便形成一方的声音越来越强大，另一方越来越沉默下去的螺旋发展过程。这一理论的假设是：大多数人会力图避免由于单独持有某些态度和信念而产生的孤立。

早先，性骚扰和性侵害的受害者们由于害怕在公开平台上爆出自己的隐私，并害怕被孤立，她们成为“沉默的螺旋”中消极的一方。但在米兔运动中，越来越多经济地位、社会地位较高的女性意见领袖陆续发声，大众及微博“大 V”纷纷声援，鼓舞了自身力量较为弱小的受害者，她们陆续站出来，转变为“沉默的螺旋”中积极的一方。2018 年 7 月举报事件的井喷式出现便说明了这一点。

**（3）权力失衡**

目前被爆出的性侵受害者与施害者之间都存在显而易见的不平等：社会地位、声望、掌控的资源和权力的不平等。受害者的前途牢牢掌握在这群人手中。向正式途径求援让受害者再次面临对抗权力的风险，结果可能是重现了一次创伤性经历，而施害者仍岿然不动。但是，在非正式途径下，受害者可以借助自媒体的效应和能量抗拒现实中存在的不平等，受害者起码获得了发声的机会。正式通道的关闭和叩门之难，使受害者只能理性选择非正式途径。即便匿名举报，自媒体的开放性使举报者与公众建立了一对多的关系，使所有人都能够听到举报者的声音，所有人经自己的判断后可以对举报人给予声援、帮助和支持，使举报者感到安全，而不是孤立无援。这与司法途径有着根本上的差别：司法途径封闭，举报者和司法体系是一对一的线性关系，虽然在一定程度上保护了受害者的隐私，但是在这个系统中，受害者是孤立无援的，她所发出的声音是被体制隔绝甚至是消音的。

哈佛大学法学教授凯瑟琳·麦金农发文称：很多性侵害的受害者指出，事实上“举报”并没有什么用。这些举报通常被流于程序地以——“她不可信”或“她当时也想（这么做）”——这些说法来处理。在对校园性侵害事件近数十年的跟踪研究中发现，通常需要三到四个女性对同一个男性做出相同的指证，才能稍微攻破施害者的否认。这就意味着，在指控性侵害的过程中，在证言的有效性上，一个女人只能算作四分之一个人类。并且，即使受害者被采信，即使施害者被惩罚，他对她造成的伤害也远没有他最终受到的惩罚获得更多的关注。在这个性别不平等文化中，男性施害者的“价值”远比女性受害者的“价值”重要。他的事业、声誉、财产、心理与情感的平静都被放在考虑范围内，而她，毫无价值。有时候更糟糕的是，即使她（被性侵）的事实被采信，却被认为不如他的成就重要，这再次说明她不重要。[①]

因举报者与被举报者存在明显的权力失衡，而法律之路又难以走得通，举报者被迫牺牲自己的隐私以公开方式打击侵害者。再加上一些被举报者善于以私德、恋情为借口，想从正式的、公共的领域逃离制裁。举报者引入旁观者共情，从公众声援中获得伸张的权力，加入声讨，不求在法律上得到补偿和救济，将施害者拉下神坛，共同经受舆论的诘问，以惩罚侵害者。

### 2. “审理”：各方登台

举报者个人的传播范围是有限的，需要一个放大器。媒体是成本最低的选择。而自媒体在选题和刊发上有较高的自由度，很多自媒体人是举报者的朋友，能够接触一手资料，用适于传播的逻辑对素材进行重新组合。另外，部分自媒体出于吸引流量、获取粉丝的考虑也比较愿意加入此类话题的传播中来。选择自媒体还有一个原因，那就是自媒体是有选择和边界的，自媒体的受众一般情况下是可以预测的，这样容易达成举报人在圈子内揭露被举报人的真实面目的诉求。

话题一旦进入公共视野，传统媒体也会加入进来，主动形成新的传播路径，举报者和被举报者此时也会选择通过传统媒体发声，由于此时双方

① 凯瑟琳·麦金农：《那些法律没有做到的事情，#metoo 做到了》，https://mp.weixin.qq.com/s/PX6A4qUXf_aX6hbabkxItQ。

都面临着被质疑，需要借助传统媒体的平台力量进行背书。传统媒体的参与不止扩大了事件的传播范围，在一定程度上也为事件定调子。例如，2018年7月23日，《北京青年报》、澎湃新闻、《新京报》都对雷×事件进行了报道，批评雷×利用公益身份行不轨之事；7月25日，新浪新闻做了“公益人雷×涉性侵”① 的专题，将与此事件相关的双方的发言、声明、专家观点、警方意见等进行了汇总。7月26日，《新京报》、凤凰网发表了吕频题为《利用羞耻感责怪性侵受害者，为何总是能成功?》② 的文章，旗帜鲜明地表达了社会的耻感文化教育和受害者面对的结构性困境。7月27日，BBC撰文称中国米兔蔓延，揭示权力规则下隐蔽性侵，并指出对于米兔引发的大火，还有无数个灭火器在严阵以待。

媒体的参与可以说是为米兔事件进入公共审理资格的入场券，在事件不断的裂变和传播中，足够的人进入了由媒体搭建的“法庭”，举报者与被举报者的“角力”才正式开始。米兔事件的审理没有大法官，一切由公众组成的陪审团进行审理。有意思的是，陪审团并不要求达成最终意见的一致，任何一个成员都能形成对事件的独立判决。但这个“独立”是裹挟在声浪和噪音当中的，噪音强的能够吸引到更多的同盟。

公众能够作为陪审团的前提是在互联网时代，话语和行动不再相互分离，话语本身也是行动。所以，公众的每一次关注、转发、点赞、评论都是参与米兔运动的切实行动。并且，公众参与的成本是极低的。公众会对信息进行简单的处理和判断，包括针对性侵案件受害人的辱骂、攻击，以及炮制出所谓的阴谋论；以及诸如“见怪不怪”“现在爆出谁强奸我都信”的言论；还有对举报者的支持，对今天性别不平等的抗争。通过传统媒体的报道以及社会软件的互动，公众逐渐确信自己的判断。

进入公众“审理”阶段，米兔的话题特征是编码性、抽象性、扩散性增强；高度关注与讨论，参与认同感更高；注意力资源聚集。不只是双方当事人和处于兴奋状态的公众，许多“公知”和意见领袖也参与其中，很多针对米兔运动的观点和评论甚至超越了事件本身，成为一场小论战。但是，公众自己有自己的判断力和寻求真相的能力，意见领袖并没有对米兔

---

① http://news.sina.cn/zt_d/xingqin0723。

② 吕频：《利用羞耻感责怪性侵受害者，为何总是能成功?》，http://news.ifeng.com/a/20180726/59416376_0.shtml? _zbs_baidu_bk。

运动的风向造成实质性的影响。

这一阶段也充分体现出米兔运动无组织的组织化特征。公众自愿、自发、分散、负责任地、有行动力地卷入其中，在去中心化中实现了广泛参与和持续的能量接力，形成了无意识地合谋。正如吕频在微博中的分析，“自3月中旬以后，整个中国社交媒体上‘女权’一词迅即敏感化，至今人们还在默契地代用‘平权主义’这个生造词或用‘女性平权运动’做稀释。这当然是很严重的问题，但另一方面，恰恰是在没有核心组织者，并失焦于整体性的制度性诉求的时候，运动才变得如此广大——关键在于其进一步的非建制化。”

在“审理”阶段，米兔的发展逻辑符合如下特征。

**（1）话题本身自带流量属性**

由于米兔话题具有以下几个明显的特征，米兔运动天然适合进入舆论场。

第 ，显著性。与性有关的话题在哪个文化中都是禁忌的，自带稀缺性和刺激性。中国在这一层的想象力的精进在今天有过之而无不及。2018年上半年席卷高校的师生之间的性骚扰和性侵事件就不可避免地勾起了普通群众的窥私欲。

禁忌是人类普遍具有的文化现象，学界称之为“塔布”（taboo）。弗洛伊德认为塔布至少代表两方面的含义：一是“崇高的”“神圣的”；二是“神秘的”“危险的”“禁止的”“不洁的”。这种被禁止的部分自然也包括性。在我们的文化当中，性从来都是不可公开言说的，这种浅层话语的回避恰恰表现为深层次的禁忌。正统的主流文化没有为性话语留下空间的同时也为民间、野外的性言说提供了场所。正如福柯所说，“主流文化之于性本质上不是压抑，而是创造了有关性欲的不断增生的话语。”[①] 人们一旦获得了在公开场合也可以名正言顺地谈论涉性话题的机会，就会进一步关注事情的走向。

米兔事件中双方各执一词为话题增添了戏剧性。尤其是很多要求拿出“真凭实据”的评论当中，关注的重点已经走向了性活动的过程而非强迫性性关系的性质。米兔事件多次反转，双方深谙传播的规律，不是一次性把火点燃，而是不断地添加新的燃料，或者编造虚假信息骗取支持，在

① 〔法〕福柯：《性史》，张廷深等译，上海科学技术文献出版社，1989，第203页。

"吃瓜群众"看来就是好戏连台，话题的戏剧性消解了性别政治的严肃感。

第二，私人性与公共性。性侵和性骚扰涉及隐私，但是其背后却彰显了性别不平等，很多举报者超越个体经验要求在宏观层面探讨性别权利，搭建了私人经验与公共话题沟通的桥梁，私人性与公共性并存。并且，米兔运动揭示的是隐秘的权力规则下的抗争与妥协，"相对被剥夺"感有更庞大的受众基础，很多人都能感同身受，个体的羸弱和系统性支持的虚无让他们愿意在不付出自己的其他成本的情况下对受害者提供支持，产生共情。

第三，互动性。米兔以设置"我也是"标签引起话题，用最简单的方式让更多的人涉入其中，迅速在话语上将有过同类经历的受害者联合成为同盟，彼此支持和鼓励，使他们感到自己并不孤单，让私人经验引发共鸣。在网络上，参与者拥有同等的话语权，人人可以控告，人人可以自证，人人可以辩论，彼此深度互动。

第四，情感性与道德性。语言不仅是用来准确表达思维和逻辑的，同时也是用来表达情感的，在米兔事件中，公众通过网络表达了自己的情感，以及对性侵及性骚扰的道德判断。如前所述，从法律层面难以解决此类事件，受害者在指控中提到的"摸大腿""袭胸""言语侮辱"等具体作案行为，这类证据很难取证，也难以具有法律层面的意义。公众关注此事件多出于道德角度，例如，对性骚扰持零容忍态度成为米兔运动的主要呼声。

**（2）涉事者"人设"崩塌带来巨大反差，形成新的关注点**

米兔运动因涉事者的"人设"多光鲜亮丽，一旦爆发，更易掀起公众舆论大讨论。当金融领域、娱乐圈爆出丑闻时，公众除了觉得热闹，貌似并不愤怒。而当米兔事件发生在高校和公益领域时，公众的内心难以平衡，认为本是净土的高校和公益领域，怎么会有此类事情？特别是公益人士，公众认为他们是利他的代表，是美好品质和高尚精神的化身，他们甚至引领很多大众参与到推动社会公共利益和社会福祉的事业中，而事件爆出，乃至事件细节的爆出，更是撕毁了他们在公众心目中的形象，巨大的形象反差引发公众剧烈的愤怒，有的表示失望，有的则认为被愚弄，成为米兔在公众舆论场的新热点。

### 3. “判决”：舆论审判

各米兔事件经由网络平台“审理”后，被举报者面临的审判结果有时不只是关联其个人，还有他们负责的机构、参与的项目以及其他利益相关方也卷入其中。

在“判决”阶段，米兔的发展逻辑符合以下特征。

**（1）对被举报者的制裁**

对被举报者的制裁和惩罚主要有三类：一是他们的符号资本损失，包括声誉、形象损失，精神受到打击；二是社会资本损失，包括人际关系网络受挫，人们对其信任度下降，被孤立；三是其经济方面的损失。这三个方面的损失相互作用，进一步强化分别的损失。

**（2）关联方受牵连，应对**

米兔事件在公益领域的爆发使公益领域关联方受牵连表现得非常突出，他们大多被迫应对，发表声明或做出其他应对决定。

例如，被举报者所在机构及资助机构受到牵连，他们面对较为尴尬的境况，有些因此被贬损，被谩骂，遭受声誉损失。部分举报人在直接对话被举报人无果的情况下，将注意力转移到关联方，希望借助关联方施压，利用组织力量逼迫被举报人进行开诚布公的对话，公开承认错误。此时，关联方往往被误伤。由于国内公益界尚未形成完善的前置门槛和行之有效的过程监控，再加上被举报者所在机构及资助机构对被举报人的品行缺乏便捷的知情及考核路径和标准，往往难以预料事件的发生；另外，国内组织缺乏对性别视角的重视。这两方面使公众认为被举报者所在机构及资助机构不作为，或者对被举报者包庇。

如果关联方选择认可公众做出的群体审判，对被举报者进行制裁，会进一步强化被举报者上述三方面的损失。如果关联方对公众的优势意见不予理会，而坐等走法律程序的结果，同时不愿意因为其个人行为影响到组织声誉，进行冷处理，则会遭到公众强烈的情绪反弹，公众会进一步寻找被举报者的黑料，从其个人品行到机构管理进行质疑，造成深度余震。

在米兔运动中，大部分关联方的表现难以令公众满意。因为大部分关联机构在事发当时或被彻底曝光之前受到过相关人员（或举报者）的投诉，许多还不止一起，但是关联机构或出于不重视或出于被举报者对机构做出了巨大甚至开创性贡献，在私人关系和利益关联上无法做出公允的处理。

或者，出于将机构的名誉、利益置于受害者个人权利与尊严之上，做出了看似公正无偏实则倒向被举报者的行为：或者对举报者敷衍了事、恩威并施；对外严格封口，概不承认；东窗事发即划清界限。也因此，在米兔运动中，可以看到关联机构内部出现处理意见相左的情况。

在此阶段，关联机构的反应往往根据举报方采取的策略以及收到的成效对自己的反应策略进行调整，此中明显表现出举报者与关联机构在策略上的“博弈”情形。例如，在工友之家事件中，机构先后三次发出声明，三次声明的尺度和立场均有所调整，随着事件被揭露的程度逐渐加深，揭露事实逐渐具体，工友之家表示将承担责任和建立性别友好机制的决心和可操作性也逐渐加强。这一切的演变，并非机构自觉自愿的结果，而是在与受害者的博弈中，与舆论的博弈中，被迫做出的反应。

严格意义上讲，普通公众不具备在法律上进行罪与非罪裁定的权力，正如林垚博士所言，“‘无罪推定’是一个专门用于对‘刑事案件’的‘司法’审判的原则，其中说的‘有罪（guilty）’与‘无罪（innocent）’，都有司法意义上的特指、关系到是否要遭受法律规定的刑罚，而不是日常语境下的泛泛之论。”[①] 但是，在新媒体时代，公众具有话语权，可以表达自己的观点和看法。公众可以进入舆论场，能够引导舆论走向，即便无权裁定，他们却有权讨论相关事实，做出自己的判断。毕竟米兔运动起于对具体事件的公理和正义的护卫，它始于身体安全的诉求，而最终主张则是文化和性别权力的重构。

## 五　中国“米兔”运动引发的“变革”

时至今日，中国米兔并非引发了实质性的变革，如同一场风暴席卷坚固的城池，风眼过后，城池岿然不动。

但是，米兔也非轻弱无力，它创造了人们得以讨论、争论、思考的空间，帮助人们进一步认知中国性侵领域的法制体系之不完善，推动有关部门在立法进程上加快对性骚扰的界定；它帮助公益领域在痛定思痛中去探索行业性别友好机制的建设之路；它帮助社会意识到，原来我们的社会离

① 林垚：《米兔运动与“无罪推定”：一个澄清》，http://blog.sina.cn/dpool/blog/s/blog_68cd22cb0102xua2.html。

性别平等根本不是一步之遥；它帮助社会反思，今天的权力结构及受害者进行结构性反抗所意味的代价。

### 1. 对受害者个体

米兔运动鼓励受害者以最公开的方式撕开自己最隐秘的创伤，鼓励受害者向固有的权力结构发起冲击和挑战，其勇气天地可鉴。

米兔运动使人们意识到性骚扰普遍存在，每个受害者有权利得到公正的补偿。尽管仍有一部分人警告受害者注意自己的颜面，警告受害者会因此带来一系列“不必要”的麻烦，但是，站出来发声的受害者却为自己争取到了发声的机会和话语权，获得了公众和舆论的支持，也对未来的侵害者给予了有力的警告。

米兔运动使人们认识到性骚扰本质上是权力不对等下的性侵害，使人们重新反思个人的权利，反思什么是正当的性，什么是能够接受的亲密关系、感情关系、相处模式；它也使人们了解到指责受害者是对她们的二次伤害，也是对坏人的纵容，是对社会不良文化的默许。

然而，米兔运动也提醒我们，系统性风险仍然存在。正如工友之家事件中的受害者经历长达175天与机构的沟通和斡旋之后，才最终看到了一点成效。

### 2. 对公益领域

#### （1）打击是“致命”的

短期来看，米兔运动对于公益领域造成的打击是致命的。这包括几个方面：一是公众对个别公益组织表示失望，甚至对参与公益感到无力和沮丧；二是资助机构撤销或暂停对侵害者所在机构的继续资助，对该机构的公益事业以及所服务的人群造成影响；三是公益行业的声誉受损。

与此同时，更为可悲的是，米兔运动也暴露了公益领域自身存在的问题。一是公益领域自身的性别意识和基本权利意识并不强。二是个别公益人士对举报者（受害者）的冷酷无情，乃至打压。三是一些公益机构过于注重项目，而忽略机构文化以及团队素质的建设。四是公益领域在米兔风暴面前表现迟钝，并且应对舆论不及时。

#### （2）不幸中之“万幸”

长远来看，不破不立。米兔运动在公益领域的爆发，为行业内部进行自省自查、建设行业性别友好机制提供了契机。中国公益领域长期存在的不规范问题，在这场运动中暴露无遗，出现了问题找不到对应的规则来参照，“手忙脚乱”，被动发表声明、发表公开信等，形式五花八门。然而，更为重要的是需要进一步梳理和重建避免性侵事件发生的长效机制。例如，如何避免米兔运动中“拔出萝卜带出泥”？如何建立规范的制度，使公益组织与创始人、重要领导人进行切割？如何限制管理者的权力？在尚无定论的举报面前，如何回应？

的确有些机构已经开始借鉴国外公益领域的做法，如讨论如何建立行业性别友好机制，如何引入专业的第三方机构进行评估和指导，从组织的规章制度、员工培训、机构治理各个层面落实平等意识。经历过海地事件的乐施会也曾在应对舆论时走过隐瞒—上报机构—被曝光—被迫公开—处理的弯路，在应对本轮国内米兔事件时，乐施会略有滞后地做出一个表态。公益组织在舆论面前“吃亏”，要“长记性”，需在深刻反思和付出沉重代价之后提高敏感度，从深层改变组织对性别不公的认识，并制定成文政策。

米兔运动也使人们开始重视长期致力于推动性别平等的公益组织的重要性，与此同时，这些组织也利用其契机，以自己的专业能力，走向社会推动社会性别平等议题。

### 3. 对立法进程

米兔的出现与法律程序失范，公权力救济无望有关，因此，米兔运动也使人们借用舆论的力量倒逼法律制度的完善。

2018 年 8 月 27 日，提交全国人大常委会审议的民法典人格权编草案规定，违背他人意愿，以言语、行动或者利用从属关系等方式对他人实施性骚扰的，受害人可以依法请求行为人承担民事责任。用人单位应当在工作场所采取合理的预防、投诉、处置等措施，预防和制止性骚扰行为。李银河表达了对米兔进程的期待，“希望米兔运动达到这样的目的：使得加害人得到应有的惩罚，使得受害人得到公正的补偿，使得未来潜在的加害人得到警告，使得未来潜在的受害人得到保护。”[①] 只有从法律层面确定了操作框架，受害者通过公意倒逼进入法律程序的操作才可能有效，否则可能会

① 引自新浪微博。

出现目前的倒挂，被举报者反诉举报者诽谤诬告。

### 4. 对社会

米兔运动放大了女性的声音，或者说让我们意识到了结构性权力不平的代价。

许多人从不同角度对米兔进行了探讨。例如，为什么大规模性骚扰/侵犯是父权权力结构的必然产物；① 貌似受益于父权社会的“女利”主义者为什么其实依然是受害者；② 性骚扰为什么是对女性生存和发展权的挤压和侵害；③ “米兔”与20世纪极权组织引导的民众革命或者非法行动之间的区别；④ “米兔”不仅是对公权力，也是对父权社会惯例、习俗、语言文化、观念、道德、文化的更新，并指向政治、法律、社会等相应建构的改造⑤等等。这一切都给男权施加了压力，使之认识到从职场性骚扰到持续的收入差距等方面女性所面临的额外阻力。但仅仅认知是完全不够的，仅仅惩罚一个有影响力的施虐者也无济于事。我们需要建立一种文化、一种制度，使女性不再面对这样的阻力，更不用说为其他的边缘群体谋求平等了。同时，尽管有着言语上的支持，切实的行动却严重缺乏。例如，重新审视性别权利边界、解决公私边界模糊的行动倡议。

到目前为止，人们希望米兔能够达到的结果是：第一，在工作空间中获得性别平等的标准和实践；第二，当女性在工作场所曾经遭受来自男性的性骚扰和性歧视时，需要追责；第三，为将来女性无须再忍受性暴力以及施害者不能逍遥法外打下基础。然而，这些结果，人们还没有看到。并且，人们希望的结果不止如此。当下的情况是在各方要求之下，对这一议题设置更为严格的标准，在自媒体和公共媒体讨论中，公众对性别暴力相

---

① 艾晓明：《幸存者的屈辱书写——M2的知识生产或从林奕含说起》，https://weibo.com/ttarticle/p/show? id=2309404267217062603408。

② Kiva：《受害者自省书》，https://weibo.com/1598173147/GsiLQbkhR? from=page_1005051598173147_profile&wvr=6&mod=weibotime&type=comment#_rnd1548380941175。

③ 侯虹斌：《我没有被性骚扰，但我必须为不被性骚扰付出代价》，https://baijiahao.baidu.com/s? id=1607465294348313315&wfr=spider&for=pc。

④ 孙金昱：《“米兔”中的集体行动正当性、个体责任与诬告》，https://weibo.com/1527379661/Gs0k83mH5? from=page_1006061527379661_profile&wvr=6&mod=weibotime。

⑤ Lion：《漩涡边缘的局内人：我在中大人类学系如何反性骚扰》，首发于女泉微信公众号，https://mp.weixin.qq.com/s/ZD946_hDAnac5DQlTzK4CQ。

关现象设定更高的标准和更为严格的要求，对投诉和问题的处理有更为规范的程序和更为明确和严格的标准。人们也希望，这些能在未来持续地影响社会各层面对于性别议题的认知和理解，也会对多重社会关系产生重要的影响。

法国的米兔运动值得借鉴。法国女性不仅能够及时对米兔运动进行反思，更能够对米兔运动真正要推动的长久机制采取行动。这也与她们在历史上数次性别解放运动和平权运动的斗争中，对于权利和权利的边界有了更清晰和深刻的认识有关。近两年世界经济论坛的《全球性别差距报告》[①]中，法国的全球排名 2011 年[②]和 2018 年[③]分别是第 11 位和第 12 位，受教育程度更是高居全球第一；而中国在该榜单上的排名则从 2011 年的第 61 位持续下滑到 2018 年的第 103 位。

由于我们的社会的性别观念不是一朝一夕形成的，并非喊一声我是平权主义者就能消除歧视和固有偏见，也不是一次米兔运动就能实现对不平等权力结构中处于弱势地位的人群进行保护，但是这场如潮水、如飓风的运动，起码能够提出一些反思。

## 六　结语

想要更好地理解如火如荼的米兔运动，就要先对米兔本身所指涉的概念进行一个回顾和厘清。2006 年，社会活动人士塔拉纳 · 伯克在 Myspace 上最早使用了“Me Too”这一短语。当时伯克发起了一场草根运动，在被性侵犯的有色人种特别是底层女性中推广“用同理心实现赋权”（Empowerment Through Empathy）。也就是说，米兔口号背后的心理动力正是用同理心实现赋权。同理心实现赋权起初也是源于历史学家对后殖民时代“官方话语”的反思，下层或被殖民阶级无法获得自己的言说方式，只能依赖于统治阶级的语言和方法来表达自己，使人们失去了因共情而在更大程度上去

① 该报告中关于中国的教育部分数据可能有误，详见 https://mp.weixin.qq.com/s/ldVhYQrYO-jbsvB99YGX4w。

② 世界经济论坛：《2011 全球性别差距报告》，第 9 页。

③ 世界经济论坛：《2018 全球性别差距报告》，第 8 页。

理解人类社会从而实现赋能的可能。而下层群体[①]自身认为压迫力量远大于他们自己的能量，剥夺了他们的声音，他们不敢主张权利，害怕殖民政府的反弹。

在马克思主义理论中，下属的民间意义首先被意大利共产主义知识分子安东尼奥·葛兰西（1891—1937）使用。在对葛兰西的著作中这个原本含义为"下属"、"下层"的词语被中文学术界翻译为"庶民"或"底层"，斯皮瓦克和其他人认为他用这个词作为无产阶级的同义词（一个代码词来欺骗监狱检察官，允许他的手稿出狱），[②] 但这种解释受到质疑，有证据表明这是葛兰西政治理论中的一个新概念。[③] 在几篇文章中，后殖民评论家Bhabha强调了社会权力关系在将次要社会群体定义为受压迫的少数民族中的重要性，其社会存在对多数群体的自我定义至关重要；因此，尽管如此，下层社会群体也有能力颠覆拥有霸权的社会群体的权威。葛兰西认为底层阶级要实现统一的概念定义，就只有成为新的统治阶级并成为国家本身，才可能将自身的意志明确体现为国家精神和国家历史，显然，底层阶级暂时无法实现这种权力的直接转换，那么底层的历史书写和话语表达很可能在马克思的国家观念下成为事实上的失踪者。葛兰西认为真正的历史统一不只是单向度来自统治阶级的意识表达，还包纳国家或政治社会与"市民社会"之间的有机联系，底层阶级隐匿化的意志表达在即便没有成为统治阶级的情况下，也能够融合在"市民社会"的话语表达与行动意志中得以与国家精神和国家历史相互结合。

作为构建更大的社会历史图景的一种手段，Subaltern的故事是对社会的一种揭示性考察；下层男女的观点，生活在殖民地范围内的最无能为力的人。此后的主流话语当中，以殖民主义和东方主义的知识为基础，集中于

---

① 在批判理论和后殖民主义中，术语"下属"指的是在殖民地和殖民地家园的霸权权力结构之外的社会、政治和地理上的人口。在描述"从下面讲述的历史"时，下属是安东尼奥·葛兰西通过他的文化霸权理论创造的，该文化霸权确定了被排斥在社会成熟机构之外的群体，从而否定了人们在社会中拥有发言权的手段。当然这种起源于知识分子话语的研究方法是基于欧洲中心论的，也受到了不少批评。

② Stephen Morton, "The Subaltern: Genealogy of a Concept", in Gayatri Spivak, *Ethics, Subalternity and the Critique of Postcolonial Reason*, Malden, MA: Polity, 2007, pp. 96 - 97; and Quintin Hoare, and Geoffrey Nowell-Smith, "Terminology", in *Selections from the Prison Notebooks.*, New York: International Publishers, pp. xiii - xiv.

③ Marcus E. Green, "Rethinking the Subaltern and the Question of Censorship in Gramsci's Prison Notebooks," *Postcolonial Studies*, Volume 14, Number 4 (2011): 385 - 402.

现代化理论，其中不发达国家的现代化应遵循西方发达国家采取（和建立）的现代化道路。因此，自由贸易、开放市场、资本主义经济制度和民主治理制度，成为一个国家在成为西方发达国家的道路上实现国家现代化的手段。① 维多利亚·劳森提出了对主流发展话语的批评，仅仅是对“Subaltern”的重新创造，这是通过下属与其他社会尺度脱离的方式实现的。因此，下属是在他们所构成的殖民地国家的管理中沉默的人，他们可以通过他们的政治行动来听取，以抗议主流发展的话语，从而创造他们自己的，适当的现代化和发展形式。下层社会团体创造社会、政治和文化运动，争夺和反对西方帝国主义列强权力的专属主张，因此建立当地知识的使用和应用，以创造新的反对空间和替代的非帝国主义者未来。

那么还有比围绕着性侵和性骚扰的言说和叙事更能从下属理论中借力的吗？性侵受害者显然不具备同样的意识形态驱动和底层叙事，但是二者在结构关系上的同位促成了米兔也利用同理心来实现赋权。早期的米兔运动之所以没有引起太多关注，其实恰恰也是因为“下层”，一些受害者被视作“微不足道的”、她们受到的伤害被视作“理所当然”的，她们的声音和行动很难“上达天听”。公众总是这样的，对身边相似的人的类似遭遇很难抱以同情，反而先是诘问。所以，“下层”理论必须用，但是怎么用，其实是借位。让那些事实上不属于下层的人，因为受到伤害，讲出自己的故事，将自己“下沉”到底层叙事中来，才能更好地进行情感动员。

美国的米兔也正是基于此种心理，光鲜亮丽的好莱坞女明星率先爆出，公众心中处在链条顶端的她们也遭受了性侵或性骚扰，让更多的普通女性敢于站出来揭发自己所受到的伤害，一场“自上而下”的米兔运动才轰轰烈烈地展开。同时，也是由于娱乐圈中打滚的受害者深谙传播的“潜规则”，她们利用关键节点及时将抗议行为转为制度化建设，在一定程度上巩固了米兔运动的成果。

在米兔运动的进程中，不同立场和派别的人士或争论，或行动，让米兔运动在浩大的声势中难得地保持了对运动本身的审视和思考。如果有一个性别平等的未来，人们在回望米兔在历史进程中的作用，也许会称赞其伟大！

① Victoria Lawson, *Making Development Geography*, UK: Hodder Education, 2007.

# 第四部分

# 大事记

# 大事记

## 政策法规

**1. 民政部发布《社会工作方法个案工作》《社会工作方法小组工作》两项行业标准**

2018 年 1 月 16 日，民政部发布《社会工作方法个案工作》《社会工作方法小组工作》两项行业标准。《社会工作方法个案工作》对个案工作的定义为，以有需要的个人或家庭为服务对象，运用个别化的工作方式，增强其解决困难和适应社会的能力，促进其与环境和谐发展的一种专业社会工作方法。《社会工作方法小组工作》将小组工作定义为，以具有共同需求或相近问题的群体为服务对象，通过小组活动过程及组员之间的互动，帮助小组组员改善其社会功能的一种专业社会工作方法。两项行业标准分别明确了以上两种工作方法的伦理与原则、理论与模式、技巧和过程的要求等。

**2. 民政部《社会组织信用信息管理办法》公布并实施，加强社会组织信用管理**

2018 年 1 月 24 日，民政部《社会组织信用信息管理办法》公布并实施。《办法》共 26 条，以建立信用约束为核心，主要分为五部分内容：一是明确社会组织信用信息范畴；二是规定社会组织信用信息管理的基本原则；三是规定活动异常名录和严重违法失信名单的具体情形；四是确定信用监管的程序要求，包括认定程序、移出程序、异议处理等；五是明确守信激励和失信惩戒措施。《办法》通过守信激励、失信惩戒，增大了违法成本和惩处力度，强化了信用约束，有利于从源头上防范违法违规行为的发生。

2018 年 2 月 11 日，国家发展改革委、中国人民银行、民政部等 40 个部门和单位联合印发《关于对慈善捐赠领域相关主体实施守信联合激励和失信联合惩戒的合作备忘录》的通知。《备忘录》的签署，建立了慈善捐赠领域的信用信息共享机制，慈善领域正式纳入社会信用管理的总体范畴。

**3. 国务院办公厅印发《关于推进社会公益事业建设领域政府信息公开的意见》，推进国家治理体系和治理能力现代化**

2018 年 2 月 9 日，国务院办公厅印发《关于推进社会公益事业建设领域政府信息公开的意见》，进一步推动社会公益事业建设领域政府信息公开工作，推进国家治理体系和治理能力现代化。该《意见》将那些社会关注度高、公益色彩浓厚的社会公共事业和福利事业纳入了重点公开范围，并对其中包括脱贫攻坚、社会救助和社会福利、教育、基本医疗卫生、环境保护、灾害事故救援、公共文化体育领域等 7 个领域的信息公开提出具体要求。

**4. 财政部、国家税务总局联合发布《关于公益性捐赠支出企业所得税税前结转扣除有关政策的通知》，加大对公益性捐赠行为的税收政策支持**

2018 年 2 月 11 日，财政部、国家税务总局联合发布《关于公益性捐赠支出企业所得税税前结转扣除有关政策的通知》，明确公益性捐赠支出企业所得税税前结转扣除政策规定。一是明确企业发生的公益性捐赠支出未在当年税前扣除的部分，准予结转以后三年内在计算应纳税所得额时扣除，进一步加大对公益性捐赠的税收支持力度；二是明确结转扣除的具体计算方法、当年扣除限额规定、结转扣除顺序等事项，便于纳税人更好地理解和遵从；三是明确政策执行时间自 2017 年 1 月 1 日起，2016 年 9 月 1 日至 2016 年 12 月 31 日发生的公益性捐赠支出未在 2016 年税前扣除的部分，可按通知执行。

**5. 民政部印发《2018 年中央财政支持社会组织参与社会服务项目实施方案》，对深度贫困地区予以倾斜**

2018 年 2 月 11 日，民政部办公厅印发《2018 年中央财政支持社会组织参与社会服务项目实施方案》。该《方案》提出，2018 年，项目重点资助社会组织在扶老助老服务、关爱儿童服务、扶残助残服务、社会工作服务、救助扶贫服务、能力建设和人员培训六个方面，并对在西藏、四省藏区、南疆四地州和四川凉山州、云南怒江州、甘肃临夏州等深度贫困地区开展的项目予以倾斜。

此前，在脱贫攻坚中如何避免政治强制社会组织参加或者摊派的情况有过争议，2017 年 12 月 26 日，民政部举行社会组织参与脱贫攻坚工作专题新闻发布会，要求不得摊派社会组织扶贫任务，以保证社会组织的自主性。2017 年 12 月 4 日，民政部网站发布《关于广泛引导和动员社会组织参与脱贫攻坚的通知》，该《通知》特别强调尊重社会组织平等、法律的主体地位，尊重社会组织自主意愿，对社会组织参与脱贫攻坚强调的是引导动员和支持鼓励。

**6. 深圳、广州发布社会工作相关政策，促进社工服务发展**

2018 年 2 月 22 日，深圳市民政局发布《关于促进社会工作发展的若干措施（征求意见稿）》并于 6 月 7 日召开听证会。该意见稿在发展方向的设定和制度框架的构建方面，实现了三大转变：将追求发展规模转变为注重发展质量，将民政统一购买社会工作岗位转变为各使用单位独立购买社会工作服务项目，将多重评估监管转变为以法律为基础的信用承诺综合监管。

**7. 《江苏省慈善条例》施行，规范个人求助**

2018 年 3 月 1 日，《江苏省慈善条例》施行。这是《慈善法》出台后，省级层面首部落实上位法的地方性慈善法规。该《条例》在强化政府职责、规范个人求助行为、细化慈善信托制度、增加系列促进措施、突出慈善文化建设等方面，充分体现了江苏特色。《条例》从个人求助范围界定、明确指引个人向谁求助、个人求助者对其发布的求助信息的真实性负责、发布求助信息的平台有风险提示义务四个方面对此作出了规范。

**8. 人社部、民政部联合发布《高级社会工作师评价办法》，完善社会工作专业人才职业水平评价制度**

2018 年 3 月 6 日，人力资源和社会保障部与民政部联合发布《高级社会工作师评价办法》的通知。主要有四点原则：一是坚持水平评价类职业资格定位；二是采取考评结合评价方式；三是实行全国统一发证制度；四是明确以服务能力为评价重点。此办法标志着我国建立了初、中、高级相衔接的社会工作者职业水平评价体系。

**9. 江西省发改委印发《2018 年江西省社会信用体系建设工作要点》，鼓励失信者通过参与公益活动弥补失信过失**

2018 年 3 月 29 日，江西省发改委发布《2018 年江西省社会信用体系建设工作要点》。《工作要点》提出探索建立有利于失信主体自我纠错、主动自新的社会鼓励与关爱机制，支持有失信行为的个人通过志愿服务、社会公益服务等方式修复个人信用。

**10. 成都市三部门联合出台《关于进一步深入开展城乡社区可持续总体营造行动的实施意见》，提出发展社区基金会和社会企业促进社区营造**

2018 年 3 月 30 日，成都市民政局、中共成都市委组织部、中共成都市委城乡社区发展治理委员会三部门在《成都市民政局关于开展城乡社区可持续总体营造行动的通知》的基础上联合出台了《关于进一步深入开展城乡社区可持续总体营造行动的实施意见》。该《实施意见》计划从激发社区居民建立自组织、引导自组织转化为社区公益组织、培育社区自组织领头人培育社区公共意识教育、寻找支点撬动社区可持续总体营造、搭建平台深化社区协商、建立社区基金（会）、发展社区社会企业、建立协同推进机制等 9 个方面，完成社区总体营造。

**11. 成都市相继出台《关于培育社会企业促进社区发展治理的意见》《成都市社会企业评审认定管理工作试行办法》，填补社会企业政策空白**

2018 年 4 月 9 日，四川省成都市人民政府办公厅出台《关于培育社会企业促进社区发展治理的意见》。该《意见》明确了社会企业概念。即社会企业是经企业登记机关登记注册，以协助解决社会问题、改善社会治理、服务于弱势和特殊群体或社区利益为宗旨和首要目标，以创新商业模式、市场化运作为主要手段，所得盈利按照其社会目标再投入自身业务、所在社区或公益事业，且社会目标持续稳定的特定企业类型。该《意见》确定了支持社会企业发展的三大原则，梳理了支持社会企业发展重点任务以及责任分工，制订了关于社会企业的评审认定，增加了与现有财税、金融、行业支持政策的对接，创新社会企业社会属性的监督体系，强调加强社会企业党建工作。

2018 年 6 月 6 日，成都市工商局出台《成都市社会企业评审认定管理工作试行办法》，对社会企业的性质进行了界定，明确了认定范围、申请条件和申请材料等，被认定的社会企业将在市场准入、品牌培育等方面享受更大的支持力度。成都市工商局将采取政府和第三方合作的方式完成评审认定工作。具体流程为：市工商局定期对递交申请的企业进行初步筛选，形成观察社会企业名录；由专家评审委员会对观察社会企业进行复审；对通过复审的企业进行社会公示；经公示无异议和经核查异议不成立的，认定为社会企业，由第三方发布成都市社会企业名录。

在中国，关于社会企业尚未有统一的定义，针对社会企业的政策更属空白。成都政策的出台，是该领域的“破局”。

**12. 慈善组织公开募捐方案备案流程进一步简化**

2018 年 7 月 6 日，民政部社会组织管理局发布《关于改进公开募捐方案备案工作的通知》。为使慈善组织在公开募捐方案备案工作中“少跑路”，“慈善中国”平台的备案流程进行了改版。改版后，慈善组织登录“慈善中国”进行公开募捐方案备案填报后，登记管理机关直接通过平台进行备案发布或退回操作，慈善组织不再需送交纸质表单给登记管理机关。

**13. 民政部发布《民政部直管社会组织重大事项报告管理暂行办法》，重大事项要求报批或报备**

2018 年 7 月 13 日，民政部发布《民政部直管社会组织重大事项报告管理暂行办法》。《暂行办法》认为，重大事项报告制度也是民政部承担依法对社会组织进行监察责任的重要组成部分，是履行职能的客观需要。直管社会组织重大事项报告分为报批、报备和即时报告三类。报批事项未经批准，直管社会组织不得擅自开展；报备事项 15 个工作日内未收到不同意见，直管社会组织可以按计划开展。重大事项报告制度从宏观整体稳定的角度出发，进行早期纠正和早期介入，在预测、判断和防控方面起到极为重要的作用，将成为维护公信力的必要手段。加强对民政部直管社会组织重大事项报告的管理，可以规范直管社会组织行为，发挥直管社会组织的示范引领作用，促进直管社会组织健康有序发展。

**14. 民政部公布《社会组织登记管理条例（草案征求意见稿)》引发热议**

2018 年 8 月 3 日，民政部公布了将社会组织“三大条例”合而为一的《社会组织登记管理条例（草案征求意见稿)》。“草案”并未直接定义社会组织，但列举了社会团体、基金会、社会服务机构（原民办非企业）三种最常见的组织形式属于社会组织，与原“三大条例”、《慈善法》相比，最显著的变化是对党建工作的强调；其次是提高了基金会设立门槛等。“草案”一经发布便引发了实践者、专家、学者等广泛关注和纷纷议论。有评论指出，“草案”无论从宏观的立法依据、依法指导思想、法律框架和具体的制度建构、条文表述，都存在非常多的问题，建议有关部门认真对待这个社会组织治理领域的重要法规的立法，充分听取社会各界的意见，适当延长立法周期，不宜匆忙出台。

**15. 民政部公布《慈善组织信息公开办法》，对慈善组织公开透明作出详细规定**

2018 年 8 月 6 日，民政部《慈善组织信息公开办法》公布，自 2018 年

9月1日起实施。《办法》对慈善组织信息公开的范围、方式、要求和责任等进行了详细规定，且明确规定了民政部门的执法权。虽然该《办法》只是针对取得了慈善组织资格的公益组织，但它为公益组织信息披露规范开了先河，对公益组织的公信力建设影响深远。

**16.《广州市社会工作服务条例》正式发布，为社会工作者提供制度保障**

2018年8月6日，《广州市社会工作服务条例》正式发布，并于2019年1月1日起施行。《广州市社会工作服务条例》是关于社会工作服务的综合性地方性法规，在促进、规范、保障社会工作服务发展方面做了一系列制度设计并注重创新，如建立社会工作服务项目库制度，优选出群众需求更为迫切的社工服务项目，以此为导向引导财政资金进行更为有效的投入，并提出要会同多个行政管理部门制定社会工作者的薪酬、入户、住房等待遇保障政策。

**17. 民法典拟针对性骚扰作出规定**

2018年8月27日，针对社会各界普遍关注的性骚扰问题，提交全国人大常委会审议的民法典人格权编草案规定，违背他人意愿，以言语、行动或者利用从属关系等方式对他人实施性骚扰的，受害人可以依法请求行为人承担民事责任。用人单位应当在工作场所采取合理的预防、投诉、处置等措施，预防和制止性骚扰行为。

**18. 浙江省人大常委会修订《浙江省志愿服务条例》，拓展志愿者定义并强化激励措施**

2018年9月1日，浙江省施行新版《浙江省志愿服务条例》，加强志愿服务保障、完善志愿服务激励机制。此前的《浙江省志愿服务条例》是2007年制定、2008年3月5日起施行的，将志愿者限定为经志愿服务组织安排的从事志愿服务的个人，新版将志愿者扩展为以自己的时间、知识、技能、体力等从事志愿服务的所有自然人。同时鼓励企业和其他组织在同等条件下优先招用有良好志愿服务记录的志愿者；公务员考录、事业单位招聘应当将志愿服务情况纳入考察内容；志愿服务组织可以建立以服务时间和服务质量为主要内容的志愿者星级评定制度，对获得相应星级的志愿者推荐参加相关评选和表彰。为志愿者办理人身意外伤害保险，禁止未成年人参加可能发生人身意外伤害危险的志愿服务活动；未成年人是在校学生的，参加有关志愿服务活动不得影响其正常学习。同时，鼓励未成年人的父母或者其他监护人与未成年人共同参加志愿服务。

**19. 民政部发布《慈善组织保值增值投资活动管理暂行办法》，规范慈善组织投资活动**

2018年10月25日，民政部发布《慈善组织保值增值投资活动管理暂行办法》，自2019年1月1日起施行。该《暂行办法》对慈善组织为实现财产保值增值开展投资活动的基本原则、投资范围、风险控制、监督管理等方面进行了规范。新规详细列出了“财务和资产管理制度”需明确的内容，明确慈善组织投资方式及投资范围，降低了对投资范围的部分约束限制，要求慈善组织的财务和资产管理制度、重大投资情况应当依法依规向社会公开，接受社会监督。

## 政府行动

**1. 北京社会企业发展促进会成立并拟认定50家北京社会企业，地方认定社会企业成地方政策创新热点**

2018年3月19日，北京市委社会工作委员会支持的北京社会企业发展促进会正式成立。该促进会将开展社会企业发展相关的专业咨询和教育培训，帮助社会企业提升人才素质和发展质量，同时还将组织社会企业对内对外交流，促进社会企业合作，推进社会建设事业的整体发展。北京市委认为推动成立北京社会企业发展促进会，是北京市加强和创新社会治理、提高公共服务供给水平的重要举措。

2018年8月11日，北京社会企业发展促进会发布了《北京市社会企业认证办法（试行）》，该《办法》中明确社会企业是指以优先追求社会效益为根本目标，持续用商业手段提供产品或服务，解决社会问题、创新公共服务供给，并取得可测量的社会成果的企业或社会组织；兼具社会目标和商业运营的属性。2018年10月26日，北京社会企业发展促进会发布《关于做好2018年北京市社会企业认证有关组织工作的通知》，拟支持认证50家北京社会企业。继深圳、顺德和成都之后，北京是第四个建立了官方社会企业认定标准的城市。

**2. 河北“爱心妈妈”李××被刑拘，个人收养救助不规范引发争议**

2018年5月5日，公安机关以涉嫌敲诈勒索、聚众扰乱社会秩序犯罪对当地一位收养孤儿的“爱心妈妈”李××采取刑事拘留强制措施。2018年5月10日，经公安机关查证，李××已经涉嫌敲诈勒索罪、伪造印章罪、诈骗罪、聚众扰乱社会秩序罪等犯罪行为。同时，公安机关又接到多起有关李××其他违法犯罪的线索，正在进一步侦查之中。其成立的“爱心福利村”也被相关部门依法取缔。评论认为，个体的善心善举固然值得鼓励，但要以法律准绳、管理规范为前提，这并不是对爱心和善意的损伤，反而是保护和鼓励。

**3. 民政部遴选公示第二批9家慈善组织互联网公开募捐信息平台，并重视事前事中监管**

2018年5月24日，民政部发布《关于指定第二批慈善组织互联网募捐信息平台的公告》，第二批慈善组织互联网募捐信息平台正式出炉，共9家，分别是美团公益、滴滴公益、善源公益、融e购公益、水滴公益、苏宁公益、帮帮公益、易宝公益、中国社会扶贫网。

2018年下半年，民政部依据《慈善组织互联网公开募捐信息平台基本管理规范》《慈善组织互联网公开募捐信息平台基本技术规范》两项行业标准，兼顾日常巡检、投诉举报受理情况，组织专家对11家平台2018年上半年工作报告及运营情况进行了评审和质询。民政部社会组织管理局要求轻松公益平台在做好慈善募捐的同时，主动宣传慈善募捐与个人求助的区别，进一步加大个人求助类信息的审核甄别和公示力度，引导理性施助，鼓励建立筹款人失信黑名单，防范法律和道德风险；要求百度公益平台进一步找准定位、提高效能、主动服务，发挥与公众预期相称的平台作用；要求新浪微公益平台进一步提高服务意识，继续向慈善组织提供无差别、多维度的募捐信息发布和传播服务；要求广益联募平台进一步辐射周边、服务全国，为更多的慈善组织提供信息发布服务。

**4. 深圳市民政局对“同一天生日”网络募捐方未在指定平台发布募捐信息的行为进行行政处罚**

2018年6月15日，深圳市民政局认定，备受关注的“同一天生日”网络募捐发起方深圳市爱佑未来慈善基金会未在民政部指定的互联网募捐信息平台发布募捐信息，没有对发布的募捐信息进行审核，发布的信息不准确不完整，违反了《中华人民共和国慈善法》第二十三条第三款和第七十一条的规定。依据《中华人民共和国慈善法》第九十九条第一款第五项的规定，深圳市民政局作出行政处罚决定（深民罚字〔2018〕第029号），对深圳市爱佑未来慈善基金会予以警告，并责令限期改正。2017 年 12 月 23 日，由深圳市爱佑未来慈善基金会通过零分贝公司开发的“分贝筹”微信公众号开展的网络募捐“同一天生日”在微信朋友圈热传。随后该活动被网友质疑存在受助儿童照片相同、姓名和生日却不同，儿童生日日期实际不存在等情况，引发网络热议。

**5. 蚂蚁森林正式纳入全国义务植树尽责体系**

2018 年 10 月 23 日，蚂蚁金服与全国绿化委员会办公室、中国绿化基金会在国家林业和草原局签署了“互联网 + 全民义务植树”战略合作协议，“蚂蚁森林植树证书”将与“全民义务植树尽责证书”实现互联互通，多方共同创新全民义务植树的尽责形式。这有利于促使更多公民参与绿色共建和环境治理，推进义务植树和国土绿化事业的发展。

**6. 医务社工制度首次被单独列为医院考核一级指标**

2018 年 10 月 31 日，国家卫生健康委发布《进一步改善医疗服务行动计划（2018 - 2020 年）考核指标》。医务社工制度首次被单独列为医院考核一级指标，考核不仅要求设立医务社工岗位，还对志愿服务时长进行规定。评论认为，这标志着社会工作制度经过 40 年发展，进入岗位设置、职业评价和晋升有据可循的新阶段，对于完善社会工作人才队伍体系，提高社会工作服务水平，促进社会工作制度的完善和发展具有重要意义。

## 行业建设

**1. 腾讯公益平台上线“冷静器”功能，倒逼公益组织信息透明**

2018 年 3 月 16 日，腾讯公益平台上线“冷静器”功能——“透明度提示”消息框。捐赠者进入募款信息页面后，会看到弹出消息框，捐赠者可看到项目的立项时间、执行效果、财务披露和项目进展等项目情况。只有捐赠者点击确认知情后，才能进行下一步的捐助。该功能在一定程度上满足了捐赠者的知情权与监督权，进一步提升了信息公开的精准性，有助于强化捐赠者对公益透明的直接感受，同时，倒逼公益组织完善信息公开制度，提升对公益组织和慈善机制的信任。

**2. 汶川救灾十周年　各界总结反思社会力量参与防灾至今的嬗变**

2018 年 5 月 12 日，汶川地震十周年，2008 年汶川地震救灾中的社会行动被认为开启了中国慈善的新纪元。2018 年，社会各界纷纷围绕这一事件展开了纪念活动。纪念活动从多个维度对中国慈善 2008 年以来的发展经验和教训进行了总结与反思，包括社会力量参与防灾减灾救灾从无序到有序，从单打独斗到平台共建，从民间自发到官民协同，以及逐渐走上专业化之路。

**3. 《慈善的力量》开播，探索公益文化传播方式**

2018 年 9 月 26 日，由中国慈善联合会、福建省慈善总会、福州市慈善总会、福建省大众影视文化交流中心等四家单位共同发起，南都公益基金会理事长徐永光担任总顾问，浙江新湖慈善基金会等捐赠资金支持的纪录片《慈善的力量》新闻发布会在京举行。《慈善的力量》共 6 集、每集 50 分钟，是为配合《慈善法》的颁布实施，在全社会传播慈善理念、营造慈善环境、推动慈善行为而拍摄的，旨在传达慈善是对社会发展非常有价值的一种力量。

**4. 轻松筹、水滴筹、爱心筹签署自律公约，强调公平竞争原则**

2018 年 10 月 19 日，轻松筹、水滴筹、爱心筹三家个人大病求助互联网服务平台签署自律公约，在慈善组织对接机制、审核机制、限额机制、信息核实机制、全流程风险管理制度、“失信筹款人”黑名单制度、“个人大病求助信息”公示系统、投诉举报机制、新闻发言人制度九大方面加强自律。公约强调公平竞争原则，明确列出不得贬低、诋毁其他平台的声誉；不得对服务质量、用户评价等作虚假或者误导性宣传；不得采取购买其他平台“竞价关键词”等方式，恶意导流等。

**5. 公益与商业关系国际研讨会召开，深化对公益与商业关系的理解，推动公益事业的良性发展**

2018 年 10 月 22 ~ 23 日，由中国人民大学中国公益创新研究院、敦和基金会联合主办，南都基金会支持举办的“公益与商业关系国际研讨会”在中国人民大学举行，来自多个国家和地区的知名学者和业界代表开展了深入探讨与交流。主办方认为，公益领域正在发生着深刻的变革，正确讨论公益与商业的关系，重新思考公益的本质、价值、模式、策略，对中国公益事业有着重要意义。

**6. “慈善文化会讲”开讲，以“行动性研究”推动现代中华慈善**

2018 年 12 月 16 日，由中国人民大学中国公益创新研究院主办的第一期“慈善文化会讲”开讲。此次会讲缘起于中国慈善领域“体用分离”的现状，走出这种困境的最佳途径就是返本开新，重建“体用合一”的现代中华慈善。“慈善文化会讲”系列旨在通过“知行合一”的“行动性研究”，推动学界与业界创建、践行、传播“体用合一”的现代中华慈善。

## 活动方式和资源

**1. 中国扶贫基金会在乌干达启动“幸福家园——难民自立与社区融合”难民项目，输出中国扶贫经验**

2018 年 4 月 10 日，中国扶贫基金会在乌干达启动“幸福家园——难民自立与社区融合”难民项目。该项目由中国扶贫基金会与国际美慈组织联合开展，通过为难民和当地社区开展现金发放、农业生产支持和商业促进三项活动，加强 Palabek 难民安置点，增进难民和当地社区的耐受力，促进难民更好地融入当地和实现自立。

**2. 腾讯公益开启 2018“行为公益季”，将“捐步数”公益模式常态化**

2018 年 4 月 22 日，腾讯公益启动“行为公益季”，主题是“走路就是做公益”，号召广大网民和企业通过微信运动等线上渠道，以及覆盖全国十大城市、万人行走的丰富线下活动，以“捐步数”的方式对公益项目贡献力量。这是继“99 公益日”之后，腾讯公益牵头发起的又一连接用户、企业、公益机构的全民参与型互联网公益项目。此次“行为公益季”于 4 月 22 日 ~5 月 20 日开展，企业可发起捐步数活动，设定挑战目标，号召消费者/员工共同完成。企业通过对广大网民捐赠的步数进行配捐，传递自己的公益理念。

**3. 中国青基会—快手科技青少年幸福成长公益基金成立，助力网络空间清朗**

2018 年 5 月 30 日，中国青少年发展基金会与快手科技共同成立“中国青基会—快手科技青少年幸福成长公益基金”。基金将依托中国青基会优质的公益资源，结合快手科技的技术和社区优势，提升中国未成年人网络安全意识与自我保护能力，同时基金还将联合专业研究机构推动建立网络内容分级标准，搭建未成年人的网络安全保护体系，营造清朗的网络空间。未来 5 年，快手科技将向该基金持续捐赠 1000 万元，用于项目的开展。

**4. “橙子微笑挑战”接力挑战系列公益活动，创意公益引爆网络**

2018 年 6 月 20 日世界 FSHD 关爱日，罕见病发展中心（CORD）、你并不孤单 FSHD 关爱组织联合今日头条微头条、抖音 APP 共同发起了#橙子微笑挑战#接力公益行动，要求挑战者吸住橙子五秒，用橙子代替微笑，通过这种阳光正能量的方式让公众关注到 FSHD 这一罕见病及其患者群体。FSHD，也称面肩肱型肌营养不良症，是一种表现为骨骼肌无力、萎缩的遗传性罕见病。该项公益挑战一经发起就赢得了广泛关注，吸引了大量用户参与挑战。不少用户还在发布图文和小视频对“橙子微笑”进行了二次创意，内容再度引爆传播。

**5. 阿里巴巴发起奥林匹克日公益跑，尝试公益产品节日营销**

2018 年 6 月 22 日，在 2018 年的国际奥林匹克日期间，阿里巴巴开展了阿里巴巴奥林匹克日公益跑，邀请有公益心的人一起奔跑做公益，为由阿里巴巴发起，中国扶贫基金会承建的公益项目“追梦跑道”筹款。阿里巴巴奥林匹克日公益跑分为线上、线下两个部分：线上跑，所有人均可通过手淘进入活动页面参与行走捐，共同挑战 6.23 亿的总步数。线下跑，6 月 22 日上午 9 点，在北京奥林匹克森林公园举行阿里巴巴奥林匹克日线下跑活动。

**6. 首次全国性的 SOS 儿童村开放日举行，扩大儿童村社会认知度和影响力**

2018 年 6 月 23 日，首次全国性的 SOS 儿童村开放日在天津、烟台、齐齐哈尔、南昌、开封、成都、莆田、乌鲁木齐、拉萨、北京的 10 所 SOS 儿童村举行。全国各 SOS 儿童村实行“开放日”活动，既实行最严格的儿童保护，又扩大开放，为孩子们营造更利于健康成长的环境，培养孩子们的志愿服务意识，并努力扩大儿童村的社会认知度和影响力。国际 SOS 儿童村组织创建于 1949 年，采用家庭模式管理、抚养、教育孩子们，被世界各国公认为解决孤儿问题的成功典范，是全球最大的孤儿救助保护组织。中国 SOS 创建于 1985 年。

**7. “心桥计划”助力全国心理健康服务体系建立**

2018 年 7 月 2 日，由中国妇女发展基金会与北京桥爱慈善基金会联合发起的“心桥计划”启动仪式暨中国妇女儿童心理健康主题论坛在京举行。“心桥计划”项目为期 5 年，主要围绕两大体系展开。一是以社区和学校为阵地，建设基层心理健康项目点，让社会公众能够直接享受到科学专业、形式多样的心理健康服务；二是心理学领域科研扶持。当前，个体心理行为问题及其引发的社会问题日益凸显，“心桥计划”有助于探索构建整个社会心理健康服务体系。

**8. WWF喊话餐饮企业积极减塑，促企业从源头引导绿色消费**

2018年7月9日，世界自然基金会（WWF）发起“重塑未来，谁先出手”中国行动，旨在推动淘汰以塑料吸管为代表的一次性塑料餐饮制品。WWF点名指出，肯德基、麦当劳、costa咖啡、星巴克等跨国餐饮连锁企业在中国尽快实行减塑承诺，与国际接轨。同时呼吁公众不主动索取塑料吸管，推动一次性塑料制品的减量化。同日，星巴克公司回应WWF称，到2020年，在全球28000多家门店内停止使用塑料吸管；10月25日，麦当劳中国宣布Scale for Good“我们的一小步，世界的一大步”可持续发展行动计划。企业主动承担社会责任不仅能带来社会效益，也能给企业带来经济效益，但仍需环境组织“督促”。

**9. 中国濒危物种信息录入全球生物多样性信息服务网络平台**

2018年7月10日，由中国生物多样性与绿色发展基金会主办的全球生物多样性信息服务网络平台“十亿数据”暨中国濒危物种（中华穿山甲、白鱀豚）信息录入成果发布会在京举办。这是自2007年白鱀豚被宣布功能性灭绝后，时隔12年再次获得白鱀豚音像资料和观测数据。成立于2001年的全球生物多样性信息服务网络，在生物多样性信息学领域具有重要地位。中国环境公益组织参与全球环境数据网络共享，有助于向全球展示中国深度参与世界环境保护和可持续发展的成果。

**10. 教育精准扶贫项目“一村一园计划”获“教育界诺奖”**

2018年7月17日，中国发展研究基金会发起的“一村一园计划”（One Village One Preschool，OVOP）荣获2018年度WISE世界教育创新项目奖，成为自该奖项创办以来第一个获奖的中国项目。WISE世界教育创新项目奖（WISE Awards）由卡塔尔教育科学与社会发展基金会发起，是一个旨在鼓励和倡导世界范围内教育创新实践的国际性大奖，被BBC等国际媒体誉为“教育界的诺贝尔奖”。2009年，中国发展研究基金会将山村幼儿园设在村一级单位，通过和县级政府合作，利用各村闲置资源，招募当地幼教志愿者，为偏远贫困村落3~6岁的儿童提供免费学前教育。目前，“一村一园计划”先后覆盖青海、云南、湖南、四川、山西、新疆、贵州、甘肃和河北9个省份的21个贫困县，惠及17万贫困地区儿童。

**11. 中国好公益平台授予优秀机构“益次方”商标，力推公益规模化**

2018年10月29日，注册两年（注册时间为2016年11月7日）的中国好公益平台宣布将授予平台上效果显著的机构“益次方”商标，推动公益产品规模化。但评论认为，“益次方”商标的授予能否力推公益规模化有待观察；并且，“公益规模化”存在争议，公益领域需将重点放在倡导和推动有效公益上。

**12. 2018森林中国公益盛典在云南澜沧举行，开创音乐扶贫模式**

2018年12月11～15日，由森林中国（由中国光华科技基金会、中国野生动物保护协会、中国林学会等国家级机构联合创立的公益平台）发起的“完美的一天”——2018森林中国公益盛典在云南普洱市西盟、孟连、澜沧三县举行。活动包含民族文化采风、盛典晚会和活动纪录片上线三个部分。民族文化采风以文化传播和交流为宗旨，通过采风公益行的方式探访当地特色村落、录制采集民间艺人的音乐文化，开创音乐扶贫模式，展现公益音乐采风成果，展示本土音乐。公益远行与民族音乐的结合可以吸引更多的城市年轻人参与到文化扶贫中来。

**13. 2018中基透明指数FTI发布暨基金会透明度研讨会举行，嘉宾提出将行业伦理的建设倡导和推动作为下一步推动行业透明的重要工作**

2018年12月12日，基金会中心网“2018中基透明指数FTI发布暨基金会透明度研讨会”在北京举行。会上发布了2018中基透明指数FTI报告，介绍了FTI的发展历史与现状，并对FTI的最新发现进行了解读，如具有公开募捐资格的基金会透明度更优；民政部注册的基金会透明度更高；老牌基金会透明度高；规模越大，透明度越高，以及大病救助、助学类公益项目透明度较高等。会上，中国人民大学中国公益创新研究院康晓光院长以《透明的动机》为题，深入分析了行业需要“自律”的原因，他认为行业不仅需要“大棒强制”和“胡萝卜引诱”，更要在整个行业价值观、伦理道德和文化建设上进行提升，才能使行业的发展拥有深厚和持久的基础，并期待基金会中心网将行业伦理的建设倡导和推动作为下一步推动行业透明的重要工作。

**14. “儿童防灾减灾科普教室”落户贵州，以儿童带动家庭推动防灾减灾教育**

2018年12月25日，中国儿童少年基金会与抖音短视频共同捐建的首间“儿童防灾减灾科普教室”在贵州省赤水市文华小学落成。“儿童防灾减灾科普教室”将沉浸式体验和静态教学相结合，融合防灾减灾科普与日常教育，促进孩子们增强安全意识、提高自救和避险能力。“儿童防灾减灾科普教室”是“儿童防灾减灾公益项目”的组成部分，以儿童带动家庭，家庭辐射社区，尝试构建“家庭—学校—社区”三位一体的安全教育环境，探索校园防灾减灾科普教育以及面向公众开展的防灾减灾宣传倡导模式。

**15.“常州毒地”公益诉讼案曲折，二审判决环境公益组织胜诉**

2017 年 1 月 25 日，“常州毒地”公益诉讼案在常州市中级人民法院宣判，原告北京市朝阳区自然之友环境研究所与绿色发展基金会败诉，案件受理费人民币 189.18 万元，由两名原告共同负担。这成为新环保法实施以来第一起社会组织败诉的公益诉讼。此后，中国生物多样性保护与绿色发展基金会准备在网上发起募捐活动，以筹集近 100 万元的诉讼费，每人限捐 2 元。

2018 年 12 月 27 日，江苏省高级法院对“常州毒地”环境公益诉讼案二审公开宣判，环保公益组织胜诉，涉案 3 家企业就污染行为向社会公众赔礼道歉，并向两家公益组织分别支付律师费及差旅费，一审案件受理费 100 元，二审案件受理费 100 元由被告承担，驳回原告其他诉讼请求。江苏省高院认为，根据公益组织的诉求和法院审理情况，本案上诉人提出的由被上诉人修复受损环境、赔礼道歉的诉求属于非财产诉求，不应按照一审判决中依据的财产诉求来计算案件受理费。因此，本案按照非财产案件计算案件一审、二审的受理费均为 100 元。

## 组织建设

**1. 华东理工大学国际社会工作学院成立，探索拓展社工领域联合办学资源**

2018 年 1 月 6 日，由北京永真公益基金会与华东理工大学社会与公共管理学院共同筹建的华东理工大学国际社会工作学院揭牌成立。学院旨在联合拓展办学资源，建设一个国际化取向的，推动社会工作人才培养、社会服务、科学研究和国际合作与交流的专业化平台。

**2. 西湖大学成立，探索基金会筹资办学模式**

2018 年 4 月 2 日，以西湖高等研究院为前身的社会力量举办、国家重点支持的非营利性研究型高校西湖大学获教育部批准设立。在办学模式方面，西湖大学采用基金会筹资的办学模式，既能有效保证学校办学的非营利性，又能发动社会力量更好地支持高等教育发展。学校正常运行后，经费将主要由杭州市西湖教育基金会承担。

**3. 中国网络社会组织联合会成立，定位枢纽型社会组织**

2018 年 5 月 9 日，中国网络社会组织联合会成立大会在京召开，提出参与网络生态综合治理、维护互联网行业秩序、发展网络公益事业和参与维护网络安全等倡议。中国网络社会组织联合会是我国首个由网络社会组织自愿结成的全国性、联合性、枢纽型社会组织，由 10 家全国性网络社会组织发起成立，国家网信办作为业务主管单位。联合会的宗旨是在党和政府的领导下，积极发挥桥梁纽带作用，统筹协调社会各方资源，促进网络社会组织发展，凝聚网络社会组织力量，强化网络社会组织的作用发挥。

**4. 鲁冠球三农扶志基金设立，以上市公司股权作为信托财产**

2018 年 6 月 29 日，万向德农、承德露露、航民股份三家上市公司同时发布公告称，公司实控人鲁伟鼎基于慈善目的设立鲁冠球三农扶志基金，其宗旨是让农村发展、让农业现代化、让农民富裕，以影响力投资、以奋斗者为本、量力而行做实事。其财产及收益将全部用于扶贫、济困、扶老、救孤、恤病、助残、优抚、救灾等慈善活动，促进教育、科技、文化、卫生、体育、环保等事业发展，鲁伟鼎及其家族成员不享有信托利益。该信托是我国第一单上市公司股权作为信托财产的慈善信托，也是截至 2018 年 6 月底中国信托财产规模最大的慈善信托。

**5. 清华大学公共管理学院社会创新与乡村振兴研究中心成立，拟打造社会创新与乡村振兴高端智库**

2018 年 7 月 1 日，清华大学社会创新与乡村振兴研究中心正式成立，旨在将中心发展建设成为社会创新与乡村振兴领域的高端智库，促进领域内学术界、政府、企业和社会组织间合作，推动领域内的人才培养。

**6. 传化安心驿站项目升级推出社工项目，以专业社工助力卡车司机群体成为公益力量**

2018 年 12 月 26 日，以“在路上，承载起美丽中国”为主题的“传化·安心驿站”一周年活动在杭州举行。活动中，“传化·安心驿站”正式推出“传化社工”系列培训，面向安心驿站社群中的卡车司机，以公益慈善、社会工作的理念和方法为核心课程，建立初级、中级、高级“传化社工”体系，致力于提升卡车司机的公益意识和能力。

**7. 中国妇女发展基金会 30 周年，持续推进女性公益慈善事业发展**

2018 年 12 月 27 日，中国妇女发展基金会“女性公益慈善 30 年暨家家幸福安康工程——家庭支持行动项目启动”活动在京举行。中国妇女发展基金会成立30年来，累计募集款物46亿元，执行中央彩票公益金10亿元，实施了母亲水窖、母亲健康快车、母亲创业循环金、母亲邮包等一系列公益项目。基金会被评为“国家5A级基金会”“全国先进社会组织”，连续多年在“中国慈善指数排行榜名列第一”。

## 研究与出版

**1.《2017年中国慈善信托发展报告》发布，2017年慈善信托在多方面取得创新突破**

2018年2月9日，中国慈善联合会在北京发布了《2017年中国慈善信托发展报告》。报告指出，2017年慈善信托在多方面取得创新突破：一是慈善信托参与方的创新，“长安慈—民生001号慈善信托”首次实现由银行发动客户做慈善信托，并由银行作为慈善信托财务顾问的实践模式。二是慈善信托资产类型的创新，国内首单股权慈善信托“国投泰康信托2017年真爱梦想2号教育慈善信托”、首单艺术品作为信托财产的慈善信托“万向信托—艺酷慈善信托”落地。三是家族慈善的创新，“中信·何享健慈善基金会2017顺德社区慈善信托”“长安慈·民生001号慈善信托”实现了针对高净值人群的慈善信托。四是慈善信托慈善项目创新，“长安慈·杨凌精准扶贫慈善信托”实现了“精准扶贫”，“中航信托·绿色生态慈善信托”是国内首单以绿色生态为主题的慈善信托。五是慈善运作模式的创新，“幸福传承慈善信托”作为国内首个双层信托模式的慈善信托成功落地。

**2.《中国防治职场性骚扰法律与司法审判案例研究报告》发布，提升社会对性骚扰议题的关注**

2018年6月13日，北京源众性别发展中心发布《中国防治职场性骚扰法律与司法审判案例研究报告》。该《报告》梳理了中国职场性骚扰立法与司法审判整体状况、存在的问题和挑战，以推动相关立法、司法及防治机制的健全与完善，提升社会对性骚扰议题的关注度，鼓励更多的受害人打破沉默。

**3.《中国慈善发展报告（2018）》发布**

2018年6月20日，《中国慈善发展报告（2018）》发布。报告指出：

2017 年，中国社会预估捐赠额为 1558 亿元，增速仅为 6.86%，是 2012 年以来的最低值；2017 年是《慈善法》和《境外非政府组织管理法》公布执行的第二年，在不到两年的时间里，社会组织的总数虽然仍在增加，但增长速度明显放缓，其中基金会的增速明显下降。

**4.《民间公益组织政策环境友善度调查报告》发布**

2018 年 7 月 1 日，广州市海珠区益友社会组织信息中心发布《民间公益组织政策环境友善度调查报告》。报告从公益组织的角度建立了一套政策评价指标，用以反映公益组织对政策环境的评价，从而反馈公益组织的声音，为政策改进提供建议。报告显示有直接登记注册的组织，被要求重新找主管单位；过去曾占主导地位的境外资金的重要性显著下降；来自政府的资金资助对公益组织的影响力在增大，政府购买主要发生在养老、社区发展、残障以及社会创新项目领域；网络公众筹款成为部分社会组织拓展资源的主要出路。

**5.《社会组织经济规模（N－GDP）测算研究报告》发布**

2018 年 7 月 16 日，国家行政学院课题组发布《社会组织经济规模（N－GDP）测算研究报告》。社会组织经济规模是指一定时期内法人社会组织产出的新增产品和服务及其相关价值总和。报告显示，2016 年全国社会组织增加值总量约 2789 亿元，占当年 GDP 的 0.37%，占当年第三产业增加值的 0.73%，其中社会服务机构增加值约 2272 亿元，社团增加值为 356 亿元，基金会增加值约 161 亿元。而同年全国社会组织总支出约 6373 亿元，占当年 GDP 的 0.86%，约占当年第三产业增加值的 1.66%。社会组织对经济和社会发展的贡献到底有多大一直没有得到足够的重视，本次研究弥补了这一空白。从 GDP 占比来看，评论指出，“即便考虑我国社会组织范围与别国 NPO 范围的差异，我国社会组织与发展中国家同行相比仍然有数倍差距，这与中国经济的快速发展不太吻合，说明社会力量的经济能力需要继续得到国家政策杠杆的针对性支持。”

**6.《深圳市慈善事业发展蓝皮书（2016～2017）》发布**

2018 年 7 月 31 日，《深圳市慈善事业发展蓝皮书（2016～2017）》发布。全书共分为“综述篇”“发展篇”“典范机构篇”“明星项目篇”和“操作篇”五大篇。主要有四个目的：一是客观记录；二是总结创新和改革经验；三是推动政策及配套措施实施；四是展示突出成果、重大项目、优秀组织、优秀企业。研究提出了深圳市慈善事业发展存在一些问题，例如，深圳志愿服务规模有待进一步扩大，志愿服务活动经费不足，志愿服务专业化程度有待提高；慈善超市缺乏市场参与全靠“输血”；社区基金中存在政府权力过大等问题。

**7.《中国慈善创新报告——海峡两岸暨港澳地区慈善创新分析》发布**

2018年8月27日，《中国慈善创新报告——海峡两岸暨港澳地区慈善创新分析》发布。报告显示，海峡两岸暨港澳地区的慈善创新有诸多共同点。一是都比较重视政府、企业和慈善组织之间的合作；二是都广泛运用了互联网和新技术；三是企业积极履行社会责任，社会企业崭露头角；四是慈善服务都具有个性化、差异化、多元化特征；五是慈善组织内部治理与行业自律机制逐渐完善。另外，报告还认为，近年来，大陆慈善逐渐发展在需求契合上的创新，如通过常态化调研，利用现代数据统计技术，大量掌握一线实际需求；从群众实际需求出发，提高协调能力，精准施策，有效提供个性化、差异化、专业化的慈善服务。大陆慈善正呈现出大众化、年轻化、小额化趋势，“人人公益、随手公益、扶贫济困”正在成为一种社会生活方式和文明风尚。“80后”“90后”逐渐成为推动慈善变革的主体力量。

**8.《2017中国互联网公益发展报告》发布**

2018年9月11日，北京师范大学中国公益研究院联合国际公益学院发布《2017中国互联网公益发展报告》。报告指出，中国互联网公益在2017年进入3.0的发展阶段，即互联网与公益真正融为一体，公益本身带有互联网基因，互联网也具有很强的公益内在属性，二者联袂将互联网的创新基因与公益向善的力量相结合，不断推动互联网公益迭代发展。

**9.“中国志愿服务参与状况调查成果”发布，全面展示我国志愿服务参与状况**

2018年12月25日，中国社会科学院社会学研究所发布了中国志愿服务参与状况调查成果。该调查是受民政部社会组织管理局委托开展的我国志愿服务领域首次较大规模的以城乡居民为调查对象的随机入户计算机辅助调查，共覆盖全国596个村/居委会，完成有效问卷10091份，较为系统地收集了18~69岁全国城乡居民的志愿服务参与信息。调查发现，超两成的人近一年来参与了志愿服务；志愿者更倾向于选择制度化、组织化的参与渠道；活跃志愿者的生活总体满意度更高，拥有更高的社会保障评价，拥有更高的社会信任评估，也拥有更高的社会宽容评价；我国志愿服务参与在具体领域之间存在发展不平衡现象，各类志愿服务的参与率还存在代际差异、地区差异和城乡差异。

## 公众行动

**1. “冰花男孩”照片引发的行动和热议**

2018 年 1 月 8 日，云南鲁甸 8 岁男孩王 × × 到校参加期末考试，因温度太低（ -9℃），步行一个多小时到达教室后，男孩的头发和眉毛沾满了“冰花”。老师拍下照片发给校长后在网上流传开来。照片中农村儿童生活与教育条件之恶劣引发社会反思，热心网友与慈善机构纷纷向“冰花男孩”捐款，但随后“社会捐赠 30 多万元，‘冰花男孩’只得 500 元”，善款被有关部门“统筹使用”的报道又引发了一波关注和质疑。相关评论认为，谁受到舆论关注就“蜂拥而至”地帮助谁，不符合慈善事业的初衷和原则，反而会带来一些错误引导和负面影响；由“冰花男孩”效应带来的慈善捐款用于救助类似困境儿童，并不违反慈善精神，但应在公开募款之前明确说明善款用途。

**2. “王 × ×事件”引发舆论数度反转，信息对称亟待引起关注**

2018 年 5 月 4 日，河南 3 岁女童王 × ×视网膜母细胞瘤，其母亲杨 × ×在“水滴筹”筹集救助费用，并在火山小视频直播王 × ×的健康状况。在女童生命的最后一个月，想要将她带往大医院治疗的志愿者与其家属发生了多起冲突，但女童最终病情恶化不治身亡。经过陈岚等“大 V”放大以后，关于其母亲利用众筹平台诈捐、家庭重男轻女放弃治疗等传闻甚嚣尘上，掀起一场对王 × ×家属的舆论审判。而随着舆论发展，另一种“事实”浮出水面：女童母亲并未挪用善款于治疗儿子的唇腭裂，并捐出了剩余善款。曾对家属恶语相向的网友开始纷纷道歉，舆论又开始讨伐志愿者、自媒体及造谣者。央视评论称：某些网络事件，往往都是“结论先行”，人们根据一些信息的片段就得出结论，然后“义愤填膺”地进行口诛笔伐。这一方面固然需要有关机构和个人及时澄清，以正视听；但另一方面也要求广大网民擦亮双眼，在加入“讨伐”的队伍之前，先让理性“多跑一会儿”，追一追事实，等一等证据。而对于作为传播重要节点的自媒体，必须对自己的言行负责，在发声时务必慎重。

**3. 台湾居民在福州参加社工职业资格考试，促进两岸交流**

2018 年 6 月 9 日，全国首批 15 名台湾居民在福州市参加了 2018 年度社会工作者职业水平考试。若考试通过，他们将成为全国首批持有社工职业资格证书的台湾居民。此前，国台办等 29 个部门发布的《关于促进两岸经济文化交流合作的若干措施》中规定“向台湾居民开放社会工作者职业资格考试”。

**4.《我不是药神》热播，倒逼国家政策改革**

2018 年 7 月 5 日，根据 2015 年发生在中国的真实事件改编的电影《我不是药神》热播，反映了中国重症患者用药难、用药贵等现实困境，引起极大共鸣和关注，抗癌药品解禁的呼声愈发高涨。在社会舆论的倒逼之下，2018 年 10 月 10 日，国家医保局正式将 17 种抗癌药纳入医保报销目录，其他重要决定包括对进口抗癌药实施零关税、加快新药审批等，从而使一大批癌症患者从中受益。电影《我不是药神》也创造了通过电影成功开展公益政策倡导的先例和社会力量倒逼政策改革的先例。同期，印度电影《印度合伙人》关注女性卫生用品使用，促使印度于 2018 年 7 月取消卫生巾进口关税并在国际范围内引起热议。

**5. 米兔席卷公益圈，引发公益慈善界防治性骚扰机制建设大讨论**

2018 年 7 月 23 日，一位女士匿名发长文指控曾遭到“亿友公益”负责人雷×性侵，由此拉开了公益界多位公益名人被爆出性侵或性骚扰的序幕。围绕公益圈的米兔事件，各界爆发了立场鲜明且激烈的辩论。2018 年 8 月 8 日，超过 40 家机构的代表共同参与了在北京举办的“公益慈善界共建性别友好机制讨论会”。

**6. “纸箱食堂”创意深夜送暖**

2018 年 11 月 5 ~ 20 日，杭州市文一西路一小吃店开设“纸箱食堂”，每天凌晨 0 点到 5 点，为拿着纸箱前来的顾客提供免费宵夜。店内设置了一个绿色回收台，方便大家集中投递纸箱。1 个纸箱换一碗热粥，2 个纸箱换一碗鲜肉馄饨，凭 5 个纸箱可以饭面任选等。“纸箱食堂”既回收了废旧纸箱避免造成资源浪费，也让加班夜归的上班族、外卖员、快递小哥、环卫工人等“深夜工作者”能够安心地吃一份热腾腾的夜宵。

**7. 香港社会福利署推行“义工运动”20 年，成效显著**

2018 年 12 月 2 日，来自香港社会福利署的统计显示，截至 2018 年 9 月底，社会福利署推行义工运动 20 年来，全香港登记的义工人数突破 130 万，参与义工运动的机构达 3247 家，在 2017 年，这些义工为社会共提供超过 2618 万小时的义工服务。在登记的 130 多万名义工中，参与人数最多的年龄层为 13 岁至 25 岁，其次是 26 岁到 59 岁，青年人正成为香港推动义工服务的中坚力量。1998 年，香港特区政府社会福利署正式开展“义工运动”，目的是通过鼓励市民参与各种不同类型的义工服务，建立一个互助互爱、活力充沛的城市。20 年过去，做义工已成为很多香港市民日常生活的一部分，“义工运动”成效显著。其特点是：内容多元，义工服务人人可做；融入生活，义工精神深入人心；政府支持，重视激励义工行动；蔚然成风，搭建内地义工之桥。目前，香港社会福利署正在着力推广第三层次义务工作，倡导将义工服务变成一种生活方式及态度，再进一步将态度转化成行动，让义工与服务受众透过义工服务都能得到生活新体验。

## 企业（家）

**1. 百度公益启动“文化遗产守护者计划”，AI 科技赋能中国公益**

2018 年 1 月 2 日，百度公益基金会发起“文化遗产守护者计划”，致力通过搭建文化遗产的公益平台，实现传统文化的积淀、传承和创新。“文化遗产守护者计划”将运用 AI 技术赋能文物保护单位、非物质文化遗产和传承人，通过百度内容生态、联盟伙伴等渠道广泛传播，让文化遗产以生动的方式为更多的人了解，使新时代的文化自信深入人们生活。

**2. 京东公益借助物流优势推出免费上门回收闲置二手衣物服务**

2018 年 3 月 21 日起，京东公益联合京东物流、京东时尚、拍拍二手和世界自然基金会 WWF、一个地球自然基金会、中国儿童少年基金会开启全国 14 个城市的免费上门回收服务。在北京、天津、上海、南京、杭州、苏州、广州、深圳、武汉、长沙、沈阳、济南、成都、西安的捐赠者，可以通过京东公益“物爱相连”平台或下载拍拍二手 APP 一键呼唤京东快递小哥免费上门收取闲置衣物。

**3. 腾讯与 WWF 达成战略合作，以数字科技赋能生态保护**

2018 年 4 月 20 日，腾讯与 WWF 达成战略合作，以数字科技助力建设“美丽中国”。该协议宣布未来双方将围绕“以数字科技赋能生态保护”展开合作，从粤港澳大湾区起步，开展一系列基于数字科技的生态保护项目。

初期将在“唤起公众生态保护意识、培训生态保护从业者、打击网络非法野生物贸易”三个方向上先行先试，具体落地为“数字地标、数字课堂、数字营救”三个项目。数字科技可以有效连接政府、企业与NGO，促成多方群策群力，为NGO在将来的环保教育和实践中提供更好的技术支持。

**4. 360搜索助力民政部门打击曝光涉嫌非法社会组织**

2018年4月23日，为配合民政部开展专项打击非法社会组织的行动，360搜索将发挥“互联网+”优势，依据民政部网站公布的社会组织信息设立“黑白”名单，在搜索结果页和百科页面上线组织信息Box以及风险提示模块，帮助用户快速辨别未经登记的涉嫌非法的社会组织。当用户搜索社会组织系涉嫌非法社会组织时，360搜索会在置顶位置进行风险提示“该组织未经官方登记，涉嫌为非法社会组织，谨防上当受骗”，声明该组织未在民政部门登记，存在侵害用户权益的风险，让涉嫌非法社会组织得以曝光在大众视线之中。

**5. 快手科技发布技术救灾平台，打造救灾信息共享平台**

2018年5月11日，快手科技发布了技术救灾平台。该平台基于快手海量用户资源，以及在多媒体内容理解算法和大数据挖掘分析方面的技术优势，有针对性地为救灾行动中的信息收集与推送工作提供有力的支持。例如，通过自身平台与官方进行对接，可在诸如台风、龙卷风、暴雨、泥石流、山体滑坡、地震、火山喷发等自然灾害发生时，将预警信息第一时间推送至受灾区域用户；通过用户对推送信息的反馈，在确认用户人身安全的情况下，快手收集并鼓励用户上传提供更多受灾地区的视频、图像资料，并通过快手的数据处理和算法筛查之后，提供给相关合作方和救灾信息共享平台，为救灾方案制定和新闻报道提供信息资源。

**6. 腾讯微视上线“柠檬挑战”公益活动，打造“趣味+公益”新玩法**

2018年5月16日，为了能更好地帮助国内的脑瘤患儿，“腾讯微视”联合“腾讯公益慈善基金会”战略合作伙伴“中华少年儿童慈善救助基金会”发起“柠檬挑战”公益活动。此次“柠檬挑战”公益活动以“柠聚爱心，看我的”为主题，号召大众打开微视短视频，录下自己吃柠檬时的反应，并发到平台“柠檬挑战”话题下参与挑战。每有一个爱心人士发布合格的挑战短视频，腾讯公益慈善基金会都会捐赠1元，用于由腾讯微视与腾讯公益慈善基金会联合发起的柠檬挑战公益项目。捐款上限为人民币100万元，捐赠的接收方是中华少年儿童慈善救助基金会自主项目“9958儿童紧急救助中心”，用于脑瘤儿童的救治。

**7. “旅行青蛙公益之旅”发布，链接优质 IP 转化公益价值**

2018 年 6 月 5 日世界环境日，阿里影业旗下阿里鱼联合环境保护部宣传教育中心、阿里巴巴公益基金会，以及阿里游戏、高德地图、淘宝网共同发布“旅行青蛙公益之旅”，呼吁公众关注濒危物种和生物多样性保护，一起建设“美丽中国”。用户每分享一种濒危动物，自然堂、孩子王、汇通达、膳魔师等爱心企业都会捐出 1 元，给中华环境保护基金会、桃花源生态保护基金会、阿拉善 SEE 基金会等环保类基金会，用于该濒危物种的公益保护项目。借势优质 IP 实现用户从纯娱乐到公益价值的传递。

**8. “数字供养人”项目助力敦煌莫高窟数字化保护，“互联网 + 文物保护”新尝试**

2018 年 6 月 7 日，中国文物保护基金会与中国敦煌石窟研究保护基金会、腾讯公益等机构携手，发起了“数字供养人”项目，利用互联网，面向社会公众募集资金用于把莫高窟 55 座窟的壁画以 300dpi 的高分辨率图像永久保存，将数字化成果应用于敦煌莫高窟的保护、研究和展示。实施数字化保护是将敦煌石窟文物信息永久保存的最有效措施，也是让观众立体化、深层次、全方位进行艺术欣赏和体验，使不可移动的敦煌文物突破物理空间、通过互联网和移动终端实现共享的手段。趣味性和文化性并存，且实现了较好的营销和传播效果。

**9. 宜家承诺到 2030 年全部产品只使用“可再生或回收材料”**

2018 年 6 月 7 日，拥有瑞典家具巨头宜家（IKEA）品牌所有权的 Inter IKEA 更新的《可持续发展战略报告》指出：到 2020 年，全球范围内的宜家门店内的餐厅停止使用一次性塑料制品；到 2025 年，将家用太阳能解决方案的覆盖范围从现在的 5 个市场推广至 29 个市场；到 2030 年，全部产品只使用“可再生或回收材料”。宜家将利用自己的规模和影响力坚持可持续发展，科学利用有限资源，改善全球变暖，引领环保生活方式。

**10. 三星做出 100% 可再生能源承诺**

2018 年 6 月 14 日，三星公开承诺 2020 年前，实现 100% 可再生能源供电覆盖中国、美国以及欧洲所有的工厂、办公楼、运营设施等，2019 年加入 CDP 供应链计划，带领 100 家供应商设立可再生能源转型目标。三星的承诺标志着亚洲企业在环境责任上跨出新的一大步，并展示了亚洲品牌在应对气候变化上应有的领导力。2017 年 11 月以来，环保组织的志愿者在首尔、伦敦、柏林、纽约、台北等全球多地呼吁三星停止使用化石燃料，向使用更加环保、绿色的清洁能源转型，并称还将密切关注三星履诺情况。

**11. 小米公司上市前夕公开承认现有供货商曾违反环保规定**

2018 年 6 月 14 日，《小米集团公开发行存托凭证招股说明书（申报稿 2018 年 6 月 14 日报送）》通过中国证券监督管理委员会网站发布。在文件中，小米公司披露“公司若干现有供货商曾经违反环保规定”，但宣称环保违规供应商“已纠正其不符合环保规定的状况”。

**12. 腾讯音乐公益计划发布，让音乐发挥更大社会价值**

2018 年 6 月 21 日，腾讯音乐娱乐集团在北京宣布推出腾讯音乐公益计划，旨在用音乐传递爱与能量。此公益计划将围绕一个“音乐公益开放平台”和三大公益战略“音乐关爱、文化传承、音乐教育”展开。通过发行十张优秀民族文化数字专辑，扶持优秀民族原创音乐；打造百间中小学爱心音乐教室，输出上千首优秀中国音乐作品，用音乐连接更多资源，发挥多元社会价值。

**13. 字节跳动与贵州慈善总会达成战略合作，聚焦信息扶贫**

2018 年 7 月 7 日，字节跳动科技有限公司（今日头条 APP 母公司）与贵州慈善总会举行合作签约仪式，共同开展公益扶贫活动。以科技赋能“教育扶贫”“信息扶贫”。在教育扶贫领域，双方将在贵州省 20 个极贫乡镇各建设一个“益童乐园”，为儿童提供心理辅导、课后教学指导、课外活动拓展、非遗传承学习的活动空间，为乡村儿童提供常态化的成长陪伴和社区融合服务；同时，双方还将共建“乡村 AI 教室”，为贫困地区的学校和儿童提供教育扶贫产品。在信息扶贫方面，字节跳动科技有限公司将开展“黔地非遗”文化扶贫项目，在贵州省深度贫困地区开展非遗传承和学习、非遗故事、非遗推广等活动，共同打造贵州慈善文化的非遗名片。

**14. 今日头条“感光计划”，抖音“声量计划”，以核心技术及流量助力公益推广**

2018 年 7 月 12 日，中国摄影家协会与中华少年儿童慈善救助基金、中国人口福利基金会、中国社会福利基金会，联合今日头条启动“感光计划”公益项目：以摄影为桥梁——摄影师用摄影语言准确、真实地讲述受助者的故事；今日头条为公益摄影师提供技术和流量分发支持，将公益图片故事精确分发至关注公益事业的匹配受众，引导有捐助意愿的用户进入在民政部许可的募款平台进行捐款捐助，让受助者的情况更快、更准地触达公益组织和爱心人士，缩短受助人与救助机构之间的信息链条。

2018 年 10 月 29 日，抖音与今日头条发起“声量计划”，利用科技赋能公益传播，有望帮助公益组织更好地找到受助对象、进行精准公益推广，并为公益组织传播公益项目提供流量支持和技术层面指导，以产品机制和科技手段为公益事业赋能，提升公益项目推广宣传的效率与准确性。中国红十字基金会、中国扶贫基金会、中国妇女发展基金会、中国儿童少年基金会、中华少年儿童慈善救助基金会共计五家全国公募性基金会成为“声量计划”的首批合作伙伴。

**15. 美团外卖发布“青山合作伙伴计划”，探寻外卖行业与环保事业的平衡**

2018 年 8 月 30 日，美团外卖推出了“青山合作伙伴计划”，期望从废弃源头减量、垃圾回收处理和环保公益推动三个层面着手，希望携手 100 家以上外卖包装合作伙伴，寻求新的包装解决方案，尽可能地减少塑料外卖餐盒的废弃；联合 100 家以上循环经济合作伙伴，开展 100 家以上垃圾回收与循环利用试点，探寻行业可持续发展之路；汇聚超过 10 万家青山公益商家，通过青山基金和美团公益平台支持社会公益组织，发展环保公益。

**16. 蚂蚁森林宣布“绿色星球计划”，为“全民低碳”提供更多可能性**

2018 年 9 月 5 日，蚂蚁森林宣布推出“绿色星球计划”，目前已上线 18 个低碳场景：公众在平台上可参与的低碳行为从绿色出行、网络挂号、网上购票、在线缴纳水电煤费等扩展到住绿色酒店、订绿色外卖、购买绿色家电等。“绿色星球计划”包括各类经济体、企业、国内外知名环保 NGO，期望培养“绿色”社会消费群体，影响消费者的生活方式和社会结构转型，鼓励更多低碳场景接入，同时号召政府机构、企业、公益组织等共同参与到这场公益创新中，为“全民低碳”提供更多可能性。

**17. 快手短视频助力公益属性的扶贫助农产品销售**

2018 年 9 月 18 日，快手发起“快手幸福乡村带头人”计划，在全国发掘至少 100 位有能力且愿意带动乡亲们一起脱贫致富的乡村创业者，通过提供线上和线下的商业和管理教育资源，流量和品牌资源等，促进带头人的乡村产业发展，进一步推动乡村经济发展，增加在地就业机会，助力乡村振兴。快手利用短视频的方式，坚持注意力公允分配的原则和普惠的价值理念，提供贫困地区与外界连接的渠道，帮助公益属性的扶贫助农产品销售。

**18. 腾讯新闻启动“萤火计划”，以科技探索信息公益传播新路径**

2018年10月29日，腾讯新闻启动“萤火计划”，助力“公益+新闻”。“萤火计划”由腾讯新闻、中国摄影报社、中国扶贫基金会联合发起，在选题策划、拍摄资助、内容运营、渠道拓展、后续跟进等环节为公益摄影师提供全方位帮助，助力公益摄影师的内容生产。通过帮助公益内容生产，将公益传播与社会资源联系在一起。“萤火计划”对作品提出专业主义、人文关怀和多维传播的要求，在一定程度上或能缓解公益传播内容不够动人、影像品质不稳定及公益传播能力弱等问题。

**19. 2018年中国高校屡获校友大额捐赠**

2018年4月28日，刘强东夫妇宣布向清华大学捐赠2亿元人民币。4月28日，百度创始人李彦宏、马东敏夫妇向北京大学捐赠6.6亿元人民币；发树慈善基金会理事长陈发树捐资5亿元人民币，设立“北京大学发树医学发展基金”。5月3日，邵氏基金（香港）有限公司捐资5亿元人民币，设立北京大学邵逸夫教育基金。黄廷方慈善基金主席黄志祥向北京大学捐资2亿元人民币，设立北京大学黄廷方/信和教育基金；9月4日，物美集团创始人张文中宣布向母校南开大学捐资1亿元；9月8日，绿科集团董事长李冬代表绿科共创联盟向中国科技大学捐出1亿元人民币，支持中科大教育事业发展；9月16日，中科大少年班85级校友、百度董事长特别助理马东敏以个人名义向中科大捐赠1亿元人民币，并宣布成立“蔷薇科大发展基金”；2018年9月21日，腾讯4位创始人马化腾、张志东、陈一丹、许晨晔，以腾讯创始人校友团队的名义，联合向母校深圳大学捐赠3.5亿元人民币，共同发起设立深圳大学人才基金；10月22日，广东省国强公益基金会承诺未来10年内将向清华大学捐资22亿元人民币，这是目前为止国内高校获得的最大单笔校友捐赠；10月26日，恒大集团董事局主席许家印向武汉科技大学捐赠1亿元；10月27日，泰和集团董事长黄其森向福州大学捐赠3亿元。

## 国际公益

**1. 联合国环境规划署联合微博发起中国地球卫士青年奖**

2018年4月18日，联合国环境规划署联合新浪微博联合发起中国地球卫士青年奖，这是地球卫士青年奖设立的第一个国家奖项。地球卫士青年奖旨在表彰对改善环境创造积极影响的青年人，为其创造更多参与环境保护与可持续发展的平台和机遇。联合国副秘书长、联合国环境规划署执行主任埃里克·索尔海姆表示希望通过这个奖项培养新一代的环保领导者，集青年之力，守护地球未来。

**2. 印度环保人士在北京水立方畅游10公里，倡导水安全教育**

2018年6月20日，印度环保专业人士马利尼·梅赫拉（Malini Mehra）在北京水立方游泳10公里，呼吁关注全球溺水问题，倡导水安全教育。马利尼·梅赫拉此前还发起了一项教女孩游泳的公益运动项目，旨在积极推广世界卫生组织的《预防溺水实施指南》（2017），突出全球各地的优秀实践，力图让游泳和水安全进入世界各国的学校课程，并致力于促进资源合理分配和两性平等，确保女孩在政策执行过程中不被忽视。世界卫生组织在2014年以溺水是无声杀手为主题发布了首份报告，据估算每年有36万人死于溺水，其中90%发生在中国、孟加拉国、越南等发展中国家。

**3. 2018首届亚太区慈善峰会召开**

2018年8月29至31日，由全球联合之路（UWW）与韩国公益金（CCK）联合主办的2018首届亚太区慈善峰会在韩国首尔举行。峰会主要聚焦科技以及社会创新在慈善转型中的重要作用，围绕“新型慈善与企业创新”“科技在推动慈善发展方面的作用”“韩国社会创新与影响力投资”等具体议题展开，并重点分享了公共机构、民间机构和第三方机构的成功合作案例。财新公益基金会发起的“公益+”媒体工作坊项目为议程之一。该项目旨在为国内关注公益领域问题与热点事件的资深记者和编辑、新媒体意见领袖等，通过媒体奖学金方式，资助记者完成短期学习与探访，系统了解公益领域理论知识，洞察行业发展，关注中外对比与案例分析。

**4. 山西省“中国—盖茨基金会农村基本卫生保健项目”启动，探索中国农村基本卫生保健服务有效模式**

2018年10月24日，山西省“中国—盖茨基金会农村基本卫生保健项目”启动。“中国—盖茨基金会农村基本卫生保健项目”由国家卫生健康委员会与盖茨基金会合作开展，将在中国部分贫困地区开展农村基本卫生保健项目，探索中国农村基本卫生保健服务的有效模式，助力健康扶贫工作。主要聚焦4大领域12项具体实施策略。项目总金额为1200万美元，均由盖茨基金会提供赠款，预计实施5年（2017年10月~2022年10月）。具体目标包括两个方面：（1）加强农村基本卫生保健体系的统筹性和系统性，开展重点疾病人群健康管理，促进对基本卫生保健合理利用，逐步减轻贫困及高危人口疾病经济负担，减少因病致贫和返贫的发生，提升当地人群的健康水平。（2）建立与国际接轨的基本卫生保健评价体系和知识分享平台。参与国际基本卫生保健（BHC）评价体系建设，搭建国家级知识分享与交流平台，扩大中国 BHC 的影响，加强中国基层卫生对外宣传和国际交流合作。

# 致 谢

非常感谢中国扶贫基金会原执行会长何道峰先生、执行副理事长王行最先生、副理事长兼秘书长刘文奎先生、常务副秘书长陈红涛先生、副秘书长王鹏先生为本报告提供的一如既往的前期及后续支持。感谢社会科学文献出版社社会政法分社社长王绯女士对本报告的出版给予的有力支持，同时，感谢黄金平先生高质量的编辑工作。也非常感谢刘明先生为本报告设计了精美的封面和版式。

在报告撰写过程中，得到了北京春藤社会工作促进中心负责人滕树龙先生、文化传统平台负责人李敬先生、复旦大学社会发展与公共政策学院研究生唐锐先生，阿拉善 SEE 西南项目中心工委副主席兼秘书长萧今女士，北京智者天下（知乎）科技有限责任公司联合创始人张亮先生、公关部门伍先生和社区部门桂女士，资深知友张建勇先生、李青芯女士，爱趣职公益社群联合发起人林梦婷女士、公益传播负责人陈茜女士，北京市志愿服务指导中心副主任陈炳具先生，成都市爱有戏社区文化发展中心主任，义仓发展网络轮值主席刘飞女士、义仓发展网络办公室主任张利君女士，成都市锦江区水井坊街道锦官驿社区党委书记罗辑先生、水井坊街道组织员彭薇薇女士，成都市高新区肖家河邻里互助中心社工李洁女士、王婷婷女士，肖家河街道居民许阿姨、刘阿姨、单宇轩小朋友，水井坊街道居民贺阿姨、刘阿姨、李阿姨、吴阿姨等相关人士的大力支持，以及大量这里未提及的专家学者及公益界朋友的支持，包括信息资料的提供、个案访谈时的支持，以及提供诸多有价值的意见。谨向他们致以诚挚的谢意！

此外，特别要感谢九年以来一直关注和支持《中国第三部门观察报告》的公益界同仁，专家学者，关心公益事业的公众和媒体，以及相关政府部门官员，正是他们的认可和鼓励，使我们看到了报告的真正价值和意义，激励我们更努力地走下去。

最后，衷心地感谢中国扶贫基金会九年来为本报告提供的支持与资金资助。

图书在版编目(CIP)数据

中国第三部门观察报告. 2019 / 康晓光，冯利主编
. -- 北京：社会科学文献出版社，2019.5
ISBN 978-7-5201-4754-5

Ⅰ. ①中… Ⅱ. ①康… ②冯… Ⅲ. ①社会团体-研究报告-中国-2019 Ⅳ. ①C232

中国版本图书馆 CIP 数据核字（2019）第 075595 号

中国第三部门观察报告（2019）

主　　编 / 康晓光　冯　利

出 版 人 / 谢寿光
责任编辑 / 黄金平

出　　版 / 社会科学文献出版社 · 社会政法分社（010）59367156
地址：北京市北三环中路甲 29 号院华龙大厦　邮编：100029
网址：www.ssap.com.cn
发　　行 / 市场营销中心（010）59367081　59367083
印　　装 / 三河市龙林印务有限公司

规　　格 / 开 本：787mm × 1092mm　1/16
印 张：20.75　字 数：343 千字
版　　次 / 2019 年 5 月第 1 版　2019 年 5 月第 1 次印刷
书　　号 / ISBN 978-7-5201-4754-5
定　　价 / 98.00 元